Regina Stockmann

Entdeckertouren mit dem Wohnmobil

USA

Südwesten mit Yellowstone

Die Anleitung für einen Erlebnisurlaub

WOMO®
Der Wohnmobil-Verlag

MIX
Papier | Fördert gute Waldnutzung
FSC® C089473

1. Auflage – Februar 2024
ISBN 9-78396059-021-7

Titelbild: Auf der Fahrt nach Lees Ferry (Tour 3)
Bild in vorderer Klappe: Bahnhof der Rhyolite Ghost Town (Tour 1)

Reihen-, Umschlaggestaltung und Layoutprinzip/Satzvorgaben: www.martinveicht.de
Karten: Regina Stockmann
Fotos, siehe Bildnachweis auf Seite 451
Druck: Beltz Grafische Betriebe GmbH, 99947 Bad Langensalza
Vertrieb: GeoCenter GmbH, 70794 Filderstadt
Herausgeber: WOMO-Verlag, An der Liethe 4, 36452 Kaltennordheim
Telefon +49(0)36946 20691 · verlag@womo.de · www.womo.de
GPS: N 50°36'38.2" E 10°07'55.6"
Autoren-E-Mail: stockmann@womo.de

Einladung

Liebe Reisefans,

gemeinsam wollen wir uns auf den Weg machen in das Land der unbegrenzten Möglichkeiten!

Uns erwarten die unendlichen Weiten der Wüsten, die vielgestaltigen Schluchten des Coloradoplateaus, die unfassbare Größe des Grand Canyon, das unglaubliche Farbenspiel der Sandsteine im Valley of Fire und Bryce Canyon.

Am Pazifik erleben wir goldene Traumstrände, schroffe, steil ins Meer fallende Küstenberge und mit den Redwoods die höchsten Bäume der Welt. Mit Los Angeles und San Francisco liegen facettenreiche Metropolen des American Dream und der Flower-Power-Bewegung auf unserer Reise.

Ehrfürchtig und klein stehen wir unter Giant Sequoias, den Riesenmammutbäumen, von denen manche seit über 2.000 Jahren an den Hängen der Sierra Nevada wachsen. Dieses Gebirge bringt uns ins Staunen mit seinen tiefen Tälern, bis zu 1.000 Meter aufragenden Granitflanken und den Höhen, die im Winter von Schnee und Eis dominiert werden.

Zuletzt machen wir uns auf in die letzte große Wildnis der Lower 48 der USA, den Yellowstone Nationalpark. Wölfe, Grizzlies und Elche sind in den endlosen Wäldern zuhause. Hier ist der Mensch nur zu Besuch, wenn er die bunte Welt der heißen Quellen und Geysire bestaunt.

Das alles macht den Mythos der USA aus, und wir können ihn entdecken in den Landschaften, in den Menschen, in den Orten und Städten.

Folgen Sie uns auf diese Reise und lassen Sie sich begeistern!

Tiefe Eindrücke und bleibende Erinnerungen wünscht Ihnen

Regina Stockmann

Inhaltsverzeichnis

Unsere persönlichen Top Ten

Grand Canyon

Schlicht atemberaubend. Immer wieder aufs Neue. Besonders lieben wir die ruhigeren Aussichtspunkte, an denen wir entspannt ein Picknick genießen können. Einer unserer Lieblingsorte ist Yaki Point.

Tour 2, Seite 69

Hite Crossing, Highway 95

Die einsame Nacht am Lagerfeuer bei Hite Crossing ist eine unserer schönsten Erinnerungen. Entlang des Highways haben wir Spannendes entdeckt: Höhlenwohnungen, Felsbögen, Slotcanyons, Felszeichnungen.

Tour 5, Seite 132

Corona Arch

Die Wanderung in ein riesiges Felsrund und zu diesem großartigen Felsbogen hat uns voll überzeugt, auch weil es hier vergleichsweise ruhig zugeht. Damit war unser Abendessen in der Moab Brewery verdient!

Tour 6, Seite 158

Bryce Canyon

Früh morgens standen wir zitternd zum Sonnenaufgang am Aussichtspunkt. Das Farbenspiel in den ersten Sonnenstrahlen hat uns in den Bann gezogen. Vielleicht sind diese Hoodoos doch verzaubert?

Tour 9, Seite 203

Snow Canyon State Park

Ein Felsenwunderland haben wir entdeckt, abseits der großen Touristenströme. Schwarze Lavahöhlen, versteinerte, goldene Dünen, weißer Sandstein haben uns fasziniert.

Tour 10, Seite 230

... das sollten Sie nicht verpassen!

Sand Dollar Beach
Diese Traumbucht mit feinem Sandstrand und gerahmt von hohen Klippen hat sich an einem ruhigen Juninachmittag fest in unsere Erinnerung gebrannt. Sie ist unser absolutes Highlight des Highway No. 1!
Tour 14, Seite 301

17-Mile-Drive
Diese kurze Küstenstraße ist wirklich großartig! Wir fanden wunderschöne Aussichten und außer der Saison auch Platz für entspannte Pausen. Danach stärkten wir uns mit Fischsuppe im Brot in Monterey.
Tour 14, Seite 306

Henry Cowell Redwoods
Unter den höchsten Bäumen der Welt zu stehen, machte uns ehrfürchtig vor der Größe der Natur. Unsere unbedingte Empfehlung für alle, die noch keine Redwoods erleben durften.
Tour 15, Seite 315

High Sierra am Tioga Pass
In dieser Welt aus Granit, still und abweisend, haben wir eine andere Seite des amerikanischen Westens erlebt. Hier, hoch über allen Problemen unserer Zeit, konnten wir frei durchatmen.
Tour 19, Seite 383

Yellowstone
Für uns der Ruf der Wildnis. Unfassbar weite Nadelwälder, bewohnt von der größten Bisonherde Nordamerikas und gespickt mit Geysiren und heißen Quellen.
Tour 20, Seite 412

Gebrauchsanleitung

Reisegebiet

Wir begleiten Sie auf Ihrer Reise durch den Südwesten der USA und zum Yellowstone Nationalpark und wünschen Ihnen traumhafte Erlebnisse und bleibende Erinnerungen!

Unser Reisegebiet ist riesig, insgesamt beschreiben wir fast 7.700 Tourkilometer. Nach unseren Erfahrungen können wir ein Reisegebiet entspannt entdecken, wenn wir nicht mehr als 1.000 Kilometer pro Woche fahren. Für alle Touren bräuchten wir dann mindestens acht Wochen. Tatsächlich waren wir selbst das erste Mal 1993 für fünf Monate in den USA und Kanada. Unsere längste Recherchereise mit unseren Kindern 2017 dauerte gute acht Wochen. Nun sind solche Reisezeiten für die Meisten und normalerweise auch für uns unrealistisch. Da hilft nur: Reduzieren statt hetzen, genug Zeit zum Staunen und Genießen einplanen und hoffentlich nochmal wiederkommen!

Karten, Symbole und Kilometerangaben

Alle WOMO-Reiseführer sind nach Touren untergliedert. Diese sind auf der **Übersichtskarte** im hinteren Bucheinband dargestellt. Jeder Tour vorangestellt sind **Tourenkarten**, auf denen die wichtigsten Highlights sowie Stell- und Campingplätze dargestellt sind. Die verwendeten **Symbole** sind auf der hinteren Einbandklappe erläutert. Die **Kilometerangaben** sind als Orientierung gedacht und an der direkten Tourenstrecke gemessen ohne Abstecher und Fahrten zu Campingplatz, Supermarkt und Co.

Außerdem gibt es diesem Buch **Nationalparkkarten** für eine gute Orientierung in den Parks sowie Karten für unsere City Walks in Los Angeles und San Francisco. Einzige Ausnahme ist das Death Valley, weil es bereits auf der Tourenkarte gut dargestellt ist.

Stellplätze, Farben und Nummern

Die Art des Stellplatzes wird durch nummerierte Symbole angezeigt, die auf den Tourenkarten und im Text verzeichnet sind. Wichtig für Kenner der WOMO-Reihe: Für die USA haben die Symbole eine etwas geänderte Bedeutung! Das Konzept von Campingplätzen ist in den USA völlig anders als bei uns.

Bei den im Buch angegebenen Campingplätzen handelt es sich nicht um unsere persönlichen Favoriten, sondern um Plätze aller Kategorien, um allen Reisetypen gerecht zu werden: Den Abenteurern und den Sicherheitsbewussten, den PKW-Dachzelt- und den WOMO-Fahrern. Außerdem sind die Angaben relativ vollständig, damit Sie ihre Tagesetappe beenden können, wo Sie wollen, und auch dann einen Platz finden, wenn im Umkreis eines Nationalparks fast alles voll ist.

000 RV Park

- » **Teuerste Kategorie,** je nach Lage ab ca. $ 40, bei beliebten Zielen sind schnell $ 70 – 100 fällig, plus Steuer (tax).
- » Ebene Stellplätze mit Strom-, Wasser- und Abwasseranschlüssen *(Full Hookup)*, oft WiFi, manchmal Kabelanschluss, meist Waschmaschinen.
- » Meist Picknicktische an jedem Platz, Feuerringe nur teilweise.
- » In der Regel Sanitäranlagen mit Duschen, nur in Ausnahmen ohne. Teilweise Pool.
- » Meist viel enger gestellt als Campingplätze, manchmal reine Asphaltplätze.
- » Bezahlt wird an der Rezeption, bar oder mit Kreditkarte.

Die bekannteste RV- und Campingplatzkette KOA baut ihre Präsenz seit Jahren aus. Diese Plätze bieten einen immer ähnlichen Standard mit guten Sanitäranlagen und meist Pool und sind im Vergleich zum direkten Umfeld etwas teurer *(10%-Rabatt-Vereinbarung mit vielen WOMO-Vermietern, bei Übernahme fragen)*.

000 Campground

- » **Entspricht nicht europäischen Standards,** sehr uneinheitliche Kategorie.
- » Ausstattung reicht von Sanitäranlagen mit Duschen, Strom, V/E über Trockentoiletten bis hin zu Garnichts. Fast immer Picknicktische und Feuerringe.
- » Preis von $ 0 – 55 für Fahrzeug inklusive 6 Personen. Meist ohne tax, weil verwaltet durch staatliche Organisationen.
- » Bezahlt wird u.a. bei der Einfahrt bar oder mit Kreditkarte, durch vorheriges Reservieren, bar in Umschlag, per App.
- » Meist sehr naturnah mit viel Abstand zum Nachbarcamper.
- » Auf fast allen Campingplätzen gibt es eingeschränkte Generator-Zeiten, zum Beispiel morgens und abends zwei Stunden. Ohne Stromanschluss ist nächtliches Durchheizen unmöglich *(s. Wohnmobil, Tipps und Infos)*.

Auf größeren Plätzen leben *Campground Hosts* als Ansprechpartner und Aufsicht, meist Rentnerehepaare, die in ihrem eigenen Wohnmobil eine Art Freiwilligendienst auf Zeit verbringen.

Feuerholz sammeln ist auf fast allen Campingplätzen und in allen Parks verboten! Auf größeren Plätzen wird Feuerholz in *Bundles* mit ca. 5 Scheiten angeboten für $ 8 – 12. Wer sparen möchte, kann auf der Fahrt sammeln, falls es irgendwo Bruchholz gibt.

Campingplätze reservieren?

Viele Campingplätze sind platzgenau reservierbar, hierzu gibt es die beiden umfangreichen Reservierungstools www.recreation.gov und www.reserveamerica.com.

Tatsächlich sind wir fast zwei Jahrzehnte ohne Reservierungen gefahren und haben meist in kleinen Fahrzeugen oder mit Zelt irgendwo wild übernachtet nach der Maxime »Leave no Trace«, hinterlasse keine Spuren. Aber Zeiten ändern sich, die Anzahl der Wohnmobile hat auch in Amerika massiv zugenommen und in Parks darf sowieso nicht wild übernachtet werden.

Unser Tipp: Wer die Nationalparks sehen will und in irgendeiner Form von Saison unterwegs ist, also Ferien und zwischen Mai und Ende September, hat folgende Optionen:

» Campingplätze am besten frühzeitig reservieren.
» Wo möglich auf freie Stellplätze ausweichen.
» Auf den teureren RV-Parks übernachten und von dort längere Fahrtstrecken in die Parks in Kauf nehmen.

Wir reservieren meist einen Teil der Campingplätze, um so die gewünschte Zeit in den Parks verbringen zu können. Außerdem sind wir dann mit dem guten Gefühl unterwegs, Abends nicht suchen zu müssen. Allerdings setzt das mehr Planung voraus.

Nationalpark Campgrounds

» Campingplatzgebühr immer zusätzlich zum Eintritt.
» Preis ca. $ 18–30, evtl. Reservierungsgebühr von ca. $ 7.
» Meist landschaftlich sehr schön und mit großen Stellplätzen.
» Mindestens Toiletten und Trinkwasser. Münzduschen und V/E teilweise in/ an zentralen Gebäuden *(hierfür meist Quarter, Viertel-Dollar-Münzen, nötig)*.
» Meist gibt es einige nicht-reservierbare Plätze *(first-come first-served)* oder auch Stornierungen, dafür je nach Park und Jahreszeit vor 11:00 anreisen *(siehe auch Campingplatzbeschreibungen)*.
» Bezahlung oft mit Kreditkarte, manchmal wird kein Bargeld akzeptiert.
» Die Reservierung wird oft ein halbes Jahr zuvor und jeweils täglich freigegeben, z.B. am 06.01. für den 06.07. Die Plätze in den beliebten Parks sind schnell ausgebucht.

State und County Park Campgrounds

» Parkeintritt ist in der Regel inklusive.
» Preis rund $ 40 *(plus evtl. Reservierungsgebühr)*, Bezahlung meist mit Kreditkarte.
» In der Regel teurer und enger gestellt als die Nationalparkplätze, tendenziell etwas mehr Ausstattung.
» Sanitärgebäude oft mit Duschen, manchmal gibt es Plätze mit Strom gegen Aufpreis.
» State Parks sind ebenfalls oft früh ausgebucht.
» County Parks sind weniger bekannt und weniger schnell ausgebucht.

Campgrounds des BLM und Forest Service (USDA)

» Bureau of Land Management/United States Department of Agriculture.
» Ca. $ 12 – 20, wenige auch kostenlos. Keine Eintrittsgebühren.
» Bezahlung meist bar in einen Umschlag mit Abreißkarte fürs Fahrzeug.
» Meist Plumpsklos, in der Regel sauber und geruchsarm. Manchmal Nichts.
» Die einfachsten Plätze, oft sehr schön irgendwo im Grünen.
» Oft Schotteranfahrten, dies ist in den Campingplatzbeschreibungen vermerkt.

Weitere wichtige Informationen

» ***Lebensmittel nie draußen stehen lassen!*** Sie locken wilde Tiere an, die sich nicht an Futter aus Menschenhand gewöhnen sollen *(siehe Naturgefahren)*.
» Relativ neu ist die **Recreation.gov App** zum Bezahlen der Scan & Pay Stellplätze *(QR-Code am Platz scannen und mit der App bezahlen)*.
» Die Angabe »Trinkwasser« bezieht sich auf das Befüllen von Trinkwasserflaschen, nicht auf das Befüllen von WOMOs!
» Viele Stellplätze haben Längenbeschränkungen *(s. Beschreibungen)* und die Plätze für längere WOMOs sind früh ausgebucht.
» Bei Buchungen über www.reserveamerica.com besteht die Möglichkeit der Benachrichtigung, wenn ein Platz frei wird. Bei www.recreation.gov geht das *(noch)* nicht. Hierfür gibt es verschiedene Suchprogramme, sogenannte *Cancellation Tracker*, die entweder zuvor oder im Erfolgsfall bezahlt werden müssen, z.B. www.reservenature.com.
» Große amerikanische Wohnmobile, vor allem die großen *Rigs* mit Auflieger, sind komplett ausgestattet mit Spül- und Waschmaschine und brauchen viel Strom. Wo es keine Begrenzung der Generatorzeiten gibt, nervt das Brummen der Generatoren manchmal den ganzen Tag lang.

Zwei weitere Übernachtungs-Kategorien gibt es in diesem Buch, *Dispersed Camping* und übernachtungsgeeignete Parkplätze.

000 Dispersed Camping

- Erlaubtes, freies Übernachten auf öffentlichem Land, z.B. in State Forests. Hier ist dies grundsätzlich erlaubt für bis zu 14 Tage bei einem Mindestabstand zu Straßen und Gewässern von z.B. ¼ Meile (400 Meter).
- Die Regelungen sind etwas unterschiedlich, abhängig vom Bundesstaat.
- Im Buch beschrieben sind meist Stellen, die bekannt und beliebt sind unter anderem als Ausweichplätze für die Nationalparks.
- Anfahrt immer auf Forststraßen, deren Zustand sich ändern kann.

000 Übernachtungsgeeignete Parkplätze

- Meist keine oder eine nur sehr kurze Schotteranfahrt. Nah an der Straße.
- Für einen kurzen Zwischenstopp als Notplatz, wenn alle Campingplätze voll sind oder akute Müdigkeit zuschlägt, z.B.:
- Große Schotterplätze an der Straße.
- *Trailheads* und *Staging Areas*, das sind Wanderparkplätze und Plätze zum Abladen von Pferden oder Offroad-Fahrzeugen. Beide sind nicht zum längeren Aufenthalt gedacht!
- Rastplätze an den Freeways. Übernachtparken ist grundsätzlich erlaubt in folgenden Staaten: Kalifonien 8 Stunden (Camping verboten), Arizona keine Regulierung, Nevada 18 Stunden, Utah kein Zeitlimit (Camping verboten), Idaho 10 Stunden an Interstates, 16 Stunden an allen anderen Straßen. In Montana ist Übernachten auf Restareas grundsätzlich verboten.
- Travel Stations, große Tankstellen auch für LKWs, hier ist mit Lärm zu rechnen.

Beachten Sie auch die **Tipps und Infos** am Ende des Buches!

Reiseführer und der Zahn der Zeit

Bei allen Angaben kommt es im Laufe der Lebensdauer einer gedruckten Auflage immer wieder zu Veränderungen. Schauen Sie bitte ins Forum des WOMO-Verlages für aktuelle Informationen (www.womo.de).

Großartig wäre es, wenn Sie helfen, die Infos für alle Leser aktuell zu halten. Bitte schreiben Sie mir, wenn sich irgendetwas verändert hat, ein Platz nicht mehr existiert oder verboten wurde oder Sie etwas Neues entdeckt haben. Auch über Ihre Reiseeindrücke und Highlights würde ich mich freuen. Sie erreichen mich unter der Mailadresse stockmann@womo.de.

Ich freue mich auf Ihre Zuschrift!

Tour 1

Lake Mead National Recreation Area
Tour 9
Valley of Fire
009
008
004
005
Lake Mead
Colorado River
Tour 2
11
15
93
007
95
Henderson
001
002
Las Vegas
Strip
Petroglyphs
010
Desert National Wildlife Range
006
003
15
95
Red Rock Canyon
159
012
Indian Springs
Spring Mt. Ranch
011
014
Mt. Charleston
013
160
N
50 km
015
016
Pahrump
Shoshone
95
Amargosa Valley
127
373
Death Valley Junction
190
017
020
Beatty
018
178
95
Rhyolite Ghost Town
374
Badwater Basin
Furnace Creek
Death Valley National Park
Mesquite Flat Sand Dunes
72
190
019
Panamint Springs
Death Valley National Park
Lone Pine
Tour 19

Von Las Vegas ins Death Valley

250 km

Diese Tour widmet sich zwei Wüstenhighlights, die Sie möglichst im Winterhalbjahr von Oktober bis Mai besuchen sollten. Las Vegas erwartet Sie mit buntem Glitzer in der Wüste, unsere Tipps helfen beim entspannten Erleben. Nach einigen Naturparks rund um Vegas folgt eine der großen Naturlandschaften des Südwestens, das Death Valley.
Zu unseren absoluten Highlights zählen:

- **Strip und Freemont Experience in Vegas**
- **Red Rock Canyon**
- **Zabriskie Point, farbiges Felsenwunder im Death Valley**
- **Mesquite Flat Dunes bei Sonnenaufgang**
- **Badwater Basin**
- **Bergbau-Geschichte auf dem Harmony Borax Trail**

Zuerst folgender wichtiger Hinweis: Die Kilometer dieser Tour geben die einfache Entfernung von Las Vegas ins Death Valley an. Für das Death Valley beachten Sie bitte die Mietbedingungen Ihres Fahrzeuges, Fahrten in den Sommermonaten sind meist nicht versichert.

Las Vegas... auch City of Entertainment, El Dorado der Glückssucher, Sin City genannt. Must-See wegen der phantasievollen Themenhotels, fast grenzenloser Shopping- und Gambling-Möglichkeiten, nachgebauten Weltwundern inklusive Pools, Wasserwegen und grünen Golfplätzen mitten in der Wüste? No-Go wegen viel zu viel Pling-Pling, Ressourcenverschwendung en masse, völlig übertriebenem Touristenrummel? Mit unseren Tipps für Vegas können Sie sich auch ohne Zusatzkosten Ihre eigene Meinung bilden!

Anflug auf Las Vegas, Sehnsuchtsstadt in der Wüste

TOUR 1

Zeitzone

Nevada, Las Vegas -9 Stunden zu MEZ, Pacific Standard Time (PST), von Mitte März bis Anfang November Pacific Daylight Time (PDT).
Bitte beachten: Zeitumstellung verschoben zu Deutschland, deshalb -8 Stunden, wenn in Nevada schon/noch Sommerzeit herrscht.

Wir starten direkt in Las Vegas. Nacheinander betrachten wir:
» Las Vegas Boulevard oder The Strip,
» die Freemont Street und Museen,
» History'n Facts, Unterkunft in LV,
» Parkmöglichkeiten für WOMOs und ÖPNV am Strip,
» WOMO-Miete und Campingplätze in und um LV.
Dann folgt der Blick auf das Umland und das Death Valley.

Las Vegas, Metropolregion

Einwohner: 2,3 Millionen. **Höhe:** 610 m. **Infrastruktur:** Supermärkte, Tankstellen. **Klima:** Mittlere durchschnittliche Tages-/Nachtemperatur im Juli 42°/24,6 °C und Januar 15°/1°C. **Beste Reisezeit:** Frühjahr und Herbst.

Propan: Z.B. an der Shell-Tankstelle bei Cruise America, GPS N 36°03'48.1'' W 115°01'44.4''. **V/E und Propan:** Morton's Travel Plaza/Valero Tankstelle $ 10, kostenlos bei Benzin-/Propan-Tanken, GPS N 36°13'05.3'' W 115°07'40.0''.

Campingplatztipps für Las Vegas: Im Sommer hoch zum Mt. Charleston (Platz 013), in den kühleren Jahreszeiten hübsch am Lake Mead (Platz 008) oder häßlich, aber direkt am Strip bei der Main Street Station (Platz 001).

Beliebtestes Ziel in Vegas ist der **Strip**, die Hotel- und Casinomeile am **Las Vegas Boulevard**. Egal ob man die Stadt mit dem WOMO oder mit dem Flugzeug ansteuert, die in einer Reihe am Strip aufragenden Hotelkomplexe vor den umgebenden Wüstenbergen sind nicht zu übersehen. Vom Welcome to Fabulous Las Vegas Schild bis zum Stratosphere Tower beträgt die Entfernung 7,8 Kilometer. Zwischen den Themenhotelcasinos warten gefühlt unendlich viele Restaurants, Geschäfte, Shows und Fahrgeschäfte.

Hotels und Sehenswürdigkeiten am Strip von Süd nach Nord

Der Strip beginnt am Schild »**Welcome to Fabulous Las Vegas**«, das 1959 installiert wurde. Mit seinen 7,60 Metern Höhe wirkt es für heutige Verhältnisse kleiner als erwartet *(Parken für WOMOs möglich)*

Als erster großer Hotelkomplex strahlt das **Mandalay Bay** golden in der Wüstensonne. 1999 eröffnet, bietet es 4.752 Zimmer und ist damit das viertgrößte Hotel der Welt. Zum Hotelkomplex gehört auch das **Shark Reef Aquarium** *(Tickets ab $ 29)*.

Blick über den See des Bellagio auf die nächtliche Glitzerkulisse

Die schwarz-gläserne Pyramide des **Luxor** Hotel & Casino von 1993 schickt aus ihrer 107 Meter hohen Spitze einen extrem starken Laserstrahl in die Nacht. Hier lohnt ein Blick ins Innere, wo sich die Zugänge der Hotelzimmer wie Balkone hochziehen. Zusammen mit zwei Nebengebäuden kommt das sechsgrößte Hotel der Welt auf 4.400 Zimmer.

Das **Excalibur** (1990) wurde nach dem Schwert von König Artus benannt und soll eine mittelalterliche Burg repräsentieren, wirkt auf uns aber etwas wie Playmobil-Design.

Die Freiheitsstatue markiert das **New York New York** in der Skyline von Manhattan (1997). Im Inneren erwarten uns kleine Gassen im Stile Manhattans (*kostenlos*). Die Achterbahn **The Roller Coaster** verläuft im und über dem Gebäudekomplex *(ab $ 19)*.

Mit dem MGM Grand rechts blicken wir auf das zweitgrößte Hotel am Strip mit 5.044 Betten in Haupt- und Nebenhäusern. Davor ist das **Hard Rock Café** zu finden.

Links folgt das **City Center**, ein riesiger Komplex mit Hotels, Geschäften und Restaurants.

Das **Bellagio** (1998) soll an den Ort Bellagio am Comer See erinnern. Ein echtes Highlight ist die **Bellagio Fountain** mit Licht- und Musikbegleitung (*kostenlos, alle 30 Minuten von 15–18.30 Uhr, alle 15 Minuten von 19–0 Uhr, Start Sa/So/Ferien ab 12 Uhr*). Im Inneren gibt es außerdem einen **Schokobrunnen**, der mit acht Metern Höhe als Größter der Welt gilt. Hier kann man leider nur staunen, nicht probieren. Der **botanische Garten** hinter der Lobby befindet sich auf 1.300 Quadratmetern unter einem geschwungenen Metalldach und wird passend zu den Jahreszeiten immer wieder neugestaltet *(kostenlos)*.

Gegenüber steht unverkennbar das **Paris Las Vegas** mit einem Eiffelturm, der halb so hoch ist wie das Original.

The STRAT, 350 Meter hoch

Im **Flamingo Las Vegas** versteckt sich ein Tropischer Garten, das *Wildlife Habitat*, in dem unter anderem Flamingos leben *(kostenlos)*.

Dahinter erhebt sich das **High Roller Observation Wheel**, ein 167,6 Meter hohes Riesenrad mit Kabinen für jeweils 40 Passagiere *($ 35, Kinder 4 – 12 Jahhre $ 18 + tax, 16 – 0 Uhr, Dauer etwa 30 Minuten, Durchgang bei Ely Linq Zipline)*.

Nach dem **Ceasars Palace** auf der linken Seite folgt das **The Mirage**. Hier lohnt besonders der **künstliche Vulkan** im See vor dem Hotel *(kostenlos, zur ganzen Stunde von 18 – 23 Uhr)*.

Dann schließt sich **Treasure Island** an, dessen Eingangsbereich von großen Piratenschiffen geziert wird.

Das **Venetian** (2008) auf der rechten Seite ist im Stil der Lagunenstadt gebaut mit Wasserkanälen, an denen entlang man kostenlos herumlaufen kann. Gondelfahrten werden entweder indoor oder outdoor angeboten *(ab $ 34, Dauer 14 Minuten)*. Mit 7.128 Zimmer ist dies das zweite Hotel auf der Liste derer mit den meisten Zimmern.

Ganz neu eingeweiht mit einem Konzert von U2 wurde 2023 **The Sphere**, die größte kugelförmige Arena der Welt, deren Kugelfläche sowohl innen als auch außen als riesige Leinwand mit faszinierend realister Darstellung funktioniert.

Das Mandalay Bay

Von hier aus sind es nochmal 3,5 Kilometer zum **Stratosphere**.The Strat ist 350 Meter hoch. **SkyPod & Observation Deck** sind geschlossene und Freiluft-Aussichtsplattformen im 108. und 109. Stock mit Restaurants, Cafés und Bars *(ab $ 20 + tax, täglich von 14 – 22 Uhr, Fr – So auch 10 – 12 Uhr)*. Wem das nicht genügt, kann in 350 Metern Höhe Fahrgeschäfte besteigen, die ihre Passagiere über den Tower hinaus durch die Luft wirbeln, oder auch in 250 Metern Höhe per Bungee Jumping auf die Stadt hinunter springen *(ab $ 47/130 + tax)*.

Freemont Street Experience

Die East Fremont Street steht für das alte Las Vegas und liegt drei Kilometer nördlich des STRAT. Als Old Las Vegas eigentlich schon abgeschrieben war, wurde es neu entdeckt und 1995 als **Fremont Street Experience** mit einem 450 Meter langen Metalldach versehen. In diesem versteckt sich eine riesige Licht- und Musikshow *(kostenlos, zur ganzen Stunde von 18 – 2 Uhr, klimatisiert!, vom Las Vegas Blvd. linke/westliche Seite)*. Fast am westlichen Ende steht das **Golden Nugget**, 1946 als eines der ersten Hotels mit einem eigenen Casino geplant. Danach erhebt sich links der übergroße Cowboy **Vegas Vic**, ein weiteres Wahrzeichen der Stadt von 1951.

In fast allen Casinos werden täglich **Shows** angeboten. Zu diesen unzähligen Darbietungen gehört Cirque du Soleil, die verschiedene Artistik- und Phantasy-Shows täglich in mehreren Casinos zeigen *(The Mirage, New York New York, MGM Grand, Manadalay Bay, Treasure Island und Bellagio, ab $ 69)*.

Südlich des Strip brachte es das **Silverton Aquarium** im Silverton Casino zu Berühmtheit. In den 440 Kubikmetern Wasser sind

unzählige tropische Fische zuhause. Um 13.30 und 16.30 Uhr werden die Rochen gefüttert. Am Wochenende schwimmen Meerjungfrauen durchs blaue Nass *(Do – Sa 12/14/17 Uhr, So 10.30/14/17 Uhr, Dauer 1,25 h).*

Museen in Las Vegas

The Mob Museum beschäftigt sich mit der organisierten Kriminalität, die Las Vegas lange im Griff hatte, und ist fußläufig von der East Fremont Experience zu erreichen *(9 – 21 Uhr, $ 29, 300 m nördlich).*

Gut 700 Meter weiter nördlich bewahrt und präsentiert das **The Neon Museum** die Neon-Schilder aus der Vergangenheit der Stadt *(Mai – August 16 – 18 Uhr, März/April und Sept./ Oktober 15 – 17 Uhr, Winter 14 – 16 Uhr, $ 20, Kind 6 – 17 Jahre $ 10, WOMOs parken am besten nördlich auf dem riesigen Parkplatz des Cashman Center am nächsten Abzweig).* Nach dem genannten Parkplatz schließen sich das **Las Vegas Natural History Museum** an und das **Old Las Vegas Mormon Fort**, ein State Park.

Das **Las Vegas Springs Preserve and Origen Museum** gilt als Geburtsstätte der Stadt und ist heute ein Parkgelände mit Botanischem Garten, Schmetterlingsgarten, und einem Museum mit Ausstellungen zu Tieren der Mojave Wüste, Dinosauriern, Eisenbahn und Infos zum Hoover Dam *(GPS N 36°10'12.7" W 115°11'26.6", geöffnet Do – Mo 9 – 16 Uhr, Eintritt $ 10, Kind 3 – 17 Jahre $ 5, viele Parkplätze überdacht, keine WOMO-Plätze, lange Fahrzeuge müssten quer parken, 5 km westlich der East Fremont Experience).*

Schokobrunnen, Piratenschiff vor Treasure Island, künstlicher Vulkan des Mirage

Tanzende Wasserspiele der Bellagio Fontain

Las Vegas – History 'n' Facts

Las Vegas kommt aus dem Spanischen und bedeutet übersetzt »die Auen«. Tatsächlich sprudelte hier eine arthesische Quelle und versorgte eine Oase und die hier lebenden First-Nations.

Von den neuen Siedlern entdeckt wurde der Ort 1829 bei der Suche einer Alternativroute für den Old Spanish Trail. Diese etwa 2.000 Kilometer lange Route war im 19. Jahrhundert die wichtigste Verbindung von Santa Fe in *Nuevo Mexico* nach *California* an den Pazifik. Maultierkarawanen transportierten Güter wie Wolle und Decken aus New Mexico gegen Pelze und Talg aus Kalifornien, aber auch indianische Sklaven.
Zuerst als Mormonen-Siedlung, dann als Fort Baker diente der Ort wegen seiner Quellen als wichtige Station für die Trecks und ab 1905 für die Eisenbahn. Ab 1905 übernahmen Investoren und Spekulanten die Entwicklung der Stadt. 1931 wurden zwei wichtige Weichen für die Stadtentwicklung gestellt: Der Bau des Hoover Dams begann und Glücksspiel wurde in Nevada legalisiert. Zuerst wurden kleinere Casinos an der East Fremont Street gebaut. In den 1950ern wurde Las Vegas zum Ziel von Schaulustigen, die bis 1962 oberirdisch durchgeführten 119 Atombombentests auf dem etwa 100 Kilometer nordwestlich gelegenen Nevada Test Site sehen wollten.

Die Entwicklung des Las Vegas Boulevard begann 1946 mit dem Bau des *The Flamingo Hotel* mit klimatisierten Zimmern, Casino und Bühnensaal für opulente Shows, damals mit dem Ruf als luxuriösestes Hotel der Welt. In der Folge ließ die Cosa-Nostra weitere Casinos bauen und Gewinne verschwinden. Nach dem Aufdecken dieser Strukturen verlor die Stadt in den 1970ern und 80ern an Bedeutung.

Mit der Eröffnung des Mirage 1989 und seiner Siegfried & Roy Show mit weißen Tigern wurde ein neuer Aufschwung eingeleitet. Weitere Neubauten, ein Kongresszentrum und das CityCenter mit Hotels und Wohnungen schafften es, das Image der Stadt von der verruchten *Sin City* zu verwandeln in die familientaugliche *City of Entertainment*.

Der 1948 eröffnete internationale Flughafen *Harry Reid* grenzt im Südwesten an den Strip, so dass man beim Anflug die Skyline sehen kann.

New York New York

Übrigens sind auf der Liste der 20 größten Hotels der Welt, bezogen auf die Anzahl der Zimmer, 14 Hotels aus Las Vegas.

Schon seit 100 Jahren reichen die Las Vegas Springs nicht mehr, um die Stadt zu versorgen. 90 Prozent des benötigten Wassers stammen aus dem Lake Mead, dessen Wasserspiegel jedoch rapide fällt.

Was heute gemeinhin als Las Vegas bezeichnet wird, ist die Metropolregion mehrerer Städte. Zu ihnen gehören Las Vegas, Paradise, auf dessen Gebiet der größte Teil des Strip liegt, Spring Valley im Südwesten und Henderson im Südosten.

Unterkunft in Las Vegas

Wer mit dem Flugzeug in Las Vegas ankommt, benötigt für die erste Nacht ein Hotelzimmer. Davon gibt es gefühlt fast unendlich viele in allen Preiskategorien. Am besten sucht man nach eigenen Präferenzen in einer der Suchportale, z.B. www.expedia.de. Vor allem kurzfristig und außerhalb der Hauptreisezeit sind hier auch aufgrund der Vielzahl an Unterkünften richtige Schnäppchen zu finden.

Wer weder Wert auf eine Nacht am Strip legt, noch besonderen Luxus braucht, dem können wir das La Quinta Inn & Suites Airport South empfehlen. Es liegt am Südrand des Flughafens, vom Pool sieht man vor allem SouthWest-Maschinen landen. Frühstück ist inbegriffen, ebenso ein kostenloser Shuttle zum/vom Flughafen. Den früher kostenlosen Shuttle zum Südende des Strip gibt es leider nicht mehr, hier müsste man ein Uber rufen. Die Preise schwanken allerdings je nach Jahreszeit und sind zuletzt gestiegen. Das LV South Transit Center, bei dem die Deuce-Busse starten, ist vier Kilometer entfernt.

Parkmöglichkeiten für WOMOs am Strip

Die vielen, teils kostenlosen Parkhäuser der Hotels nützen WOMO-Fahrern herzlich wenig. Aber es gibt Alternativen.

Nördlich der Freemont Street hat das **Main Street Casino Brewery** große, offene Parkflächen, auf denen WOMOs bei ausreichend freiem Platz parken können, je nach Größe für erhöhten Tarif *(GPS N 36°10'25.1" W 115°08'37.2", Mo – Do $ 10/24 h, Fr – So $ 20/24 h, Tel. 800 465 0711)*. Von hier sind es gut 400 Meter zur Freemont Street Experience mit Anbindung an die Deuce-Buslinie.

Wer sowieso einkaufen muss, kann südlich des Strip den großen Parkplatz rund um das Einkaufszentrum **Las Vegas South Premium Outlets** nutzen *(GPS N 36°03'24.0" W 115°10'09.5", Rabatte* www.premiumoutlets.com/vip*)*. Hier ist eine der Stationen für den Deuce-Bus, der von dort zum Start-/Endpunkt South Strip Transit Terminal fährt, von wo er erneut seine Runde über den Strip startet *(s. ÖPNV)*. Am Terminal selbst ist es schwierig bis unmöglich, große Fahrzeuge zu parken.

ÖPNV auf dem Strip

Neben Uber und Taxis gibt es die kostenlosen **Trams**, die **Monorail** und **zwei Buslinien**. Noch ein wichtiger Hinweis: Taxis ist es nicht erlaubt, Passagiere direkt am Strip aufzunehmen oder aussteigen zu lassen.

Drei kostenlose Trams verbinden jeweils zwei oder drei Hotels. Die Haltestellen befinden sich teilweise hinten in den Hotels:

Mandalay Bay – Excalibur Tram 9 – 22.30 Uhr, verläuft vor den Casinos.

Fremont Street Experience: Posieren mit Showgirls und Vegas Vic

Bellagio – Citycenter – Park MGM Tram 8 – 4 Uhr, verläuft hinter den Casinos.
Mirage – Treasure Island Tram 7 – 2 Uhr, verläuft hinter den Casinos.

Oben die Tram, unten der doppelstöckige Deuce-Bus

Die beste Option für einen ausgiebigen Besuch des Strip bietet die Buslinie **The Deuce** mit ihren Doppeldeckerbussen. Sie bedient den ganzen Strip in Nord- und Südrichtung bis zur Fremont Street Experience, stoppt zwischen dem *Welcome to LV Sign* und *The STRAT* 16 Mal und benötigt dafür etwa eine halbe Stunde.

Auf der Südseite des Flughafens fährt diese Linie einen kleinen Bogen, bei dem die LV South Premium Outlets nur durch die südliche Southbound-Richtung bedient werden als vorletzte Station vor dem **Start-/Endpunkt LV South Strip Transit Terminal**. Von dort geht es Northbound wieder Richtung Strip und Fremont Street. *(2-Stunden $ 6, 24 Stunden $ 8, 3-Tages-Ticket $ 20 (Kinder bis 5 Jahre kostenlos), Tickets on-board (im Bus) oder an den TVM ticket vending machines (akzeptieren Kreditkarten), Fahrtzeiten täglich von 7 – 1 Uhr alle 10 – 15 Minuten, nachts etwa alle 20 Minuten).*

Die Linie **SDX** (Strip Downtown Express) operiert mit Gelenkbussen von 9 – 24 Uhr. Da sie nur sechs 6 Stopps am Strip macht, ist sie schneller und fährt auch die LV Premium Outlets North an. Tickets müssen vor Antritt der Fahrt gekauft werden.

Die **Monorail Las Vegas** verläuft vom MGM Grand bis zum Sahara Las Vegas und stoppt an sieben Stationen MGM Grand, Bally's, Paris, Flamingo, Harrah's & The LINQ, Las Vegas Convention Center, Westgate Las Vegas und Sahara. *($ 13 für Tagespass pro Person, Mo 7 – 12 Uhr, Di – Do 7 – 2 Uhr, Fr – So 7 – 3 Uhr).*

Um vom oder zum Internationalen Flughafen zu kommen, muss man am South Strip Transit Terminal umsteigen auf die Linien 108, 109 oder CX.

Die Pyramide des Luxor

WOMO-Miete in Las Vegas

Für eine Miete ab Las Vegas sprechen günstige Flugtarife und die Lage der WOMO-Vermieter in der Nähe des Flughafens. Die Stadt erscheint uns wesentlich entspannter als San Francisco oder Los Angeles mit kaum Staus auf den Straßen.

Allerdings ist es von Juni bis September unerträglich heiß in LV. Wer sich auf Pazifik und die Nationalparks der Sierra Nevada konzentriert, muss pro Richtung gute 400 Kilometer zusätzlich fahren.

Die gängigen Vermieter befinden sich östlich und südöstlich vom Flughafen entlang der Interstate US-515 und Boulder Highway SR-582. **Die Distanz zum Flughafen** beträgt: 9 km für El Monte, 10 km für Road Bear, 9 km für Escape und 19 km für Cruise America *(Angabe der Vermieter von Nord nach Süd)*. Travellers Autobarn liegt westlich des Strip in 7 km Entfernung.

Der Taxiservice in Las Vegas ist katastrophal mit langen Wartezeiten und hohen Preisen. Deswegen sollte man eine Uber-App installiert haben und überprüfen, ob die Bezahlungsmethoden funktionieren, oder bereits Bargeld am Flughafen gezogen haben.

Campingplätze in Las Vegas

Im Stadtgebiet selbst gibt es mehrere Campingplätze. Auf allen Plätzen ist mit Straßenlärm oder/und Fluglärm zu rechnen. Weitere Campingplätze sind bei den Ausflugszielen beschrieben. Die ersten beiden Plätze sind häßlich, aber liegen ideal am Strip.

001 Las Vegas – *Main Street Station RV Park*

GPS/Kontakt: N 36°10'34.5" W 115°08'35.6", 425 N Main St., Tel. 800 465 0711. **Öffnungszeit:** Ganzjährig. **Ausstattung:** Full Hookup, Sanitäranlagen, Duschen, Waschmaschinen, Zugang zum Pool des California Hotels (400 m). **Beschreibung:** Nackter Asphaltplatz mit Markierungslinien und wenigen Bäumen. Direkt unterhalb des Highway. **Preis:** Ab $ 45 + tax. **Anfahrt:** UT-95, exit 75B. **Hinweise:** 550 m zur Freemont Street Experience mit Anschluss an The Deuce Bus. Das Schwimmbad **Municipal Pool** ist direkt benachbart *(Mo – Fr 10 – 16 Uhr, Sa 12 – 17 Uhr, Tageseintritt $ 3, Kind $ 2, liegt östlich, 550 m)*. Im Sommer unerträglich heiß.

TOUR 1

002 Las Vegas – *RV Park Circus Circus*

GPS/Kontakt: N 36°08'23.5" W 115°09'52.3", 2880 S Las Vegas Blvd., Tel. 800 634 3450. **Öffnungszeit:** Im Februar/März geschlossen. **Ausstattung:** Full Hookup, Duschen, V/E (nur für Gäste), Waschmaschinen, Pool und Whirlpool saisonal. **Beschreibung:** Nackte Betonfläche mit aufgemalten Markierungen, direkt am Strip. **Preis:** Ab $ 56 + tax, Fr/Sa ab $ 73 + tax. **Anfahrt:** Zufahrt vom S Sammy Davis Junior Drive, der westlich parallel zum Strip verläuft. **Hinweise:** Am Nordrand des Strip. *Im Sommer unerträglich heiß*. Der Hotelpool mit Wasserrutschen kann für $ 10 p.P. pro Tag genutzt werden.

Das Oasis Las Vegas ist schöner angelegt mit kleinen Trennstreifen und Bäumen oder Palmen sowie einer Poollandschaft, aber auch viel teurer *(6 km zum Südende des Strip, ab $ 75 + tax, in den Ferien ab $ 90 + tax, US-15, exit 33, Blue Diamond Rd nach Osten).*

003 Oasis LV Resort – N 36°02'33.2" W 115°10'41.8"

Schlangestehen bei 44°C

An der gleichen Ausfahrt wie Oasis LV aber westlich des Highway liegt das LVM Las Vegas Motorcoach Resort mit Preisen ab $ 135 + tax/Nacht.

Entlang des Boulder Highway 582 Richtung Henderson gibt es mehrere RV Parks, die vor allem aus großen, vollgeparkten Asphaltflächen bestehen.

Bei den folgenden beiden sorgen zumindest bei einem Teil der Stellplätze Bäume für Schatten.

004 Las Vegas – *Arizona Charlie's Boulder RV Park*

GPS/Kontakt: N 36°07'28.9" W 115°04'38.4", 4445 Boulder Hwy., Tel. 800 362 4040. **Öffnungszeit:** Ganzjährig. **Ausstattung:** Sanitäranlagen mit Duschen und Toiletten, Full Hookup, free WiFi, Waschmaschinen, Pool. **Beschreibung:** Vor allem die hinteren Außenplätze haben etwas Schatten durch Bäume. Liegt an einer Buslinie in die Stadt. **Preis:** Ab $ 44 + tax. **Anfahrt:** Boulder Hwy SR-582 Richtung Henderson.

Alternative: Koa Journey at Sam's Town, Ausstattung ähnlich, neu angelegt mit sehr wenig Schatten, ab $ 73 + tax, Tel. 800 562 7270.

Zwei weitere Campingplätze gibt es am nördlichen Las Vegas Boulevard in ca. 9 Kilometer Entfernung vom Strip.

005 Las Vegas – *Hitching Post RV Park*

GPS/Kontakt: N 36°13'22.8" W 115°05'02.8", 3640 Las Vegas Blvd. N., Tel. 888 433 8402. **Öffnungszeit:** Ganzjährig. **Ausstattung:** Sanitäranlagen, Full Hookup, Pool, Waschmaschinen, free WiFi. **Beschreibung:** Asphalt und Schotter mit kleinen Bäumchen. **Preis:** Ab $ 45 + tax. **Anfahrt:** US-15, exit 48, 9 km nördlich der East Freemont Experience. **Alternative:** American Campground, 1 km näher, günstigster Platz der Stadt mit $ 26 + tax, sehr einfach, viele Dauercamper, Full Hookup, Tel. 702 643 1222.

Auf folgenden zwei Parkplätzen ist Übernachten von den Eigentümern bisher erlaubt oder geduldet.

006 Las Vegas – *The Orleans Hotel*

GPS/Kontakt: N 36°06'18.8" W 115°12'01.2", 4500 W Tropicana Ave. **Max. WOMOs:** 20. **Ausstattung:** Keine. Restaurants und Toiletten im Casino. **Beschreibung:** Riesiger Overflow-Parkplatz des Casinos. Kein Schatten. Hier parken auch Trucks mit laufenden Generatoren. **Anfahrt:** US-15, exit 37 »Tropicana Avenue West«, nach 1,5 km vor New Orleans Hotel rechts in Arville St. Zur Rückseite des Gebäudekomplexes. **Hinweise:** Der frühere Hotel-Shuttle zum Strip wurde eingestellt. Entlang der Tropicana Avenue sind es 2,5 km zum Strip auf Höhe New York New York. Vor dem Hotel und an der Kreuzung mit der Arville St. sind Bushaltestellen der Linie 201 zum Strip, Abfahrten etwa alle 20 min.

007 Las Vegas – *Railroad Pass Casino*

GPS/Kontakt: N 35°58'17.6" W 114°54'42.4", 1500 Railroad Pass Casino Rd. **Max. WOMOs:** 15. **Ausstattung:** Müllentsorgung, Lebensmittel in Tankstelle, Restaurant im Casino. **Beschreibung:** Casino und Tankstelle mit Travel Center und ausgewiesenen RV-Stellplätzen. **Anfahrt:** US-11, exit 15A »Railroad Pass Casino Rd«.

Gute Wünsche und Einladung: Die Rückseite des berühmten Schildes

Ausflüge rund um Las Vegas

In der näheren Umgebung von Las Vegas gibt es mehrere abwechslungreiche und spannende Ausflugziele.

Von Las Vegas aus bieten mehrere Unternehmen **Flüge über den Grand Canyon** an *(ab etwa $ 300 p.P.)*.

Ausflugsziele, die wir selbst anfahren können, sind in der Folge beschrieben, beginnend südöstlich der Stadt an der Westküste des Lake Mead und führt einmal im Uhrzeigersinn rund um Las Vegas. Zum Schluss folgt das Death Valley.

Lake Mead National Recreation Area

Eintritt: $ 25/7 Tage oder America the Beautiful. **Highlights:** Wassersport aller Art. **Klima:** Durchschnittliche Höchst-/Tiefsttemperaturen: Juli 42°/25 °C und Januar 14°/0°C. **Beste Reisezeit:** Mitte März – Ende Mai, Mitte September bis Ende Oktober. **Höhe:** 360 - 600 m.
Hinweis: Die Lake Mead National Recreation Area schützt und verwaltet die Ufer des Lake Mead.

Lake Mead – History 'n' Facts

Ab 1936 wurde der See durch den Hoover Dam aufgestaut. Neben der Wasserversorgung der angrenzenden Bundesstaaten Kalifornien, Arizona und Nevada betreibt er ein großes Wasserkraftwerk. Der See ist etwa 170 Kilometer lang, bis zu 150 Meter tief und kann auf einer Fläche von 660 Quadratkilometern 34 Milliarden Kubikmeter Wasser stauen. In den 1990ern erreichte der See das letzte Mal seinen Höchststand. In 2022 lag das Wasserlevel 60 Meter unter Maximal und der See war nur noch zu etwa 30 Prozent gefüllt. Starke Schneefälle im Winter 22/23 führten zu einem leichten Wiederanstieg des Wasserniveaus. Weitere Infos zum See und Staudamm sind in den Touren 2 und 10 zu finden.

Nahe bei Las Vegas liegt die **Lake Shore Road.** Hier finden sich zwei empfehlenswerte Campingplätze in inzwischen weiter Entfernung vom Wasser sowie Aussichtsplätze auf den See.

Lake Mead, Blick vom Boulder Beach Campground

Der einzige Overlook der Lake Shore Road, von dem aus der See vernünftig zu sehen ist, ist der **Sunset View Overlook** zwischen den beiden Campingplätzen (GPS N 36°05'48.7'' W 114°49'28.0'').

In der **Lake Mead Marina** können Wasserfahrzeuge aller Art gemietet werden. Allerdings wird für ein Jetski inzwischen ein Bootsführerschein benötigt. Diesen kann man kostenfrei aber mit viel Aufwand online ablegen, wobei Val von der Marina empfiehlt, den *study guide* auszudrucken für die anschließenden Quizfragen (boatus.org/free). Das **Visitor Center** befindet sich am Südende der Lakeshore Road *(s. Boulder Beach Campground)*.

008 Boulder City – *Boulder Beach Campground*

GPS/Kontakt: N 36°02'10.3'' W 114°48'09.5'', 268 Lakeshore Rd., www.recreation.gov , Tel. 702 293 8906. **Öffnungszeit:** Ganzjährig. **Ausstattung:** Picknicktische, Feuerringe, Spültoiletten, Trinkwasser, V/E (an der obersten Straße, nach der Einfahrt links). **Beschreibung:** 135 ebene, betonierte Stellplätze, asphaltierte Straßenringe, viel Grün und oft schattig durch Büsche und Eukalyptusbäume. Stellplätze am Rand mit Blick auf den See. **Preis:** $ 20. **Anfahrt:** Auf US-11 Richtung Hoover Dam/Kingman, Exit 2 Richtung Boulder City, rechts auf Lakeshore Rd. und vorbei am Visitor Center. **Hinweise:** Reservierbar. Hier leben Kolibris! Entfernung zum Seeufer knapp 1,5 km, zur Lake Mead Marina 3,5 km. **Alternative:** Lake Mead RV Village direkt nebenan, 115 Stellplätze mit Full Hookup, WiFi, Waschmaschinen, Propan, ab $ 50 + tax.

009 Boulder City – *Las Vegas Bay Campground*

GPS/Kontakt: N 36°07'41.8'' W 114°52'29.3'', Las Vegas Campground Rd., www.recreation.gov, Tel. 702 293 8906. **Öffnungszeit:** Ganzjährig. **Ausstattung:** Picknicktische, Feuerringe, Spültoiletten, Trinkwasser. **Beschreibung:** 85 überwiegend kurze Stellplätze zwischen Oleanderbüschen, Palmen und Pappeln. **Preis:** $ 20. **Anfahrt:** Vom South Boulder Hwy SR-582 in Henderson auf den East Lake Mead Parkway, nach dem Eingangshäuschen am Abzweig der Northshore Rd. geradeaus, nach 3,2 km links bei ein paar Palmen und erste links. **Hinweise:** Reservierbar. Der markierte ***Bluffs Trail*** startet an Platz 72 und führt oberhalb des grün bewachsenen *Las Vegas Wash* entlang.

TOUR 1

Bei unserer Runde um Las Vegas folgt im Süden die **Sloan Canyon National Conservation Area**. In diesem geschützten Gebiet der Mojave Wüste liegt die Sloan Canyon Petroglyph Site, die fast 1.700 Felszeichnungen unterschiedlichen Alters in 300 unterschiedlichen Felsbereichen aufweist. Das Gebiet ist kaum entwickelt. Zu den Felszeichnungen führt der Petroglyph Canyon Trail. Vom Parkplatz hat man eine weite Aussicht zur Skyline von Las Vegas vor den Spring Mountains.

Wanderung Petroglyph Canyon Trail, 6,6 km/170 Hm

Parken GPS N 35°55'00.1" W 115°07'34.0" *(Zufahrt asphaltiert, Wenden möglich)*. ***Nicht in der Sommerhitze begehen,*** zwischen den schwarzen Felsblöcken wird es extrem heiß! Reichlich Wasser mitnehmen!

Wir folgen den Fahrspuren zwischen den Infotafeln und der Visitor Contact Station in die spärliche Wüstenvegetation. Sie führen nach 900 Metern hinunter in den Trockenlauf. Hier biegen wir auf kiesig-sandigem Bachbett nach rechts ab in die Hügel, die von schwarzen, vulkanischen Felsblöcken übersäht sind. Im Verlauf rücken die Hügel enger zusammen. Nach dem Abzweig des steinigen *Trail 200* nach rechts folgt eine kleine Felsstufe, die rechts einfach zu erklimmen ist. Anschließend rücken die felsigen Hügel noch näher zusammen und formen einige steile Felswände. Wir erklimmen zwei weitere Felsstufen, bei der zweiten helfen kleine Felsvorsprünge wie Tritte auf der rechten Seite. Auch hier gibt es schon Felsritzungen auf den vielen schwarzen Blöcken, die Meisten und am besten Erhaltenen jedoch finden wir nach der nächsten Linkskehre.

Im Verlauf öffnet sich das enge Tal wieder, die Felsritzungen werden spärlicher und eine weitere, niedrige Felsstufe markiert das Ende des Trails und den Rückweg über *Trail 200* nach rechts. Dieser führt als schmaler, aber gut erkennbarer Pfad für 400 Meter aufwärts zum Pass und dann im Tal abwärts zurück zum bekannten Weg. Dort gehen wir links und verlassen den *Wash* vor dem Holzgatter nach links zum Parkplatz.

Südlich an der Interstate US-15 liegt ein beliebter freier Stellplatz mit sandig-fester Zufahrt.

010 Las Vegas – *Jean Dry Lake*

GPS/Kontakt: N 35°47'18.2" W 115°16'25.1", Las Vegas Blvd. S.
Max. WOMOs: 50. **Ausstattung:** Keine. **Beschreibung:** Höhe 830 m. Eine etwa 3 Quadratkilometer große, trockene Ebene. *Nach Regenfällen schlammig* und nicht befahrbar! Vom BLM offiziell für *Dispersed Camping* ausgewiesen. Kein Schatten. Wird von Offroad-Fahrern genutzt. **Zufahrt:** Interstate US-15 Richtung Barstow/Los Angeles, Ausfahrt 12 »Jean Goodsprings«. Links zwischen Terrible's Hotel & Casino und Truckstop hindurch, dahinter links auf asphaltierten Las Vegas Blvd., nach 2,4 km rechts auf Knight Ranch Road, ab dort 3,6 km auf leicht sandiger Piste mit ausreichend hoher Eisenbahn-Unterführung.
Hinweis: Auch entlang der Zufahrt gibt es schon Parkmöglichkeiten.

Wir umrunden Las Vegas weiter. Westlich von Las Vegas erheben sich die **Spring Mountains** mit dem 3.633 Meter hohen Mount Charleston. Den Namen bekam der kleine Gebirgszug von 54 ganzjährig wasserführenden Quellen. Er ist Heimat der Gopherschildkröte und wilder Esel und Pferde. Hier verbergen sich mehrere Ausflugsziele.

Am Südostrand in den vielfarbigen Sandsteinklippen liegt die **Red Rock Canyon National Conservation Area** 30 Kilometer westlich von Las Vegas. Die Red Rock Canyon Road SR 159 ist ein Straßenring, den wir für die Beschreibung von Norden befahren. Von diesem zweigt zuerst die Zufahrt zum Red Rock Campground nach links ab.

Wanderung beim Calico Basin

TOUR 1

011 Las Vegas – *Red Rock Campground*

GPS/Kontakt: N 36°07'49.6" W 115°23'01.0", 3293 Moenkopi Rd., www.recreation.gov, Tel. 702 515 5387. **Öffnungszeit:** In den Sommermonaten wegen Hitze evtl. geschlossen. **Ausstattung:** Überdachte Picknicktische, Trockentoiletten, Trinkwasser. **Beschreibung:** Höhe 1.040 m. 6 Plätze für WOMOs in flachem Wüstengelände mit spärlicher Vegetation, asphaltierte Zufahrt, Campingplatzwege sind geschottert. **Preise:** $ 25. **Anfahrt:** An der SR 159 links vor Erreichen der Felskämme, beschildert. Hinweis: Teilweise reservierbar von 01. Sept. bis 31. Mai.

Als nächstes führt ein Abzweig nach rechts zum **Calico Basin**. Hier befindet sich in der 90°-Rechtskehre vor den farbenprächtigen Calico Hills ein großer Parkplatz mit Picknicktischen. Stege leiten durch das **Feuchtgebiet der Quelle Red Spring**.

Vom Parkplatz nach rechts führt ein gut ausgebauter Wanderweg am Fuß der Klippen entlang zu einem Einschnitt. Wer mag, kann hier hochwandern zum Guardian Angel Pass und Aussichtspunkt (*gesamt 4 km/180 Hm*).

Zurück auf der SR 159 folgt der Abzweig in die Red Rock Canyon National Conservation Area.

Üppiges Grün auf dem Red Spring Boardwalk

Blick auf die farbenprächtigen Berge der Red Rock Canyon NCA

Red Rock Canyon National Conservation Area

Eintritt: $ 15 oder America the Beautiful Pass. **Highlights:** Aussichtspunkte und Wanderungen in rotem Felsenland. **Beste Reisezeit:** Mitte März – Ende Mai, Mitte September bis Ende Oktober. **Klima:** Durchschnittliche Höchst-/Tiefsttemperaturen: Juli 36°/21°C, Januar 12°/-2°C. **Höhe:** 1.120 - 1.350 m. **Hinweise:** Zwei Millionen Besucher pro Jahr.

Timed Entry Reservations vom 01. Oktober bis zum 31. Mai: Man muss online ein Zeitfenster buchen, während dessen man in den Park fahren kann (www.recreation.gov).

Im Sommer Tageshitze meiden und genug Wasser mitnehmen!
Geöffnet von 6 – 20 Uhr, März/Oktober 6 – 19 Uhr, Winter 6 – 17 Uhr.

Ein sehr kurvenreicher Straßenring führt als Einbahnstraße über 20 Kilometer durch das Wüstental, das von beeindruckenden Klippen in allen Rottönen gerahmt ist. Um zu den Felsen zu kommen, muss man aussteigen und zumindest eine kurze Strecke wandern.

Calico Tanks Trail, 3,5 km/125 Hm

Parken: GPS N 36°09'41.7" W 115°26'59.4".

Der kurze Calico Tanks Trail führt durch eine felsige Schlucht zu einem kleinen Wasserreservoir oben zwischen den Felsen. Auf der rechten Seite an diesem vorbei kommt man zum Calico View mit Blick ins Tal von Las Vegas und zur Skyline des Strip .

Eine Karte bekommt man von den Rangern an der Eingangsstation.

An der kurzen Seitenstraße Rocky Gap Road in der Red Rock Canyon NCA, die in die Felsen führt, liegt der Parkplatz für den **Lost Creek und Childrens Discovery Loop** *(GPS N 36°09'26.5" W 115°29'36.9" , 1,3 km/30 Hm, kein Platz für große WOMO).* 600 Meter weiter endet die asphaltierte Straße in einem geschotterten Wendekreis, hier führen Fußwege zu den Felswänden, an denen Petroglyphen zu entdecken sind.

Erstes Farmhaus von 1867 und alte Gebäude (unten)

Weiter führt die SR 159 durch dicht mit Joshua Trees bewachsene Berghänge zum **Spring Mountain Ranch State Park**, eine Oase mit grünen Grasflächen und bis zu 400 Jahre alten, schattenspendenden Bäumen und ein nettes Ziel an heißen Tagen. Hier kann man das eher kleine *Main Ranch House* besichtigen mit Einrichtung aus den 1960ern, das unter anderem der deutschen Schauspielerin Vera Krupp und dem Millionär Howard Hughes als Rückzugsort diente. Die alten Farmgebäude mit der Schmiede von 1860 sind nur von außen zu sehen. Rasenflächen laden ein zum Picknick *(Eintritt $ 15 pro Fahrzeug)*. Mehrere kurze Wanderwege zu einem See und Richtung Berge sind beschildert.

Die SR 159 führt in einem Bogen zurück nach Las Vegas, wobei der Schotterparkplatz der Wheeler Camp Spring kurz vor der kleinen Siedlung Blue Diamond die Möglichkeit einer Übernachtung bietet.

012 Wheeler Camp Sp. – N 36°03'18.6" W 115°25'07.4"

Die **Mount Charleston Wilderness Area** liegt ebenfalls in den Spring Mountains rund um ihren höchsten Gipfel. Dieses »*Sky Island*« genannte Gebiet bietet unterschiedliche Lebensräume und große Borstenkiefer-Wälder, die über 4.000 Jahre alt werden können. Im Winter fällt etwas Schnee, im Sommer ist es viel kühler

Schneereste am Mt. Charleston

Blick von oben in die flirrende Wüste beim Desert View Overlook

als in der Wüstenstadt, mit durchschnittlichen Höchstwerten von 27°C im Juli. Somit bietet Mt. Charleston die einzige Hitzefluchtmöglichkeit in der Nähe von Las Vegas. Das Gebiet ist ein El Dorado für Wanderer und Mountainbiker, die die Skilifte für ihre Abfahrten nutzen. Kurze, steilwandige Canyons können zu Fuß erforscht werden, die Aussicht vom Desert View Overlook ist grandios *(GPS N 36°20'11.2" W 115°37'44.1")*. Es gibt zwei Zufahrtsstraßen, die vom Highway US-95 beginnen, die südliche SR-157 Kyle Canyon Road und die nördliche SR-156 Lee Canyon Road. Jeweils kurz vor ihren Enden und an der hochgelegenen Querverbindung gibt es insgesamt drei Campingplätze.

013 Las Vegas – *McWilliams Campground*

GPS/Kontakt: N 36°18'37.8" W 115°40'40.9", Lee Canyon Rd., www.recreation.gov, Tel. 702 872 5486. **Öffnungszeit:** Im Winter abhängig von der Schneehöhe. **Ausstattung:** Picknicktische, Feuerringe, Spültoiletten, Trinkwasser. **Beschreibung:** Höhe: 2.620 m! 75 asphaltierte Plätze und Zufahrten im Kiefernwald. **Preise** $ 25. **Anfahrt:** Am Ende der nördlichen SR-156, 78 km/50 min von Las Vegas. **Hinweis:** Teilweise reservierbar. **Alternativen: Fletcher View Campground**, am Ende der südlichen SR-157 auf 2140 m Höhe, mit Strom. **Hilltop Campground** (s. Foto) *empfohlen max. 25 ft/7,60 m*, an der Querverbindung auf 2.540 m Höhe.

Das **Desert Wildlife Refuge** erstreckt sich auf über 6.500 Quadratkilometern zwischen der Stadt und dem Atomwaffentestgebiet im Norden. Es umfasst sechs niedrige Gebirgszüge mit dem höchsten Gipfel Hayford Peak (2.997 m) und sandigen Wüstentälern. Gegründet wurde es zum Schutz der Wüstendickhornschafe und es ist das größte Tierschutzgebiet der USA außerhalb von Alaska. Das Gebiet ist nur durch Pisten erschlossen.

Jetzt folgt die Fahrt ins **Death Valley**, eine großartige Wüstenlandschaft mit herausforderndem Klima.

Von Mai bis September ist das Befahren von Wüstenregionen bei den meisten Vermietern gar nicht oder nur mit äußerster Vorsicht erlaubt, wobei der Versicherungsschutz dadurch fragwürdig wird. In der Kurzform der Nutzungsbedingungen werden oft nur die Monate Juli und August und das Death Valley genannt.

Die beste Verbindung ins Death Valley führt über Pahrump und Death Valley Junction.

Die CA-160 verläuft über den 1.677 Meter hohen Mountain Springs Pass mit kleiner Ansiedlung, nördlich erheben sich die Rainbow Mountains und Mount Charleston, südlich Mt. Potosi (918 m). Auf der anderen Seite bietet die schmale, aber asphaltierte Lovell Canyon Road Übernachtungsmöglichkeiten auf mehreren freien Flächen neben der Straße *(z.B. 1,6 und 5 km vom Highway entfernt, Höhe etwa 1.500 m)*.

014 Lovell Canyon Rd. – N 36°01'53.0" W 115°33'17.5"

Dann rollen wir durch das weite Hochtal Richtung **Pahrump** *(45.000 Einwohner, Höhe 822 m, alle Einrichtungen)*. Nachdem die Weißen die Shoshonen vertrieben hatten, wurden hier vor allem Luzerne und Baumwolle angebaut sowie Vieh gehalten. Bis in die 1960er war der Ort weitgehend abgeschieden ohne Telefon und Asphaltstraße. Heute ist der sehr weiträumig angelegte Ort Heimat vieler Bordelle. Außerdem sind über zehn RV-Parks unterschiedlicher Qualität gelistet, von denen nun hier zwei folgen.

015 Pahrump – *Wine Ridge RV Resort*

GPS/Kontakt: N 36°11'25.8" W 115°56'44.4", 3800 Winery Road, Tel. 775 751 7805. **Öffnungszeit:** Ganzjährig. **Ausstattung:** Full Hookup, kleine Sanitäranlagen, Pool, free WiFi. **Beschreibung:** Großer Platz, alle Stellplätze mit Palmen und Grasstreifen. **Preis:** Juni – Aug. $ 22, Mar.-Apr. und Okt. ab $ 40, dazwischen $ 35. **Anfahrt:** Am Nordöstlichen Ortsrand, gegenüber von Maverik's Adventures First Stop in die Winery Road abbiegen.

016 Pahrump – *Lakeside RV Resort*

GPS/Kontakt: N 36°07'57.1" W 115°57'33.4", 681 S Highway 160, Tel. 775 751 7770. **Öffnungszeit:** Ganzjährig. **Ausstattung:** Full Hookup, Sanitäranlagen, Waschmaschinen, Pool, Whirlpool, kleiner Sandstrand. **Beschreibung:** Stellplätze rund um einen kleinen See unter hohen Kiefern, Oase in der Wüste, Fußweg um den See. **Preis:** Ab $ 55, Fr – So $ 65, Plätze am Ufer sind teurer. **Anfahrt:** Am südlichen Ortsrand in die Manse Road nach links, nach 6,4 km links.

Wir durchfahren den Ort auf der CA-160 und biegen am nördlichen Ortsrand beschildert links ab Richtung Death Valley. Der Bob Ruud Memorial Highway überquert eine niedrige Bergkette und führt vorbei am Ash Meadows National Wildlife Refuge. Im Refuge sprudeln mehrere Quellen in der Wüste und versorgen natürliche Pools, eine Oase für viele, auch endemische Tiere. Alle Wege sind nicht asphaltiert, es gibt keine Versorgung.

Death Valley Junction erweckt fast den Eindruck einer Ghost Town, aber das langgestreckte Amargosa Opera House und Hotel ist in Betrieb. Das nördlich von Death Valley Junction liegende Longstreet Inn & Casino bietet einen wenig schönen RV Park auf einer nackten Schotterfläche.

Wir biegen in Death Valley Junction erst rechts, dann beschildert Richtung Death Valley links ab. Noch vor Einfahrt in den Nationalpark folgt ein freier Platz auf der Passhöhe von 927 Metern.

017 Death Valley – *Desert Campside The Pads*

GPS/Kontakt: 36°20'26.1"N 116°35'55.6"W , Hwy. 190. **Max. WOMOs:** 25. **Ausstattung:** Keine. **Beschreibung:** Höhe 930 m. Zufahrt etwa 300 m Schotter, ebene Flächen und Betonpads eines früheren RV-Parks, der als Übernachtungsplatz für Mitarbeiter einer inzwischen geschlossenen Mine diente. In Sichtweite des Highways. **Anfahrt:** Auf der Höhe des langgezogenen Passes, links/Westseite.

Stille Weite im Death Valley

TOUR 1

Death Valley Nationalpark

Eintritt: $ 35/7 Tage (nicht bar!) oder America the Beautiful Pass. **Highlights:** Buntes Felsenwunderland, große Sanddüne, Salzsee, tiefster Punkt des amerikanischen Festlandes. **Beste Reisezeit:** Februar bis April und Oktober/November. **Klima:** Durchschnittliche Tageshöchst-/tiefstwerte Juli 41°/31°C, Januar 19°/4°C. **Hinweise:** Mai – September durchschnittliche Tageshöchstwerte über 40°C, nachts durchschnittlich über 20°C, im Juli/Aug. über 30°C. ***Kein oder unzuverlässiger Handyempfang***, am ehesten bei Furnace Creek und Stovepipe Wells. Free WiFi beim Furnace Creek Visitor Center.

Alle Zufahrtstraßen führen von etwa Null Meter NN über Gebirgspässe. Die am wenigsten steile Zufahrt verläuft Richtung Death Valley Junction (Passhöhe 927 m).

Für die meisten Wohnmobilvermieter gilt: ***Fahrten ins Death Valley zwischen Mai und September erfolgen auf eigenes Risiko***, im Juli und August sind sie in der Regel verboten! Bitte überprüfen Sie die Mietbedingungen Ihres Vermieters.

»Hottest, Driest and Lowest National Park« – das Death Valley ist ein Nationalpark der Extreme! Das Death Valley ist ein langgestrecktes Tal, das von allen Seiten umgeben ist von Bergketten, die steil bis zu 2.000 Meter und mehr emporragen. Dies führt zu extremem Hitzestau in der wärmeren Jahreszeit und zu fast vollständigem Regenschatten. Im Einzelnen:

Hottest: Im Sommer 2023 wurde der neuere Hitzerekord gebrochen mit einer Temperatur von 53°C Die Temperaturen direkt über dem Boden sind viel höher, der Asphalt kann sich auf 90°C aufheizen.

Driest: Durchschnittlich fallen im Jahr 5 Zentimeter Regen. Sommer-Monsunstürme können zu schweren Überflutungen führen mit massiven Schäden u.a. an Straßen.

Felsen im schicken Streifenlook am Zabriskie Point

Sandkasten der Superlative: Mesquite Flat Dunes

Lowest: Mit 86 Metern unter dem Meeresspiegel ist das Badwater Basin der tiefste Punkt des Nordamerikanischen Festlandes.

Die CA-190 ist die Hauptverbindung durch das Death Valley. Nach dem Passieren des Eingangsschildes folgt zuerst der Abzweig der Straße zum Berggipfel **Dantes View** auf 1.669 Meter (*max. 25 ft/7,60 m!*). Die Straße endet in einem großen Parkplatz kurz unterhalb des Gipfels mit Aussichtsbalkon. Hier befinden wir uns fast 200 Meter oberhalb des Badwater Basin und nur 3,7 Kilometer Luftlinie entfernt. Beeindruckend ist der Sonnenuntergang bei Dantes View.

»Hottest, Driest and Lowest National Park« mit weiter Wüstenlandschaft, bunt gestreiften Felsen, versteckten Canyons.

Unbedingt einen Stopp wert ist auch **Zabriskie Point**, von wo aus wir in eine unglaublich farbenprächtig und zerfurcht erodierte Felslandschaft blicken.

In der letzten Straßenkehre vor Erreichen des Tals passieren wir das *The Inn at Death Valley* in einer Palmenoase, das bei den vereinzelt auftretenden schweren Sommerfluten gegen die unvorstellbaren Wassermassen kämpft, die von der Straße geradeaus Richtung Inn strömen.

Beim direkt folgenden Abzweig haben wir Meeresniveau erreicht. Hier nach rechts führt die Badwater Road zu zwei weiteren Highlights: Der **Artists Drive** führt als 14,5 Kilometer lange und asphaltierte Runde durch die farbenprächtigen Rainbow Hills, die durch verschiedenste vulkanische Ablagerungen entstanden (*max. 25 ft/7,60 m, Einbahnstraße, Fahrzeit ca. 30-45 min*). Am schönsten leuchten die Farben im Nachmittagslicht.

TOUR 1

Dann folgt das abflusslose **Badwater Basin**, das mit Salz und salzigem Schlamm gefüllt ist. Das Basin ist Teil der Überreste des prähistorischen Lake Manly, der sich vor rund 150.000 Jahren auf etwa 150 Kilometern Länge erstreckte und bis zu 180 Meter tief war. Vom großen Parkplatz aus führen Holzstege in die aufgeplatzte Salz-Schlammebene. An deren Ende können wir auf dem breiten, glattgetreten Weg weiter in die Ebene laufen. Die Straße führt dann weiter nach Süden in die Einsamkeit des Badwater Basins und über Jubilee und Salsberry Pass (1.010 m) zurück nach Shoshone/Pahrump.

Wenn wir am Abzweig unterhalb des Inn der Straße nach rechts folgen, erreichen wir **Furnace Creek** mit allen Versorgungseinrichtungen des Parks, Infocenter und Rangerstation, kleinem Lebensmittelladen, Tankstelle, Golfplatz und Steakhaus, alles in einer grünen Oase.

018 Death Valley – *Furnace Creek Campground*

GPS/Kontakt: N 36°27'56.6" W 116°52'06.3", CA-190., www.recreation.gov, Tel. 760 786 3200. **Öffnungszeit:** Ganzjährig. **Ausstattung:** Picknicktische, Feuerringe, Trinkwasser, Spültoiletten, 18 Plätze mit Strom, dump station. **Beschreibung:** 91 asphaltierte Stellplätze für Vans/WOMOs. Hübsch angelegt mit genug Platz und einzelnen Buschreihen, kein Schatten. Teilweise Handyempfang. Duschen und Waschmaschinen gibt es gegen Gebühr bei der privaten Furnace Creek Ranch. **Preis:** $ 22, mit Strom $ 36. **Anfahrt:** Nördlich von Tankstelle und Visitorcenter links/westlich abbiegen. **Hinweis:** Reservierbar von 15. Oktober bis 15. April. **Alternativen:** Der große Sunset Campground bietet während der Wintermonate ab 15. Oktober 230 enggestellte Plätze auf einer großen, nackten Schotterfläche für $ 14.

Das Death Valley von oben, auf der Wanderung zum Wildrose Peak

Wasserfluten in Death Valley

Im August 2022 und 2023 kam es zu schweren Unwettern mit Schäden an der Infrastruktur. Hurricane Hilary brachte 2023 fast 56 mm Niederschlag an einem Tag, die ohne Rückhalt von den steilen Geröll- und Felshängen flossen, große Mengen Schutt mitbrachten und Parkstraßen unter- und wegspülten. Der Park war anschließend für fast zwei Monate gesperrt.

Nächster Abzweig ist der kurze Abstecher zum **Harmony Borax Works Interpretive Trail**, einem 600 Meter langen Lehrpfad zu den Resten der Boraxmine, Häusern und einem der berühmten *Twenty-Mule-Team-Wagon*, eines Erz-Wagens.

Vorbei an zwei Abzweigen nach Beatty (s.u.) und an der Schotterstraße zum Salt Creek Interpretive Trail erreichen wir die **Mesquite Flat Sanddunes**, ein weiteres Highlight des Parks. Vom Parkplatz können wir nach Belieben in und auf das Dünenfeld laufen. Besonders schön präsentiert es sich in den Morgen- und Abendstunden durch die Schattenwürfe. Auch der nächtliche Sternenhimmel ist ein unvergessliches Erlebnis. Jetzt haben wir alle wichtigen Highlights des Death Valley gesehen.

Auf der CA-190 folgt Stovepipe Wells Village mit Tankstelle, kleinem Geschäft und einem großen, enggestellten Campingplatz auf einer nackten Schotterfläche *(nur in den Wintermonaten ab 15. Oktober, $ 14)*. Der Abzweig Emigrant Canyon Road führt in die Berge und zu den Charcoal Kilns, Köhlerhütten *(max. 25 ft, am Ende nicht asphaltiert)*.

Die Charcoal Kilns

TOUR 1

Auf der CA-190 weiter nach Westen geht es hoch auf den Towne Pass *(1.511 m, Auffahrt nicht so kurvenreich, aber steil)*. Dann folgen mit Panamint Springs eine weitere Ansiedlung mit Tankstelle und RV Park *($ 30, mit Strom aus Dieselgenerator $ 60, Duschen)*.

Weiter nach Westen kommen noch die für WOMOs definitiv nicht befahrbare Straße zu den Darwin Falls sowie der Father Crowley Vista Point in den Rainbow Canyon, der aus unserer Sicht die anderen Aussichten aber nicht mehr toppen kann.

Wandern im Death Valley

Das Death Valley ist ein großartiges Wanderterrain, im Winterhalbjahr. Im Frühjahr und Herbst, wenn es nachts noch abkühlt, sind auch die Morgenstunden eine gute Zeit. Im Sommer kühlt es auch nachts nicht ab! Nicht umsonst sind die zusätzlichen Campingplätze nur von Mitte Oktober bis Mitte April geöffnet.

Unterschätzen Sie die Hitze nicht! Weil die Luftfeuchtigkeit sehr niedrig ist, ist Trinken extrem wichtig.

Neben den hier beschriebenen kurzen Lehrpfaden sind z.B. Golden Canyon und Mosaic Canyon zwei wunderschöne Wanderungen mit kurzen Kraxeleinlagen, für die man sich Informationen beim Visitor Center einholen und seine Fähigkeiten gut einschätzen sollte (siehe Wandern). Auch den Weg auf die höchste der Mesquite Flat Dunes Kuppen darf man nicht unterschätzen, denn Wandern im Sand ist sehr anstrengend, und die Sonne ist unerbittlich.

Beeindruckend mit weiten Aussichten über das Death Valley ist die Halbtages-Tour auf den Wildrose Peak, die am Ende der Emigrant Canyon Road startet.

Mosaic Canyon und Golden Canyon

So kündigt sich Beatty für Reisende aus dem Death Valley an

Wer vor Erreichen der Mesquite Flat Sanddünen nach Norden abbiegt, hat zweierlei Optionen:

Erstens geht es asphaltiert nach Norden durch das Death Valley zum Mesquite Spring Campground, zu Scotty's Castle *(ehemaliger Privatbau, geschlossen seit der Flut 2015)* und zu einer nördlichen schmalen Passstraße aus dem Tal, sowie zum **Ubehebe Crater**, einem Vulkankrater, in den hinein und um dessen Rand markierte Wanderwege führen (*Bei Wanderung in den Krater bitte Rückanstieg berücksichtigen, Weg auf Kraterrand ist ca. 3 km lang*).

019 Death Valley – *Mesquite Spring Campground*

GPS/Kontakt: N 36°57'51.3" W 117°22'04.7", Scotty's Castle Road, Tel. 760 786 3200. **Öffnungszeit:** Ganzjährig. **Ausstattung:** Picknicktische, Feuerringe, Trinkwasser, Spültoiletten, V/E. **Beschreibung:** 40 Stellplätze auf 550 m Höhe zwischen niedrigem Bewuchs, Zufahrt asphaltiert, kein Handyempfang. Nicht reservierbar. **Preis:** $ 14. **Anfahrt:** 56 km ab Abzweig von der CA-190 Richtung Scotty's Castle.

Zweite Option bei Abzweig vor den Mesquite Flat Dunes ist das Verlassen des Nationalparks nach Osten über die steile und kurvenreiche Straße über den Daylight Pass (1316 m) Richtung Beatty. Sie führt vorbei an der **Rhyolite Gost Town**. In Beatty gibt es alle Versorgungsmöglichkeiten einschließlich dreier RV-Parks, von denen einer empfehlenswert ist.

020 Beatty – *Death Valley Inn & RV Park*

GPS/Kontakt: N 36°54'14.9" W 116°45'20.1", 851 US-95, Tel. 775 553 9400. **Öffnungszeit:** Ganzjährig. **Ausstattung:** Full Hookup, Sanitäranlagen, Waschmaschinen, Pool. **Beschreibung:** Große Schotterfläche mit 2 Bäumen pro Platz, gepflegt, typisch für RV Park relativ eng aber selten voll. **Preis:** $ 40. **Anfahrt:** An der US-95 am südlichen Ortsrand.

Bahnhof der Rhyolite Ghost Town

Tour 2

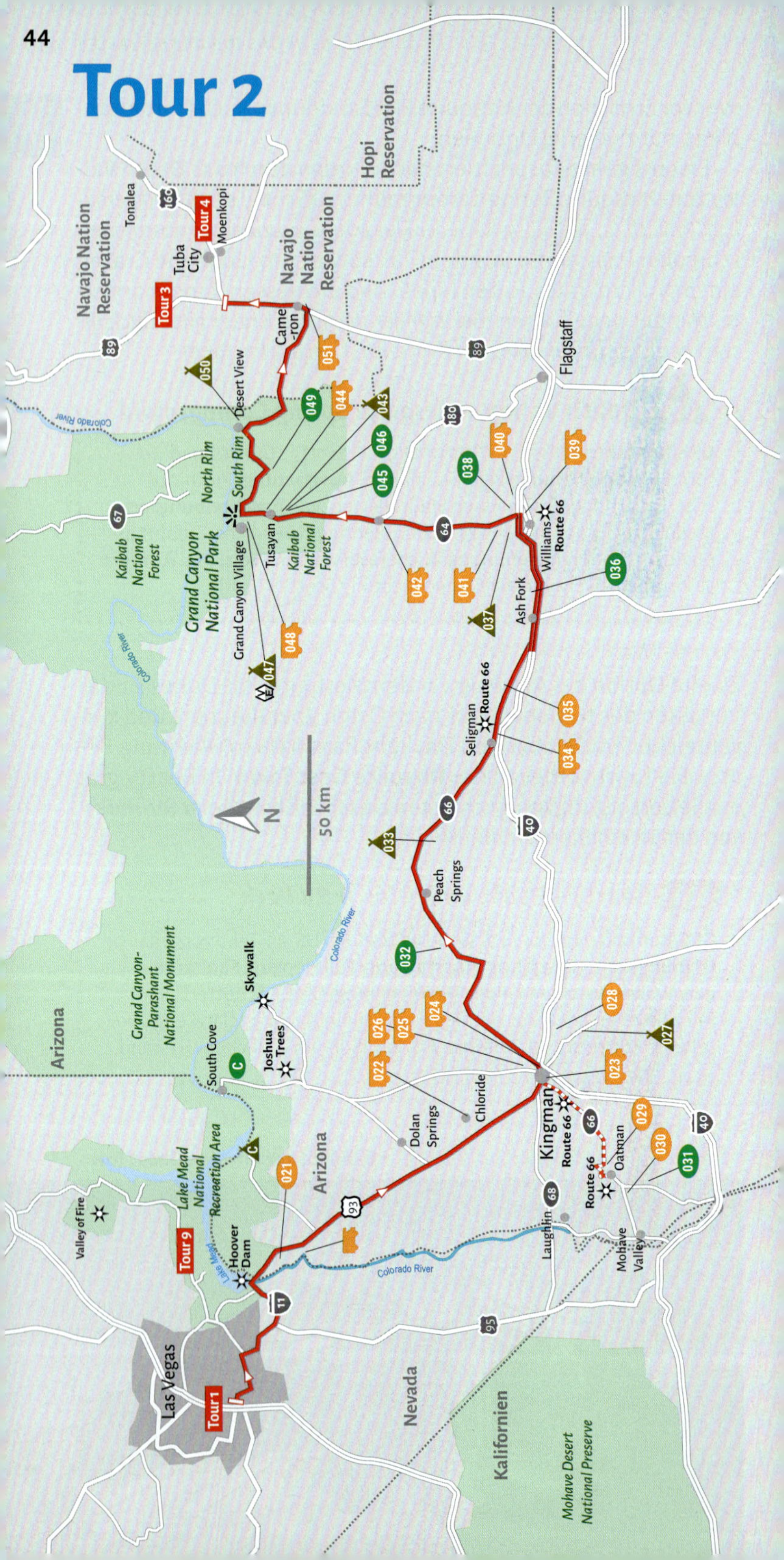

Navajo Nation Reservation
Hopi Reservation
Tonalea
Tuba City
Moenkopi
Tour 3
Tour 4
Cameron
Flagstaff
Desert View
South Rim
North Rim
Kaibab National Forest
Grand Canyon National Park
Grand Canyon Village
Tusayan
Williams
Route 66
Ash Fork
Seligman
Peach Springs
Colorado River
N
50 km
Grand Canyon-Parashant National Monument
Skywalk
Joshua Trees
South Cove
Arizona
Lake Mead National Recreation Area
Valley of Fire
Tour 9
Hoover Dam
Lake Mead
Dolan Springs
Chloride
Kingman
Oatman
Laughlin
Mohave Valley
Las Vegas
Tour 1
Nevada
Kalifornien
Mohave Desert National Preserve

Über die Route 66 zum Grand Canyon

540 km

Mit dem Grand Canyon und der Route 66 warten große Sehenswürdigkeiten des Südwesten auf Sie! Bei den Orten an der Route 66 empfiehlt es sich, eine Auswahl zu treffen. Für den Grand Canyon hingegen sollten Sie sich mindestens einen ganzen Tag und eine Nacht Zeit nehmen. Einen Vorschlag für einen abwechslungsreichen Tag am Grand Canyon mit den wichtigsten Highlights und ruhigen Aussichten finden Sie im Text. Jetzt also unsere Tipps für diese Tour:

- **Hoover Dam**
- **Kingman, Seligman oder Williams mit Route 66-Flair**
- **Wanderung mit Blick in den Grand Canyon**
- **Yaki Point um die Stille zu genießen**
- **Hopi Point für den Sonnenuntergang**

Um Ihre Wahl für einen der Route 66-Orte zu vereinfachen, folgt hier schonmal eine kurze Einordnung: Kingman mit Museen und Wandbildern, Seligman für Nostalgiker, Williams als Kleinstadt mit Route 66-Flair und Oatman für Abenteuerer mit nicht zu großem Fahrzeug.

Und vorab noch ein Hinweis zum Grand Canyon: Der Südrand liegt auf über 2.000 Metern Höhe mit kalten Wintern und heißen Sommern, der riesige Campingplatz im Wald ist oft frühzeitig ausgebucht.

Blick vom Maricopa Point über den Grand Canyon

Zeitzonen

Nevada, Las Vegas -9 Stunden zu MEZ, Pacific Standard Time (PST), von Mitte März bis Anfang November Pacific Daylight Time (PDT).
Bitte beachten: Zeitumstellung verschoben zu Deutschland, deshalb -8 Stunden, wenn in Nevada schon/noch Sommerzeit herrscht.

Arizona, ab Hoover Dam -8 Stunden, zur Sommerzeit -9 Stunden zu MEZ, ganzjährig Mountain Standard Time (MST).

Im Navajo Reservat -8 Stunden, Mountain Standard Time (MST) und Mountain Daylight Time (MDT). Vorsicht, unterschiedliche Umstellung zu Sommerzeit möglich.

Wir verlassen Las Vegas Richtung Süden. Auf der Interstate US-11 rollen wir in Richtung Kingman.

Zum **Hoover Dam** führt ein Abstecher *(US-11, exit 2 »Hoover Dam«, im Kreisverkehr 3. Ausfahrt und an der T-Kreuzung rechts auf NV-172, beschildert)*. Wer mit einem RV kommt, kann entweder etwa einen Kilometer vor dem Damm parken beim Memorial Bridge Plaza oder muss über den Damm auf die Ostseite fahren. Da die Durchfahrt nach Arizona gesperrt ist, geht es anschließend auf gleichem Weg zurück auf den Highway.
Jetzt im Einzelnen: Von der NV-172 führt der erste Abzweig nach links zum **Lakeview Overlook**, einer der wenigen Aussichtspunkte, der trotz sinkenden Wasserspiegels steil und nah über dem See liegen. Einzig die Stromleitungen stören die freie Aussicht auf den See. Unterhalb des Aussichtspunktes verläuft der Historic Railroad Hiking Trail durch einen seiner vielen Tunnel.

Anschließend folgt der **Security Check Point**. Zur Sicherheit des Dammes werden hier alle Fahrzeuge überprüft. Dann lohnt ein Stopp rechts auf dem **Memorial Bridge Plaza**, denn von hier führen Treppen und Serpentinen hoch zu Betonrotunden und von dort auf einen Fußweg auf der neuen Brücke in 270 Metern Höhe über dem Colorado und mit Blick auf den Damm. Der Fußweg endet auf der anderen Brückenseite.

Aussicht auf Lake Mead vom Lakeview Overlook

RVs und alle Oversized Vehicles müssen anschließend den Damm überqueren ohne zu halten und dürfen auf dem ersten Parkplatz nach dem Damm parken für $ 10 oder weiter oberhalb kostenlos. Nach zwei engen Straßenkehren folgt der Hoover Dam Overlook, vom dem man allerdings nur Damm und Fels sieht, aber kaum Wasser. Nach dem Parkplatz mit Wendemöglichkeit ist die Straße gesperrt, zurück geht es auf gleichem Weg.

Auf dem Damm können verschiedene Touren gebucht werden *(Visitor Center mit Aussichtsplattform $ 10. Powerplant Tour $ 15, zusätzlich durch die originalen Bautunnel zur Aussicht auf die Druckstollen mit 10 Meter Durchmesser, durch die das Wasser des Colorado zu den Turbinen schießt, sowie in das Turbinenhaus auf der Nevada-Seite mit acht Turbinen. Dam Tour $ 30, zusätzlich in einen der Inspektionstunnels des Dams).*

Hoover Dam – History 'n' Facts

Von 1931 bis 1935 wurde der Hoover Dam gebaut mit einer Höhe zur Dammkrone von 221 Metern. Am Fuß ist er 201 Meter breit, auf der Krone 14 Meter. Für fast 30 Jahre war er der höchste Staudamm der Welt. Während des Baus wurde der Colorado durch zwei Tunnel auf beiden Seiten der Schlucht geleitet, um die Baustelle trocken zu legen. Um die beim Aushärten des Betons freiwerdende Wärme abzuleiten, den Prozess zu beschleunigen und Risse zu vermeiden, wurde der Damm aus vielen trapezförmigen Blöcken von 1,50 Meter Höhe gegossen, die von 2,4 cm dicken Wasserleitungen zur Kühlung durchzogen waren. Mit der Inbetriebnahme der letzten Turbine erreichte das Wasserkraftwerk eine Nennleistung von 1.335 MW, das entspricht etwa einem mittleren Atomkraftwerk. Der Hoover Dam liegt zur einen Hälfte in Arizona und zur anderen in Nevada und damit in zwei Zeitzonen. Bis zum 19. Oktober 2010 trug der Damm den gesamten Verkehr der US-11. Dann wurde er mit Fertigstellung der neuen Brücke für den Durchgangsverkehr gesperrt und ist nur noch von Nevada/Westen aus erreichbar.

Abendstimmung am Lake Mead

TOUR 2

Mike O'Callaghan-Pat Tillman Memorial Bridge

Diese nach einem Gouverneur sowie einem in Afghanistan gefallenen US-Soldaten/American Football-Spieler benannte Brücke wurde ab 2005 gebaut und 2010 eröffnet. Als Betonbogenbauwerk schwingt sie sich in 270 Metern Höhe über den Colorado River. Sie liegt 85 Meter höher und knapp 500 Meter südlich des Hoover Dams und wird heute noch in der *Liste der höchsten Brücken der Welt* geführt.

Durch hügelige Geröllwüste fahren wir auf der US-93 Richtung Süden, rechts von uns fließt der Colorado, von der Straße aus nicht sichtbar. Es folgt exit 2 »Kingman Wash«, die dazugehörige Straße führt ebenfalls zum Damm, ist aber gesperrt.

Bei der nächsten »Mini-Abfahrt« startet eine wunderbare, aber schwierige Wanderung zu den **Arizona oder Ringbolt Hot Springs** und an das Ufer des Colorado. Sie darf nur mit Wanderkarte und entsprechender Erfahrung unternommen werden *(Parken GPS N 35°58'49.0" W 114°41'52.9", 9,5 km/370 Hm)*.

Dann folgen zwei Übernachtungsmöglichkeiten: Für kleine Fahrzeuge in Schotterbuchten am Anfang der Crane's Nest Road *(beschildert: Rough Road, No Turn Around)* oder auf dem folgenden Scenic View, beide in Sichtweite des Freeway.

021 Crane's Nest Rd. – N 35°56'42.6" W 114°38'41.2"

Die **Willow Beach Marina** mit überdachten Picknickplätzen bietet einen Zugang zum Colorado River auch ohne Wandererfahrung. Im Fluss darf wegen gefährlicher Unterströmungen nicht gebadet werden. Das Gebiet gehört zur Lake Mead National Recreation Area und ist gebührenpflichtig *($ 25/7 Tage oder America the Beautiful Pass)*. Ein Campground liegt 600 Meter abseits vom Fluss, bietet alle Einrichtungen wie Full Hookup und Duschen, ist mit $ 70 sehr teuer. Vor allem an Wochenenden ist die Marina sehr beliebt.

Blick auf den Colorado vom Scenic View

Der nächste Abzweig nach links führt zur Temple Bar Marina mit einem ruhigen Campground nahe am Lake Mead ($ 20). Der Highway arbeitet sich

Beliebt bei den Bewohnern von Las Vegas: die Willow Beach Marina

langsam hoch auf ein Wüstenplateau, das unter anderem seit Dezember 2020 Standort einer großen Windfarm mit 126 Windrädern und einer Nennleistung von 350 MW ist.

Dann zeugen Tankstellen am Highway von unbenannten Siedlungen und den kleinen Orten Dolan Springs und Chloride.

Durch **Dolan** führt die asphaltierte Pierce Ferry Road an den Lake Mead zur **South Cove Marina** *(78 Kilometer one-way)* und zum **Grand Canyon Sky Walk.** Dabei streift sie das große Gebiet des **Arizona Joshua Tree Forest**, das sich im Straßendreieck mit der Diamond Bar Road erstreckt *(kurzer Lehrpfad GPS N 35°51'43" W 114°04'55". Links Hwy. 25 zum Lake Mead, rechts Hwy. 61 zum Skywalk, s.u.)*. Bei South Cove fließt der Colorado in den Lake Mead. Die Bootsrampe ist geschlossen, *Primitive Camping* ist erlaubt. Für die Weiterfahrt nach Kingman könnte man die ebenfalls asphaltierte Stockton Hill Road wählen.

Joshua Trees

Grand Canyon Skywalk

Die Glasbodenbrücke schwebt in etwa 700 Metern Höhe über einer Seitenschlucht des Grand Canyon, über einer etwa 250 Meter senkrecht abfallenden Felswand. Von hier kann man den Colorado in 2,2 Kilometern Entfernung sehen, die Höhendifferenz zum Fluss wird mit 4.000 Fuß/1.200 m angegeben. Fotografieren ist verboten, es werden professionelle Fotos zum Verkauf angeboten *(genereller Eintritt und Glasbodenbrücke $ 64 + tax. Pakete mit Helikopterflug oder Whitewater-Rafting $ 400)*.

An der Kreuzung Flughafen – Skywalk kann man geradeaus bis zum Guano Point fahren *(asphaltiert, Wendehammer, Eintrittsticket Skywalk notwendig)*. Hier führt ein kurzer Fußweg zu einem Aussichtspunkt hoch über dem Colorado, oft als bester Platz beschrieben, von dem aus man den Fluss auf mehreren Kilometern Länge sehen kann, und zu den Ruinen einer alten Lastenbahn.

Der Skywalk wurde für 30 Millionen Dollar gebaut und 2007 eröffnet. Die Hoffnung auf geringere Arbeitslosigkeit der Hualapai wurde nicht erfüllt.

Santa Fe Steam Engine in Kingman

Chloride *(230 Einwohner, 1.230 m)* entstand in den 1860ern wegen der Silberminen. Zu Hochzeiten lebten hier 5.000 Menschen. Heute betreibt die Historische Gesellschaft ein Museumsgelände, wo sich in alten Hütten der Minenarbeiter kleine Geschäfte verbergen *(GPS N 35°24'49.0" W 114°11'54.7")*. Am westlichen Ortseingang liegt der alte Friedhof. Außerdem gibt es den einfachen, aber gepflegten Chloride Western RV Park *(Tel. 928 565 4492)*.

022 Westerner RV – N 35°24'50.5" W 114°12'10.5"

Über den 1.158 m hohen Coyote Pass rollen wir hinunter nach Kingman. An der Cerbat Foothill Recreation Area südlich des Highway starten mehrere Wanderwege, aber Vorsicht: Übernachten ist hier inzwischen verboten.

Kingman, Metropolregion

Einwohner: 213.000. **Höhe:** 1.016 m. **Infrastruktur:** Alle Versorgungsmöglichkeiten. **Klima:** Mittlere durschnittliche Tages-/Nachttemperatur im Juli 36°/21°C, im Januar 13°/0°C. Im Sommer werden *Tageshöchstwerte von 45°C* erreicht! **Beste Reisezeit:** Frühjahr und Herbst.
Propan und V/E: Flying J Travel Center, auch Duschen und Waschmaschinen (Truck Stop), GPS N 35°13'12.0" W 114°00'27.2".

Das Eingangsportal von Kingman an der historischen Route 66

Kingman dient oft nur als Einkaufsstopp auf dem Weg zum Grand Canyon. Jedoch lohnt – außerhalb der extrem heißen Sommermonate – durchaus ein Aufenthalt in der Stadt an der Route 66 zum Entdecken der murals *(Wandbilder)*, der Relikte aus der Hochzeit der Eisenbahn und vielleicht auch für eine kurze Wanderung zu den Spuren der Wagon Trecks aus den 1870ern. Kingman bietet mehrere Übernachtungsmöglichkeiten, im Sommer sind die Hualapai Mountains im Südosten zu empfehlen.

Kingman – History 'n' Facts

Kingman war und ist vor allem ein wichtiger Verkehrsknotenpunkt. Der Ort entstand aus den Siedlungen, die hier entstanden wegen der Silber- und Goldfunde in den umgebenden Bergen in der 2. Hälfte des 19. Jahrhunderts. Lag der Ort zuerst an der Beale Wagon Road, so kam in den 1880ern eine Eisenbahnlinie hinzu, von Lewis Kingman geplant. In den 1920ern entstand dann die Route 66, die als eine der ersten befestiegten Straßenverbindungen von Ost nach West noch heute viele nostalgische Erinnerungen birgt. Sie wurde in den 1940ern weitgehend abgelöst von der Interstate US-40.

Inzwischen wirbt Kingman mit der Route 66 und mausert sich vom reinen Übernachtungsplatz zu einem Besichtigungsziel.

City Walk Kingman

Parken GPS N 35°11'19.5" W 114°03'32.5" (Museum) oder N 35°11'25.0" W 114°03'33.6" (Locomotive Park). Wir starten unsere Besichtigung beim **Arizona Route 66 Museum im Powerhouse**. Das dortige Visitor Center zeigt verschiedenste Artefakte der berühmten Straße einschließlich Fahrzeugen und einer alten Ladenzeile *(9–16 Uhr, ab 13 Jahre $ 10, gilt auch für das Mohave Arts Museum und Bonelli Haus)*. Im Visitor Center gibt es eine Broschüre zum *Historic Kingman walking trail*. Vom Visitor Center aus sehen wir die aktuelle Amtrak-Zuglinie.

Im Locomotive Park gegenüber ist die alte Dampflok **Santa Fe Steam Engine** ausgestellt und kann kostenlos betreten werden. Das **Welcome-to-Kingman-Sign** spannt sich als Portal über die Straße auf der Nordseite des Parks.

Vom Portal aus nach Westen liegt das **Mohave Arts Museum** mit einem *mural*, einem Wandbild, an der

Im Museum im Powerhouse

seitlichen Außenwand links. Das Museum gilt als bestes der drei, zeigt Ausstellungsstücke der regionalen First Nations, aktuelle Kunst und gibt Einblick in Geschichte und Kultur *(Di – Sa 9 – 16 Uhr, ab 13 Jahre $ 10 für alle drei Museen)*.

200 Meter weiter befindet sich auf der linken Seite der Kingman Cerbat Justice Court mit einem mural zur Beale Wagon Road.

Vom Portal aus nach Osten spazieren wir durch Historic Downtown mit weiteren murals. Bei der 5th Street blicken wir schräg links auf das »Get your Kicks on Route 66«-Mural. Schräg gegenüber liegt das Grand Canyon Brewing mit authentischem Ambiente, vielen Biersorten und ansprechender Speisekarte.

An der 5th Street gehen wir nach links zu den Wassertürmen und dem **Railroad Museum** im historischen Railroad Depot von 1907. Freiwillige haben hier Modelleisenbahnen installiert, durch Panoramafenster kann man die real vorbeifahrenden Züge erblicken *(Fr – So 10 – 16 Uhr, ab 12 Jahre $ 2)*. Von hier sind es 550 Meter zurück zum Visitor Center (gesamte Runde: 3,1 km).

Zum Museums-Triple gehört das Bonelli House, ein Wohnhaus aus Vulkangestein von 1915 *(an der Kreuzung 5th Street 2 Blöcke links, Di – Fr 11 – 15 Uhr)*.

Wer Spaß an großen Straßenevents hat: Der **Route 66 Fun Run** findet am ersten Wochenende im Mai statt, ein Festival mit riesiger Oldtimerparade von Seligman nach Kingman *(Samstag)* und weiter über Oatman nach Topock *(Sonntag)*.

White Cliffs Wagon Trail, 500 m/1,6 km bis 3,9 km/100 Hm

Kleiner Parkplatz, GPS N 35°12'06.9" W 114°03'25.9", Zufahrt einspurig, asphaltiert. Vorsicht: Nicht geradeaus die Darby Lane hoch *(verblockt)*, sondern westlichen Bogen über Cerbat Ave. fahren.

Etwa ein Kilometer nördlich der *Historic District* sind auf dem White Cliffs Wagon Trail aus den 1870ern zwei Wanderwege ausgeschildert von 1,6 und 3,9 km Länge. Es lohnt aber auch, nur etwa 250 Meter über die Brücke und an den beeindruckenden Klippen vorbei zu spazieren, um zu dem Bereich zu kommen, wo sich tiefe Wagenspuren in den Fels gegraben haben. Löcher rechts und links im Fels dienten als Ankerpunkte für Bremshölzer für die schweren Erzwagen, die von den Minen in Richtung Stadt fuhren.

In Kingman selbst gibt es sechs *Campgrounds* und RV Parks, von denen hier vier zur Auswahl beschrieben sind. Der Campingplatz in den südöstlichen Hualapai Mountains (Stellplatz 027) verspricht im Sommer angenehmere Temperaturen.

023 Kingman – *Fort Beale RV Park*

GPS/Kontakt: N 35°11'32.2" W 114°03'58.7", 300 Metcalfe Road, Tel. 928 753 3355. **Öffnungszeit:** Ganzjährig. **Ausstattung:** Sanitäranlagen, Full Hook-up, Pool, free WiFi, Waschmaschinen, Propan. **Beschreibung:** Höhe 1.030 m. Für einen privat geführten Platz recht große Stellplätze mit je einem Baum auf Schotter, asphaltierte Zufahrt, sehr zentrale Lage (800 m vom Visitor Center entfernt). Verkehrslärm, weil direkt neben der Autobahn. **Preis:** $ 50 + tax. **Anfahrt:** US-40, exit 48, Richtung Historic District, dann 1. links.

024 Kingman – *Sunrise RV Park*

GPS/Kontakt: N 35°12'59.3" W 114°00'48.6", 3131 MacDonald Ave., Tel. 928 753 2277. **Öffnungszeit:** Ganzjährig. **Ausstattung:** Picknicktische, Full Hookup, free WiFi, Toiletten und Duschen, Waschmaschinen. **Beschreibung:** Geschotterte Stellplätze unter Kiefern mit betonierten Zufahrten, 6 km zum historischen Zentrum, liegt direkt am Straßenkreuz Hwy. 93/Route 66. **Preis:** $ 50 + tax. **Anfahrt:** US-40 Exit 53, Richtung *Historic District*, sofort rechts.

025 Kingman – *Zuni Village RV Park*

GPS/Kontakt: N 35°13'29.1" W 114°00'49.7", 2840 Airway Ave., Tel. 928 692 6202. **Öffnungszeit:** Ganzjährig. **Ausstattung:** Picknicktische, Full Hookup, Sanitäranlagen, Waschmaschinen, Pool. **Beschreibung:** Ruhige Lage im »neuen« Kingman, Schatten-Bäume für die meisten Stellplätze, geschotterte Plätze und asphaltierte Zufahrten. **Preis:** $ 43 + tax. **Anfahrt:** US-40 exit 53, Richtung Kingman Airport, bei der großen Kreuzung nach Teilung der Fahrbahn durch Grünstreifen links, nach 1 km links.

026 Kingman – *KOA Journey*

GPS/Kontakt: N 35°14'03.4" W 114°01'05.6", 3820 N Roosevelt St., Tel. 800 562 3991. **Öffnungszeit:** Ganzjährig. **Ausstattung:** Strom, Sanitäranlagen, Whirlpool, Waschmaschinen, Propan. **Beschreibung:** Geschotterte Stellplätze, teilweise mit Hecken oder Bäumen. **Preis:** Ab $ 45 + tax. **Anfahrt:** Vorbei an Zuni Village RV Park und 5. rechts in N Roosevelt St.

Auf dem Nature Walk Trail in den Hualapai Mountains

Der **Hualapai Mountain Park** befindet sich südöstlich der Stadt hoch über der Wüste am Fuß des 2.371 Meter hohen Hualapai Peak. Er lockt mit Wanderwegen im Kiefernwald, schönen Aussichten, Temperaturen von 10 – 15°C unter denen in Kingman und im Winter manchmal mit Schnee *(Mohave County Park, geöffnet Sonnenauf- bis untergang, Eintritt $ 10/Tag).*

Unbedingt empfehlenswert ist der kurze **Nature Walk Trail**, der an einer Bank auf der dem RV Park gegenüberliegenden Straßenseite startet.

027 Kingman – *Hualapai Mountain Campground*

GPS/Kontakt: N 35°05'57.8" W 113°53'05.1", 6250 Hualapai Mountain Rd., Tel. 928 753 8611. **Öffnungszeit:** Mai – Oktober. **Ausstattung:** Picknickbänke, Feuerringe, Toiletten. **Beschreibung:** Höhe 1.880 m. 70 Stellplätze im hohen Kiefernwald. Für größere RV nur wenige Plätze, bei der ersten Verzweigung nach Eingangsstation links. **Preis:** $ 20. **Anfahrt:** In Kingman von der histor. Route 66 bei Walgreens Pharmacy rechts/südlich auf Hualapai Mountain Rd., Straße für 18 km folgen. **Alternative:** RV-Stellplätze (s. Foto) auf großem Schotterplatz ohne Bäume mit Full Hookup, $ 40 .

Östlich von Kingman bietet ein sehr großer Schotterplatz etwas abseits bzw. leicht unterhalb der US-40 eine Übernachtungsmöglichkeit.

028 US-40 – N 11'42.2" W 113°54'21.7"

Die Route 66 wird nicht nur im *Historic District* in Kingman zum Leben erweckt, sie kann auch von dort in östliche und westliche Richtung befahren werden.

Oatman, Heimat nachgestellter Wildwest-Schießerein und wilder Esel

Abstecher Route 66 nach Oatman – für Abenteurer!

Auf diesem Abschnitt führt die Route 66 kurvenreich in die schroffen **Black Mountains**, in denen es reiche Goldvorkommen gibt und die heute Heimat einer großen, wildlebenden Eselspopulation sind.

Die Straße ist zweispurig asphaltiert, aber schmal, kurvenreich und teilweise ohne Sturzsicherung oberhalb steiler Hänge. Auch wenn sie »nur« auf 40 Fuß/12 m beschränkt ist, sollten sich *nur sehr sichere WOMO-Fahrer* an der Fahrt nach Oatman versuchen, die bei Gegenverkehr *zur Not auch längere Strecken zurücksetzen können.*

Der alte Highway 66 führt zuerst über 22 Kilometer weitgehend gerade und durch eine Wüstenebene auf die Black Mountains zu.

Am Fuß der Berge trifft er auf den großen Schotterplatz bei den **Route 66 Informationstafeln**. Es folgt die **Cool Springs Station**, eine ehemalige Versorgungsstation von 1920, heute restauriert und eine Mischung aus Museum und Souvenir-Shop. Dann schlängelt sich die Straße über 15 kurvenreiche Kilometer durch die wilden Berge nach Oatman. Auf der Strecke bietet ein Schotterplatz links oberhalb der Fahrbahn einen schattenlosen Übernachtungsplatz auch für größere Fahrzeuge, trockener Untergrund vorausgesetzt.

029 Rt. 66 Black Mtns.– N 35°02'16.9" W 114°21'15.5"

Direkt in der nächsten Kehre führen Steinstufen aufwärts zu den **Shaffer oder Gold Fish Bowl Springs**, ein kleiner, mit einer Mauer aufgestauter Teich am steilen Hang (zwischen *Mile Post* 30 und 31). Er wurde etwa 1930 angelegt als Wasserreservoir für Tiere und Menschen. Die Goldfische sollen

Abendstimmung in den Black Mountains

TOUR 2

den kleinen Teich algenfrei halten. Einen Kilometer weiter erreichen wir den **Sitgreaves Pass** auf 1.082 Metern Höhe. Kurz danach öffnet sich ein großer Schotterplatz mit Aussicht in die Berge und einem unterhalb liegenden Friedhof, wobei es sich eigentlich um Gedenksteine handelt, denn die Gebeine oder Asche der Toten wurden in der Nähe beerdigt oder verstreut.

Über viele weitere Kehren geht es nun vorbei an einer aktiven Goldmine und abwärts nach Oatman. Parkmöglichkeiten gibt es an beiden Seiten des kleinen Ortes. **Oatman** wuchs Anfang des 20. Jahrhunderts rasant wegen der Goldfunde in der Umgebung auf 10.000 Einwohner. Nach dem Ende der Goldförderung und Bau der Interstate US-40 starb der Ort fast völlig aus. Heute ist er ein beliebtes Touristenziel mit Wildwest-Flair, Souvenir-Shops und dem täglichen, kostenlosen Schauspiel einer Wildwest-Schießerei (12 und 14.15 Uhr). Außerdem schlendern tagsüber nicht nur Touristen, sondern auch unzählige Esel durch die Stadt. Die *burros* bieten tolle Fotomotive, leben wild und sind mit etwas Vorsicht zu genießen. Zu ihrem Schutz dürfen sie nur mit extra zum Verkauf stehendem Futter gefüttert werden.

Auf dem weiteren Weg nach Süden/Topock erreichen wir beim Abzweig der County Road 153 nach Bullhead City einen riesigen Schotterplatz im Straßendreieck mit Übernachtungspotenzial (030). Weiter auf der Route 66 gibt es auf der Südseite der markanten Felsspitze *Boundary Cone* mehrere Übernachtungsplätze auf BLM-Land mit 100 – 700 Meter langer Schotterzufahrt (031).

030 County Rd. 153 – N 35°00'00.5" W 114°24'27.5"

031 Boundary Cone – N 34°57'30.9" W 114°24'19.9"

Zum Grand Canyon gibt es zwei Optionen:

Die Interstate US-40 ist ideal für die schnelle Durchreise. Die Route 66-Orte Kingman, Seligman und Williams liegen auch an dieser Strecke.

Bis Seligman führt außerdem die Route 66, 24 Kilometer und eine halbe Stunde länger. Als gut ausgebaute Straße führt sie durch ähnliche Landschaft wie der Highway. Für Nostalgiker ist sie ein Muss, denn sie folgt dem Verlauf der alten Mother Road parallel zur Eisenbahn, allerdings gibt es nur wenig Hinweise auf die Mother Road.

Im Folgenden wird die Strecke über die Route 66 beschrieben.

Auf der Route 66 zwischen Kingman und Seligman

Erster Stopp ist der **Hackberry General Store**, der ausstaffiert ist mit einer großen Ansammlung von Erinnerungsstücken, Relikten und Raritäten aus den 50ern und 60ern.

Keepers of the Wild beherbergt als *Nonprofit Wildlife Sanctuary* abgegebene oder verletzte Wildtiere aus Gefangenschaften in großen Freigehegen, unter anderem Raubkatzen, Bären, Wölfe und Primaten *(Mi–Mo 9–17 Uhr, Eintritt $ 20, 3–12 Jahre $ 12)*.

Auf einer weiten Hochebene bietet die **Crozier Ranch** *Dispersed Camping* mit vielen Stellplatzmöglichkeiten zu beiden Seiten der Straße, in die Fahrspuren hineinführen *(6 km westlich von Keepers of the Wild, erste Stellmöglichkeiten 50 m von der Straße entfernt)*.

032 Crozier Ranch – N 35°27'16.2" W 113°37'35.3"

Mit **Peach Springs** erreichen wir den Hauptort der Hualapai *(1.100 Einwohner, Höhe 1.457 m)*. Zum **Diamond Creek Beach** am Colorado führen 31 Kilometer gebührenpflichtige Schotterpiste *(nicht für WOMOs geeignet, Ticket $ 25 p.P. + tax bei Hualapai Lodge)*.

Die **Grand Canyon Caverns** westlich von Peach Springs sind eine etwa 750 Meter lange, farbenprächtig ausgeleuchtete Höhle ohne Tropfsteine. Sie wirkt etwas tunnelartig *(geführte Touren 45 min, $ 26 + tax, 6 - 12 Jahre $ 16 + tax)*. Hier gibt es außerdem einen günstigen Campingplatz *(bei unserem letzten Besuch kein Wasser/Strom, war aber auch nicht abgeschlossen, soll weitergeführt werden)*.

033 Grand C. Caverns – N 35°31'03.4" W 113°13'10.5"

Mit **Seligman** (*450 Einwohner, Höhe 1.598 m, Tankstelle, kleines Lebensmittelgeschäft*) erreichen wir ein weiteres Zentrum der Route 66. Das Eingangsschild »Birthplace of Historic Route 66« ist Programm. Angel Delgadillo, Besitzer eines Friseursalons, war Mitbegründer der *Route 66 Association*. Rechts und links der breiten Durchgangsstraße reihen sich auf etwa 300 Metern ausgemusterte Gerätschaften, rostige Autos und alte Fassaden mit Souvenir-Shops und *Dinern* aneinander. Die Eckkneipe *Delgadillo's Snow Cap* gilt ebenso wie der ehemalige Friseursalon *Angels & Wilma's* als Highlight, wo auch Busse ihre Touristen abladen. *Roadrunner's* haben wir ruhiger erlebt.

Kingman, Seligman, Williams, welcher der authentischste Route-66-Ort ist, daran scheiden sich die Geister.

Welcher der beiden Orte Oatman oder Seligman der Nostalgischere, Ehrlichere, Überlaufenere ist, daran scheiden sich die Geister. Wir haben Seligman im Gegensatz zu Oatman bisher immer ruhig und sehr angenehm erlebt. Inzwischen gibt es auch hier natürlich einen Koa Campground.

034 Seligman – *Route 66 KOA*

GPS/Kontakt: N 35°19'21.8" W 112°51'21.8", 21305 I-40 Business Loop, Tel. 928 692 6202. **Öffnungszeit:** Ganzjährig. **Ausstattung:** Picknicktische, Feuerringe, Sanitäranlagen mit Dusche, Wasser und Strom. **Beschreibung:** Höhe 1.610 m . Große Schotterfläche mit einzelnen Bäumen und kleinen (trockenen) Grasflächen. Laut, wenn Züge in 150 m Entfernung durchrollen. **Preis:** Ab $ 40 + tax. **Anfahrt:** US-40, exit 123, von Osten kommend vor Seligman. **Alternative:** WOMO-Plätze hinter dem Historic Route 66 General Store am Westrand des Ortes.

Route 66-Nostalgie in Seligman

Die alte Route 66 verläuft noch für 30 einsame Kilometer parallel zur US-40. An der Strecke gibt es eine Übernachtungsmöglichkeit auf einer Schotterschleife neben der Fahrbahn, abgetrennt durch Büsche.

035 Route 66 – N 35°16'46.6" W 112°41'57.7"

Route 66 – History 'n' Facts

Noch 1915 führte eine Durchfahrung der USA von Westen nach Osten über »Wege wie frischgepflügte Äcker«, wie der Motorradfahrer Erwin Baker notierte. Deshalb wurden 1926 viele einzelne Straßenabschnitte zusammengefasst zur Route 66. Sie bekam ihren Namen, weil diese Nummer in den jeweiligen Bundesstaaten noch nicht vergeben war. Sie verlief über 3.945 Kilometer in einem Bogen von Chicago bei den großen Seen nach Santa Monica bei Los Angeles. Zu Beginn war knapp ein Drittel der Strecke asphaltiert. Die Route 66 war somit die zweite durchgehend befestigte West-Ost-Verbindung nach dem schon 1913 geplanten Lincoln Highway zwischen New York nach San Francisco.

Etwa ab 1950 wurde die kurvenreiche, teils einspurige Straße durch Highways ersetzt, die letzten neun Kilometer 1984 bei Williams (Arizona). Ein Jahr später wurde der Straßenname Route 66 aufgehoben. Aber schon zwei Jahre später wurden Teilstücke zur *State Historic Route* erklärt auf Antrag von Angel Delgadillo aus Seligman. Heute sind etwa 85 Prozent der auch als *Mother Road* bezeichneten Strecke befahrbar und erwecken nostalgische Gefühle.

Der kleine Ort **Ash Fork** liegt am Abzweig der State Route AZ-89 nach Phoenix *(400 Einwohner, Höhe 1.573 m)*. Das kostenlose Ash Fork Route 66 Museum wird von der Historical Society geführt *(geöffnet Mo – Fr 9 – 15 Uhr)*. Der Ash Fork Interstate 40 Grand Canyon RV Park & Campground verfällt und ist zu teuer.

Die Ausfahrt exit 151 führt zur Welsh Road. Auf der Nordseite der Autobahn ist ein beliebtes Gebiet für *Dispersed Camping* mit großartiger Weitsicht *(erste Stellmöglichkeiten etwa 300 Meter nach Ende des Asphalts, bei Trockenheit geeignet auch für größere Fahrzeuge)*.

036 Welsh Rd. – N 35°13'06.4" W 112°22'39.3"

Oldtimer in Williams

Wir arbeiten uns weiter auf das Kaibab-Plateau hoch, was man daran erkennt, dass die Kiefern zunehmen und größer werden. Jetzt sind es nur noch wenige Kilometer bis **Williams** *(3.200 Einwohner, Höhe 2.062 Meter, alle Versorgungsmöglichkeiten)*.

Die meisten erleben den Ort nur vom Highway US-40 aus und vielleicht bei einem kurzen Stopp bei McDonald's. Wer noch ein bisschen mehr Route 66-Nostalgie möchte, sollte aber bei exit 161 abfahren und der alten Route 66 ins Zentrum von Williams folgen. Williams war der letzte Ort, für den die Highway-Umgehung und damit das Schlussstück des neuen Interstate gebaut wurde. Heute lebt der Ort vom Route 66-Flair und der Nähe zum Grand Canyon. Nachts sind die Geschäfte von Williams in bunten Neonfarben erleuchtet.

City Walk Williams, Arizona

Mit einem Wohnmobil fahren wir am besten einmal auf der Route 66-Einbahnstraße durch den Ort, drehen am »Historic-Route 66-Loop«-Schild auf die Parallelstraße entlang der Eisenbahn und parken hier etwa auf Höhe oder kurz nach dem »Welcome-Historic-Park« mit Picknicktischen und Eisenbahnwaggon. Von hier aus gehen wir weiter Richtung Westen bis zum Visitor Center. Hier nach rechts stehen die Züge der **Grand Canyon Railway**. Einmal täglich fährt ein Zug mit Diesel- oder Dampflok auf der historischen Strecke zum Grand Canyon Village, mit Schießerei vor der Abfahrt und Überfall auf der Rückfahrt (Hinfahrt 9.30 Uhr, Fahrtdauer 2 ¼Stunden, Rückfahrt 15.30, ab $ 67 + tax, 2 – 15 Jahre ab $ 32 + tax).

Hinter dem *Visitor Center* biegen wir links in die N 3rd Street und wieder links auf die Route 66. Vorbei an *Cruisere's Route 66 Café* und *Pete's Gas Station Museum* kommen wir gegenüber von *Americas Best Value Inn* zur kleinen Mall der **Wild West Historic Junction** mit Cafés im Stil der Cowboy-Zeit. Danach geht es nach links zurück zum WOMO.

In Williams sollten wir **alle Vorräte auffüllen**, denn ab jetzt wird es nur teurer.

In und um Williams gibt es sieben Campingplätze mit teils hohen Preisen wegen der »Nähe« zum 90 Kilometer entfernten Grand Canyon.

037 Williams – *Kaibab Lake Campground*

GPS/Kontakt: N 35°16'52.5'' W 112°09'23.9'', Forest Service Rd. 47, www.recreation.gov, Tel. 877 444 6777. **Öffnungszeit:** Ganzjährig. **Ausstattung:** Picknicktische, Feuerringe, Toiletten, Trinkwasser. **Beschreibung:** Höhe 2.080 m. Asphaltierte Zufahrten und Stellplätze im lichten Kiefernwald, am Ufer des bei Anglern beliebten Kaibab Lake. **Preis:** $ 28. **Anfahrt:** US-40, exit 165, Richtung Grand Canyon und erste Straße links (beschildert). **Hinweise:** Reservierbar ab Anfang Mai. Im See ist Schwimmen verboten.

038 Williams – *Grand Canyon Motel & RV Park*

GPS/Kontakt: N 35°15'28.9'' W 112°10'15.3'', 1900 E Rodeo Rd., Tel. 928 635 9371. **Öffnungszeit:** Ganzjährig. **Ausstattung:** Picknicktische, Full Hookup, einfache, saubere Sanitäranlagen, kleiner Indoor-Pool, Münzwaschmaschinen. **Beschreibung:** Höhe 2.060 m. Klassische, diagonal angeordnete RV-Stellplätze mit kleinem Rasenstreifen, im östlichen Bereich in lichtem Kiefernwald, im westlichen »nackt«. **Preis:** Ab $ 52 + tax. **Anfahrt:** US-40, exit 165, Richtung Williams zweite rechts.
Alternativen: Alle folgenden Plätze ganzjährig geöffnet, direkt bei Williams, haben Standardausstattung und kosten ab $ 60 + tax.
Williams Grand Canyon Gateway RV Park, GPS N 35°15'46.5'' W 112°11'33.5'', Tel. 928 635 2718, exit 163 direkt nördlich vom Hwy.
Grand Canyon Railway RV Park , GPS N 35°15'02.4'' W 112°11'43.3'', Tel. 800 843 8724, Pool, Whirlpool im angeschlossenen Hotel, am westlichen Ortseingang, auch nachts laut wegen Bahn.
Railside RV Ranch, GPS N 35°15'29.3'' W 112°10'47.8'', Tel. 928 635 4077, an der Rodeo Rd. zwischen Highway und Rt. 66.

039 Williams – *Garland Prairie Road*

GPS/Kontakt: N 35°17'16.0'' W 112°08'37.0'', Forest Service Rd. 7. **Max WOMOs:** 10. **Ausstattung:** Keine. **Beschreibung:** Höhe 2.090 m. Stellplätze an nicht-asphaltierter Forststraße unter Kiefern oder etwas weiter durch in der Prärie, beliebt. Erste Plätze nach 350 Metern. **Anfahrt:** Erste Abfahrt rechts nach dem beschilderten Abzweig zum Kaibab Lake, direkt nach kleiner Betonbrücke.

Außerhalb von Williams gibt es zwei KOA Campgrounds.

040 Williams – *Circle Pines KOA Holiday*

GPS/Kontakt: N 35°15'31.9" W 112°07'00.1" , 1000 Circle Pines Rd., Tel. 888 570 4258. **Öffnungszeit:** Ganzjährig. **Ausstattung:** Picknicktische und Feuerringe, Full Hookup, Sanitäranlagen, Pool, Whirlpool/ Sauna, Münzwaschmaschinen, Propan. **Beschreibung:** Höhe 2.180 m. Typische KOA-Stellplätze auf Schotter mit Schotter-Zufahrtswegen im lichten Kiefernwald, neben dem Highway. **Preis:** Ab $ 50 + tax. **Anfahrt:** US-40 Richtung Flagstaff, exit 167.

041 Williams – *Grand Canyon/Williams KOA*

GPS/Kontakt: N 35°19'39.2" W 112°09'21.4", 5333 State Highway 64, Tel. 800 562 5771. **Öffnungszeit:** Ende März – Ende Dezember. **Ausstattung:** Picknicktische und Feuerringe, Full Hookup, Sanitäranlagen, Pool, Whirlpool/Sauna, Münzwaschmaschinen. **Beschreibung:** Höhe 2.020 m. Relativ nacktes Gelände auf rotem Grund mit einzelnen kleinen Bäumen, neben dem Highway. **Preis:** Ab $ 52 + tax. **Anfahrt:** US-40, exit 165, 8 km Richtung Grand Canyon.

Der **Bearizona Wildlife Park** östlich von Williams zeigt vor allem einheimische Großtiere in weitläufigen Gehegen. Es gibt eine Selbstfahrer-Tour und einen Fußweg, wobei u.a. die Bisons nur auf der Fahrtour zu sehen sind *(täglich 9 – 17.30 Uhr, $ 30 + tax, 4 – 12 Jahre $ 20 + tax)*.

Dann rollen wir über das Kaibab Plateau nach Norden zum Grand Canyon. Wir kommen vorbei an verstreuten Siedlungen, einer Tankstelle, neu erschlossenen Grundstücken und zur **Grand Canyon Junction**. Hier bietet die Raptor Ranch Greifvogelshows und mit Bedrock City die nachgebaute Heimat von Familie Feuerstein. Angeschlossen ist ein Campingplatz *(Full Hookup, Whirl-Pool, an der Straße, ab $ 40 + tax, in der Saison $ 50/$ 70 + tax)*.

042 Raptor Ranch – N 35°39'17.3" W 112°08'22.0"

Mit **Tusayan** erreichen wir die letzte Ansiedlung vor Grand Canyon Village. Hier gibt es ein paar Fastfood-Restaurants, Tankstelle und einen *Generalstore*. Am zweiten Kreisverkehr links befindet sich der Shuttleparkplatz, der von den **kostenlosen Nationalparkbussen der Tusayan-Linie** angefahren wird.

Ab hier führen sogenannte *Greenways*, Radwege, nach Grand Canvon Village, was aber für die meisten Wohnmobil-Mieter nicht relevant sein wird. Außerdem starten am Grand Canyon Airport Helikopterflüge über die Schlucht *(ab $ 250 p.P.)*. Mehrere Übernachtungsmöglichkeiten stehen zur Wahl, von denen die Privaten in der Saison entweder teuer sind oder ausgebucht oder beides.

043 Tusayan – *Ten-X Campground*

GPS/Kontakt: N 35°56'14.6" W 112°07'50.8", AZ-64, www.recreation.gov, Tel. 928 638 2443. **Öffnungszeit:** Ganzjährig. **Ausstattung:** Picknicktische, Feuerringe, Trockentoiletten, Trinkwasser, keine V/E. **Beschreibung:** Höhe 2.010 m. 70 Stellplätze auf typischem Forest-Campground unter Kiefern und Eichen, Zufahrten und Plätze teilweise asphaltiert. **Preis:** $ 20. **Anfahrt:** 3 Kilometer südlich von Tusayan, beschildert. **Hinweis:** Überwiegend reservierbar Mitte Mai – Anf. Okt.

044 Tusayan – *Grand Canyon Camper Village*

GPS/Kontakt: N 35°58'33.3" W 112°07'27.2", 549 Camper Village Lane, Tel. 928 638 2887. **Öffnungszeit:** Ganzjährig. **Ausstattung:** Picknicktische, Full Hookup, Toiletten und Münzduschen, Waschmaschinen, Propan. **Beschreibung:** Höhe 2.010 m. Stellplätze und Zufahrten Schotter/fester Grund, mit kleinen, trockenen Grasstreifen, nur einzelne Bäume. **Preis:** Winter ab $ 52 + tax, Sommer ab $ 62 + tax. **Anfahrt:** Von Williams kommend am zweiten Kreisverkehr in Tusayan rechts, hinter dem General Store.

Außerdem gibt es Möglichkeiten für *Dispersed Camping* an den nicht asphaltierten Forest Roads auch für größere Fahrzeuge *(ab wenigen Hundert Meter Entfernung vom Highway, trotz vieler Stellplatzmöglichkeiten in der Saison gut belegt)*.

045 Forest Service Rd. 688 – N 35°55'35.6" W 112°07'43.2"

046 Forest Service Rd. 302 – N 35°58'03.7" W 112°07'28.0"

Fahrt über die Weite des Kaibab Plateaus Richtung Grand Canyon

Wenige Kilometer nördlich von Tusayan beginnt der Nationalpark und damit eines der größten Highlights des Amerikanischen Südwesten.

Grand Canyon Nationalpark

Eintritt: $ 35/7 Tage oder America the Beautiful Pass. **Highlights:** 1.600 Meter tiefe Schlucht des Colorado River. **Beste Reisezeit:** April bis Oktober, Schnee möglich von Januar bis März. Schwere Nachmittagsgewitter in der Monsunzeit von Mitte Juli bis Ende August. **Klima:** Durchschnittliche Höchst-/Tiefsttemperaturen: Juli 30° /10°C, Januar 7°/-8°C. **Höhe:** 2.150 m.

Hinweise: Im Sommer kann die Temperatur im Canyon ***auf 45°C ansteigen!*** Problematisch ist zudem, dass es beim Wandern zuerst ohne Anstrengung abwärts, auf dem Rückweg aber steil aufwärts geht.
Einen ***Campingplatz ohne Reservierung*** zu bekommen, ist schwierig.
Handyempfang gibt es je nach Anbieter vor allem in Rim-Nähe (Schluchtrand), bevorzugt im Historic District im westlichen Bereich des Ortes.
Jährlich besuchen über 6 Millionen Menschen den Grand Canyon (2017, 2021: 4,5 Mio. wg. Corona), davon 90% den South Rim.
Die kürzeste Fahrtstrecke zum 18 Kilometer entfernten North Rim beträgt 340 km/4,5 Stunden über die Navajo Bridge bei Lees Ferry.

Nach der langen Fahrt über das Hochplateau plötzlich vor diesem unfassbar zerklüfteten, tiefen und weiten Einschnitt in die Erde zu stehen, ist jedesmal aufs Neue atemberaubend. Auf 450 Kilometern Länge wird die 1,6 Kilometer tiefe Schlucht des Colorado River geschützt. Etwa auf halber Höhe in der Schlucht liegt das Tonto Plateau, in das sich der 600 Meter tiefe *Inner Canyon* gegraben hat. Durch diese »Schlucht in der Schlucht« ist der Colorado nur an einzelnen Aussichtspunkten und oft nur in kurzen Abschnitten zu sehen.

»It seems like a projection, doesn't feel real!« Auch nach vielen Besuchen erzeugt der Grand Canyon immer wieder dieses Staunen bei uns.

Grand Canyon Village ist weniger eine Stadt, als mehr ein Versorgungsgebiet für Touristen und Angestellte. Parkmöglichkeiten und Transport sind hervorragend organisiert und beschildert. Trotzdem sollten wir Ferien und Feiertage meiden, denn bei dem Ansturm hilft auch die beste Organisation nichts mehr.

Es gibt einen Campingplatz und einen RV-Park. Wer nicht gebucht hat und keinen der wenigen freien oder stornierten Plätze ergattern kann, muss parken und abends wieder fahren.

Parkplätze für WOMOs

Von den acht gut ausgeschilderten Parkplätzen, 1 – 4 beim Visitor Center und A – D im Village, dürfen RV's länger als 22 Fuß/6,70 m nur parken auf **Platz 1, B und D** *(Karte: rot markiert)*. Für eine realistische Chance auf einen Parkplatz sollte man vor 9.30 Uhr anreisen, an Feier- und Ferientagen früher.

Shoshone Point Ende März

Shuttle Busse

Der South Rim ist mit vier kostenlosen Buslinien erschlossen.

Die **blauen Village Route** pendelt zwischen Visitor Center und Hermits Rest, wobei sie nur auf der Rückfahrt/Eastbound an Parkplatz D und am Mather Campground anhält.

Die **rote Hermit Route** erschließt Wandermöglichkeiten entlang des Rims/Canyonrandes *(Vorsicht: auf dem Rückweg nur 3 Stopps!)*.

Die **orange Kaibab/Rim Route** verbindet South Kaibab Trailhead/Yaki Point mit dem Geology Museum.

Die **lilafarbene Tusayan Route** schließlich fährt zwischen Grand Canyon Village und Tusayan.

Einkaufen, Versorgung

Der Lebensmittelmarkt **Grand Canyon Village Market & Deli** hat zwar gehobene Preise, ist aber gut ausgestattet.

Münzduschen, Waschmaschinen und V/E befinden sich vor der Zufahrt zum Mather Campground und können von allen genutzt werden *(GPS N 36°03'04.5" W 112°07'19.2", kein Parken für Fahrzeuge > 22 ft/7,60 m)*.

Am Mather Point

Der **Mather Point** beim Visitor Center ist der am meisten besuchte Aussichtspunkt. An klaren Tagen kann man durch die Schlucht 50 Kilometer nach Osten und knapp 30 Kilometer nach Westen schauen. Der North Rim ist 14 Kilometer entfernt. Vom Colorado ist kaum etwas zu sehen, denn er versteckt sich im *Inner Canyon* unterhalb des Tonto Plateaus.

Das Gelände beim **Visitor Center** ist wie eine Plaza angelegt. Neben dem Visitor Center mit Ausstellung, Souvenirs und Café gibt es eine Fahrradvermietung *(Stunde $ 15 + tax, halber Tag $ 35 + tax, geführte Touren)*. Der Mather Point ist 450 Meter entfernt, an vollen Tagen steht man vor der Aussichtsterrasse Schlange. Von dort aus können wir nach Westen laufen zum **Yavapai Geology Museum** und zurück auf dem asphaltierten Rimtrail *(3 km gesamt ab Parkplatz)*. Das Museum ist genau auf die Abbruchkante gebaut, informiert ausführlich über die Geologie und hat große Panoramafenster zur Schlucht.

Das **Historic Village** mit seinen Hotels und Lodges liegt etwa 2,5 Kilometer westlich.

Panorama am Yaki Point (links), Abendlicht am Hopi Point

Wandern am und im Grand Canyon

Unbedingt empfehlenswert ist eine **Wanderung am Rim** (Canyonrand) entlang der Hermit Route. Dazu fahren wir mit dem orangen Rim-Bus Richtung Westen, z.B. zum Hopi Point (*zurück 3,2 km*). Der Weg am Rim ist nicht gesichert, erst Naturbelag, im Verlauf asphaltiert. In der weiten Seitenschlucht *The Abyss* wurden erfolgreich Kalifornische Kondore wieder angesiedelt.

Ein Geheimtipp ist der **Shoshone Point** *(s. Wandern)*. Hier kann man den Canyon noch ganz in Ruhe genießen, am besten mit einem Picknick *(Ausnahme: Wenn der dortige Unterstand für ein event gebucht ist)*.

Am Nordwestrand der Historic Village startet der beliebte **Bright Angel Trail**, der gut ausgebaut in vielen Serpentinen in die Schlucht führt. Wir raten dringend davon ab, ihn »mal so« zu probieren, denn er verläuft über viele Kilometer in der Seitenschlucht ohne Rundumsicht und noch wichtiger: Der Weg zurück ist sehr anstrengend wegen der Hitze, des ständigen Anstiegs und der Höhenluft.

Weitere Wanderungen in die große Schlucht sind der **South Kaibab Trail** zum Cedar Ridge oder die anstrengende Tour zu den **Dripping Springs** *(mit viel Erfahrung und Kondition, s. Wandern, außerdem: Informationen zur aktuellen Situation aus dem Visitor Center sowie ein realistischen Check der eigenen Fähigkeiten)*.

Sehr beliebt sind auch die Maultier-Touren in die Schlucht. Zwar schonen sie die eigene Kondition, aber Höhenangst darf man trotzdem nicht haben, denn die Maultiere laufen auf schmalen Saumpfaden. Vor allem die Touren zur Phantom Ranch sind teilweise über ein Jahr im Vorhinein ausgebucht *($ 160 für 2 Stunden am Rand der Schlucht entlang, $ 705 für 2 Tage mit Übernachtung in der Phantom Ranch am Colorado River, Englischkentnisse erforderlich)*.

Sonnenuntergang am Hopi Point

Ein traumhafter Tag am Grand Canyon

Wir starten unseren Tag am **Visitor Center**. Entweder kommen wir mit dem Bus vom Campingplatz, oder wir reisen vor 9 Uhr an, um einen Parkplatz zu bekommen. Im Rucksack haben wir Verpflegung und reichlich Getränke.

Von dort spazieren wir zum **Mather Point** für einen ersten Blick in den Canyon. Wir wandern auf dem Rimtrail nach Westen gut einen Kilometer zum **Geology Museum**. Weil die berauschende Aussicht ständig fesselt, sind wir ziemlich lange unterwegs. Kurz vor dem Museum erreichen wir den **Yavapai Point** mit viel Platz und einem gesicherten Aussichtspunkt auf einem Felssporn. Vom großen Panoramafenster des kostenlosen Museums blicken wir auf den Colorado und können die Bright Angel Trail Brücke in der Schlucht sehen.

Von der Bushaltestelle beim Museum fahren wir mit der orange Rim Route Eastbound zum **Yaki Point**. Hier ist es meist viel ruhiger. Gute 300 Meter nach Osten über breite Pfade auf dem Rim *(ungesichert)* wandern wir zum großen Felsvorsprung. Hier lohnt eine längere Rast, mit etwas Glück sind wir hier fast alleine. Nach Westen blicken wir fast 50 Kilometer zur Felswand der Great Thumb Mesa, die den Colorado zu einem großen Bogen nach Norden zwingt. Nach Osten ist in knapp 25 Kilometern der Desert View Tower als kleiner Aufsatz auf dem Rim zu sehen. Anschließend fahren wir mit der Orange Route zurück zum Visitor Center.

Wir beschließen den Tag, indem wir mit der rotem Hermit Route zum **Sonnenuntergang** zum Hopi oder Mohave Point fahren *(nach Sonnenuntergang hält der Rückbus normalerweise zusätzlich am Hopi Point - bitte beim Busfahrer verifizieren)*.

TOUR 2

047 Grand Canyon – *Mather Campground*

GPS/Kontakt: N 36°03'03.1" W 112°07'16.2", Campgr. Rd., www.recreation.gov, Tel. 928 638 7888. **Öffnungszeit:** Ganzjährig. **Ausstattung:** Picknicktische, Feuerringe, Trinkwasser. Am Campingplatzeingang: Münzduschen, Münzwaschmaschinen, V/E. **Beschreibung:** Höhe 2.140 m. Über 300 asphaltierte Stellplätze im lichten, hohen Kiefernwald mit viel Abstand zu den Anderen. **Preis:** $ 18. **Anfahrt:** Der South Entrance Road immer geradeaus folgen, vorbei an Abzweigen des Visitor Center/P1 - 4, Geology Museum und Village Market, dann nächste links Richtung Camping. **Hinweise:** Reservierbar von Anfang März bis Ende November. Sehr früh ausgebucht. *Nur vereinzelt Handyempfang.* Etwa 15 Plätze täglich stehen first-come-first-served zur Verfügung (in der Regel gegen 11 vergeben). *Tiere grundsätzlich nicht füttern!*

048 Grand Canyon – *Trailer Village RV Park*

GPS/Kontakt: N 36°03'10.1" W 112°06'54.8", 100 Market Plaza Rd., Tel. 877 404 4614. **Öffnungszeit:** Ganzjährig. **Ausstattung:** Picknicktische, Grills, Full Hookup, Sanitäranlagen. **Beschreibung:** Höhe 2.150 m. Etwa 200 klassisch diagonal angelegte Stellplätze auf Schotter, Fahrwege Asphalt, teilweise Bäume. **Preis:** Ab $ 64 + tax, im Sommer $ 75 + tax. **Anfahrt:** Wie Mather Campground, aber an diesem vorbei fahren.

Der Kalifornische Kondor

Die Geschichte dieses majestätischen Vogels mit bis zu drei Metern Flügelspannweite beschreibt eindrücklich die Zerstörungskraft des Menschen, aber auch seine Möglichkeiten, Schaden wieder gut zu machen.

1982 lebten weltweit noch 22 Kalifornische Kondore, die meisten in Zoos. Das Sammeln von Eiern, Schießen der Vögel, Stromleitungen, Vergiften von Tieren, deren Kadaver die Kondore fraßen, und Einsatz von Bleischrot sowie Reduzierung des Lebensraumes hatten sie vernichtet. Nach jahrelangen, hitzigen Diskussionen wurden die letzten freilebenden Kondore gefangen und ein ehrgeiziges Nachzuchtprogramm begonnen. Kondore werden erst mit sechs Jahren geschlechtsreif und legen alle zwei Jahre ein Ei. Völlig neue Techniken wurden entwickelt, wie die sofortige Entfernung des Eis, Ausbrüten im Inkubator und Handaufzucht mit Kondorpuppen, weil die Alttiere dann meist ein zweites oder sogar drittes Ei legten. 1982 wurden die ersten in Gefangenschaft gezogenen Kondore in der Sierra Nevada ausgewildert. Im Grand Canyon wurde 2001 das erste Kondorküken von seinen Eltern wieder in Freiheit aufgezogen. Heute leben etwa 70 Kondore im Grand Canyon. Insgesamt ist die Population auf etwa 500 angestiegen, die Hälfte der Tiere lebt in Freiheit. Alle Kondore tragen heute eine Nummernmarke an den Schwingen. Nach wie vor gilt die Art als bedroht vor allem durch giftige Bleimunition.

Geologie: Ein Blick ins Lehrbuch der Geschichte

Im Grand Canyon treten die untersten Schichten von Sedimentablagerung zutage, die vor 525 Millionen Jahren begannen, bis vor 50 Milliionen Jahren andauerten und bis zu fünf Kilometer stark waren. Anschließend wurden diese Schichten schräggestellt und teilweise erodiert zur Grand Staircase *(s. Tour 3 und 9)*.

Im Grand Canyon ist die Kaibab Formation ist die jüngste, oberste, gelbe und bis 100 Meter mächtige Schicht aus der Zeit des Perm, als es hier tropische Flachwasserseen gab und sich die Vorläufer der Säugetiere entwickelten.

Eine weitere sehr markante Schicht sind die fast senkrechten, roten, bis zu 200 Meter hohen Wände des Redwall Limestone. Diese Schicht wurde im Karbon abgelagert vor 330 bis 350 Millionen Jahren in einem flachen Schelfmeer. Zu dieser Zeit lebten hier Gliederfüßer und Knorpelfische.

Ganz unten in der Inneren Schlucht tritt die Vishnu Group zutage, das etwa 1.700 Millionen Jahre alte Grundgestein.

Alle diese Schichten wurden angehoben. Der Colorado begann sein Werk vor 5 bis 6 Millionen Jahren. Allerdings schuf nicht der Fluss alleine diese mächtige Schlucht. Auch andere Faktoren wie Frostsprengungen der Seitenwände spielten eine große Rolle.

Von Grand Canyon Village führt unsere Reise nach Osten weiter Richtung Desert View. Während die AZ-64 durch Kiefernwald verläuft, bieten sich mehrere Aussichtspunkte für einen Stopp an. Allerdings gibt es laut Nationalparkbehörde *Parkplätze nur für Fahrzeuge kürzer als 22 Fuß/6,70 m*. Wer früh morgens unterwegs ist, sollte auch mit einem längeren Fahrzeug kurzzeitig parken können, bisher jedenfalls ist die Längenbeschränkung nicht beschildert.

Vom **Grandview Point** kann man die Schlucht sowohl nach Osten wie auch Westen bestaunen, denn der Aussichtspunkt springt ein wenig vom Canyonrand vor.

Nur für kleine Fahrzeuge gibt es freie Stellplätze an der **Coconino Rim Road** beim Fire Lookout *(nach Grandview Point erste rechts, Naturbelag, min. 1 km fahren bis zum Schild »Kaibab National Forest« (Ende des Nationalparks), zum Tower noch einen Kilometer)*.

049 Fire Lookout – N 35°57'44.5" W 111°57'52.1"

Die **Tusayan Ruinen** wurden vor 800 Jahren von Pueblo Indianern gebaut. Ein 200 Meter langer Lehrpfad führt durch die Reste von Grundmauern. Die gefundenen Artefakte sind ausgestellt im angeschlossenen kleinen Museum, gebaut im Stil der Pueblo.

Vom **Lipan Point** blicken wir weit nach Westen über den Canyon, über das Tonto Plateau in der Schlucht, bis in den *Inner Canyon* und auf mehrere Flusskilometer des Colorado. Hier öffnet sich das ganze Geschichtsbuch der Geologie. Die *Hance Rapids* in gut sechs Kilometer Entfernung sind bei Windstille von hier oben zu hören.

Desert View Tower

Schließlich kommen wir zum **Desert View Tower** mit großen Parkplätzen, Visitor Center und Tankstelle.

Der 21 Meter hohe Steinturm erhebt sich direkt am Schluchtrand und wurde 1932 gebaut. Vorbild waren die Bauten der Pueblo Indianer. Im Turm und den anschließenden Gebäuden befinden sich das Visitor Center und ein Souvenirgeschäft. Die Aussichtsetage im Turm ist geschlossen.

Vom Aussichtspunkt neben dem Turm kann man weit nach Osten über den Canyon blicken und sieht den Colorado über mehrere Flusskilometer.

050 Grand Canyon – *Desert View Campground*

GPS/Kontakt: N 36°02'24.8" W 111°49'22.8", Desert View Rd., www.recreation.gov , Tel. 928 638 7888. **Öffnungszeit:** Mitte April – Mitte Oktober. **Ausstattung:** Max 30 ft. Picknicktische, Feuerringe, Toiletten, Trinkwasser, kein V/E. **Beschreibung:** Höhe 2.280 m! 50 Stellplätze in Wacholder-Kiefernwald. **Preis:** $ 18. **Anfahrt:** Hinter der Tankstelle bei Desert View rechts. **Hinweise:** Reservierbar. Kein Handyempfang.

Ab Desert View knickt die AZ-64 nach Süden ab, verlässt den Nationalpark und führt in das Gebiet der Navajo (Freies Übernachten verboten!). Gleichzeitig verlassen wir das hochgelegene Kaibab-Plateau und die Vegetation wechselt zu Wüstenbeifuß-Steppe.

Wieder nach Osten abbiegend führt die Straße an der **Schlucht des Little Colorado River** entlang, einem östlichen Nebenfluss. Auch diese Schlucht ist beeindruckend, zwar viel kleiner aber steil und schroff. Hier konkurrieren zwei Aussichtspunkte um Besucher.

Als »Scenic View« beschildert ist der erste Aussichtspunkt. Vom Parkplatz führt ein 600 Meter langer, gesperrter Fahrweg zu einer ungesicherten Felsspitze über der Schlucht *(Eintrittspreise wechselnd bzw. Schmuck-Einkauf)*. Der »Little Colorado River Scenic Overlook« ist ein offizieller Na-

Little Colorado River

vajo *Tribal Park ($ 8 p.P.)*. Am Parkplatz führt der Weg über 200 Meter an zahlreichen Schmuckständen vorbei zum mit Zaun gesicherten Aussichtsplateau.

Der Highway AZ-64 endet südlich von Cameron am Kreisverkehr *Cameron Junction* in der Wüste mit zwei Tankstellen, Souvenirgeschäften und Schnellrestaurants. Die erste Ansiedlung nach Cameron Junction ist **Cameron** (750 Einwohner, 1.281 m Höhe). Einige verstreute Häuser, soziale Einrichtungen, Tankstelle, Hotel und der angeschlossene Campingplatz markieren den Ort.

051 Cameron – *Trading Post*

GPS/Kontakt: N 35°52'28.3" W 111°24'42.7", 466 HWY 89, Tel. 800 338 7385. **Öffnungszeit:** Ganzjährig. **Ausstattung:** Picknicktische, Full Hookup, Native American Restaurant auf der anderen Straßenseite, Grill, keine Sanitäranlagen. **Beschreibung:** Höhe 1.300 m. Sauber angelegt, direkt am Highway, geschottert, überwiegend kleine Bäume an jedem Platz, keine Reservierungen, keine Holzfeuer erlaubt (nur Kohle). **Preis:** $ 35 + tax. **Anfahrt:** Bei der Shell-Tankstelle (vor der Brücke) rechts abbiegen.

Direkt danach fahren wir über den Little Colorado River, dessen Schlucht hier deutlich flacher und niedriger ist. Neben uns schwingt sich die **Cameron Suspension Bridge** mit 210 Metern Länge über den Taleinschnitt. Sie wurde 1911 gebaut und trug bis 1959 den Verkehr der US Route 89.

Jetzt sind wir am Nordwestrand der **Painted Desert** unterwegs. Auch wenn die Umgebung überwiegend fast vegetationsfrei ist und in Ockertönen daherkommt, so rollen wir Richtung Tuba City doch an einigen gestreiften Wüstenhügeln vorbei.

Wir überqueren den fast immer trockenen Lauf des Moenkopi Wash und kommen zur Kreuzung mit der US Route 160, wo wir uns entscheiden können zwischen Tour 3 Richtung Page, Lake Powell und Grand Canyon North oder Tour 4 durch das Land der Navajo Richtung Monument Valley.

Tour 3

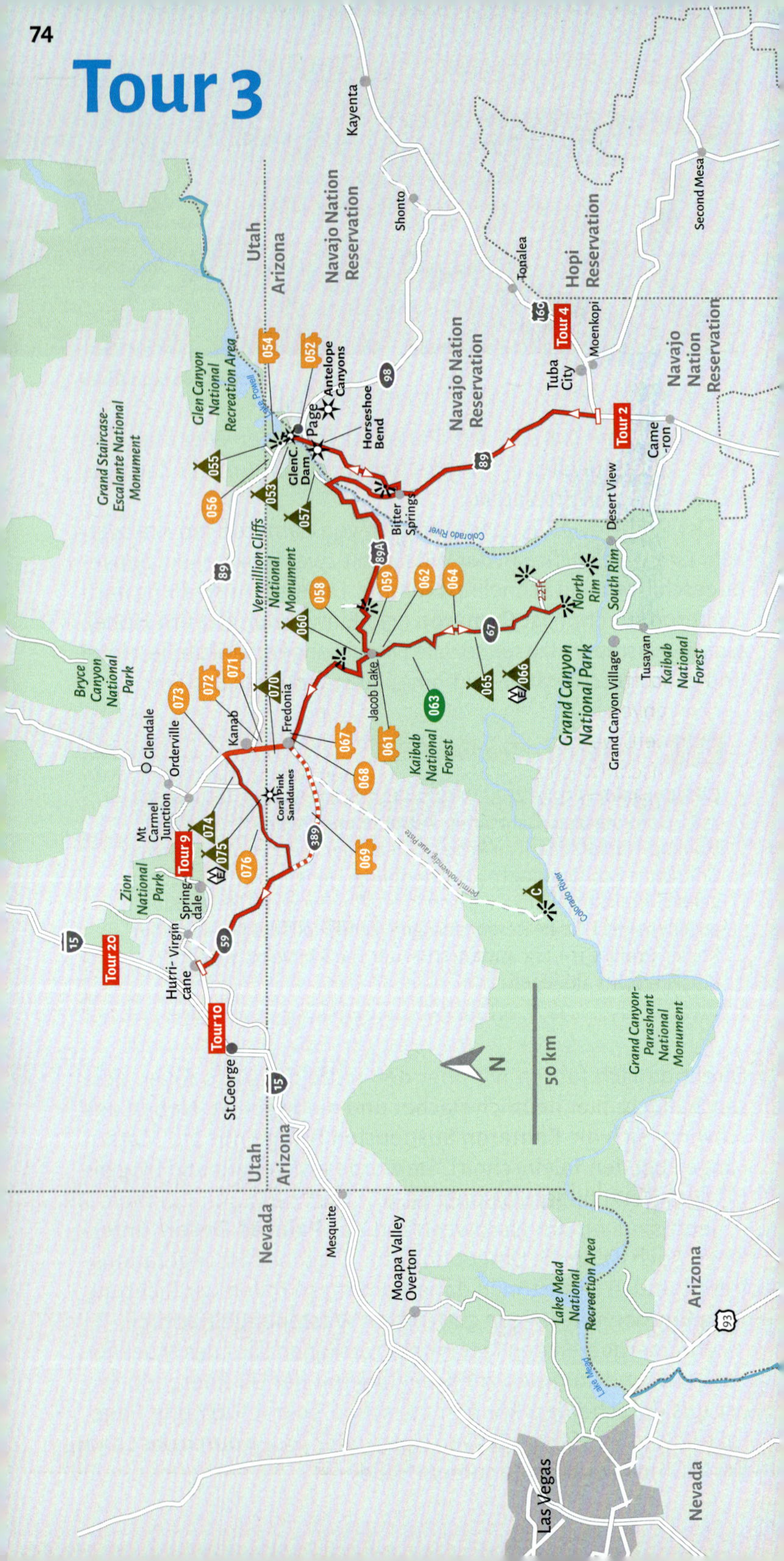

Kayenta
Shonto
Navajo Nation Reservation
Utah
Arizona
Tonalea
Hopi Reservation
Second Mesa
160
Tour 4
Moenkopi
Tuba City
Navajo Nation Reservation
Tour 2
Cameron
Glen Canyon National Recreation Area
Lake Powell
Grand Staircase-Escalante National Monument
054
052
Antelope Canyons
98
Page
Horseshoe Bend
Glen C. Dam
055
056
053
057
Bitter Springs
89
Colorado River
Desert View
South Rim
North Rim
22 ft
Vermillion Cliffs National Monument
89A
058
059
062
064
060
67
Jacob Lake
065
066
063
061
Kaibab National Forest
Grand Canyon National Park
Grand Canyon Village
Tusayan
Kaibab National Forest
Bryce Canyon National Park
Glendale
Orderville
073
072
071
070
Kanab
Fredonia
067
068
Coral Pink Sanddunes
Mt Carmel Junction
074
075
Tour 9
076
389
069
Zion National Park
Springdale
Virgin
Hurricane
59
15
Tour 20
Tour 10
St. George
C
Colorado River
N
50 km
Grand Canyon-Parashant National Monument
Utah
Arizona
Nevada
Mesquite
Moapa Valley Overton
Lake Mead National Recreation Area
Lake Mead
Arizona
93
Las Vegas
Nevada

Zum Grand Canyon North Rim

550 km

Mit vielen abwechslungsreichen Landschaftseindrücken und unterschiedlichen Klimazonen werden Sie auf dieser Tour überrascht. Felslandschaften, Canyons, Sanddünen und ein Hochplateau erwarten Sie. Diese Strecke eignet sich gut in Kombination mit den Touren 2 und 10 für eine kurze, sehr spannende Runde ab Las Vegas.
Wir wünschen viel Spaß bei folgenden Highlights:

- **Horseshoe Bend, bekanntestes Fotomotiv**
- **Lake Powell**
- **Antelope Canyons**
- **Lees Ferry am Colorado River**
- **Grand Canyon North Rim**
- **Sand Caves, ein unbekanntes Juwel**
- **Coral Pink Sand Dunes**

Berücksichtigen Sie bitte, dass es im Gebiet um Page und westlich des Grand Canyon mit den Antelope Canyons und Lees Ferry im Sommer extrem heiß werden kann. Dagegen wird das North Kaibab Plateau mit durchschnittlich 2.500 Metern Höhe von richtigem Winterwetter heimgesucht mit dicker Schneedecke. Die Zufahrt zum Grand Canyon North Rim ist im Winter geschlossen ab etwa Ende November bis Mitte Mai.

Außerdem schon hier der Hinweis, dass der Grand Canyon North Rim viel ruhiger ist als der South Rim, die schönste Aussichtsstrecke zum Cape Royal aber inzwischen für Fahrzeuge länger als 22 Fuß/7,60 Meter gesperrt wurde.

Blick in den Grand Canyon beim Cape Final

TOUR 3

Zeitzonen

Arizona, -8 Stunden zu MEZ, zur Sommerzeit -9 Stunden, ganzjährig Mountain Standard Time (MST).

Utah und Navajo Reservat -8 Stunden, Mountain Standard Time (MST) und Mountain Daylight Time (MDT), ***Vorsicht:*** Umstellung zu Sommerzeit verschoben zu Deutschland .

Von Cameron (Tour 2) aus rollen wir auf dem Highway 89 nach Norden durch die Painted Desert, die »gemalte« oder bunt gestreifte Wüste. In Tour 4 wird dieses Gebiet ausführlicher erklärt.

Beim Abzweig der US-160 (Tour 4) fahren wir weiter Richtung Page durch karge Landschaft mit bunt gestreiften Lehmhügeln. Mitten im unwirtlichen Land bieten die Navajo immer wieder Schmuck an auf großen Asphaltplätzen neben der Straße. Freies Übernachten ist hier im Navajo-Reservat verboten (s. Tour 4). Rechts der Straßen ziehen sich bis zu 350 Meter hohe Klippen entlang, die die riesige Hochfläche südlich von Page begrenzen.

Vorbei an kleinen Ansiedlungen erreichen wir **Bitter Springs** *(360 Einwohner, Höhe 1.559 m)*, das sich vor allem durch den Abzweig der US-89A auszeichnet. Richtung Grand Canyon North Rim müssten wir hier geradeaus weiterfahren. Zuvor jedoch können wir einen Abstecher nach Osten Richtung Page unternehmen.

Die weite Felslandschaft des Marble Canyon, der Schlucht oberhalb des Grand Canyon, begleitet unsere Fahrt nach Page.

Die US 89A zieht sich spektakulär am Felshang hoch Richtung Antelope Pass. Kurz vor der Passhöhe lohnt auf jeden Fall ein Stopp beim **Scenic View**. Von hier blicken wir über die weite Ebene des Marble Canyon So wird der Abschnitt des Colorado genannt zwischen dem Glen Canyon Dam bei Page und dem Beginn des Grand Canyon. Nördlich wird die Ebene begrenzt von den Klippen des Paria Plateaus, westlich erhebt sich

Horseshoe Bend, eine enge Flusskehre des Colorado River

das North Kaibab Plateau mit der Öffnung zum Grand Canyon.

Wenig später führt der Pass als Durchbruch durch die Felsen hoch auf das Plateau. Zu den Slotcanyons bei Page gehört der **Waterholes Canyon**, den wir auf einer Brücke überqueren. Er befindet sich auf Navajo-Land und darf nur geführt besichtigt werden *(Start direkt nördlich der Brücke, ab $ 81 + tax p.P.)*.

Gute vier Kilometer nördlich liegt der beschilderte Abzweig zum **Horseshoe Bend**. Hier beschreibt der Colorado in seiner rund 300 Meter tiefen Schlucht eine hufeisenförmige Flusskehre. Das Naturhighlight liegt auf Gelände des National Park Service NPS in der Glen Canyon National Park Recreation Area. Um es zu sehen, müssen wir allerdings auf den großen Parkflächen der Stadt Page parken *(geöffnet Sonnenauf- bis Untergang, Parken $ 10)*. Vom Parkplatz führt ein breiter, fein gekiester Fußweg zum Aussichtspunkt *(2,4 km/40 Hm hin und rück)*. Es wird dringend empfohlen, in der Sommerhitze Wasser mit zu nehmen.

Der Horseshoe Bend, die Hufeisenkurve des Colorado River, ist eines der am häufigsten fotografierten Motive des Westens.

Weite: Scenic View vor dem Antelope Pass

Page

Einwohner: 7.500. **Höhe:** 1.255 m. **Infrastruktur:** Großer Walmart am ersten Kreisverkehr, Tanken oft günstiger im Ort *(Kreisverkehr geradeaus, dann zweite rechts)*. **Beste Reisezeit:** Frühjahr und Herbst. **Klima:** Durchschnittliche Tag-/Nachtemperaturen im Juli 36°/22°, im Januar 7°/-2°.

Propan: Pinacle Propane, GPS N 36°53'38.5" W 111°26'42.0". **V/E:** Beim Marathon Car Wash, am Kreisverkehr rechts, GPS N 36°54'15.4" W 111°28'59.5".

Das Stadtgebiet von Page liegt östlich des Abzweiges der US-98, an der die Antelope Canyons liegen. Ihre Beschreibung folgt nach Page und Lake Powell.

Page – History 'n' Facts

Page wurde 1957 gegründet als Siedlung für die Arbeiter des Glen Canyon Dams. Im Old Historic Quarter finden sich noch wenige Gebäude aus der Gründungszeit, die uns allerdings nicht überzeugten. Wenn wir beim zweiten Abzweig nach dem Kreisverkehr rechts abbiegen, fahren wir in einem langen Bogen auf dem Lake Powell Boulevard in die Stadt und passieren dabei dreizehn verschiedene Kirchengemeinden, deren Bauten möglich wurden durch das Geld, was wegen des Staudammbaus nach Page floss. Ebenfalls am Boulevard liegt die Glen Canyon Conservancy mit dem J.W. Powell Museum, in dem unter anderem eine riesige Reliefdarstellung des Lake Powell und der umgebenden Felslandschaft ausgestellt ist. Dieser Boulevard führt dann auch wieder auf den Highway zurück.

Zum **Glen Canyon Dam Overlook** geht es beim Kreisverkehr geradeaus, dann dritte links ins neue Hotelviertel Richtung »Scenic View« und gegenüber vom Baymont Hotel links. Vom kleinen Parkplatz mit Wendehammer führt der *Dam Overlook Trail* über in den Fels geschlagene Stufen und an einem Geländer entlang zum überdachten und mit Mauer gesicherten Aussichtspunkt (300 m/20 Hm). Von hier hat man den besten Blick auf die Staumauer. Wo der Abstecher zum Overlook wieder zum Highway 89 führt, mündet von gegenüber der im Kasten beschriebene S Lake Powell Boulevard.

Wanderungen zu den Hanging Gardens, 1,9 km/20 Hm

Zwischen Page und Glen Canyon Dam führt der zweite Straßenabzweig nach rechts zum Start des **Hanging Garden Trails** und zum Parkplatz am Ende der geschotterten Chains Road. Für die Wanderung können wir direkt

nach dem Abzweig oder in der folgenden Linkskehre parken *(GPS N 36°56'12.0" W 111°28'33.8", schwierig für große WOMO)*. Sie führt markiert an der linken Seite der Klippen entlang, erst auf Sand, dann auf Fels, und in einen nach Norden geöffneten Überhang. In diesem sorgt aussickerndes Wasser für grüne Vegetation und etwas Kühlung.

Vom Parkplatz am Ende der **Chains Road** kann man weglos ins Felsenland und an den Lake Powell laufen. Dabei sollten wir am Schild »Day Use Only« geradeaus auf das Felsplateau laufen. An dessen Ende blicken wir auf die teilweise flachen, weißen Felsen etwa 80 Meter unter uns, die gerne als Badeplatz genutzt werden *(etwa 800 m hin und rück, Bademöglichkeiten hängen vom Wasserstand ab, werden besser Richtung Norden)*.

Nach diesem Abzweig rollen wir über die Brücke neben dem **Glen Canyon Dam**. Dahinter befindet sich rechts das **Visitor Center** mit umfangreichen Informationen, Aussicht auf den Damm und Parkplätzen auch für WOMOs *(keine Touren in den Damm)*.

Glen Canyon Dam und Lake Powell – History 'n' Facts

Geplant als riesiges Wasserreservoir und für die Stromerzeugung wurde der Damm von 1956 bis 1964 gebaut. Er ist 216 Meter hoch und auf der Krone 475 Meter lang. Seine Breite auf der Krone beträgt 7,6 Meter, am Fuß bis über 100 Meter. Eröffnet wurde der Stausee 1966. Es dauerte bis 1980, ihn komplett zu füllen. Dabei kam er auf eine maximale Länge von etwa 300 Kilometern und eine durch Canyons und Seitenarme zerklüftete Küstenlinie von über 3.000 Kilometern.

Rund um den See wurde die **Glen Canyon National Recreation Area** als Erholungsgebiet eingerichtet mit Unterkünften und Marinas.

Glen Canyon Dam und Highway-Brücke

Sie wird vom National Park Service verwaltet und ist kostenpflichtig. Seit der Südwesten der USA ab der Jahrtausendwende von anhaltenden Dürren heimgesucht wird und gleichzeitig der Verbrauch von Wasser stieg, fällt der Pegelstand des Sees fast kontinuierlich. Inzwischen liegt er 60 Meter unter Maximal, die Wassermenge unter 25 Prozent.

Im Damm arbeiten acht Turbinen mit einer Gesamt-Nennleistung von 1.320 MW, die jedoch eine Mindest-Wassermenge für ihren Betrieb benötigen. Diese kritische Untergrenze ist fast erreicht. An der Energieerzeugung des Glen Canyon Dam hängen fast 6 Millionen Haushalte und Unternehmen in mehreren Bundesstaaten der USA.

Niedrigwasser im See

Bisher wurde versucht, das Problem aufzuschieben, indem mehr Wasser abgelassen wurde aus flussaufwärts gelegenen Reservoiren. Besonders genutzt wurde das Wasser des Flaming Gorge Reservoirs am Green River, einem Nebenfluss des Colorado, das östlich von Salt Lake City liegt. Aber das gesamte Flusssystem des Colorado leidet unter massivem Wassermangel und keiner der Stauseen oberhalb hat auch nur annährend die Kapazität, den Lake Powell langfristig zu unterstützen, geschweige denn zu retten. Der Lake Powell gilt als das Herz der Wasser- und Energieversorgung entlang des Colorado. Im Einzugsgebiet des Colorado können fast 72 Kubikkilometer Wasser aufgestaut werden, davon 62 Kubikkilometer in Lake Mead und Lake Powell. Dieses gesamte System war im September 2022 zu etwa 34 Prozent gefüllt. Von ihm hängen mehr als 40 Millionen Menschen bis nach Mexiko ab, einschließlich der Landwirtschaft. Massive Schneefälle im Februar 2023 haben zu einer leichten Entspannung geführt.

Der Highway verläuft jetzt Richtung Norden mit mehreren Kilometern Abstand zum Lake Powell. Zuerst kommen wir am unbeschilderten Abzweig zu einem kleinen Forestcampground vorbei.

053 Page – *Beehives Campside*

GPS/Kontakt: N 36°56'16.2" W 111°29'46.2", Hwy. 89, kein Telefon. **Öffnungszeit:** Ganzjährig. **Ausstattung:** Picknicktische. **Beschreibung:** Höhe 1.180 m. 6 Stellplätze auf Schotter in roter Felslandschaft, oberhalb des Highway. **Preis:** $ 14. **Anfahrt:** Hwy. 89, nach Abzweig Carl Hayden Visitor Center und Rechtskehre erster Abzweig links, dann etwa 300 m Schotter. **Hinweis:** Eine nicht markierte **Wanderung** führt um eine ausgewaschene Felsengruppe südwestlich des Campingplatzes herum, an deren Nordrand die Felsen geschwungene Linien der »**New Wave**« bilden. Wir gehen zur Zufahrt, dort rechts und auf den nächsten Fahrweg links. Wo der Fahrweg sich um einen Felsblock teilt, befindet sich die New Wave links oben. Von hier kann man beliebig um die Felsgruppe herumlaufen oder bei der Welle zur anderen Seite hinunter steigen und zurück gehen *(1,6 km zur Welle hin und rück)*.

Blick vom Wahweap Overlook auf die Wahweap Marina am Lake Powell

Der nächste Abzweig von der US-89 führt zur **Wahweap Marina**, die zur Glen Canyon National Recreation Area gehört *(Eintritt $ 30/7 Tage oder America the Beautiful Pass)*. An zwei Aussichtspunkten vorbei führt der Lakeshore Drive zu dem großen Gelände mit Parkplätzen, Campingplatz, Ferienanlage, zwei großen Hafenanlagen mit Stegen und Bademöglichkeiten. Hier werden verschiedene Boots- und Kajaktouren angeboten sowie Hausboote, Boote und Jetski zur Miete *(hierfür wird inzwischen ein Bootsführerschein benötigt, s. Tour 1, Lake Mead)*.

054 Page – *Wahweap RV & Campground*

GPS/Kontakt: N 36°59'54.2" W 111°29'54.4", Lake Shore Drive, Tel. 888 896 3829. **Öffnungszeit:** Ganzjährig. **Ausstattung:** Picknicktische, Feuerringe, Full Hookup, Toiletten, Duschen und-Waschmaschinen im Camping-Store, teilweise WiFi. **Beschreibung:** Höhe 1.140 m. Gepflegte, riesengroße Anlage, Zufahrten und Stellplätze Asphalt/Beton, im älteren Bereich lichter Baumbestand. Von den westlichen und den höheren Plätzen Blick auf den See. **Preis:** Ab $ 30 + tax ohne Anschlüsse, ab $ 88 + tax Full Hookup. **Anfahrt:** Zur Wahweap Marina, dort beschildert. **Hinweise:** Ehemals am See gelegen, ist dieser über 700 m entfernt vom Campingplatz. Der Resort Amenity Pass gibt Zugang zu den Pools und Spas des Lake Powell Resort *($ 75 für alle zu einer Campground-Reservierung gehörenden Personen für die Dauer des Aufenthalts)*.

Zurück auf der US-89 lohnt ein Abstecher nach rechts zum **Wahweap Overlook**. Er ist kostenlos, liegt mehr als 200 Meter über dem aktuellen Wasserniveau und ermöglicht eine gute Übersicht.

Vorbei an der zweiten Zufahrt zur Wahweap Marina rollen wir nach Utah. Kurz nach dem Schild führt der erste Abzweig nach rechts zum **Lone Rock Beach**.

055 Page – *Lone Rock Beach Primitive Camping Area*

GPS/Kontakt: N 37°00'58.1" W 111°32'43.3", Lone Rock Rd., kein Telefon. **Öffnungszeit:** Ganzjährig. **Ausstattung:** Spültoiletten am Parkplatz, Trockentoiletten auf dem Gelände, V/E an der Zufahrt (erste links nach Kassenautomat). **Beschreibung:** Höhe 1.130 m. Riesiges, ehemals überflutetes Gelände, auf dem Camping erlaubt ist. Offiziell 5.000 Stellplätze. Ab letztem Parkplatz mit Wendemöglichkeit beschildert als »Off-Road«. Nur wenige der teilweise welligen und sandigen Fahrspuren sind für größere WOMOs mit mutigen Fahrern geeignet. Übernachtungsmöglichkeit auch oberhalb an der Zufahrtstraße auf festem Grund mit Blick auf die Reste des Sees. **Preis:** $ 14. **Anfahrt:** US-89, direkt nördlich des Utah-Welcome-Schildes rechts abbiegen, asphaltiert bis zum letzten Parkplatz *(Wendemöglichkeit)*. **Hinweise:** Nicht reservierbar. Schlechter Handyempfang. Lone Rock, der große, einsame Fels im Seegrund, ist ein Symbol für das fehlende Wasser. Zu Höchstständen ragte er als Wächter aus dem Wasser, der komplette helle Bereich war umspült.

Zwei Kilometer nördlich der Abfahrt zum Lone Rock Beach ermöglicht ein 100 Meter langer Schotterplatz neben dem Highway eine kostenlose Nacht.

056 US-89 – N 37°01'12.0" W 111°35'33.7"

Die US-89 führt von hier nach Westen, um das North Kaibab Plateau herum und nach Kanab, *diese Route sollte im Winter gewählt werden,* wenn das Kaibab Plateau verschneit ist.

Wer sich für die **Antelope Canyons** Interessiert, muss südlich der Stadt auf der US-98 Richtung Kayenta abbiegen *(Navajo-Land, frei-*

Abenstimmung am Lone Rock Beach

Lone Rock

es Übernachten verboten). Auf den ersten 17 Kilometern nach Page werden verschiedene Touren angeboten. Als **Lower Antelope Canyon** gilt ein etwa 400 Meter langer Abschnitt der Schlucht nördlich der US-98, in den Leitern hinabführen. Die etwa 350 Meter lange Engpassage des **Upper Antelope Canyon** liegt einige Kilometer südlich des Highways, wird über die sandige Fläche vor der Canyonmündung betreten und am hinteren Ende über Stufen verlassen. Relativ neu sind die Touren in den **Antelope Canyon X**, der sich noch weiter oberhalb/südlich befindet. Wir selbst haben bisher lieber alleine weniger bekannte *Slot Canyons* erkundet, wie auch am Highway 95 (Tour 5), die allerdings auch Trittsicherheit und Orientierungsvermögen voraussetzen. Wer also das klassische Slot-Canyon-Erlebnis möchte inklusive Tipps fürs perfekte Foto, hat die folgende Auswahl.

Touren in die Antelope Canyons

Die Touren können alle über Internet gebucht werden, sind relativ eng getaktet. Besonders schön fällt das Licht in der Mittagszeit in die von Süd nach Nord verlaufende Schlucht. Das Veröffentlichen der Fotos ist nur mit Genehmigung erlaubt. Zum Preis kommen hinzu **tax und $ 8 p.P.** Eintritt in den Navajo Park. *Vorsicht: In der Navajo Nation gilt Utah Time, einzelne Touranbieter jedoch arbeiten mit Arizona Time (wie Page).*

Upper Antelope Canyon Tours by Carolene Ekis, ab $ 90, Dauer 1,5 Stunden, davon gute 40 Minuten An-/Rückfahrt ab Page, Wanderung durch die Schlucht etwa 400 Meter, Rückweg zu Fuß etwa 1,2 Kilometer, Start am 22 S Lake Powell Blvd. in Page.

Dixies's Lower Antelope Canyon Tours, ab $ 55, Dauer 1–1,5 Stunden/1,8 Kilometer zu Fuß ab Parkplatz, davon etwa 400 Meter in der Schlucht. Der Abstieg erfolgt über Stufen/enge Stiegen. Laut unabhängigen Rezensionen relativ kleine Gruppen und sehr freundliche Führer. Teilt sich den Lower Canyon mit Ken's. Start an der Straße zum Antelope Point (GPS N 36°54'04.5" W 111°24'34.3").

Ken's Tours Lower Antelope Canyon, ab $ 50, Dauer 45–60 min., 1,6 Kilometer zu Fuß ab Parkplatz. Da die Touren dicht aufeinander folgen, stauen sich die Besucher schonmal in der Schlucht. Startet direkt neben Dixie's.

Antelope Canyon Navajo Tours, ab $ 100, Dauer etwa 1 Stunde, Tour startet mit Jeepfahrt zum Upper Antelope Canyon, Weg in der Schlucht etwa 350 Meter, Parkplatz an der US-98 gegenüber der Abfahrt zum Antelope Point.

Adventurous Antelope Canyon Tours (Upper Canyon), ab $ 102, Dauer 1,25 Stunden mit Jeepfahrt oder Fahrt mit eigenem Fahrzeug.

Folgende Touren in den Antelope X Canyon sollen dem Besucher mehr Zeit in der Schlucht lassen, weil sie (noch) weniger überlaufen sind:

Mystical Antelope Canyon, ab $ 120, Dauer etwa 2 Stunden, Zufahrt mit Jeeps, Parkplatz/Start 15 km ab Page.

Taadidiin Tours, ab $ 47, Dauer etwa 1,5 Stunden, Zufahrt mit Privatfahrzeug, Start 17 km ab Page.

Bisher konnte der Antelope Canyon auch von der Antelope Marina aus mit einem **Kayak** erreicht werden, wobei der wasserführende Teil wegen des sinkenden Wasserstandes immer kürzer wird (öffentlich zugänglicher Bereich unterhalb/nördlich des Lower Canyon, 3,3 km über den See bis zur Schlucht, Wellen durch Bootsverkehr, bei Windstille und etwas Paddelerfahrung etwa 1,5 Stunden pro Richtung). Diese Tour gibt es auch geführt.

Lake Powell Adventure, Antelope Canyon Kayak + Hike Tour, $ 120, Dauer 4 Stunden, 8 km paddeln und 3 km Wandern in der Schlucht, nur bei ausreichendem Wasserstand möglich, Startet bei der Antelope Bootsrampe.

Zum Abschluss noch einige Infos zur **Antelope Point Marina**, die zur Glen Canyon National Recreation Area gehört *(Eintritt $ 30 oder America the Beautifull Pass)*. Die asphaltierte Zufahrt zweigt von der US-98 ab und führt über 8,5 Kilometer zur Marina. Hier gibt es Parkplätze, eine private Marina, Shop, Restaurant und RV Park sowie eine öffentliche Bootsrampe, die wegen niedrigem Wasserstand nicht mehr von motorisierten Booten benutzt werden kann. Einen **ruhigen Platz am See** finden wir, wenn wir an der großen Marina geradeaus zum öffentlichen Parkplatz fahren und direkt vor der Bootsrampe auf Schotter nach rechts abbiegen. Nach 500 Metern ist ein kleiner Parkplatz erreicht, von hier sind es etwa 200 Meter auf einem sandig-kiesigen Pfad ans Seeufer. Baden nur direkt am Ufer wegen der Wasserfahrzeuge!

Antelope Point

Der Antelope Point RV Park ist ein reiner RV Park mit einem Stück Kunstrasen für jeden, Full Hookup, aber ohne Sanitäranlagen, Picknickbänke und andere Einrichtungen *(ab $ 70 + tax)*.

Hiermit beenden wir unseren Ausflug nach Page und an den Lake Powell. Unsere Tour führt jetzt zurück nach Bitter Springs und dort nach rechts **Richtung North Rim.** Die Strecke über das *Kaibab Plateau* wird im Winter regelmäßig geräumt, *kann trotzdem vereist sein*. Aktuelle Informationen sind zu finden unter www.az511.com.

Wieder unterhalb der Klippen rollen wir auf eine der wenigen Brücken über den Colorado zu. Die jeweils nächsten Fahrzeugbrücken sind nach Westen die Memorial Bridge beim Hoover Dam, Luftlinie 300 Kilometer Entfernung, nach Osten beim Glen

TOUR 3

Bei Lees Ferry: Zwei der wenigen Brücken über den Colorado

Canyon Dam bei Page 20 Kilometer Luftlinie entfernt, die Hite Crossing Bridge des Highway 95 in 170 Kilometer Entfernung Luftlinie und nochmal 100 Kilometer weiter die Brücke bei Moab. Auf 1.207 Kilometer Länge der Schluchten des Colorado gibt es tatsächlich nur an sieben Stellen Brücken für seine Überquerung!

Lees Ferry und die Navajo Bridge, History 'n' Facts

Als in den 1870ern Pioniere Arizona von Norden/Utah aus besiedeln wollten, wurde sieben Kilometer östlich eine Fähre über den Fluss gebaut, die 1873 vom ersten Fährkapitän John D. Lee in Betrieb genommen wurde. Sie war der einzige Übergang über den Fluss auf fast 1.000 Kilometern Länge und wurde eine extrem wichtige Verbindung, die aber immer abhängig war von den Launen des Colorado, von Wetter und Wasserstand. Mit Beginn der Automobilära begann 1927 der Bau der Navajo Bridge. Das Baumaterial wurde mit der Fähre auf die benötigte Seite gebracht. Als die Fähre bei einem schweren Unfall mit drei Toten im Juni 1928 sank, wurde sie nicht mehr ersetzt. Ab jetzt mussten Personen und Baumaterial einen fast 1.300 Kilometer langen Umweg nehmen! Im Januar 1929 wurde die neue Brücke eröffnet. Zu ihrer Zeit war sie die höchste Stahlbogenbrücke. Sie spannt sich in 142 Metern Höhe und mit 188 Metern Weite über den Colorado. Mitten im Nirgendwo wurde ihre Einweihung mit einer großen Feier begangen und für 66 Jahre tat die Brücke ihren Dienst. Um dem größer und schwerer werdenden Verkehr gerecht zu werden, wurde 1993 die neue Brücke gebaut und 1995 in Betrieb genommen.

Von 1873 bis 1929 war die Fähre Lees Ferry der einzige Übergang über den Colorado River auf fast 1.000 Kilometern Länge nach Westen und Osten.

Heute gibt es auf der Westseite der Brücke ein **Interpretive Center** mit Parkplatz (keine WOMOs) und auf der Ostseite einen Parkplatz mit Schmuckständen der Navajo. Zu Stoßzeiten ist hier mit einem WOMO kein Platz zu finden. Ein Stopp an der Brücke lohnt nicht nur wegen der Geschichte, sondern auch weil hier regelmäßig Kondore durch die Schlucht ziehen.

Wer genug Zeit mitbringt, kann nach der Brücke rechts abbiegen auf die **Lees Ferry Road**, die in die Schlucht zu einem Badeplatz am Fluss, historischen Gebäuden und einem Campingplatz führt.

Auf der Lees Ferry Road

Sie führt in die gebührenpflichtige Glen Canyon National Recreation Area (*$ 30/7 Tage oder America the Beautiful Pass*). Vorsicht: Im Sommer wird es extrem heiß!

Nach Passieren der unbemannten Eingangsstation führt die Straße in einem Bogen um den Cathedral Rock und anschließend am langen Parkplatz vor dem Cathedral Wash entlang.

Abenteuer-Wanderung Cathedral Wash, 5,5 km/120 Hm

Parken GPS N 36°50'01.2" W 111°38'24.9"
Vorsicht, dies ist keine Wanderung im klassischen Sinn, ***sie setzt Schwindelfreiheit und Trittsicherheit voraus!*** Mehrfach müssen mindestens hüfthohe Felsstufen überwunden werden. Der Weg ist kaum markiert, die Beschreibung kann nur eine Orientierungshilfe sein, in der Schlucht müssen immer wieder geeignete Abstiege gesucht werden. Wegen der Gefahr von Springfluten und Ausrutschen darf sie nur bei trockenem Wetter erkundet werden, ***niemals bei drohendem Gewitter!*** In den Sommermonaten ist mit schweren Nachmittagsgewittern zu rechnen! Als reine Wanderzeit sind mindestens zwei Stunden einzuplanen. Merken Sie sich die Abstiege auf dem Hinweg, um sie auf dem Rückweg wieder zu finden!

Auf der linken/nördlichen Straßenseite gehen wir bis zur Brücke, dort die Stufen hinunter in das trockene Bachbett. Anfangs breit und sandig, dann über Felsplatten, erreichen wir einen ersten Gumpen, an dem wir links über den Fels vorbeikommen. An der ersten Felsstufe bleiben wir links, an der zweiten, 1,5 Meter hohen Felsstufe rechts. Wir wechseln wieder nach links, ins Bachbett und bei einer langen Felspassage auf die linke Seite. Dann geht es auf einem breiten Felsplateau auf der rechten Seite weiter. Wo Felsen den Weg versperren, wechseln wir eine Etage tiefer und müssen an einem kleinen Überhang entlang.

So erreichen wir den *Big Drop*, eine senkrechte, 20 Meter hohen Felswand. Hier bleiben wir rechts, bis ein stufiger Einschnitt eine Etage tiefer führt. Wo wir viele Felsbrocken erreichen, können wir erneut auf eine tiefere Etage wechseln. Jetzt wird der Untergrund etwas schräg abfallend, ist aber rau und griffig. Noch ehe dieser Felsstreifen in einen Schotterpfad mündet und nach rechts herum führt, müssen wir links hinunter, noch ein Stückchen auf einem Felsband und dann in den Schluchtgrund. Kurz auf Fels, dann sandig, und wo links oben ein Steinmännchen steht, geht es wieder hoch auf die Felsen. Jetzt folgen wir dem Felsband, wobei in einem Überhang nochmal eine etwa 1,20 Meter Stufe erst aufwärts, anschließend abwärts zu überwinden ist. Anschließend geht es abwärts in den jetzt

Paria Beach bei Lees Ferry am Colorado River

breiter werdenden Schluchtgrund, der Colorado ist bereits zu hören. Pfade führen auf beiden Seiten des Schluchtgrundes durch Geröll, anschließend rechts auf die Böschung und an den Fluss (auch hier Weg einprägen!).

Auf der gut ausgebauten Lees Ferry Road geht es weiter in die Schlucht. Der erste asphaltierte Abzweig nach links führt zum Campingplatz. Am Nächsten rechts liegt der Parkplatz der **Paria Beach**, einem Badestrand in der Schlucht des Colorado. An diesem Abzweig vorbei erreichen wir eine Kreuzung. Hier geht es links zur Lonely Dell Road, geradeaus zum Bootsanleger von Lees Ferry. Die Zufahrt zur historischen **Lonely Dell Ranch** von 1864 ist nicht asphaltiert und endet nach 350 Metern in einem Parkplatz. Ein Lehrpfad führt zum alten Farmgebäude mit Relikten, den Obstplantagen und zum Friedhof *(1,6 km)*. An der Bootsrampe von Lees Ferry starten Rafting Touren, dahinter liegt das alte Hafengebäude mit dem Lehrpfad *Historic District River Trail* (3,2 km).

057 Marble Canyon – *Lees Ferry Campground*

GPS/Kontakt: N 36°51'34.5'' W 111°36'21.9'', Lees Ferry Rd., Tel. -. **Öffnungszeit:** Ganzjährig. **Ausstattung:** Picknicktische (meist überdacht), Feuerringe, Trinkwasser, Toiletten, V/E *(am Abzweig Camping vorbei Richtung Hafen, 2. rechts, saisonal)*. **Beschreibung:** Höhe: 980 m. 54 Plätze in wunderschöner Lage auf einem kleinen Plateau in der Schlucht, teilweise mit Blick auf den Fluss, einzelne Plätze mit Büschen oder kleinen Bäumen. **Preis:** $ 20. **Anfahrt:** Lees Ferry Road. **Hinweise:** Keine Reservierung. *Im Sommer extrem heiß.* Füllt sich im Frühjahr/Herbst im Laufe des Nachmittags. Zur Paria Beach führt am rechten unteren Ende der Campingplatzstraße ein Fußweg *(300 m oneway)*.

Beim Cliff Dwellers Stone House

Nach diesem Abstecher geht es vorbei an der Ansiedlung Marble Canyon mit Tankstelle, Restaurant und Lodge. Dann rollen wir unter den beeindruckenden und farbenfrohen **Klippen des Paria Plateaus** entlang. Nach Umrunden einer zweiten Felsklippe, zu deren Füße große Felsbrocken liegen, erreichen wir das Gelände des **Cliff Dwellers Stone House** mit Parkmöglichkeit. Hier können wir erstaunlich ausbalancierte Felsen bewundern, ein halb verfallenes, an Felsen gelehntes Häuschen und indianischen Schmuck kaufen. Besonders beeindruckt hat uns ein kleiner Abstecher zu Fuß auf eine kleine Anhöhe rechts mit Aussicht auf das Seitental, wobei man über umgefallene Zäune steigt und sich wahrscheinlich auf Privatgrund befindet.

Weiter entlang der Klippen nähern wir uns dem **Kaibab Plateau**. Kurz ehe wir dieses erreichen, führt eine Schotterpiste nach rechts zum **Vermilion Cliffs Condor Release Viewing Area** *(4,4 km, Wendemöglichkeit über Parkplatz, keine sehr großen WOMOs)*. Mit etwas Glück und einem Fernglas sind hier Kondore zu entdecken, die seit 1996 oberhalb der Klippen ausgewildert wurden und dort ihre Schlafplätze haben (s. Tour 2).

Auf den jetzt folgenden gut 20 Kilometern überwinden wir 800 Höhenmeter. In Kehren geht es hoch zum **Aussichtspunkt** über dem House Rock Canyon mit großartigem Blick zurück auf die Klippen. Dann erreichen wir das Land des Wacholders, zu dem sich ein wenig höher Kiefern gesellen. Wir sind im North Kaibab National Forest, *Dispersed Camping* ist erlaubt. Gute straßennahe Plätze finden sich aber erst weiter oben, wo das Terrain ebener wird. Hier bieten sich zwei Übernachtungsmöglichkeiten an. Von einer großen freien Schotterfläche neben der Straße zweigen Forstwege ab, am rechten gibt es kleine Ausbuchtungen *(058, nicht für große WOMOs)*.

Unterhalb der Klippen des Paria Plateaus

TOUR 3

058 Schotterfläche – N 36°43'58.6" W 112°10'33.8"

059 Arizona Trail – N 36°44'09.1" W 112°11'22.6"

Der zweite Platz liegt zwei Kurven weiter. Eine gute Schotterpiste führt nach links zum Parkplatz des Arizona Trails, einem Wanderparkplatz mit Trockentoilette *(130 Meter)*, hier ist Wenden möglich auch für große Fahrzeuge *(059, Bild rechts)*.

Jetzt sind es nur noch wenige Kilometer bis **Jacob Lake** *(Höhe 2.410 m)*. Der Ort wird auch »Gateway to the Grand Canyon« genannt, weil hier die AZ-67 zum North Rim beginnt. Er besteht aus Tankstelle, einem Inn mit Restaurant und Verkauf von selbstgemachten Cookies, Souvenirladen und kleinem Lebensmittelshop, einem Visitorcenter und zwei Campingplätzen.

060 Jacob Lake Campground

GPS/Kontakt: N 36°43'01.6" W 112°12'54.5", AZ-89A, www.recreation.gov, Tel. 928 643 7770. **Öffnungszeit:** Mitte Mai – Mitte Oktober. **Ausstattung:** Picknicktische, Feuerringe, Trockentoiletten, Trinkwasser. **Beschreibung:** Höhe 2.400 m. 51 Stellplätze auf Schotter in lichtem, hohem Kiefernwald, Zufahrten Asphalt. **Preis:** $ 26. **Anfahrt:** Am Abzweig zum North Rim geradeaus auf der 89A, nächste rechts. **Hinweise:** Teilweise reservierbar, Fr-So nur für 2 Tage (*First-come first-served* Plätze auch einzelne Tage). Guter Handyempfang.

061 Jacob Lake – *Kaibab Camper Village*

GPS/Kontakt: N 36°42'36.6'' W 112°13'48.5'', Forest Service Rd. 461, Tel. 928 643 7804. **Öffnungszeit:** Mitte Mai – Mitte Oktober. **Ausstattung:** Picknicktische, Feuerringe, Full Hookup, Toiletten (*Chemie*), Münzduschen und Waschmaschinen, kleiner Campingplatzladen. **Beschreibung:** Höhe 2.410 m. Relativ neuer Platz am kleinen Jacob Lake (*kein Zugang zum See*). **Preis:** Ab $ 25 + tax ohne Anschlüsse, ab $ 50 + tax Full Hookup. **Anfahrt:** Auf die AZ-67 Richtung North Rim, zweite rechts.

In Jacob Lake zweigt die AZ-67 nach links ab zum Grand Canyon North Rim, 70 Kilometer und eine gute Stunde pro Richtung. *Sie wird mit Wintereinbruch gesperrt,* ist geöffnet ab etwa Mitte Mai bis ca. Ende November, abhängig von den Schneemengen. Außerdem hier schon der Hinweis: Die Strecke zu den schönsten Aussichtspunkten, *die Cape Royal Road, ist für Fahrzeuge länger als 22 Fuß/6,7 m gesperrt.*

Der **Jacob Lake Lookout Tower** lohnt einen Stopp beim ersten Abzweig nach links/Osten nach der Abfahrt Kaibab Camper Village. Der 24,4 Meter hohe Stahlturm diente als Feuerwachturm und wurde 1934 gebaut. Über die innen umlaufende Treppe kann man bis unter die oberste Etage hochsteigen, von wo man einen weiten Blick über das North Kaibab Plateau hat. Am Turm bieten sich straßennahe Übernachtungsplätze für kleinere Fahrzeuge, an der gegenüberliegenden Abfahrt finden auch bis zu 4 größere WOMOs nach 50 Metern Platz auf Freiflächen im lichten Wald.

062 Lookout Tower – N 36°42'01.1'' W 112°12'55.6''

Wir fahren jetzt stetig aufwärts und bald durch ein Waldbrandgebiet, in dem 2006 das *Warm Fire* wütete. Beliebt zum Übernachten bei trockenem Boden und mit Platz für mehrere WOMOs ist eine Wiese an der Forest Road 212 *(beschildert »212« nach rechts/ Westen, mit Rechtsabbiegespur, 2,2 km Schotter ab Hwy.).*

063 Forest Rd. 212 – N 36°36'53.0" W 112°12'28.5"

Mit dem **Pass am Telephone Hill** erreicht die Straße ihren höchsten Punkt mit 2.694 Metern. Wir durchfahren ein erstes, großes Wiesenhochtal. Im zweiten Bogen der folgenden S-Kurve, vor Mile Post 603, führt eine breite asphaltierte Abfahrt links/nach Osten hoch, direkt oberhalb der Straße ist eine ebene Fläche für 2–3 große Fahrzeuge am kleinen, eingezäunten VT Lake.

064 VT Lake – N 36°26'52.6" W 112°07'42.6"

Dann rollen wir in ein nächstes Wiesental, das sich fast 15 Kilometer lang zieht. Hier sind immer wieder Tiere auf den Grasflächen zu sehen, mit ganz viel Glück auch Bisons der Herde des North Kaibab Plateau. Etwa auf halber Strecke liegen der North Rim Country Store mit Tankstelle *(oft günstiger als Jacob Lake)*, die Kaibab Lodge und der Demotte Campground.

Kojote, Pass, Warnschild, Stellplatz am VT Lake

065 North Kaibab Plateau – *Demotte Campground*

GPS/Kontakt: N 36°24'38.5" W 112°08'02.5", Forest Rd 616, www.recreation.gov, Tel. 928 638 1960. **Öffnungszeit:** Mitte Mai – Mitte Oktober. **Ausstattung:** Picknicktische, Feuerringe, Trinkwasser, Trockentoiletten. **Beschreibung:** Höhe 2.690 m. 37 Stellplätze im lichten Kiefern-Espenwald, auf Schotter mit Schotterzufahrt. **Preis:** $ 26. **Anfahrt:** Nach der Abfahrt zur Kaibab Lodge nächste links/westlich. **Hinweis:** Überwiegend reservierbar.

Aussicht vom Jacob Lake Tower

Kurz vor Ende des Wiesentales beginnt der National Park.

TOUR 3

Grand Canyon National Park North Rim

Eintritt: $ 35/7 Tage oder America the Beautiful Pass. **Highlights:** Eine der beeindruckendsten Schluchten der Welt. **Beste Reisezeit:** Ende Mai und Mitte Oktober. **Klima:** Durchschnittliche Höchst-/Tiefsttemperaturen: Juli 29°/7°C, Januar 1°/-14°C. **Höhe:** 2.530 m.
Hinweise: Etwa 500.000 Besucher im Jahr (10 Prozent verglichen mit South Rim).

Vorteil verglichen mit South Rim: Viel ruhiger und überschaubarer als die Hauptaussichtspunkte des South Rim, dort ist den Massen nur bei Wanderungen zu entgehen.
Nachteile: Der Bright Angel Point beim Visitor Center liegt in einer Seitenschlucht, der Colorado ist zwölf Kilometer entfernt und nicht zu sehen. Die Cape Royal Road mit den schönsten Ausichtspunkten zur Hauptschlucht darf nur mit Fahrzeugen bis 22 Fuß/6,7 m befahren werden.

Die Fahrtstrecke zum South Rim beträgt 340 km/4,5 Stunden über die Navajo Bridge bei Lees Ferry trotz nur 18 Kilometer Entfernung Luftlinie. Handyempfang nur manchmal direkt am Canyon.

Ob sich ein Besuch am North Rim lohnt, hängt vor allem von persönlichen Vorlieben ab, der zur Verfügung stehenden Zeit und der Fahrzeuggröße.

Jetzt zur Beschreibung: Kurz nach dem Eingangsschild passieren wir die **Eingangsstation**. Dann rollen wir noch 15 Kilometer durch eine dicht bewaldete Schlucht zum Abzweig der Cape Royal Road, die später beschrieben wird. In der folgenden Rechtskurve liegt der North Kaibab Trailhead.

Hier beginnt der North Kaibab Trail, der in vielen engen Kehren in die Schlucht führt und von dem allen Wanderen ohne viel Er-

Bright Angel Point

fahrung und Training dringend abzuraten ist. Das erste Stück zum **Coconino Overlook** führt auf einen Felsabsatz, von dem aus die enge Seitenschlucht des Kaibab Trails zu überblicken ist *(2,2 km/170 Hm)*.

Dann beginnen die touristischen Einrichtungen: Die zweite Abfahrt führt zu **Campingplatz**, **General Store mit WiFi** und **Tankstelle**. Weiter geradeaus an Lodges vorbei endet die Straße beim **Visitor Center** mit sehr langgestrecktem Parkplatz.

Am Visitor Center links vorbei führt ein Fußweg asphaltiert und mit Brückchen zum **Bright Angel Point** auf die umzäunte Spitze des sehr schmalen Kammes *(1,5 km hin und rück)*. Das Plateau des Bright Angel Point springt hervor über der gleichnamigen Seitenschlucht des Grand Canyon.

Von hier aus kann man in die Hauptschlucht in zwölf Kilometer Entfernung blicken, sie jedoch nicht nach Osten oder Westen überblicken. Der Gebäudekomplex mit Restaurant, Souvenirshop und Hauptgebäude der Lodge liegt beim Hinweg rechts des Wanderweges *(beschildert)*.

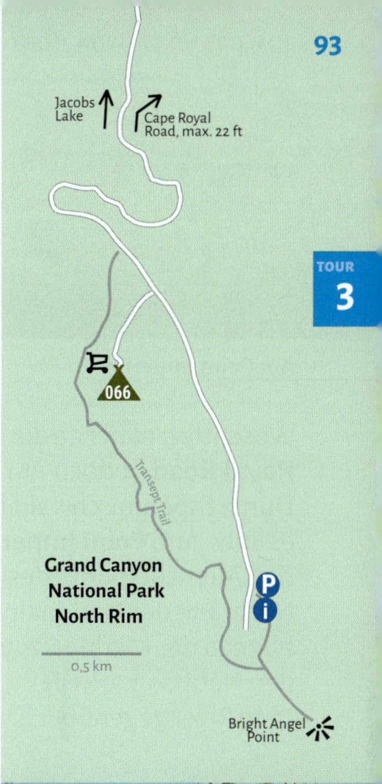

Zum Bright Angel Point

066 Grand Canyon – *North Rim Campground*

GPS/Kontakt: N 36°12'37.4" W 112°03'37.8", North Rim. www.recreation.gov, Tel. 928 638 7888. **Öffnungszeit:** 15.05.–15.10. **Ausstattung:** Picknicktische, Feuerringe, Trinkwasser, Toiletten, Münzduschen, Waschmaschinen, V/E. **Beschreibung:** Höhe 2.530 m. 81 Plätze im hohen Kiefernwald, für große Fahrzeuge ist nur ein kleiner Teil geeignet. Stellplätze und Zufahrten asphaltiert. **Preis:** $18. **Anfahrt:** AZ-67, rechts zum General Store, davor links. **Hinweise:** Reservierbar, oft langfristig ausgebucht. Kein Handyempfang. Vom Campingplatz führt der **Transsept Trail** an der Seitenschlucht entlang zum Bright Angel Point, der Rückweg kann parallel zur Straße am **Bridle Trail** erfolgen *(5,6 km, s. Wandern)*.

TOUR 3

Am Point Imperial

Wesentlich näher an die Hauptschlucht kommen wir auf der **Cape Royal Road**, jedoch nur mit Fahrzeugen kleiner 22 Fuß/7,60 m. Durch Espenmischwald führt sie zu einer Verzweigung. Hier geht es links zum **Point Imperial**, mit 2.683 Metern dem höchstgelegenen Aussichtspunkt des Nationalparks. Von hier blicken wir zum Nordrand des Nationalparks, über das 800 Meter tiefer gelegene Plateau des Marble Canyon, durch den der Colorado von Osten in den Nationalpark fließt, und auf die Einmündung des Little Colorado River gegenüber. Dahinter erstreckt sich die Painted Desert.

Wieder zurück vom Aussichtspunkt und an der vorher genannten Verzweigung nach links führt die Straße an ein paar Aussichtspunkten vorbei zu **Angels Window** am Cape Royal. Dieser liegt 1.600 Meter über dem Colorado und etwa sieben Kilometer von ihm entfernt. Hier ist einer der wenigen Punkte am North Rim, von wo aus der Fluss zu sehen ist. Der beschilderte **Cape Royal Trail** führt auf den schmalen Grat oberhalb von Angels Window und zum Cape Final hinaus *(1,6 km/20 Hm)*.

An der Cape Royal Road 2,5 km vor Angels Window/Straßenende beginnt die Wanderung zum Cape Final.

Morgenstimmung am Point Imperial

Wanderung zum Cape Final, 6,5 km/150 Hm

Parken GPS N 36°08'45.0" W 111°56'07.8" *(Naturplatz im Wald)*. Die Wanderung ist nicht markiert, aber gut zu finden. Aussichtspunkte sind nicht gesichert.

Auf der Nordseite des Parkplatzes beginnt ein alter Fahrweg, dem wir aufwärts folgen. Teils steil und steinig, wird er flacher und führt lange durch Kiefernwald aufwärts. Nach 2 km weisen Trampelpfade nach links zu einem vom Hauptweg sichtbaren, ersten Aussichtspunkt. Ab jetzt sind wir eben oder leicht abwärts unterwegs. Nach einem zweiten Aussichtspunkt beschreibt unser Weg eine Rechtskurve weg vom Schluchtrand. Nach einer 90°-Linkskehre sind wir auf einem sandigen Pfad unterwegs, der geradewegs zu einem Felsplateau über der Schlucht führt. Von hier ist die Felsspitze des Cape Final rechts zu sehen. Von dort gehen wir zurück zum Weg und dort links. Bei einem Schild »Cape Final« geht es links hoch durch Kieferngebüsch. Nach ein paar kleineren Felsstufen stehen wir auf dem Cape Final, wo wir beim letzten Besuch ganz alleine unsere Snacks genießen konnten.

Vom Grand Canyon fahren wir wieder zurück nach Jacob Lake und dort links auf die US-89A. Stetig geht es jetzt wieder abwärts. Schon vom Fahrzeug aus können wir weit Richtung Norden schauen, der **Le Fevre Overlook** lohnt aber auf jeden Fall einen Stopp *(Beschildert »Scenic View«, rechte Seite)*.

Grand Staircase, vom Le Fevre Overlook aus gesehen

Die Aussichtsterrasse mit Infotafeln ist nur 50 Meter entfernt, von hier blicken wir in 30–70 Kilometer Entfernung auf die verschiedenen Stufen des Grand Staircase (siehe Tour 8).

Nach dem Verlassen des Kaibab Plateaus rollen wir durch Beifuß-Wüste Richtung Westen nach **Fredonia** *(1.500 Einwohner, Höhe 1.424 m)*. Die kleine, kostenlose Ausstellung im **Red Pueblo Museum** am Nordrand des Ortes zeigt Töpfer-Kunst, Pfeilspitzen und Werkzeuge *(Frühjahr bis Herbst Di-Sa 9–17 Uhr)*.

067 Fredonia
Country Rose RV Park und Campground

GPS/Kontakt: N 36°56'31.5" W 112°31'31.0", 401 South Main, Tel. 928 232 0310. **Öffnungszeit:** Ganzjährig. **Ausstattung:** Full Hookup, Toiletten, Duschen, Waschmaschinen, V/E. **Beschreibung:** Höhe 1.420 m. Schotterfläche mit wenigen Büschen. **Preis:** Ab $ 35 + tax. **Anfahrt:** Von Süden kommend in der Rechtskehre auf der rechten Seite.
Alternative: Wheel Inn ab $ 30 + tax, nackte Schotterfläche, kein Sanitär, an der AZ-389 Richtung Hurricane.

Am Abzweig der AZ-389 Richtung Hurricane bietet ein breiter Schotterstreifen neben der Straße eine Übernachtungsmöglichkeit.

068 Fredonia – N 36°56'39.7" W 112°31'34.1"

Von Fredonia führt der schnellste Weg Richtung Hurricane über die State Route AZ-389. Zum **Toroweap Point**, einem der schönsten Aussichtspunkte des Grand Canyon 800 Meter fast senkrecht über dem Colorado, zweigt die Schotterpiste »Sunshine Road 109« ab 13 Kilometer westlich von Fredonia *(100 km/3 h eine Richtung, schwierige Schotterstraße, permit und NP-Eintritt notwendig, Infos googeln »nps Tuweep«; Touren ab Kanab bieten an* dreamlandtours.net, kanabtourcompany.com, *ab $ 250 p.P.)*. An der AZ-389 befindet sich auch das **Pipe Spring National Monument** in der *Kaibab Paiute Indian Reservation*. Mit Museum, historischem Fort und Holzhütten liegt der Fokus auf der Geschichte der Indianer vom Stamm der Paiute und der ersten Siedler *($ 10 p.P./7 Tage oder America the Beautiful Pass)*.

069 Pipe Spring NM – *Kaibab Paiute RV Park + CG.*

GPS/Kontakt: N 36°52'01.5" W 112°44'10.6", 2 N Pipe Spring Rd., Tel. 928 643 6601. **Öffnungszeit:** Ganzjährig. **Ausstattung:** Teilweise Picknicktische, Full Hookup, sehr saubere Sanitäranlagen mit Duschen, Waschmaschinen. **Beschreibung:** Höhe 1.530 m. Großer Campingplatz mit sauber angelegter, nackter Schotterfläche. Kein Schatten. Weite Aussicht. **Preis:** $ 25 + tax. **Anfahrt:** Abbiegen zum Pipe Springs NM und daran vorbei fahren. **Hinweis:** Kein Handyempfang.

Bei Colorado City überquert der Highway AZ-389 die Grenze nach Utah, er heißt jetzt UT-59.

Wer mehr Zeit hat, kann von Fredonia die Nebenstrecke über die **Coral Pink Sand Dunes** wählen, die wir im Folgenden beschreiben. Dazu bleiben wir in Fredonia auf der US-89A Richtung Norden/Kanab.

070 Fredonia
Simple Life Campsites at Dreamcatchers Ranch

GPS/Kontakt: N 36°58'26.4" W 112°31'48.3", 1341 US-89A, Tel. 844 993 0284. **Öffnungszeit:** Ganzjährig. **Ausstattung:** Toiletten und Duschen im Schiffscontainer, Strom, Sichtschutzzäune und Sonnensegel für jeden Platz. **Beschreibung:** Höhe 1.450 m. 14 Stellplätze auf einer Schotterfläche in der Beifußvegetation, alle mit Blick in die Weite und zu den entfernten Klippen, Straßenlärm auch nachts. **Preis:** $29 + tax, mit Strom $ 39 + tax. **Anfahrt:** Nördlich von Fredonia, links/westlich des Highways, beschildert.

Kurz vor dem kleinen Flughafen überqueren wir die Grenze nach Utah.

Kanab *(5.000 Einwohner, 1.515 m)* entwickelte sich durch seine Lage zwischen einigen der bekanntesten Nationalparks als Ausgangspunkt für Touristen. Als Kulisse für viele Spielfilme und Serien, die in den roten Vermilion Cliffs nördlich des Ortes spielen, wird es auch »Klein-Hollywood« genannt.
Propan: Silver Eagle Tankstelle, GPS N 37°02'35.3" W 112°31'32.0".

In Kanab gibt es mehrere RV-Campingplätze.

071 Kanab – *RV Corral*

GPS/Kontakt: N 37°02'24.1" W 112°31'33.7", 483 S 100 E, Tel. 435 644 5330. **Öffnungszeit:** Ganzjährig. **Ausstattung:** Picknicktische, Full Hookup, Duschen, Waschmaschine, Pool, WiFi. **Beschreibung:** Höhe 1.500 m. Schotterfläche mit teils großen Bäumen. Direkt am Highway. **Preis:** Ab $ 40 + tax. **Anfahrt:** Bei Einfahrt in den Ort von Süden auf der rechten Seite.

072 Kanab – *Hitch-N-Post RV Park*

GPS/Kontakt: N 37°02'34.4" W 112°31'28.7", 196 E 300 S, Tel. 435 644 2142. **Öffnungezeit:** Ganzjährig. **Ausstattung:** Picknicktische, Sanitäranlagen mit Duschen, Full Hookup, Waschmaschinen. **Beschreibung:** Höhe 1.510 m. Schottergelände mit alten Bäumen, relativ eng gestellt, zentrale Lage. **Preis:** Ab $ 45 + tax, Strom + $ 5 + tax. **Alternativen:** J&J RV Park, nackte Betonflächen, Full Hookup, Duschen, ab $ 57 + tax. Crazy Horse RV Resort, Schotterfläche mit kleinen Grasflächen/Bäumen, ab $ 50 + tax.

Die Sand Caves, ein unbekanntes Juwel am Highway

Fünf Kilometer außerhalb nach Osten am Highway 89 befinden sich **zwei weitere RV-Campingplätze**, der Dark Sky Campground *(ab $ 70 + tax)* und das eng gestellte Grand Plateau Resort *(ab $ 52 + tax)*.

Von Kanab führt der Highway US-89 in den Kanab Canyon, der sich mit bis zu 150 Meter hohen Wänden in die Vermillion Cliffs schneidet. Wo er die Hauptschlucht nach links verlässt, bieten die **Sand Caves** für Trittsichere eine sehr coole Möglichkeit, sich ein wenig die Füße zu vertreten und die Landschaft zu genießen.

Wanderung zu den Sand Caves, 2,4 km/40 Hm

Parken auf großem Schotterplatz rechts des Highways, GPS N 37°06'49.1" W 112°33'16.7".

Vom hinteren Ende des Parkplatzes führt ein deutlicher Fußweg durch die buschige Vegetation unterhalb der Klippen entlang. Von unten sind die Öffnungen der Sand Caves zu sehen. Entlang der folgenden, leicht gebogenen Felswand gibt es mehrere Möglichkeiten, die schrägen, rauen Felsen hinaufzusteigen zu einem Band auf Höhe der Höhlen. Auf diesem gehen wir zurück zu den Höhlen. Zurück zum Parkplatz geht es auf gleichem Weg.

Hinweis: Wer eher am Ende der leicht gebogenen Felsschräge hochsteigt, hat es zuerst einfacher. Dann aber ist das ebene Felsband für ein kurzes Stück unterbrochen – für Trittsichere kein Problem.

Felsband zu den Sand Caves, Farbenmuster

Die **Moqui-Cave**, ein privates Naturkundemuseum in einer Höhle mit Anasazi-Artefakten, einer Sammlung von Dinosaurier-Spuren und fluoreszierenden Mineralien, wirkt etwas nach Touri-Nepp *(Mo – So, 9 – 19 Uhr, $ 7)*.

Auf der Hancock Road, im Hintergrund die White Cliffs

Bei der nächsten Kreuzung fahren wir links Richtung »Coral Pink Sand Dunes«.

Anstatt abzubiegen 1,1 Kilometer geradeaus und dann rechts befindet sich ein sehr großer, übernachtungsgeigneter Platz mit festgefahrenem Boden 50 Meter vom Highway entfernt im Buschland, der am Wochenende vor allem als Parkplatz von Offroad-Fahrern genutzt wird. Hier startet der einfache, aber lange Weg zum Peekaboo Slot Canyon.

073 US-89 – N 37°09'16.0" W 112°34'26.2"

Jetzt also nach links, sind wir ab der Kreuzung auf der **Hancock Road** unterwegs, einer schmalen, alten, asphaltierten Straße im Nichts, geeignet auch für große Fahrzeuge. Sie führt stetig aufwärts, hier lohnt der Blick zurück auf die White Cliffs des Grand Staircase. Schließlich erreichen wir die Plateauhöhe und sehen links die Ausläufer der Düne hinter und unter der Vegetation.

074 Hancock Road
Ponderosa Grove Campground

GPS/Kontakt: N 37°05'17.6" W 112°40'17.9", Hancock Rd., Tel. 435 644 1300. **Öffnungszeit:** Ganzjährig. **Ausstattung:** Picknicktische, Feuerringe, Trockentoiletten. **Beschreibung:** Höhe 1.920 m. 34 Stellplätze, davon 6 für größere RV, in einem lichten Hain von Kiefern, geschottert, gut instand gehalten, für Liebhaber der Einsamkeit. Kein Handyempfang. **Preis:** $ 12. **Anfahrt:** 12 km ab US-89.

Wir treffen auf die etwas neuere UT-43 und biegen links ab. Der große Parkplatz links zu Fuß der Dünen für Offroad-Fahrern liegt am Rand des State Parks. Unbedingt lohnend ist ein Stopp 2,8 Kilometer nach dem Abzweig (*GPS N 37°03'12.7" W 112°42'47.1"*).

Hier gibt es einen **Zugang zu den Dünen bei den Informationstafeln**. Bei unserem letzten Besuch wurde der Bereich umgebaut *(Parken nur entlang der Straße)*.

An den Infotafeln vorbei kommen wir auf die Düne und können die sandige Umgebung erforschen und die Aussicht genießen. Der Bereich liegt im State Park, bisher muss hier aber kein Eintritt gezahlt werden. Der nächste Abzweig nach links führt zu den Einrichtungen des State Parks.

Coral Pink Sand Dunes State Park

Eintritt: $ 10 pro Fahrzeug. **Highlight:** Das größte Dünenfeld des Colorado-Plateaus. **Beste Reisezeit:** Frühjahr und Herbst. **Klima:** Im Sommer sehr heiß bis 40°C, der Sand wird dann unerträglich heiß. Im Winter ist alles möglich von freundlichem, sonnigen Wetter bis zu eisiger Kälte mit Schnee. **Höhe:** 1.810 m.

Das fast elf Kilometer lange und bis zu einem Kilometer breite Dünenfeld ist aus Navajo Sandstein erodiert. Der Farbkontrast von gelbem Sand, grünem Wacholder und Kiefern sowie strahlend blauem Himmel zieht Fotografen an. Der Park ist außerdem ein beliebtes Ziel von Quad/ATV-Fahrern. Hinter dem Visitor Center geht es nach links zum Parkplatz beim Observation Deck. Dieses ist auf betoniertem Weg erreichbar. Außerdem darf man hier frei in die Dünen laufen. Beim Parkplatz werden geführte UTV-Touren angeboten *(1 Stunde $ 140 + tax, Beifahrer + $ 70 + tax)*.

Coral Pink Sand Dunes

075 Coral Pink Sand Dunes – *Campground*

GPS/Kontakt: N 37°02'12.0" W 112°43'51.2", Hwy. 43, Tel. 435 648 2800. **Geöffnet:** Ganzjährig. **Ausstattung:** Picknicktische, Toiletten, heiße Duschen, Trinkwasser, Strom, V/E. **Beschreibung:** Höhe 1.810 m. 30 Stellplätze auch für große Fahrzeuge. Der alte Campingplatz ohne Strom liegt rechts im Wacholdergebüsch, der neue mit Strom und Wasser links auf nackter Fläche am Fuß der Düne. Stellplätze und Fahrwege bei beiden asphaltiert. **Preis:** $ 25, mit Strom $ 40. **Anfahrt:** Beim Visitor Center.

Wir fahren weiter durch einsame, trockene Wacholdervegetation. Ein großer, festgefahrener Parkplatz für Offroadfahrer auf der rechten Seite mit einzelnen Wacholderbüschen und Trockentoilette kann als Übernachtungsplatz genutzt werden *(6,5 km nach Einfahrt zu Visitor Center)*.

076 Offroad St. Area – N 37°01'28.7" W 112°48'09.0"

Eine Weile sind wir noch in wildem, einsamem Land unterwegs, dann treffen wir wieder auf Zivilisation und schließlich auf die UT-389, auf der es rechts nach Hurricane geht.

Tour 4

Colorado
New Mexico
Utah
Arizona
Monticello
Blanding
White Mesa
Hovenweep Nat. M.
Montezuma Creek
Bluff
Valley of Gods
Mexican Hat
Goosenecks State Park
Monument Valley
Goulding
Kayenta
Navajo Nat. M.
Shonto
Tonalea
Moenkopi
Tuba City
Navajo Nation Reservation
Hopi Reservation
Cameron
Page
Bitter Springs
Desert View
North Rim
South Rim
Grand Canyon Village
Tusayan
Grand Canyon National Park
Jacob Lake
Kaibab National Forest
Fredonia
Kanab
Vermillion Cliffs National Monument
Glen Canyon National Recreation Area
Lake Powell
Colorado River
Grand Staircase-Escalante National Monument
Escalante
Bullfrog
Halls Crossing
Fry Canyon
Tropic
Cannonville
Bryce
Bryce Canyon National Park
Panguitch
Dixie National Forest
Glendale
Orderville
Mt Carmel Junction
Zion National Park
Springdale
Rockville
Virgin
Hurricane
St.George
Tour 2
Tour 3
Tour 5
Tour 6
N
50 km

Durch das Land der Navajo

315 km

Mehrere versteckte Highlights warten auf dieser Tour, bei der die meisten Touristen nur am Monument Valley anhalten. Wer zwei bis drei Tage Zeit mitbringt, kann hier viel mehr entdecken, sowohl faszinierende Landschaften wie auch Relikte der alten Kulturen.

Unsere liebsten Stopps sind:

- **Navajo National Monument**
- **Monument Valley**
- **Goosenecks State Park**
- **Felszeichnungen bei Sand Island**
- **Fort Bluff**
- **Five Kiva Pueblo, unbekannte Siedlung in Felsüberhang**

Ehe wir starten, sollten Sie noch folgende Infos wissen:

Wir sind im Land der Navajo unterwegs. Wild- bzw freies Campen ist auf der gesamten Strecke bis Bluff verboten! Die Navajo betrachten dies als Landfriedensbruch.

Die kostengünstige Variante als Selbstfahrer funktioniert im Monument Valley mit einem klassischen Wohnmobil nicht, da der Scenic Drive dafür zu rau ist!

Empfehlenswert ist auch das Hovenweep National Monument, das wir als Abstecher beschreiben. Wer einen Tag mehr Zeit mitbringt, kann den Square Tower Loop gehen und dabei verschiedene Bauwerke der Pueblo Indianer bewundern.

Auf der Fahrt zum Navajo National Monument

Zeitzone

Im Navajo Reservat -8 Stunden, Mountain Standard Time (MST) und Mountain Daylight Time (MDT). Vorsicht, unterschiedliche Umstellung zu Sommerzeit im Vergleich zu Deutschland.

Die US Route 160 wurde 1956 geplant als **Navajo Route 1**, die Straße eines Highway-Netzes durch das Navajo-Reservat. Sie wird auch **Navajo Trail** genannt. Hier biegen wir rechts ab Richtung Tuba City/Kayenta.

Zuerst machen die **Moenave Dinosaur Tracks** auf sich aufmerksam. Das Feld mit Fußabdrücken, Kot-Resten und versteinerten Eiern von Dinosauriern kann nur geführt besichtigt werden *(10-20 min, wechselnde Qualität, um Trinkgeld und Kauf von Schmuckstücken wird gebeten)*.

Dann rollen wir hindurch zwischen den beiden Orten **Tuba City** *(8.600 Einwohner, 1.512 m Höhe, Tankstelle, Lebensmittel)*, der größten Stadt des Navajo-Gebietes, und **Moenkopi**, einer Siedlung der Hopi *(800 Einwohner)*.

In Tuba City nördlich des Highway zeigt das **Explore Navajo Interactive Museum** Kultur und Traditionen der Navajo, untergebracht in einem riesigen Hogan, der traditionellen Unterkunft der Navajo *(Mo - Fr 9 - 17 Uhr, Juni - August auch Mo - Fr 8 - 19 Uhr, Sa 8 - 17 Uhr, Dez. - Febr. geschlossen, $ 9 + tax)*. Daneben steht mit der Tuba Trading Post ein Gebäudekomplex, dessen älteste Teile aus den 1890ern stammen.

Flagge der Navajo, Weite in der Navajo Nation Reservation

Navajo Nation Reservation

Am 01. Juni 1868 wurde den Diné - wie die Navajo sich selbst nennen - ein 14.000 Quadratkilometer großes Gebiet auf dem Colorado Plateau per Vertrag als Besitz zugewiesen. Dies geschah knapp zwei Jahre, ehe die Möglichkeit einer vertraglichen Gebietsübertragung an eine Volksgruppe abgeschafft wurde. Außerdem ist das Reservat älter als Arizona, das erst 1912 als Bundesstaat aufgenommen wurde. In der Folge wurde das Gebiet in 13 Schritten bis 1934 fast verfünffacht auf heute 67.000 Quadratkilometer.

Die Reservate sollten über eine Selbstverwaltung verfügen, jedoch wurden lange Jahre vom Bureau of Indian Affairs Häuptlinge eingesetzt, die der US-Regierung genehm waren und trotzdem die massiven Flächenvergrößerungen durchsetzen konnten.

Die Navajo bewohnen ein Wüstengebiet fast so groß wie Bayern in Eigenverwaltung. Die Perspektiven dort sind schwierig.

1989 wurde eine Gewaltenteilung zwischen Exekutive (President), Legislative (Navajo Nation Council) und Judikative eingeführt (Chief Justice). Das Reservat hat eine eigene Polizei.

Heute leben im Reservat knapp 270.000 Einwohner, die sich zu 90% den Navajo oder Diné zugehörig fühlen. Über die Hälfte von ihnen lebt unter der Armutsgrenze. Für viele sind karge Viehzucht und Schmuckherstellung die einzigen Einkunftsmöglichkeiten. Immer wieder werden Projekte angestoßen, wie Breitband-Internetverbindungen im Reservat oder ein großes Rechenzentrum, um die Verdienstmöglichkeiten zu verbessern.

Die Flagge der Navajo Nation zeigt eine Karte des Gebietes, auf der der Zuwachs im Laufe der Jahre zu sehen ist. Der weiße Kreis in der Mitte zeigt das Stammessiegel. Umgeben ist diese Darstellung von den vier heiligen Bergen der Schöpfungsgeschichte Navajo. Ein Regenbogen soll die Souveränität der Navajo repräsentieren.

077 Tuba City – *NavajoLand Tuba City RV Park*

GPS/Kontakt: N 36°07'52.2" W 111°14'27.4", 10 Main St., Tel. 928 283 4545. **Öffnungszeit:** Ganzjährig. **Ausstattung:** Picknicktische, Full Hookup, Sanitäranlagen mit Schlüsselkarte. **Beschreibung:** Höhe 1.550 m. Umzäunte Schotterfläche mit Bäumen und Asphaltfahrwegen, ordentlich und praktisch. **Preis:** $ 30 + tax. **Anfahrt:** An der Ampelkreuzung des Hwy. 160 links, nächste Ampel geradeaus und letzte Hotelzufahrt links.

Murals in Hog Haven

Wir rollen durch überwiegend flaches, karges Land nach **Tonalea** mit Tankstelle und General Store. Dann passieren wir die Gebäude der **Old Red Lake Trading Post**, die 1884 als zentraler Handelsposten für das Gebiet der Navajo gegründet wurde (heute privat). Wir rollen weiter durch die grüne Senke des meist trockenen Red Lake und blicken anschließend auf zwei Felstürme links der Straße, die *Elephants Feet*, mit anschließender Haltemöglichkeit.

Am Straßendreieck mit Highway AZ-98 nach Page befinden sich der Shonto Marketplace und eine überdachte Tankstelle. Wir gewinnen an Höhe, das Land wird grüner. Ein hoher Silo auf der linken Seite kündigt Hog Haven an, eine Tankstelle mit einigen *Murals* (Wandbildern) und ein paar Häuschen. Wir befinden uns jetzt auf der Passhöhe auf 2.040 Meter. Nach links zweigt die AZ-564 ab zum Navajo National Monument.

Navajo National Monument

Eintritt: Kostenlos. **Highlights:** Ruinen der Pueblo-Indianer (Anasazi). **Beste Reisezeit:** Frühjahr bis Herbst, im Sommer schwere Nachmittagsgewitter möglich. **Höhe:** 2.230 m. **Klima:** Durchschnittliche Höchst-/Tiefsttemperaturen: Juli 31°/16°C, Januar 6°/-5°C.
Hinweis: Vorsicht bei der Anfahrt: ***Manche Navis leiten nicht-asphaltiert über Shonto*** über die Indian Route 221!

Hier werden ein Teil der beeindruckenden **Schluchten** von Tsegi und Keet Seel Creek geschützt, in der sich drei Anasazi Pueblo-Ruinen verbergen: **Betatakin, Keet Seel und Inscription House** waren zuletzt im 13. Jahrhundert bewohnt. Das **Visitor Center** zeigt eine kleine Ausstellung mit Artefakten und Nachbildungen der Siedlungen. Geführte Wanderungen zur Betatakin Ruine werden von Mitte Mai bis Mitte September angeboten. Allerdings führen sie wegen Steinschlaggefahr nicht mehr in den Überhang der Siedlung und haben damit viel von ihrem Reiz verloren.

Im Visitor Center

Wanderung: Sandal Trail, 2 km/50 Hm

Wasser und Fernglas mitnehmen! Links neben dem Visitor Center beginnt der asphaltierte Sandal Trail. An der T-Kreuzung hinter dem Hinterhof biegen wir rechts ab und folgen jetzt immer dem schmalen Asphaltband. Mit Hinweistafeln zu Flora und Fauna führt der Weg zuerst über blanke Felshügel immer leicht abwärts, dann durch einen lichten Wacholder-Bestand. Zum Schluss führen Holzstege hinab zum Aussichtspunkt. Infotafeln erklären die mittelalterliche Ruine des Betatakin Cliff Dwelling in einem Überhang, die wir auf der anderen Schluchtseite in etwa 100 Meter Entfernung sehen. Zurück geht es auf gleichem Weg, jetzt aber aufwärts.

078 Navajo National Monument
Sunset View Campground

GPS/Kontakt: N 36°40'38.6" W 110°32'32.0", IR 221, Tel. 928 672 2700. **Öffnungszeit:** Ganzjährig. **Ausstattung:** ***Max. 28 ft/8,50 m***, Picknicktische, Grill (Feuer verboten), Trockentoilette. **Beschreibung:** Höhe 2.220 m, teilweise etwas schräge, asphaltierte Stellplätze in Wacholderland, einige der Oberen haben eine weite Aussicht in Richtung Navajo Mountain. **Preis:** Kostenlos. **Anfahrt:** Am Visitor Center vorbei, am Parkplatzende geradeaus und nächste links, beschildert. **Hinweis:** Nicht reservierbar.
Alternative: Canyon View Campground im Navajo NM, ebenfalls Stellplätze zwischen Wacholder, Schotterwege, im Winter geschlossen, am Sunset View CG vorbei, in der 90°-Linkskehre geradeaus und nächste links.

Zurück bei Hog Haven biegen wir links ab und rollen wieder abwärts. Die Kleinstadt Kayenta mit ihren bunten Dächern erstreckt sich vor allem links vom Highway *(5.000 Einwohner, 1.719 m Höhe, Tankstelle, dahinter kleiner Supermarkt, verschiedene Schnellimbisse, kein Campingplatz).*

Hier gibt es zwei Möglichkeiten für die Weiterfahrt:
Die schnelle Variante, 120 Kilometer bis Bluff, weiter auf der US-160 und am zweiten Abzweig der US-191 links Richtung Bluff. **Die kurvenreiche Variante** über das Monument Valley, 111 Kilometer, an der Ampelkreuzung in Kayenta links auf die US-163 Richtung Mexican Hat. **Diese wird in der Folge beschrieben.**

TOUR 4

Kayenta, gesehen von der US-160

Wir biegen also links Richtung Mexican Hat und Monument Valley ab.

Die US-163 führt durch den Ort und schon dahinter bereiten die ersten Felssäulen neben dem Highway auf das Monument Valley vor. Wir sind wieder in rotem Felsenland unterwegs und werden begleitet von *Buttes, Mesas* und *Cliffs*, Türmen, Tafelbergen und Klippen, und von gelbem Sand.

Oljato-Monument Valley in Arizona *(115 Einwohner, 1.475 m)* und **Goulding** in Utah *(ebenfalls ein Nest)* bilden das Siedlungsgebiet an der Zufahrt bzw. Kreisverkehr zum Monument Valley. Hier überqueren wir auch eine Zeitgrenze, die aber nicht relevant ist, weil im Navajo Gebiet schon Utah-Zeit herrscht. Die beiden Orte bestehen aus verstreuten Häusern, zwei Schulen, drei Campgrounds, Lodges, Landebahn, Lebensmittelgeschäft und Tankstelle. Das meiste findet sich am Kreisverkehr nach links bzw. in Gegenrichtung zum Monument Valley.

Im »Ort« liegen die folgenden drei Campingplätze, ein weiterer im Tribal Park selbst. Am besten hat uns der Sleeping Bear Campground gefallen *(Platz 83)*. Bis auf den Letzten haben alle ihre Preise dem Touristenmagneten angepasst.

079 Monument Valley
Goulding's Resort RV & Campgound

GPS/Kontakt: N 37°00'22.6" W 110°12'54.2", 1000 Main Street, Tel. 866 936 9915. **Öffnungszeit:** Ganzjährig. **Ausstattung:** Picknickbänke, Full Hookup, Sanitärgebäude, Restaurant, Lebensmittelladen, Indoor-Pool, Waschmaschinen, WiFi. **Beschreibung:** Höhe 1.600 m. Liegt landschaftlich schön und ruhig in kleiner Schlucht, Asphaltfahrwege und Plätze aus Schotter oder festem Boden, Bäume an den meisten Plätzen. **Preis:** In der Saison ab $ 65 + tax, Winter ab $ 40 + tax. **Anfahrt:** Am Kreisverkehr links bzw. 3. Ausfahrt.

Felsformationen kurz vor Monument Valley

080 Monument Valley – *Koa Journey*

GPS/Kontakt: N 37°01'01.4" W 110°09'12.5", Milepost 2 Hwy. 163, Tel. 800 562 3424. **Öffnungszeit:** März - Oktober. **Ausstattung:** Picknickbänke, Strom und Full Hookup, Toiletten, Duschen, Waschmaschinen. **Beschreibung:** Höhe 1.600 m. Stellplätze und Zufahrten Schotter/fester Grund, mit kleinen, trockenen Grasstreifen, einzelne Bäume. **Preis:** Winter ab $ 52 + tax, in der Saison ab $ 62 + tax. **Anfahrt:** Am Kreisverkehr gerdaeaus, nach 2,4 km auf der linken Seite.

081 Monument Valley *Mustang Valley Campground*

GPS/Kontakt: N 36°59'55.3" W 110°09'21.9", Monument Valley Road, Tel. 928 209 4012. **Öffnungszeit:** Ganzjährig. **Ausstattung:** Trockentoilette, überdachte Picknicktische, kein Strom, kein Wasser. **Beschreibung:** Höhe 1.600 m. Unparzellierter Platz auf rotem Sand/ Schotter im Nichts, betrieben von Navajo, wird gelobt für seine authentische Wüstenatmosphäre. **Preis:** $ 25 + tax. **Anfahrt:** Am Kreisverkehr nach rechts Richtung Monument Valley.
Alternative: Hummingbird Campsite, ähnliche Aussattung mit Duschhaus, 2. links nach Mustang Valley CG und 1,1 km gute Piste, von hier aus kurzer Fußweg zu Aussicht über Monument Vallley, $ 42 + tax, reservierbar über airbnb.

Am Kreisverkehr geht es nach rechts zum Monument Valley, neben dem Grand Canyon das bekannteste Wahrzeichen des Südwesten der USA.

Monument Valley, Navajo Tribal Park

Eintritt: $ 8 p.P./Tag. **Highlights:** Berühmte Felstürme und -nadeln.
Beste Reisezeit: Frühjahr bis Herbst, im Sommer schwere Nachmittagsgewitter möglich. **Klima:** Durchschnittliche Höchst-/Tiefsttemperaturen: Juli 35°/20°C, Jan. 5°/-4°C. **Höhe:** 1.650 m.
Hinweise: Fast 500.000 Besucher jährlich.
Das Highlight, *die Ringstraße, ist nicht asphaltiert* und kann mit Wohnmobilen nicht befahren werden.

West und East Mitten, Totem Pole und Yei Bi Chei

Monument Valley – History 'n' Facts

Das Monument Valley ist bekannt für seine bis zu 300 Meter hohen, roten Felstürme, Nadeln und Tafelberge, die das auf etwa 1.600 Metern liegende Hochplateau überragen. Die Tafelberge bestehen aus **De Chelly Sandstein**, der sich im frühen Perm vor 275 Millionen Jahren im damaligen Tieflandbecken ablagerte, als hier Baumfarne wuchsen und sich landlebende Reptilien entwickelten. Das Monument Valley ist Schauplatz vieler Westernfilme, wie »Spiel mir das Lied vom Tod« von Sergio Leone, »Ringo« von John Ford und – für die Älteren ;-) – der Marlboro-Werbung.

Am Eingangshäuschen kann es zu den Stoßzeiten – Frühjahr und Herbst – zu längeren Wartezeiten kommen. Von dort erreichen wir zuerst einen großen Parkplatz mit **Visitor Center**, Restaurant, Safari-Angeboten und der **Aussichtsplattform** mit Blick auf *West* und *East Mitten Butte* – die Namen erklären sich selbst, wenn man weiß, dass *Mitten* Fausthandschuhe sind. Rechts von ihnen erhebt sich der Merrick Butte zum höchst fotogenen Trio.

Ab hier begeben sich die meisten Besucher mit dem eigenen Fahrzeug auf den 27 Kilometer langen **Scenic oder Loop Drive**, eine Schotter-Sandpiste, die für normale PKW und kurze Vans bei trockener Piste gut zu bewältigen ist. Der beliebteste Fotostopp ist der **John Ford's Point**. Wo früher der Regisseur seine Kamera aufbaute, bieten heute die Navajo Schmuck an.

Als Besichtigungszeit kann man mindesten **zwei Stunden** einplanen. Aber: Mietwagen dürfen in der Regel *nicht auf Schotter gefahren* werden und alle größeren Fahrzeuge können es *wegen mangelnder Bodenfreiheit nicht.*

Geführte Jeeptouren starten bei etwa $ 65 + tax p.P., 3 - 12 Jahre $ 30 + tax für 1,5 Stunden. **Geführte Ausritte** kosten ab $ 80 + tax p.P. für eine Stunde, beides z.B. bei toursacred.com.

Mögliche weitere Aktivitäten sind kurze Wanderungen und Heißluftballon-Fahrten.

Wanderungen im Monument Valley

Der Wildcat Trail führt über 6,3 km/120 Hm um den West Mitten Butte herum und führt so ein Stück ins Tal der roten Felstürme hinein. Er ist streckenweise sandig und im Sommer sollte die Mittagshitze unbedingt gemieden werden. Reichlich Wasser mitnehmen!

Alternativ startet der 3,6 km lange, nur leicht hügelige Lee Cly Trail am südlichen Ende des Parkplatzes beim View Hotel und lässt sich mit einem Abstecher zum Mesa Rim *(beschildert)* auf 4,7 km/150 Hm erweitern.

082 Monument Valley – *The View Campground*

GPS/Kontakt: N 36°59'13.1'' W 110°06'53.3'', Indian Rte. 42, Tel. 435 727 5802. **Öffnungszeit:** Im Winter geschlossen. **Ausstattung:** Picknickbänke, Toiletten, Duschen. **Beschreibung:** Höhe 1.700 m. Schräg angeordnete Stellplätze auf Schotter mit Blick auf das Foto-Trio West/East Mitten und Merrick Butte, eng gestellt. Lebt alleine von der Aussicht, bei Wind voll den Böen ausgesetzt. **Preis:** $ 50 - 70 + tax. **Anfahrt:** Beim Visitor Center links. **Hinweis:** Reservierung inzwischen auch für Stellplätze möglich.

Wir verlassen das Monment Valley und fahren am Kreisverkehr geradeaus Richtung Bluff. Direkt nach der Passhöhe zwischen zwei Mesas erreichen wir die Abfahrt zum Sleeping Bear Campground im Stile eines *National Forest Campgrounds,* der uns wegen der völlig einsamen Lage am besten gefallen hat.

Aussicht vom Forest Gump View

083 Monument Valley
Sleeping Bear Campground

GPS/Kontakt: N 37°03'41.0" W 110°05'47.2", Douglas Mesa Rd., Tel. 435 444 7777. **Öffnungszeit:** Ganzjährig. **Ausstattung:** Picknickbänke mit kleinem Schattendach, Trockentoilette. **Beschreibung:** Höhe 1.700 m. Mitten im Nichts mit Blick auf die Landschaft. Privater Patz mit der Ausstattung eines *State Forest* Platzes. Wege auf Campingplatz sind geschottert, die ersten Stellplätze mit etwas Fahrgeschick auch für 30 ft-Fahrzeuge erreichbar. Die Schönsten am Rande des Plateaus nach rechts sind nur für Vans erreichbar. **Preis:** $ 20 + tax. **Anfahrt:** Nach der Passhöhe erster Abzweig links »Douglas Mesa Rd.«, direkt an Verzweigung links und Asphaltstraße für 1,4 km folgen.

Der Highway führt jetzt leicht abwärts, um auf der Gegenseite wieder anzusteigen zu den besten Aussichtspunkten auf das Monument Valley. Der erste beschilderte Aussichtspunkt ist der **Forrest Gump View** *(GPS N 37°06'06.3" W 109°59'26.6")*, 600 Meter weiter folgt der **Monument Valley Overlook** *(GPS N 37°06'18.4" W 109°59'07.8")*. Von beiden ist die Aussicht in den Vormittagsstunden am besten, während die Felstürme des Monument Valley in 17 Kilometer Entfernung nachmittags im Gegenlicht erscheinen.

Mexican Hat

Jetzt führt die Straße teilweise ordentlich abwärts zur Siedlung **Mexican Hat** *(30 Einwohner, Höhe 1.294 m)* an der **Brücke über den San Juan River**. Einige Lodges, Restaurant und Cafe, eine Tankstelle mit erstaunlich moderaten Preisen und der Valle's RV Park mit Hinterhof-Flair und günstigen Preisen reihen sich an der Straße entlang.

Nachdem sich die Straße aus dem Flusstal gewunden hat, sehen wir rechts den **Mexican Hat Rock**, der vor den Klippen auf der anderen Seite des San Juan Rivers aufragt. Der schwindelerregend ausbalancierte Felsen, ein beliebtes Fotomotiv, lässt sich am besten von einem der Haltebuchten entlang der Straße fotografieren, wobei wir meistens zuerst auf einen der Hügel am Straßenrand steigen müssen. Zum Mexican Hat Rock führt eine feste, einspurige Schotterpiste *(Abzweig GPS N 37°10'29.6" W 109°51'35.4")*.

084 Mexican Hat Rock Camping

GPS/Kontakt: N 37°10'31.7" W 109°51'20.7", Mexican Hat Rock Rd. , keine Telefonnr. **Öffnungszeit:** Ganzjährig. **Ausstattung:** Keine. **Beschreibung:** Höhe 1.380 m. Freies Campen auf Privatgrund bei den Felsen, geeignet eher für Vans und Fahrzeuge mit etwas Bodenfreiheit. Die ersten Stellplatzmöglichkeiten sind nahe der Straße, die Schöneren am Fuß der Felsen und nur auf echten *dirt roads* zu erreichen. **Preis:** $ 15 + tax. **Anfahrt:** Hwy. 163, zwischen Milepost 23 und 24. **Hinweis:** Die Bezahlung erfolgt online, siehe Campingplatzschild vor Ort.

Kurz darauf erreichen wir den Abzweig der UT-261. Diese Straße führt asphaltiert zum Gossenecks State Park. Richtung Natural Bridges National Monument dagegen erwartet den Fahrer nach zehn Kilometern ein nicht asphaltierter Abschnitt, der **Moki Dugway**, der in scharfen, lehmigen Serpentinenkehren auf knapp fünf Kilometern Länge die 330 Meter hohen, senkrechten und anscheinend unüberwindbaren Klippen am Rande des Valley of Gods hinaufführt.

Goosenecks State Park

Eintritt: $ 5 pro Fahrzeug und Tag. **Highlights:** Enge Flussmäander des San Juan River. **Beste Reisezeit:** Frühjahr bis Herbst, im Sommer schwere Nachmittagsgewitter möglich. **Klima:** Durchschnittliche Höchst-/Tiefsttemperaturen: Juli 35°/18°C, Januar 6°/-8°C. **Höhe:** 1.500 m.
Hinweise: Sehr einsame Lage. In der Saison ist das Wärterhäuschen besetzt, sonst Bezahlen per Umschlag. Kein Visitor Center.

Die Goosenecks, enge Kehren der Schlucht des San Juan River

Picknick an den Goosenecks

Der Goosenecks State Park bietet die Aussicht auf die engsten einer ganzen Serie von Flusskehren, die der San Juan River bis zu 380 Meter tief in den Fels gegraben hat. Durch die vielen Kehren, zu denen festeres Gestein den Fluss gezwungen hat, fließt er fast zehn Kilometer, um eine Distanz von etwa 2,5 Kilometern zurückzulegen. Die Zufahrtstraße ist asphaltiert bis zum großen Parkplatz direkt am Aussichtspunkt. Hier gibt es neben Staunen und einem Picknick an den teilweise überdachten Picknicktischen nicht viel zu tun.

085 Goosenecks State Park Campground

GPS/Kontakt: N 37°10'29.2" W 109°55'33.7", UT-316, Tel. -. **Öffnungszeit:** Ganzjährig. **Ausstattung:** Trockentoilette und einzelne Picknickbänke. **Beschreibung:** Stellplätze entlang der Schotterstraße am Schluchtrand, grandioser Sternenhimmel. Bei schlechtem Wetter/Wind nicht zu empfehlen. Höhe 1.500 m. **Preis:** $ 10. **Anfahrt:** Vom Parkplatz nach links. **Hinweise:** Nicht reservierbar, Empfang AT&T.

Weiter auf der US-163 kommen wir zum nicht beschilderten Abzweig ins **Valley of the Gods** *(GPS N 37°14'05.8" W 109°48'51.4")*. Dies ist eine fantastische Alternative zum Monument Valley mit ähnlichen Felsformationen, erschlossen von 26 Kilometern teils etwas rauer und lehmiger Schotterpiste. Bei gutem Wetter kann das Tal mit einem Fahrzeug mit etwas Bodenfreiheit erkundet und auch zahlreiche Möglichkeiten zum Wildcampen genutzt werden. Die Piste trifft auf die asphaltierte UT-261 *(siehe oben)* noch vor den Klippen des Moki Dugway.

Valley of the Gods, Piste ins Abenteuer

Das Valley of the Gods gehört zum Bears Ears National Monument (siehe Tour 5). Da die Fläche vom Bureau of Land Management und US Forest verwaltet wird, ist *dispersed camping* vorläufig erlaubt. Allerdings ist in Zukunft auch wegen der steigenden Nutzung mit einer weiteren Entwicklung des Gebietes zu rechnen.

086 US-163 – *Valley of the Gods*

GPS/Kontakt: N 37°14'19.0" W 109°48'51.9", Valley of the Gods Rd. **Max. WOMOs:** 3 - 4. **Ausstattung:** Keine. **Beschreibung:** Höhe 1.360 m. Der Valley of Gods Overlook ist ein großer Schotterplatz 500 Meter vom Highway entfernt, der für einen geübten Fahrer bei trockener Piste auch mit einem RV erreichbar ist – allerdings unter Vernachlässigung der Mietbedingungen. **Anfahrt:** Zum Valley of Gods abbiegen, die Piste führt etwas holperig durch die Furt des Ost Fork Lime Creek und dann in meistens gutem Zustand hoch zum Aussichtspunkt. **Hinweise:** Die Furt unbedingt vorher zu Fuß überprüfen, sie ist nur 100 Meter von der Straße entfernt! Ebenso die Wettervorhersage für den nächsten Tag prüfen, denn auch der Rückweg erfolgt durch die Furt!

Weiter Richtung Bluff zuerst leicht abwärts, rollen wir unerwartet auf die **Combe Ridge** zu, eine unüberwindbar scheinende Felswand. Direkt nach der Brücke über den Comb Wash führen 100 Meter gute Schotterstraße zu einem Stück des alten Highways, hier finden sich Übernachtungsplätze für kleinere Fahrzeuge, die Stelle liegt etwas unterhalb des neuen Highways.

087 Comb Wash – N 37°15'58.6" W 109°40'27.3"

Dann schwingt sich der Highway durch einen Einschnitt hoch auf die Combe Ridge und erreicht den Abzweig des US-191 Richtung Süden. Der nächste Abzweig nach rechts führt zur **Sand Island Recreation Area** *(Eintritt frei)*. Hier wartet eine wenig bekannte, aber bedeutende Sehenswürdigkeit, das **Sand Island Petroglyph Panel**. Auf fast 100 Metern Länge ist die Felswand über und über mit Felsritzungen verziert.

TOUR 4

Sand Island Petroglyph Panels, History 'n' Facts

Der größte Teil der Petroglyphen stammt aus der Zeitspanne der frühen Korbmacher bis zur Pueblo-III-Zeit, ist 2.500 bis 800 Jahre alt. Tiefer an der Wand sind auch neuere Zeichnungen der Ute und Navajo. Zu den ältesten Zeichnungen gehören rechteckige Körper, die durch Linien geteilt sind, dieser Typ wird *Glen Canyon Linear* genannt. Fünf Mal zu finden ist **Kokopelli**, die Fruchtbarkeitsgottheit, dargestellt als Flötenspieler mit Kopfschmuck und Phallus. Figuren mit hochgetürmtem Kopfschmuck, ein reitender Cowboy mit Hut, ein Flöte spielendes Schaf, Speere und vieles mehr können wir hier entdecken (vom Highway 600 Meter asphaltiert bis kurz vor Ranger Station/Picknicktische/Zugang zum Fluss, kurz zuvor erster Abzweig rechts, 500 Meter gute Schotterpiste zu den *panels*, große WOMO parken auf den großen Schotterplätzen am Fluss oder nach Rechtsabzeig auf der linken Seite. Der Zugang zu den panels ist beschildert).

088 Bluff – *Sand Island Campground*

GPS/Kontakt: N 7°15'44.1'' W 109°36'58.9'', Sand Island Rd. , Tel. 435 587 1500. **Öffnungszeit:** Ganzjährig. **Ausstattung:** Picknicktische, Feuerringe, Trockentoiletten, im Sommer Trinkwasser. **Beschreibung:** Höhe 1.300 m. 23 Plätze unter den Pappeln (*Cottonwood*) am Ufer des San Juan River. Empfehlenswert, weil schöne Aussicht auf die Combe Ridge und weniger Mücken, sind die Plätze auf der etwas freieren Fläche. **Preis:** $ 15. **Anfahrt:** Abzweig Sand Island, nächste rechts, nächste links.

Nächste Station ist **Bluff** *(250 Einwohner, 1.318 m Höhe, Tankstelle, kein Supermarkt, drei Campingplätze)*. Der kleine Ort liegt zwischen Sandsteinklippen und den Ufern des San Juan River und entwickelt sich zum Tourismus-Zentrum in der Wüste. Direkt am Highway befindet sich das **Fort Bluff**, ein sehr empfehlenswertes Freilichtmuseum.

Fort Bluff, History 'n' Facts

Im Fort wird mit viel Liebe die Geschichte eines unglaublichen Trecks geschildert und veranschaulicht. Ende der 1879er brachen rund 70 Mormonen-Familien auf, um von Escalante im Norden das südwestliche Utah zu besiedeln. Sie wählten einen weitgehend unbekannten Weg und bauten einen natürlichen, extrem steilen Einschnitt in die Schlucht des Colorado River notdürftig aus, den Hole-in-the-Rock Trail. Auch wenn hier sicher einiges etwas beschönigend dargestellt wird, konnten wir den Stolz der Nachfahren auf diese Leistung nachvollziehen. Neben einer Einführung in das Thema und einem Film *(auch in Deutsch)* sind nachgebaute Hütten der damaligen Siedler ausgestellt sowie Werkzeug und Wagen. Die freiwilligen Helfer sind Mormonen, die hier ungemein freundlich informieren und gar nicht missionieren *(Eintritt frei, Eingang rückwärtig, GPS N 37°17'03.8" W 109°33'10.0")*.

Am Ortsende wartet das **Twin Rocks Cafe**, in dem wir einen Stopp für die *Killer Nachos* mit einem *Beer on Tap* empfehlen können.

Wer einen Überblick über Bluff gewinnen möchte, sollte den knappen Kilometer zum **alten Friedhof** hochfahren mit schöner Aussicht über den Ort und die umgebenden Felslandschaft. Außerdem sind hier weitere freistehende Felssäulen zu entdecken und einige Gräber aus dem 19. Jahrhundert *(GPS N 37°17'17.7" W 109°33'17.6", Wenden problemlos auf einem großen Schotterplatz)*. Kurz vor dem Ziel kommen wir vorbei am **Great House**, einem von 1100–1300 bewohnten Anasazi-Bau *(links überdachte Ruine, rechts sechseckiger Pavillion)*.

Abendstimmung über Bluff, Blick vom Friedhof

089 Bluff – *Coral Sands RV Park*

GPS/Kontakt: N 37°16'49.6" W 109°34'10.8", US-191, Tel. 970 397 1955. **Öffnungszeit:** Anf. Februar – Ende November. **Ausstattung:** Picknicktische, Full Hookup, Toiletten, Duschen, free Wifi, Waschmaschinen, Propangas. **Beschreibung:** Höhe 1.320 m. Geräumige Stellplätze unter alten Bäumen, sehr freundliche Besitzer, 2 km bis zum »Zentrum«/Fort Bluff. **Preis:** Ab $ 40 + tax. **Anfahrt:** Am westlichen Ortseingang, beschildert. **Alternative:** Der Cottonwood RV Park liegt 300 Meter näher am »Zentrum«, Stellplätze auf Schotter mit Blick auf die Klippen auf der anderen Seite des San Juan River, die meisten mit Bäumen, Toiletten und Duschen.

090 Bluff – *Cadillac Ranch RV Park*

GPS/Kontakt: N 37°16'58.7" W 109°33'05.1", 630 Main St., Tel. 435 210 8933. **Öffnungszeit:** Ganzjährig. **Ausstattung:** Picknicktische, saubere Duschen und Toiletten in älterem Sanitärgebäude, Full Hookup, V/E, free WiFi. **Beschreibung:** Höhe 1.320 m. Zentrale Lage zum Fort und Twin Rocks Cafe, großzügiges Gelände mit relativ engen Stellplätze auf Schotter mit kleineren Bäumen. **Preis:** $ 40 + tax. **Anfahrt:** Am östllichen Ortseingang, beschildert. **Hinweis:** Der Campingplatz hat einen neuen Verwalter und soll im Laufe der nächsten Jahre aufwändig erweitert werden.

Weiter geht es auf der US-191 Richtung Blanding. Am Abzweig der UT-262 kann ein großer, ebener Schotterplatz zum Übernachten genutzt werden *(rechts auf UT-262, nach 100 m links)*.

091 UT-262 – N 37°25'24.2" W 109°28'19.8"

Hier ist ein Abstecher zum Hovenweep National Monument möglich.

Abstecher zum Hovenweep National Monument

Fahrtstrecke: 160 km, asphaltiert, schmale Straßen. **Eintritt ins National Monument:** $ 20 oder America The Beautiful Pass. **Highlights:** Ruinen der Pueblo-Indianer. **Beste Reisezeit:** Frühjahr oder Herbst.

Wer mindestens einen halben Tag zusätzlich Zeit hat, kann hier einen Abstecher zu den Anasazi-Ruinen des Hovenweep National Monuments unternehmen. Der Square Tower Bereich am Visitor Center ist über asphaltierte Straßen erreichbar und bietet Einblick in eine kleine, nicht sehr tiefe, aber trotzdem beeindruckende Schlucht, in und an der sich neun verschiedene Bauten der Pueblo-Kultur befinden. Diese sind mit einer Ausnahme nicht in Überhängen, sondern Freistehend. Hovenweep wirkt vergleichsweise überschaubar und übersichtlich, aber dadurch auch nah- und verstehbar. Hier kann man versuchen zu begreifen, wie die Menschen vor 800–900 Jahren gelebt haben.

Anfahrt: Wir biegen rechts ab auf die SR-262 Richtung Montezuma Creek/Aneth. Über die folgenden, beschilderten Abzweige kommen wir asphaltiert nach Hovenweep (Vorsicht: Navis schicken immer wieder über Schotterpisten!): Nach 10 km links, nächste Asphalt-Verzweigung nach 10 km rechts, nächster Asphalt-Abzweig nach weiteren 15 km links, weitere 10 km zum Hovenweep Visitor Center mit dem Bereich Square Tower. Wer bis hierher fährt, sollte unbedinbt den Square Tower Loop gehen, denn nur auf diesem erleben wir die wirklichen Highlights von Hovenweep.

Der **Hovenweep Square Tower Ruins Campground** ist ganzjährig geöffnet (*31 Stellplätze im lichten Wacholdergebiet, viele für kleinere Fahrzeuge, Toiletten, $ 15, nicht reservierbar, kein Handyempfang, GPS N 37°22'59.1" W 109°04'16.7"*).

Weitere Bereiche von Hovenweep liegen nördlich und sind nur über schlechte Schotterpisten erreichbar: Horseshoe & Hackberry und das aktuell geschlossene Cutthroat Castle. Für den Rückweg ist es von den Gesamtkilometern her egal, ob wir vom Visitor Center der Straße weiter nach Norden folgen bis Pleasant Creek in Colorado und links abbiegen auf die US-491 nach Monticello, oder auf gleicher Strecke 50 Kilometer zurückfahren bis zur US-191 vor White Mesa und dort rechts nach Monticello rollen.

Wanderung Square Tower Loop, 3,2 km/70 Hm

Zum Schutz des kulturellen Erbes: Bleibt auf den markierten Wegen und betretet nicht die Ruinen! Vorsicht: Hier leben Klapperschlangen! Im Visitor Center gibt es eine Broschüre zu den Highlights dieser Wanderung.

Sehr empfehlenswert ist diese Runde, die vom *Canyon Overlook* rund um den *Little Ruin Canyon* führt auf nicht ausgebauten, aber mit ausgelegten Steinen gut markierten Wegen. Dabei erleben wir die Landschaft, haben schöne Ausblicke in die Canyons und kommen an den meisten Anasazi-Ruinen vorbei.

Vom Visitor Center führt ein asphaltierter Weg zum *Canyon Overlook*. Dort biegen wir rechts ab auf den *Primitive Trail* und kommen am **Unit Type House** und dem Blick auf das **Eroded Boulder House** in einem Felsblock vorbei. An der Spitze des Seitencanyons biegen wir links ab auf das Plateau zwischen den zwei Canyons, um zu den Ruinen am **Tower Point** zu gelangen.

Auf dem Rückweg auf der anderen Seite des Plateaus passieren wir das **Hovenweep Castle**. Weiter geht es rund um den Little Ruin Canyon mit **Square Tower** am Grund, **Hovenweep, Rim Rock House** und **Twin Towers** auf dem Canyonrand. Wir folgen noch ein Stück dem Canyonrand, biegen dann nach links ab hinunter in die Schlucht, um auf der anderen Seite die 30 Höhenmeter wieder hochzusteigen. Hier geht es nach links zurück zum Canyon Overlook und Startpunkt. Der Trail kann auch vom Campingplatz aus gestartet werden.

Am Five Kiva Pueblo

Weiter auf der US-191 erreichen wir **White Mesa**, eine kleine Ansiedlung mit einer Marathon-Tankstelle, dem White Mesa Travel Center, bei der *Unleaded* oft unschlagbar günstig ist.

Wir rollen durch dürres Sagebrush-Land, vor uns die Abajo-Mountains und kommen zum Abzweig der UT-95, meist einfach Highway 95 genannt, siehe Tour 5.

Endpunkt unserer Tour ist **Blanding** *(3.500 Einwohner, 1.861 m, mehrere Tankstellen, Supermarkt am südlichen Ortsrand)*. Neben Landwirtschaft lebt der Ort von den durchreisenden Touristen, die zwischen Arches und Grand Canyon National Park unterwegs sind. Auch hier gibt es zwei Stellen, um der Pueblo-Kultur nahe zu kommen, das Anasazi Edge of the Cedars State Park Museum sowie außerhalb das kaum bekannte Five Kiva Pueblo.

Abstecher Five Kiva Pueblo, 5,4 km gesamt, asphaltiert

Zum Five Kiva Pueblo *(GPS N 37°35‘26.9" W 109°29‘59.9")* biegen wir links ab in die erste Straße nach dem Blue Mountain Campingplatz (»1600 S«) und folgen ihr am Sunset Campground vorbei für 2,7 Kilometer bis zu einem Wendehammer. Dort können wir über die kleine, schroffe Schlucht des Westwater Creek auf das Five Kiva Pueblo in einem Überhang blicken. Hier sind wir oft alleine und der Platz ist ideal für ein kleines Picknick auf Steinen. Auf der Strecke wird mit roten Schildern auf die Nations Natural Bridge verwiesen, die sich an den gegenüberliegenden Canyonrand schmiegt, und auf den Start einer kurzen Wanderung in die Schlucht.

Das **Anasazi Edge of the Cedars Museum** bietet Zugang zu einem Gebäude der Pueblo-Kultur mit Kiva sowie eine große Sammlung von Töpferei und anderen Alltags- und Kultgegenständen *(Eintritt $5 p.P., März – November, 9 – 17 Uhr, GPS N 37°37‘52.8" W 109°29‘21.9", am nord-westl. Ortsrand)*. Der einleitende Film hat leider mehr Werbecharakter für das Museum als historische Infos. In der Ausstellung finden sich Töpfereien, Sandalen, Werkzeuge und Schmuckgegenstände, die den jeweiligen Kulturabschnitten zugeordnet sind. Im Außengelände fanden wir den Zugang zu einer Kiva am eindrücklichsten.

Kiva im Anasazi Museum

Das The Dinosaur Museum setzt auf die realistische Darstellung von Dinosaurier-Repliken und wirkt eher wenig wissenschaftlich.

092 Blanding – *Blue Mountain RV & Trading*

GPS/Kontakt: N 37°35'52.2'' W 109°28'43.4'', 1930 S Main St., Tel. 435 678 7840. **Öffnungszeit:** Ganzjährig. **Ausstattung:** Full Hookup, neue saubere Sanitäranlagen, Waschmaschinen, free WiFi. **Beschreibung:** Höhe 1.800 m. Wenige Stellplätze mit Bäumen und kleiner Rasenfläche, der größere Teil eng und mit Parkplatzatmosphäre. **Preis:** Ab $ 40 + tax. **Anfahrt:** Am Hwy 191 am südlichen Ortsrand. **Alternative:** **Blanding RV Park**, 1,7 km weiter nördlich im Ort, ebenfalls sehr eng, aber etwas mehr Bäume.

TOUR 4

093 Blanding – *Sunset Campground*

GPS/Kontakt: N 337°36'10.0'' W 109°29'23.4'', 1600 S., hicamp.com, kein Tel. **Öffnungszeit:** Ganzjährig. **Ausstattung:** Picknicktische, Dixietoiletten. **Beschreibung:** Höhe 1.790 m. Sauber geschotterte Wege/Plätze mitten in der Natur. Empfang AT&T. Bezahlung online. **Preis:** $ 22 + tax. **Anfahrt:** Erste Straße nach Blue Mountain Camping links.

20 Kilometer nördlich von Blanding an den Hängen der Abajo Mountains befindet sich das **Dry Wash Reservoir** im lichten Nadelwald, ein beliebter Platz in der Sommerfrische der Berge. Hier wird sowohl an der Zufahrt frei gecampt, als auch auf einem Campingplatz. Die letzten sieben Kilometer sind nicht asphaltiert (*$ 20, Höhe 2.370 m, reservierbar* www.recreation.gov).

094 Nizhoni Campgr. – N 37°46'57.6'' W 109°32'23.0''

Ebenfalls bei Blanding an den Hängen der Abajo Mountains liegt das **Recapture Reservoir**, das an den Highway 191 grenzt. Bisher ist hier *Dispersed Camping* erlaubt (*Zufahrt asphaltiert, links ab 3,8 km nach Highway-Abzweig in Blanding, von dort 3 km*).

095 Recapture Res. – N 37°40'01.3'' W 109°26'38.9''

Tour 5

Green River
Thompson Springs
70
Utah
24
Utah
Green River
191
Arches National Park
128
Colorado River
Moab
Tour 7
Hanksville
Tour 8
Canyonlands National Park
46
La Sal
Capitol Reef National Park
95
191
Slot Canyons
105
103
Colorado River
211
108
107
102
106
Hite
Utah
Monticello
191
276
104
95
Natural Bridges
097
Tour 6
Butler Wash Ruins
Blanding
Fry Canyon
Bullfrog
Lake Powell
101
100
191
White Mesa
Glen Canyon National Recreation Area
Halls Crossing
099
276
098
261
096
Tour 4
!!!
Montezuma Creek
Bluff
Lake Powell
Mexican Hat
191
Utah
Arizona
Goulding
Utah
Arizona
160
163
Navajo Nation Reservation
191
Kayenta
160
98
Shonto
N
Tonalea
160
Hopi Reservation
50 km

Highway 95
200 km

Eine asphaltierte Straße mitten in die Einsamkeit des Colorado Plateaus – für uns der absolute Traum. Wenn Sie das Abenteuer suchen, sollten Sie sich am besten zwei Tage Zeit nehmen und den roadtrip mit einer Übernachtung am Highway planen. Offiziell geht das auf dem Campingplatz im Natural Bridges National Monument. Noch schöner sind die Stellplätze »draußen«, v.a. bei Hite Crossing – eine Nacht in der Einsamkeit unter Sternen!
Mit folgenden Tipps wünschen wir Ihnen ein ganz besonderes Erlebnis im Red Rock Country abseits der Touristenströme:

- **Butler Wash Ruins**
- **Natural Bridges National Monument**
- **Hite Overlook**
- **Leprechaun oder Blarney Canyon für Trittsichere**

Der Weg ins Abenteuer bedeutet auch weniger Sicherheit. Auf dieser Strecke gibt es keine Versorgungsmöglichhkeiten. Handyempfang existiert nur etwa auf den ersten 20 Kilometern und den letzten 20 Kilometern, alles dazwischen ist ein großes Funkloch. Im Winter ist nicht mit Winterdienst zu rechnen.

Dramatische Felslandschaft vor Hite Crossing

Zeitzone

Utah -8 Stunden zu MEZ, Mountain Standard Time (MST) und Mountain Daylight Time (MDT).
Bitte beachten: Umstellung von/zu Sommerzeit verschoben zu Deutschland.

TOUR 5

Der Highway 95, auch Bicentennial Scenic Byway genannt, startet mit einer Tankstelle und einer großen Infotafel, die anzeigt, ob die Fähre *Hall's Ferry* über den Lake Powell operiert. Sie würde eine asphaltierte Rundtour über den Highway UT-276 zulassen, wird aber aufgrund des extrem niedrigen Wasserstandes in absehbarer Zeit wahrscheinlich nicht fahren können.

Dann beginnt unser Weg in die Einsamkeit über das Plateau und durch flache Schluchten. Nach 17 Kilometern ist der beschilderte Parkplatz der **Butler Wash Ruins** mit Trockentoilette erreicht *(GPS N 37°31'27.1" W 109°37'57.9")*.

Wanderung: Butler Wash Ruins, 1,3 km/35 Hm

Morgens ist der Lichteinfall in den Überhang am besten.
Links neben dem Toilettenhäuschen startet der Wanderweg, der als deutlicher, teils sandiger, teils gekiester Fußweg in die karge Wüstenvegetation mit Opuntien, *Prickly Pear Cacti*, und einzelnen Wacholderbüschen führt. Der Weg ist durch die Gehspuren und mit seitlichen Steinen und Holzstämmen eindeutig markiert. Schließlich führt er auf blanken Felsen, wo wir den Steinmännchen folgen. Von hier ist auch schon unser Ziel, das Geländer des Aussichtspunktes, auf der gegenüberliegenden Seite der flachen Felssenke zu sehen.

Vom Geländer blicken wir genau in den Überhang und die kleine Siedlung, die während der Pueblo III-Phase im 13. Jahrhundert gebaut wurde. Im großen Überhang befinden sich vier Kivas, von denen drei im Stile von Mesa Verde rund gebaut wurden. Auch in weiteren kleinen Überhängen sind Mauerreste zu sehen, zumeist Lagerräume. Die Menschen hier lebten von der Jagd und vom Ackerbau, den sie im Canyon betrieben. Noch vor Ende des 13. Jahrhunderts verließen sie die Siedung wieder. Wer trittfest ist, kann vom Aussichtspunkt nach rechts gehen zu dem meist trockenen, in Gumpen ausgespülten Wasserlauf, der sich hier seinen Weg Richtung Schlucht in den Fels gegraben hat. Er endet in einem großen Felsrund, von einem Felsbogen überspannt, wird. Den Felsbogen können wir überqueren und zum Felsrund hinunterklettern.

Butler Wash Ruins, rechts oben Felsrund

Anschließend führt der Highway in einem Bogen von der Comb Ridge hinunter in den **Comb Wash**, hier eine durchaus beeindruckende Schlucht mit einem Grund aus tiefrotem Sand.

096 Hwy. 95 – *Comb Wash*

GPS/Kontakt: N 37°30'40.5'' W 109°39'14.0'', Forest Service Rd 235. **Max WOMOs**: 10. **Ausstattung:** Keine. **Beschreibung:** Höhe 1.480 m. Entlang der überwiegend festen Piste in den *wash* liegen verstreut Plätze zum Übernachten. Die Kombination aus rotem Sand gespickt mit lichter grüner Vegetation und knorrigen Bäumen erinnert an Australien. Die ersten Plätze sind auch für große WOMOs erreichbar, die Stelle ist bekannt und beliebt. **Anfahrt:** Vor der Brücke über den Bachlauf links, Festigkeit der Zufahrt und Stellplätze vor Befahren prüfen!

Aus dem Comb Wash schwingt sich der Highway hoch auf eine rote, Wacholder bewachsene Mesa. Als nächster Stopp bietet sich die **Mule Canyon Kiva** an *(GPS N 37°32'24.4'' W 109°44'33.4'', beschildert)*. Vom Parkplatz führt ein kurzer betonierter Weg zu den Ruinen.

Es handelt sich um Lager- und Wohnräume und eine Kiva mit einem Schutzdach versehen. Dazu gibt es ausführliche Erklärungstafeln. Weitere Ruinen lassen sich nur zu Fuß erreichen.

Straßenverlauf durch den Comb Wash, im Vordergrund der Stellplatz

Wanderung zum House on Fire, 4,9 km/80 Hm

Die kleinen Ruinen des House on Fire liegen in der Schlucht nördlich der Kiva. Die Lagerräume in einem flachen Überhang leuchten etwa um 12 Uhr in der Mittagssonne strahlend auf. Vorbei an der Kiva folgend wir dem Pfad entlang des Highways. Er führt nach 500 Metern zu einer nicht befestigten Straße. Hier gehen wir links hinunter zu den Parkbuchten in der Senke des Mule Canyon *(GPS N 37°32'14.7" W 109°43'55.4", Parken und Wenden nur für kleine Fahrzeuge)*. Ab hier führt ein deutlicher Pfad nach links in den Grund der Schlucht, dem wir für 1,6 Kilometer folgen. Wir umrunden einen ersten, felsigen Vorsprung und erreichen einen zweiten, großen Felsvorsprung, auf dem überliegende Felsen wie ein umlaufendes Dach vorspringen. Hier befinden sich die Ruinen unter dem Vorsprung auf der Rückseite.

Unser Highway verläuft jetzt am Hang der Bergkette der **Bears Ears**, Namensgeber des Bears Ears National Monument.

Bears Ears National Monument – History 'n' Facts

Im Bears Ears National Monument befinden sich 9.000 archäologische Fundstätten sowie Fossillagerstätten und viele Orte mit historischer Bedeutung.

Das Bears Ears National Monument wurde 2016 von Präsident Obama gegründet und umfasst etwa 5.500 Quadrtakilmeter überwiegend nicht entwickelte Landschaft. Es beginnt im Norden am Dead Horse Point State Park und verläuft an der Grenze von Canyonlands nach Süden. Dort bildet die Glen Canyon National Recreation Area entlang von Lake Powell und Colorado River seine Westgrenze, während es sich im Osten an den Hwy. 191 annähert und im Süden bis Bluff und den Gossenecks Statepark reicht. Es wird verwaltet vom Bureau of Land Management und dem United States Forest Service sowie fünf lokalen Völkern der Navajo, Hopi und drei Ute-Stämmen. Seine kurze Geschichte ist durchaus bewegt, denn Präsident Trump reduzierte seine Fläche schon 2017 um 85 Prozent, was jedoch von einem Bundesgericht ausgesetzt wurde. Präsident Biden nahm die Flächenreduzierung 2021 zurück. Im Gebiet befinden geschichtlich bedeutsame Stätten, zu denen 9.000 archäologische Fundstätten zählen, die Route der Hole-in-the-Rock Siedler *(siehe Fort Bluff)*, wie auch der Outlaw Trail, ein Wegenetz früherer Gesetzloser, die sich in dieses Gebiet zurückzogen. Zudem ist das Gebiet reich an Fossilienfunden, bei denen der Arch Canyon, eine Nebenschlucht des Comb Wash, herausragend ist. Namensgeber des Parks sind die Bears Ears, zwei charakteristische Bergkuppen von 2.722 und 2.761 Metern Höhe.

Unter dem Bergzug der Bears Ears rollen wir aufwärts bis zum Pass auf 2.170 Metern Höhe. Wer die weite Aussicht nach Süden in Ruhe genießen will, sollte am **Salvation Knoll** anhalten und die 500 Meter Fußweg auf den felsigen Hügel am Straßenrand unternehmen *(GPS N 37°33'53.2" W 109°49'07.2")*.

Die Bears Ears, Namensgeber des National Monuments

Dann folgt der Abzweig des Highway UT-261 Richtung Mexican Hat *(siehe Tour 4)*. Dieser ist nicht durchgehend asphaltiert, die schwierigen Serpentinen des **Moki Dugway** kurz vor dem Valley of the Gods sind geschottert bzw. auch lehmig und bei Regen rutschig *(für WOMOs grundsätzlich ungeeignet!)*.

Als nächstes erwartet uns der Abzweig zum Natural Bridges National Monument, ab dort müssen wir sieben Kilometer bis zum Visitor Center fahren.

Natural Bridges Monument

Eintritt: $ 20/7 Tage oder America the Beautiful Pass. **Highlights:** Drei große, natürliche Felsbögen und ein Anasazi-Pueblo im White Canyon. **Beste Reisezeit:** Frühjahr und Herbst. Schwere Nachmittagsgewitter möglich in der Monsunzeit von Mitte Juli bis Ende August. **Klima:** Höchstwerte im Sommer über 38°C, Tiefstwerte im Winter bis -15°C. **Höhe:** 1.950 m.

Hinweis: Durch das National Monument führt der Bridge View Drive als 14,5 km lange Ring- und Einbahnstraße.

Am Bridge View Drive sind die verschiedenen Aussichtspunkte und Startpunkte der kurzen, steilen Wanderungen zu den Brücken beschildert. Zuerst kommen wir zur **Sipapu Bridge**. Sie spannt sich 82 Meter weit und in 67 Metern Höhe einmal quer über die Schlucht. Der Abstieg erfolgt etwas abenteuerlich über blanken Fels, gesichert mit Geländern und Leitern.

Die **Kachina Bridge** bildete sich in einem seitlichen Felsvorsprung, um den herum der White Creek früher einen fast 360°-Bogen ins Gestein fräste, bis er die Felswand durchlöcherte und gerade unter der Brücke hindurchfließen konnte. Sie ist die massivste der drei Brücken. Die **Owachomo-Bridge** überspannt einen seitlichen Zufluss und hat den dünnsten Felsbogen mit 8 Metern Breite und 3 Metern Höhe. Wie immer gibt's am Visitor Center Infos und Karten.

Wenig bekannt und nicht überlaufen: Die Felsbögen im Natural Bridges Monument überspannen den White Creek.

Owachomo Bridge

Wanderung: Under the Bridges Natural Loop, 13,2 km/303 Hm

Vorher unbedingt Informationen einholen im Visitor Center über den Zustand des Weges und Wasserstand im Canyon! Diese Wanderung gilt als *Unmaintained Trail*, ist also nicht markiert. Die Wanderung kann bei der zweiten/Kachina Bridge abgekürzt werden auf 8 km/200 Hm *(dann dort hoch zur Straße, auf Zebrastreifen überqueren, dem deutlichen Trail bis zur Verzweigung und dort nach links folgen)*.

Wir starten am Parkplatz der **Sipapu Bridge** und steigen etwas abenteuerlich über blanken Fels, gesichert mit Geländern und Leitern, in den Schluchtgrund. Hier biegen wir links ab auf den deutlichen Fußweg und folgen ihm jetzt immer durch den Schluchtgrund. Mehrfach müssen wir den meist trockenen Bachlauf queren, wobei wir von hohen, in wilden Formen ausgewaschenen, weißen Schluchtwänden begleiten werden. Nachdem sich die Schlucht nach rechts zu einem Seitencanyon geöffnet hat, befinden sich in der Hauptschlucht am Ende des langen, unteren Überhanges die **Horse Collar Ruinen**. Wieder wechselt der *Trail* mehrfach die Bachseiten. In einer *Goosenecks*-Passage mit engen, fast 360°-Kehren treffen wir auf die **Kachina Bridge**. Wir wandern unter dieser hindurch, halten uns schräg links und folgen dem gut ausgebauten Weg hoch zur Straße, aber nur um die ersten zwei Kehren. Auf den blanken Felsen des weiten Ablauftrichters gehen wir nach rechts, hier weisen Steine den Weg in Richtung einiger Stufen. Auf dem breiten Felsband passieren wir eine hohe Felsstufe des White Creek.

Unser Felsband führt automatisch wieder auf die Höhe des Bachlaufes, dem wir für weitere 4,6 Kilometer folgen, bis wir links oberhalb die **Owachomo Bridge** sehen. Unter der Brücke und dann an ihrer linken Seite kommen wir hoch zur Straße. Hier beginnt beim Zebrastreifen ein Fußweg durch den lichten Wacholderwald. Er überquert die Straße erneut und bringt uns anschließend in eine felsige Senke. Auf der gegenüberliegenden Seite hilft eine kurze Leiter über eine Felsstufe hoch, dahinter gehen wir leicht rechts auf den Felsen hoch.

Es folgen zwei weitere,

kürzere felsige Bereiche, bei denen unser Weg jeweils geradeaus verläuft. Dann sind wir wieder in lichtem Wacholderwald unterwegs und der Weg ist gut zu sehen. Erneut queren wir die Straße und treffen auf den Rückweg von der Kachina Bridge, der von links kommt. Kurz vor dem Parkplatz erreichen wir eine weitere Senke, bei der der Anstieg in einem ganz leichten Rechts-Links-Bogen über blankem Fels erfolgt. Der weitere Weg verläuft rechts der Wand mit den großen Felsblöcken und wieder zwischen Wacholder.

Im White Canyon

097 Natural Bridges National Monument

GPS/Kontakt: N 37°36'31.1" W 109°59'01.0", UT-75, Tel. 435 692 1234. **Öffnungszeit:** Ganzjährig. **Ausstattung:** *Max. 26 ft/7,90 m!* Picknicktische, Feuerringe, Trockentoiletten. **Beschreibung:** Höhe 1.970 m. 13 Stellplätze im lichten Wacholderwald, Zufahrt und Plätze asphaltiert. **Preis:** $16. **Anfahrt:** Zwischen Visitor Center und Anfang der Ringstraße. **Hinweise:** Nicht reservierbar, kein Handyempfang.

Bei der Weiterfahrt nach dem Besuch der Felsbrücken kommen wir zuerst an einer Stelle vorbei, wo ein altes Stück Highway neben dem aktuellen besteht. Der fast 400 Meter lange, alte Asphaltstreifen kann von beiden Seiten befahren werden. Er verläuft durch einen bis zu 20 Meter breiten Grünstreifen getrennt neben dem Highway.

098 Milepost 87 – N 37°32'27.1" W 109°57'46.3"

Als nächstes kommen wir am Abzweig der UT-276 vorbei. Diese Straße ist aktuell eine Sackgasse nach **Halls Crossing** am Lake Powell. Dort gibt es zwei Campingplätze und Marinas, die allerdings auch inzwischen für motorisierte Boote geschlossen sind. Die **Charles Hall Ferry** ist vorläufig außer Dienst gestellt. Sie würde kostenlos nach Bullfrog auf der Westseite übersetzen, kann aber aufgrund des extrem gefallenen Wasserstandes nicht mehr anlegen *(unverändert trotz Anstieg des Pegels in 2023)*.

Ab jetzt führt der Highway 95 in einem Bogen an den White Canyon heran und folgt ihm bis kurz vor der Brücke über den Colorado. Die Fahrbahn verläuft leicht oberhalb der Schlucht, die sich rechts als weiße, tief zerklüftete Wunderwelt präsentiert.

TOUR 5

Freiheit über dem White Canyon bei Ducket Crossing

Kurz nach *Milepost* 75 bietet ein ebenes Plateau mit festem Untergrund in Sichtweite der Straße und oberhalb des White Canyon Übernachtungsmöglichkeit *(Zufahrt 50 m, etwas wellig, Höhe 1.730 m)*.

099 Milepost 75 – N 37°38'43.6" W 110°06'47.7"

Der Highway macht jetzt einen kleinen Bogen in den **Fry Canyon**, die Felswände werden höher und rücken näher zusammen. Vom früheren Fry Canyon Store und RV Park stehen noch die verfallenden Gebäude. Kleine Fahrzeuge können zwischen *Milepost* 65 und 64 rechts abbiegen zu einem Parkplatz. Dort führt ein Fahrweg runter in den White Canyon, dem man als Schluchtwanderung bis zum Zusammentreffen mit dem Long Canyon folgen kann *(9 km/140 Hm hin und rück)*.

100 Milepost 65 – N 37°42'25.0" W 110°14'21.8"

Vom nächsten großen Parkplatz links ,kurz nach *Milepost* 61, führt ebenfalls ein Fahrweg hinunter in die Schlucht, von wo aus sich die Erforschung der Schlucht nach rechts lohnt *(Höhe 1.410 m)*.

101 Milepost 61 – N 37°44'33.9" W 110°16'51.9"

Wanderung zu Ducket und Arrowhead Arch und The Grotto, 2,5 km hin und rück

Wir folgen dem Fahrweg am Ende des Parkplatzes hinunter zur Unterführung. Auf der anderen Seite wandern wir auf dem sandigen Boden der Schlucht nach rechts. Der kleine Ducket Arch befindet sich rechts kurz vor der ersten Rechtskehre der Schlucht. Arrowhead Arch streckt sich nach der Kehre links oben am Schluchtrand, die ovalen Höhlen von The Grotto folgen kurz danach.

Einige Meilen weiter überqueren wir den White Canyon, dessen Wasser hier ein tiefes Bett mit fast senkrechten Felswänden gegraben hat.

Weiter rollen wir abwärts durch rotes Felsenland, bis sich nach einem Felseinschnitt völlig überraschend die Landschaft weit öffnet hinunter zum Colorado und ein Schotterplatz rechts zu einem Stopp und Genießen der Aussicht einlädt.

White Canyon

Richtung Fluss kommen wir zum Abzweig der asphaltierten Straße zur ehemaligen **Hite Marina**. Hier gab es Campingplatz, Rangerstation, einen kleinen Laden und sogar eine Tankstelle. Da aber der See weit zurückgegangen ist und der Colorado inzwischen fast 600 Meter entfernt in seinem alten Bett auf der anderen Schluchtseite fließt, war bei unserem letzten Besuch alles geschlossen.

Mitten im Nichts schwingt sich die **Hite Crossing Bridge** über den Colorado. Die geschwungene Stahlkonstruktion wurde 1966 gebaut und ersetzte die Seil-Fähre etwa drei Kilometer weiter südlich, deren Einrichtungen durch das Aufstauen des Lake Powell überschwemmt wurde.

Highway 95, zwischen Natural Bridges und Hite

TOUR 5

Hite Crossing Bridge

Sie ist die einzige Brücke zwischen der Highway-Brücke bei Moab gut 100 Kilometer Luftlinie nordöstlich und der Brücke am Glen Canyon Dam bei Page knapp 150 Kilometer Luftlinie südwestlich. Die schiere Größe des Felsenlandes, das uns umgibt, ist atemberaubend. Vorbei am Rollfeld des Hite Airstrip führt der Highway in eine Nebenschlucht und überquert den **Dirty Devil River**. Hier befindet sich rechts ein großer, ebener Schotterplatz, der zum Übernachten für alle geeignet ist, die ihrem Fahrzeug die unebenen Zufahrten des folgenden Stellplätze nicht zutrauen.

102 Dirty Devil River – N 37°55'09.7" W 110°23'17.6"

Nach der Linkskurve auf der anderen Seite der Brücke beginnt die Dirty Devil Primitive Camping Area.

103 Hite – *Dirty Devil Primitive Camping*

GPS/Kontakt: N 37°54'43.1" W 110°23'55.1"/N 37°54'10.4" W 110°23'59.1". **Tel.:** -. **Öffnungszeit:** Ganzjährig. **Ausstattung:** Trockentoilette beim zweiten Platz. **Beschreibung:** Höhe 1.140 m. Pisten auf festem Untergrund führen zu Stellplätzen »im Nichts« mit großartiger Aussicht in die Felslandschaft. Es gibt keine festgelegten Stellplätze, man kann bzw. muss sich einen suchen. Im Sommer kühlt es zwischen den Felswänden kaum ab, im Frühjahr/Herbst ist es geschützt gegen kalte Winde. Der zweite Platz war bei unserem letzten Besuch für größere Wohnmobile mit viel Umsicht befahrbar. **Preis:** $ 12 *(bar in Umschlag)*. **Anfahrt:** Nach Hite Crossing Bridge und Brücke über Dirty Devil River.

Früher Ende des Lake Powell, heute Colorado River, vom Hite Overlook gesehen

Eine weitere Übernachtungsmöglichkeit am Colorado folgt direkt nach der Durchfahrt zwischen roten Felswänden, wo nach links 350 Meter relativ steile, aber gute Schotterpiste hinunter führen zum großen Schotterplatz **North Wash Boat Ramp** *(kurz vor Milepost 41, Trockentoilette).*

104 N Wash Boat Ramp – N 37°53'22.4" W 110°24'14.6"

Nach der nächsten Straßenschleife folgt die Abfahrt zum **Hite Overlook** *(GPS N 37°52'54.7" W 110°24'28.8")*. Die Strecke ist asphaltiert und beschreibt am Ende eine große Kurve zum Wenden *(Müllcontainer)*. Von hier hat man eine weite Übersicht über die Schlucht des Colorado zur Brücke und die Hite Marina auf der anderen Flussseite. Bis vor einigen Jahren lag hier eine weite Wasserfläche, das Ende des Lake Powell.

Wir fahren jetzt aufwärts durch die rote Schlucht des North Wash, deren Felswände immer näherkommen. Mit der **Hog Springs Picnic Area** erreichen wir einen Rastplatz mit asphaltiertem Parkplatz *(GPS N 37°57'46.1" W 110°29'28.5")*.

Dirty Devil River Primitive Camping

TOUR 5 **An der Hog Springs Picknick Area**

Eine Holzbrücke überquert den **North Wash**, der hier mit Pappeln bestanden ist. Dahinter warten überdachte Picknicktische und Infotafeln. Wer sich auf den kurzen Fußweg in die Schlucht begeben möchte, kann vor der zweiten Picknickbank die Stufen rechts hinabsteigen, den grünen Schluchtgrund durchqueren und dem Pfad auf der anderen Seite in die Schlucht folgen bis zu einem kleinen Pool im Felsüberhang *(1,5 km hin und rück)*.

Die Moqui Queen – History 'n' Facts

An der Picknickarea zeigt eine Informationstafel zu Petroglyphen und Felsmalereien ein Bild der Moqui Queen. Sie ist tatsächlich keine 500 Meter entfernt zu finden. Dazu gehen wir entweder entlang des Bachbettes des North Wash zurück nach Südosten oder entlang der Straße und überqueren den Wash dann. In der südlichen Felswand befindet sich ein großer Überhang. Hier führen zwei deutliche Pfade hoch, die sich im Überhang zu einem *Loop* treffen. Im Überhang führt der Pfad über viel Geröll. Hier gibt es Reste von Bebauung der Anasazi sowie weitere Felszeichnungen und -ritzungen. Das gut einen Meter hohe Bild der Moqui Queen ist zusammen mit einem Tier – einem Hund? – dargestellt im südöstlichen Bereich des Überhanges. **Bitte seien Sie äußerst umsichtig und verändern Sie nichts im Überhang!** Diese archäologische Fundstätte wurde bisher weder genau untersucht noch gegen Vandalismus geschützt.

Weiter führt der Highway aufwärts durch rote Felswände und wechselt dann relativ abrupt in ein Gebiet mit sandfarbenen, niedrigeren Felsen.

Der kostenlose **Sandthrax Campground** mit etwa vier Stellplätzen ohne Einrichtungen liegt rechter Hand zwischen Felsen und einigen niedrigen Pappeln. Die ersten beiden Stellplätze sind bei trockenem Wetter auch mit normalen Wohnmobilen anzufahren.

105 Sandthrax CG – N 38°00'58.1" W 110°32'00.3"

Eine schöne, freie Übernachtung für Vans bietet sich auch am Eingang des Leprechaun Canyon, hier liegt rechts etwas unterhalb der Schotterstraße einer freier Platz unter Bäumen, zu dem eine Rampe hinabführt.

106 Leprechaun C. – N 38°01'05.6" W 110°32'12.4"

Jetzt können wir zwei kaum bekannte Slotcanyons entdecken: der **Leprechaun Canyon** (sprich »Leprekoon«), der durch seine schiere Höhe beeindruckt, und der **Blarney Canyon**, der durch die rund geschwungenen, rot leuchtenden Wände fasziniert.

Wanderung Leprechaun und Blarney Canyon

Wanderung mit einfachen Klettereinlagen: Um in die besonders eindrücklichen Bereiche zu kommen, muss jeweils eine etwa 2,50 Meter hohe, schräge Felsstufe überwunden werden, die mit ihrem rauen Sandstein für trittsichere Menschen kein Problem darstellt.

Wegen der Gefahr von Springfluten immer die Wettervorhersage überprüfen!

Parken für größere Wohnmobile: GPS N 38°01'09.0" W 110°32'30.1", Schotterstreifen am Highway, Wanderentfernung ist ab hier gemessen. Vans können auch jeweils am Eingang der Schluchten parken, s. Wanderbeschreibung.

Felsstufe vor Leprechaun,

im Slotcanyon

Leprechaun Canyon, maximal 4,8 km hin und rück

Vom Parkplatz aus gehen wir etwa 400 Meter entlang der Straße zurück bis zum Abzweig einer guten Schotterstraße nach links. Wir folgen dieser an einigen Parkbuchten entlang (GPS N 38°01'05.6" W 110°32'12.4") und bis zum Ende. Dort führen Pfade weiter in die Schlucht. Sie verzweigen sich mehrfach und führen wieder zusammen. Wir sind auf sandigem Grund unterwegs, umgeben von buschiger Vegetation und hohen Felswänden. Von rechts rücken die Felsen ganz nah, dann weitet sich die Schlucht wieder. Von links kommt ein Seitencanyon, wir gehen hier rechts weiter. Durch einen mit hohem Geäst dicht bewachsenen Bereich kommen wir zu einem Felsrund. Hier ist schräg links ein erster, niedriger Slotabschnitt. Wir müssen rechts die schräge, etwa 2,50 Meter hohe Steinstufe hinaufgehen.

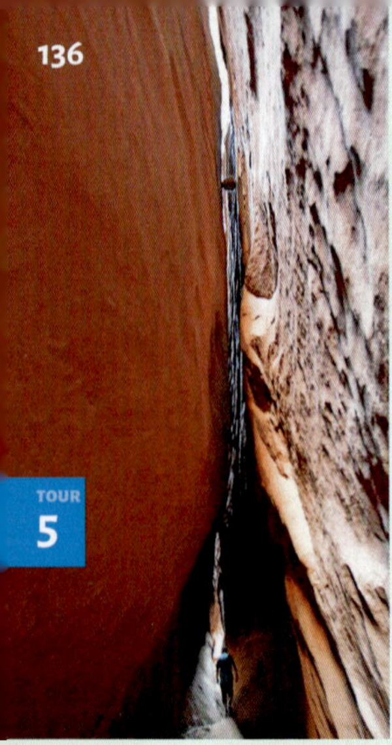

Am Ende des Plateaus geht es sandig wieder hinunter. Dann kommen wir auf felsigen Grund, die Schluchtwände werden höher und rücken näher zusammen. Mit jedem Schritt weiter wird die Schlucht enger und beeindruckender. Schließlich ist der Weg durch einen großen Felsklotz verblockt, der mit etwas Geschick überklettert werden kann. Kurz danach schließt sich eine Verzweigung an, bei der es nur noch für sehr schlanke Menschen links weiter geht. Einige Meter weiter ist auch dieser Weg mit Felsen verblockt und spätestens jetzt müssen wir den Rückweg antreten.

Blarney Canyon, maximal 3,2 km hin und rück

Vom Parkplatz aus wandern wir an der Straße für 300 Meter nach Westen und biegen auf den nächsten Fahrweg nach rechts ein. Vorbei an Parkmöglichkeiten für kleine Fahrzeuge (GPS N 38°01'15.2" W 110°32'41.2") folgen wir dem Fußweg in die Schlucht. Der Blarney Canyon wird schnell eng. Wir erreichen ein Felsrund, das sich am besten auf der linken Seite direkt hinter den aufliegenden Felsen überwinden lässt. Dann befinden wir uns schon in einem ersten *Slot*-Bereich, nicht so hoch, aber farbenprächtig und filigran ausgewaschen. Er endet an einer Engstelle mit einem verblockten Felsen, an dem man sich mit etwas Geschick hochschieben kann. Jetzt werden die Wände flacher, zeigen die Struktur der Dünen, aus denen sie einst gebildet wurden. Wieder treffen wir auf eine Verzweigung. Hier links und über oder unter dem im Weg liegenden Felsblock hindurch kommen wir in einen zweiten Slotbereich, der dem ersten in nichts nachsteht. Schließlich ist auch dieser zu verblockt für eine »normale« Wanderung und wir treten den Rückweg an.

Wenige Kilometer weiter erreichen wir den zweiten Abzweig der UT-276 nach Bullfrog, wenn die Fähre über den Lake Powell nicht

Auf dem Weg zur zweiten Engpassage und am oberen Ende des Blarney C.

fahren kann ebenfalls eine Sackgasse. Der große, ebene Schotterplatz direkt im Straßenabzweig hat zwar nicht das Flair der vorher beschriebenen Plätze, ist aber völlig unproblematisch auch mit großen WOMOs zu befahren *(Höhe 1.410 m)*.

107 Ecke UT-276 – N 38°01'29.2" W 110°34'13.4"

Der riesige, festgefahrene Platz bei den **Painted Hills** ist etwa 100 Meter vom Highway entfernt und bei trockenem Wetter auch für große Fahrzeuge erreichbar *(zwischen Milepost 21 und 20, Höhe 1.550 m)*.

108 Painted Hills – N 38°05'50.0" W 110°37'21.9"

Wir verlassen das Felsenwunderland des Highway 95. Über ein Hochplateau, auf dem sich spärliche Vegetationstupfer halten, rollen wir jetzt die letzten gut 30 Kilometer bis Hanksville. Links erheben sich die Gipfel des **Mt. Ellen** in bis zu 3.495 m Höhe. An seinen Hängen lebt eine Herde Bisons mit 350 Tieren, die von 23 in den Jahren 1941/42 aus dem Yellowstone umgesiedelten Tieren abstammt. Sie ist eine der sieben freilebenden, *Free Roaming*, Herden in den USA.

In der Ferne liegt Hanksville

Tour 6

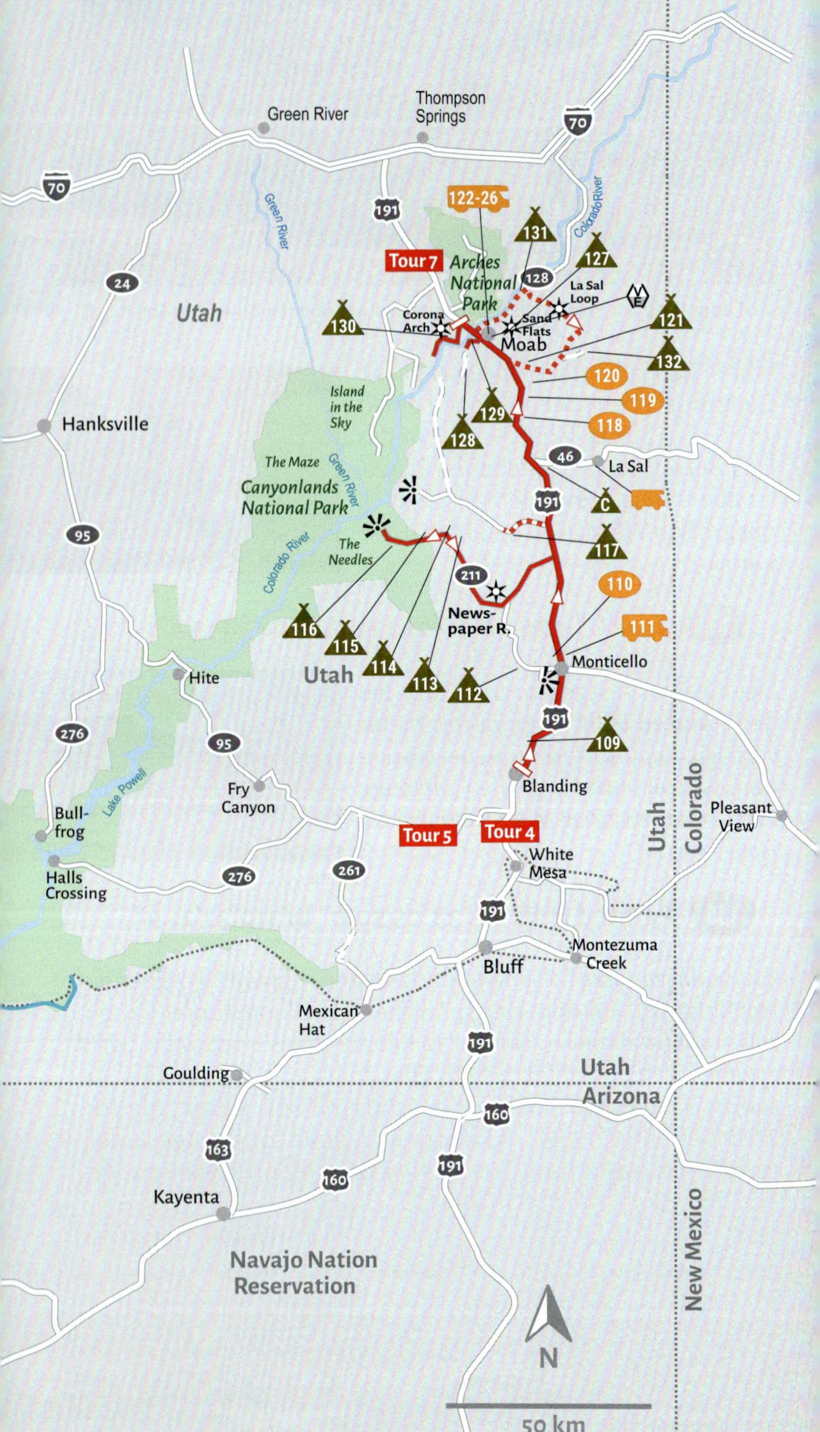

Green River
Thompson Springs
70
191
122-26
131
Colorado River
127
Tour 7
Arches National Park
128
La Sal Loop
24
Utah
130
Corona Arch
Sand Flats
121
Moab
132
120
Island in the Sky
119
129
118
Hanksville
128
The Maze
Green River
Canyonlands National Park
46
La Sal
C
95
Colorado River
The Needles
117
211
110
News-paper R.
111
116
115
114
113
Utah
112
Monticello
Hite
276
191
109
95
Fry Canyon
Blanding
Lake Powell
Bull-frog
Tour 5
Tour 4
Utah
Colorado
Pleasant View
White Mesa
Halls Crossing
276
261
191
Montezuma Creek
Bluff
Mexican Hat
191
Goulding
Utah
Arizona
160
163
160
191
Kayenta
Navajo Nation Reservation
New Mexico
N
50 km

Über Canyonlands nach Moab

250 km

Wenn Sie genug Zeit mitbringen, können Sie auf dieser Strecke – dem Runway zum Arches Nationalpark – viel entdecken und erleben. Außerhalb der heißen Sommermonate bietet sich der Canyonlands Nationalpark, The Needles District, als grandioses Ziel für Abenteurer an, im Sommer dagegen locken höhere Lagen wie die Abajo und La Sal Mountains. Und hier unsere Favoriten dieser Tour:

- **Loyds Lake, Picknick mit Weitsicht**
- **Needels District des Canyonlands Nationalparks**
- **Wilson Arch**
- **Moab, Shopping und Picknick Colorado River**
- **Corona Arch**
- **La Sal Mountain Loop**

Hier nochmal der Hinweis auf die hohen Temperaturen im Sommer, die The Needles aber auch Moab zu einem Glutofen machen können.

Moab am Ende der Tour gefällt uns nicht nur wegen der Tour mit dem kleinen UTV-Offroad-Fahrzeug, sondern auch wegen des entspannten Flairs. Aber Vorsicht: Trotz der gefühlt unendlich vielen Campingplätze in der Stadt ist es vor allem bei Festivals schwierig, einen freien günstigen Platz zu bekommen, weswegen wir gerne Ken's Lake frühzeitig reservieren.

Stille Wächter im Canyonlands Nationalpark, The Needles District

Zeitzone

Utah -8 Stunden zu MEZ, Mountain Standard Time (MST) und Mountain Daylight Time (MDT).
Bitte beachten: Umstellung von/zu Sommerzeit verschoben zu Deutschland.

Von Blanding kommend zieht der Highway sich an den Hängen der **Abajo Mountains** hoch. Rechts am Horizont erheben sich die Gipfel der Rocky Mountains. Hier liegt links ein weiterer Campground des US Forest Service im Wald.

TOUR 6

109 Monticello – *Devils Canyon Campground*

GPS/Kontakt: N 37°44'12.4'' W 109°24'42.7'', US-191, www.recreation.gov, Tel. 877 444 6777. **Öffnungszeit:** Frühsommer bis Spätherbst. **Ausstattung:** Picknicktische, Trockentoiletten, Trinkwasser in der Saison. **Beschreibung:** Höhe 2.160 m. 42 Plätze, schön und ruhig gelegen im lichten Wacholder-Kiefern-Wald, Zufahrt und Stellplätze asphaltiert, auch für große Fahrzeuge. **Preis:** $ 20. **Anfahrt:** Abzweig 14 Kilometer ab Blanding ganz kurz vor *Milepost* 60 links Richtung Berge, dann noch 1,2 km. **Hinweis:** Reservierbar 1. Mai – 30. Sept.

Die **Abajo Mountains**, auch Blue Mountains genannt, entstanden, als vor 22 – 29 Millionen Jahren Magma im Colorado Plateau aufstieg. Der höchste Gipfel ist der Abajo Peak (3.459 m). »Abajo« ist Spanisch und bedeutet »Niedrig«.

Im breiten Einschnitt des Verdure Creek wird Landwirtschaft betrieben, einige der Farmgebäude stammen aus lang vergangenen Zeiten.

Dann erreichen wir die Kleinstadt **Monticello** *(2.000 Einwohner, Höhe 2.155 m, Tankstelle, Lebensmittel).*

Monticello – History 'n' Facts

Die Mormonensiedlung Monticello lebte vor allem vom Erzabbau und den Gold- und Silberfunden Ende des 19. Jahrhunderts. Von 1942 bis 1960 wurde Uran im Tagebau gefördert.

Abajo Mountains im Herbst, vom Loyds Lake gesehen

TOUR 6

Die freien Abraumhalden führten zu einer großen Umweltkatastrophe und zur Vergiftung des Grundwassers, das trotz aufwendiger Dekontaminationsmaßnahmen nicht genutzt werden kann. Der Beiname »The Land above the Canyons« bezieht sich auf die hohe Lage zwischen den Abajo Mountains und den Ausläufern der Rocky Mountains, also den Bergen des San Juan National Forests. Heute lebt Monticello neben der Landwirtschaft vor allem durch den Tourismus.

Wer die Lage zwischen den Bergen ausführlicher genießen will, sollte zu einem Picknick zum **Loyds Lake** auf 2.600 Metern Höhe fahren. Hier erheben sich hinter uns die Abajo Mountains, über den See schauen wir zu den Rocky Mountains in weiter Ferne. Der See wird von einer fünf Kilometer langen Rad-Wanderstrecke umrundet *(GPS N 37°51'19.5" W 109°21'55.1", Campen verboten)*.

In Monticello gibt es mehrer RV-Parks. Schräg gegenüber des Mountain View RV Park bietet sich ein sehr großer Schotterplatz mit Blick auf die Berge als Übernachtungsplatz an, er wird auch von LKWs genutzt.

110 Monticello – N 37°52'49.7" W 109°20'36.4"

Aussicht vom Loyds Lake, in der Ferne die Rockies

111 Monticello *Mountain View RV Park & Campground*

GPS/Kontakt: N 37°52'54.2" W 109°20'34.2", 632 North Main Street (UT-191), Tel. 435 587 2974. **Öffnungszeit:** Ganzjährig. **Ausstattung:** Picknicktische, Full Hookup, neu renovierte Sanitäranlagen mit Duschen, V/E, Waschmaschinen, free WiFi. **Beschreibung:** Höhe 2.140 m. Links und in der Mitte großzügige Stellplätze unter großen Bäumen, rechts etwas Parkplatzcharakter. **Preis:** $ 38 – 45 + tax. **Anfahrt:** Am nördlichen Ortsrand gelegen.

Alternativen: Westener RV Park mit Stellplätzen mit Grasflächen und unter Bäumen, ab $ 45, und der kleine **Old West RV Park**, beide ebenfalls am Highway am südlichen Ortsrand.

Abstecher durch die Abajo Mountains

Landwirtschaft an den Hängen der Abajo Mountains

In Monticello startet der Harts Draw Highway, auch **Abajo Loop** genannt. Er ist vollständig asphaltiert, führt am Nordhang der Abajo Mountains bis auf 2.700 Meter Höhe und endet am Highway 211, der Zufahrt zu Canyonlands The Needles, in der Nähe des Newspaper Rock. Er ist in der Regel von Mitte/Ende Mai bis Ende Oktober befahrbar. Entlang dieser Strecke liegen zwei **Forest Campgrounds**, der kleine **Monticello Lake** als einsamer Picknickspot und der Aussichtspunkt **Needles District View Area**. Einer der Campgrounds ist Dalton Springs (Start der Nebenstrecke siehe dort).

Vorsicht: Der Draw Highway ist nicht zu verwechseln mit dem Abajo Loop Scenic Backway, einer einsamen, teils steinigen, 60 km langen Schotterpiste, die Monticello mit Blanding verbindet über den 3.149 m hohen North Creek Pass.

112 Monticello – *Dalton Springs Campground*

GPS/Kontakt: N 37°52'30.7" W 109°26'05.8", County Rd. 101, Tel. 435 637 2817. **Öffnungszeit:** Frühsommer bis Spätherbst, abhängig vom Schnee. **Ausstattung:** Trockentoiletten, Trinkwasser. **Beschreibung:** Höhe 2.560 m. 16 Plätze im lichten Espen- und Eichenwald. Kurze Zufahrt und Plätze nicht asphaltiert. Nicht reservierbar. **Preis:** $ 20. **Anfahrt:** In Monticello direkt nach dem Visitor Center links in die W 200 S, an der Verzweigung nach der Highschool schräg links und der Straße immer folgen, 8 km ab Visitor Center. **Alternative:** Buckboard Campground, 2 km weiter, 10 Plätze zu gleichen Konditionen.

Durch den Einschnitt des Peters Canyon rollen wir wieder von den Berghängen hinab. Bei der auffälligen viereckigen Felssäule »Church Rock« beginnt die UT-211 in den Canyonlands Nationalpark, The Needles District. Hier beim Abzweig befindet sich auch der auffällige, neue Glamping Canyonlands, der keine WOMO-Plätze bietet.

Abstecher in den Canyonlands Nationalpark, The Needles

Fahrtstrecke: 66 Kilometer in eine Richtung, Sackgasse. **Eintritt:** $ 30/7 Tage oder America the Beautiful Pass (nach 55 km). **Highlights:** Offenes Felsenland, Schluchten und spitze Felssäulen. **Beste Reisezeit:** April – Mai und Mitte September – Oktober. **Klima:** Durchschnittliche Höchst-/Tiefsttemperaturen Juli 39°/19°C, Januar 4°/-10°C. **Höhe:** 1.550 m.

Hinweise: *Kein Handyempfang. Keine Ver-/Entsorgung.* Beim Needles Outpost Campground Tankstelle/Propan und unzuverlässigem, schwachen AT&T-Empfang nur für Textnachrichten. Keine Aussicht auf Colorado River.

Durch relativ unspektakuläres Sagebrushland rollen wir wieder auf die Abajo Mountains zu, bis von links der Abajo Loop einmündet *(s. Monticello)*. Jetzt ändert sich die Szenerie, das Umland wird felsiger und wir fahren hinab in die Schlucht des Indian Creek.

Ein erster Stopp bietet sich an am **Newspaper Rock** *(beschildert, Parkplatz mit Trockentoilette)*. Der Newspaper Rock zeigt mit über 650 Einzelbildern eine der größten Ansammlung von Felsritzungen. Die ersten Darstellungen sind etwa 2.000 Jahre alt. Es sind archaische Kulturen, Pueblo-Kulturen (Anasazi) und Navajo, die sich hier auf dem Felsen verewigt haben.

Newspaper Rock

Weiter geht es durch die Schlucht mit hohen gelben Felswänden, die immer wieder neue, beeindruckende Ausblicke bietet. Der Parkplatz am Donelly-Canyon wurde vor allem für Kletterer angelegt.

Dann biegt nach links eine Schotterstraße ab mit Parkplatz und Trockentoilette, die für geländegängige Fahrzeuge Zugang zum Beef Basin und Elk Mountain bietet. Vans können noch vor der Furt über den Indian Creek einen Stellplatz finden *(Zufahrt 500 m, ein Fahrzeug, GPS N 38°05'01.4" W 109°34'24.2")*.

An der Überquerung des Indian Creek und vier Kilometer weiter liegen drei Campingplätze des Bureau of Land Managment. Anschließend passieren wir die Einfahrt in den Nationalpark Canyonlands, The Needles District.

113 The Needles – *Creek Pasture Campground*

GPS/Kontakt: N 38°09'57.3'' W 109°37'54.3'', UT-211, kein Tel. **Öffnungszeit:** Ganzjährig. **Ausstattung:** ***Max. 25 ft/7,60 m!*** Picknicktische, Feuerringe, kein Wasser. **Beschreibung:** Höhe 1.510 m. 32 Plätze in schöner Lage, Plätze am Creek zwischen einzelnen Bäumen und Büschen in weitem Tal, grandiose Aussicht auf die umgebenden Felsformationen, nur wenige Plätze geeignet für größere WOMOs bis 25 ft. **Preis:** $ 15. **Anfahrt:** 42 km ab Abzweig von Hwy. 191, dann etwa 700 m gute Schotterpiste, Campingplatz ist als loop angelegt. **Hinweis:** Nicht reservierbar. **Alternative:** Superbowl Campground direkt vor der Brücke links, größere Stellplätze, schlechtere Fahrwege, sonst gleich, GPS N 38°08'45.5'' W 109°37'20.0''.

114 The Needles – *Hamburger Rock Campground*

GPS/Kontakt: N 38°11'30.8'' W 109°40'14.5'', Lock Hart Road, kein Tel. **Öffnungszeiten:** Ganzjährig. **Ausstattung:** Picknicktische, Feuerringe, Trockentoilette, kein Wasser. **Beschreibung:** Höhe 1.480 m. 10 Stellplätze sind rund um den Felsen des Hamburger Rock angeordnet, einige auch für größere WOMOs geeignet, aber teilweise etwas schräg. **Preis:** $ 15. **Anfahrt:** 46 km ab Abzweig Hwy. 191, dann 2 km gute Schotterpiste. **Hinweis:** Nicht reservierbar. **Alternative:** Entlang der Zufahrt zum Campground gibt es mehrere Möglichkeiten zum freien Camping, von denen die meisten allerdings etwas Bodenfreiheit voraussetzen.

Es folgt der Abzweig zu einem privat geführten Campingplatz. Am Eingang des Nationalparks gibt es kein Wärterhäuschen.

Auf der Fahrt nach Canyonlands, The Needles District

115 The Needles – *Needles Outpost*

GPS/Kontakt: N 38°10'26.7" W 109°44'31.1", UT-211., kein Telefon *(kein Netz)*. **Öffnungszeit:** März - November. **Ausstattung**: Picknicktische, Feuerringe, einfaches Sanitärgebäude mit Münz-Duschen, kleiner Campingladen, Tankstelle mit 86 Octane Gasoline, Propan, keine V/E, unzuverlässiger AT&T-Empfang nur für Textnachrichten. **Beschreibung:** Höhe 1.500 m. Zufahrten und Stellplätze sandig, aber fest, geeignet auch für größere WOMOs. Die Plätze sind angeordnet an Felsklippen, die sich an einigen Stellen erklimmen lassen. Von vielen Stellplätzen teilweise großartige Aussicht über The Needles. **Preis:** Ab $ 30 + tax. **Anfahrt:** Abzweig beschildert, 1 km ab Hwy 211, davon 500 m asphaltiert. **Hinweis:** Online reservierbar.

Eine Übersichtskarte können wir uns im **Visitor Center** besorgen und wenn nötig auch den Eintritt bezahlen *(geöffnet ganzjährig von 8 – 16 Uhr, im Winter mit Einschränkungen: Januar – Mitte Februar geöffnet ab 9 Uhr und Di/Mi geschlossen)*. Auf den jetzt folgenden, letzten zehn Kilometern bis zum Ende der Straße folgen mehrere Stopp- und Besichtigungsmöglichkeiten: Zur **Roadside Ruin**, einem Rundbau in einem kleinen Überhang, führt vom Parkstreifen aus ein gut ausgebauter Fußweg *(500 m gesamt, beim Rückweg auf Steinmännchen achten)*. Am folgenden Abzweig der Squaw Flat Road geht es geradeaus weiter. Beim **Wooden Shoe Overlock** ist es weniger der Schuh als die Gesamtszenerie, die fasziniert.

The Needles: Schluchten, Klippen, Felsnadeln und Tafelberge für Outdoor-Enthusiasten und Fans von wilder Einsamkeit.

Wir ignorieren den zweiten Abzweig der Squaw Flat Road und kommen zum Abzweig der beiden Campingplätze *(s.u.)*. Der **Pothole Point Trail** führt als Wanderweg über felsiges Gelände zu den Potholes, flachen Senken, die sich nach Regen mit Wasser füllen. Er bietet eine gute Aussicht auf The Needles, die Felsnadeln *(1 km Rundtour, auf Steinmännchen achten!)*.

Vorbei am **Slickrock Trailhead** endet die Straße in einem großen Wendehammer am **Big Spring Canyon Overlook.** Von wilden Felssäulen umgeben können wir bis an die Spitze des Felsvorsprungs gehen, hierbei halten wir uns auf dem Felsband rechts

Aussicht vom Slick Rock Trail auf die La Sal Mountains

Namensgeber dieses Distrikts von Canyonlands: The Needles

der Felssäulen *(500 m hin und rück)*.

An der Squaw Flat Road *(Abzweige s.o.)* schließlich liegt der Abzweig zum Parkplatz **Cave Springs Trailhead**: 1,7 Kilometer gute, einspurige Schotterstraße führen zum Parkplatz *(Wenden für große WOMOs schwierig)*, dort beginnt die kurze Wanderung auf Pfaden, über Fels und zwei Leitern zu einem historischen **Cowboy Camp** in einem Überhang *(1 km)*.

116 The Needles – *NPS Campground*

GPS/Kontakt: N 38°08'57.4'' W 109°48'04.5'', UT-211, www.recreation.gov, kein Telefon. **Öffnungszeit:** Ganzjährig. **Ausstattung:** Picknicktische, Feuerringe, Trockentoiletten (Spültoiletten in der Saison), Trinkwasser in der Saison, keine V/E. **Beschreibung:** Höhe 1.560 m. Die Stellplätze schieben sich an beiden Seiten einer kleinen Mesa in die Vegetation aus Wacholder und kleinen Bäumen. **Preis:** $ 20.**Anfahrt:** Abzweig beschildert. **Hinweis:** Teilweise reservierbar Mitte März – Mai und September – Oktober.

Auf dem Slick Rock Trail, im Hintergrund der Island in the Sky District

Cowboy Camp

Wandern in Canyonlands The Needles

Canyonlands bietet viele großartige, oft einsame und abenteuerliche Wanderungen, Infos dazu bei den Rangern und in Büchern *(s. Wandern)*. Eine der einfacheren Touren ist der **Slickrock Trail** *(4 km/70 Hm)*. Er führt auf ein Felsplateau an der Spitze zwischen Big und Little Spring Canyon und ist mit Markern und Steinmännchen versehen. Auf blankem, teils schrägen Fels brauchen wir etwas Orientierungssinn.

TOUR 6

Nach diesem Abstecher in den The Needles District fahren wir weiter zurück zum Highway 191 und dort Richtung Moab.

Abstecher Canyon Rims Recreation Area

Die **Canyon Rims Recreation Area** erstreckt sich auf dem Plateau zwischen den Schluchten von The Needles, des Colorado und des parallel zum Hwy. 191 verlaufenden Kane Springs Canyon/Hatch Wash. Sie wird vom BLM *(Bureau of Landmanagement)* verwaltet. Die asphaltierte **Needles Overlook Road** *(beschildert)* erschließt das Gebiet und beginnt 11 km nach Abzweig des Hwy 211. Beim Abzweig gibt es einen großen Parkplatz mit Informationstafeln. Dann führt die Straße über 35 asphaltierte Kilometer *(eine Richtung)* zum **Needles Overlook**. An der Strecke liegt außerdem ein einfacher Campground. Beim 90°-Linksabzweig führt eine Schotterpiste geradeaus weiter zum Hatch Point Campground und Anticline Overlook (weitere 26 km). Hier ruft die Einsamkeit, markierte Wanderungen gibt es nicht. Dieser gesamte Bereich liegt nicht im Nationalpark.

117 Canyon Rims Recreation Area
Windwhistle Campground

GPS /Kontakt: N 38°10'39.0" W 109°27'44.0", Needles Overlook Rd. 133, Tel. 435 259 2100. **Öffnungszeit:** Ganzjährig. **Ausstattung:** Picknicktische, Feuerringe, Trockentoilette. **Beschreibung:** Höhe 1.830 m. 15 Plätze auf festem Untergrund in lichtem Wacholderwald, gerahmt von den gelben Klippen der Roan Bailey Mesa. **Preis:** $ 20. **Anfahrt:** Needles Overlook Road, 9 km ab Hwy 191. **Hinweis:** Nicht reservierbar. Lehrpfad 1,5 km.

Auf dem Weg nach Moab mit Blick auf die La Sal Mountains

Treffen im riesigen Wilson Arch

Weiter auf dem Highway 191 rücken die rundgeschliffenen Sandsteinklippen näher an die Straße. Außerdem tauchen in Fahrtrichtung rechts die La Sal Mountains am Horizont auf. Nach den neuen Gebäuden der Wilson Arch Community erhebt sich der **Wilson Arch**, ein mächtiger Felsbogen, direkt rechts oberhalb der Straße (beschildert »View Area«). Am linken Rand führt ein Pfad steil hoch in den Bogen, von dem wir eine grandiose Aussicht haben.

Am Abzweig des Highway 49 zur Ortschaft La Sal liegt der La Sal Junction Campground auf dem Gelände einer ehemaligen Tankstelle. Noch macht das Ganze etwas den Eindruck eines Schrottplatzes, was sich aber ändern kann. Einen etwas besseren Eindruck macht der **Mountain View RV Park** in La Sal, trotz vieler Dauercamper in sehr betagten Mobilheimen, wo es aufgrund der Höhenlage etwas kühler ist als in Moab.

Wir rollen hinab in rotes Felsenwunderland. Das **Hole'n the Rock Museum** ist durch die großen weißen Lettern am Fels nicht zu übersehen *(Museum mit Souvenirshop in einer ehemaligen Höhlenwohnung, kleiner Zoo, $ 6,75 + tax)*. Danach wartet rechts ein großer Rastplatz mit Rasenfläche, schattigen Bäumen, überdachten Picknicktischen, WC und gerahmt von hohen Felsen, auf dem man zusammen mit ein paar LKWs eine Nacht verbringen kann.

118 US-191 Rest Area – N 8°23'39.3" W 109°27'06.1"

Eine weitere Übernachtungsmöglichkeit bietet sich am Rande eines großen Schotterplatzes, an dem UTV-Fahrten in die Berge der Black Ridge Recreation Area starten.

119 US-191 Parking Lot – N 38°25'13.1" W 109°25'54.3"

Außerdem gibt es Stellpätze an der Yellow Circle Road *(verboten in Highway-Nähe, Zufahrt zu größeren Freiflächen: 1 km Piste).*

120 Yellow Circle Rd. – N 38°25'42.4" W 109°25'17.2"

Wir nähern uns jetzt dem Ort **Spanish Valley**, von dem sich die Besiedlung fast nahtlos bis Moab zieht. An der beschilderten Nebenstraße »La Sal Loop Road«liegt das südliche Ende der Ringstraße durch die La Sal Mountains *(siehe: nach Moab)* und hier liegt unsere Empfehlung für einen günstigen Campingplatz bei Moab.

121 Moab – *Ken's Lake Campground*

GPS/Kontakt: N 38°28'35.7" W 109°25'21.2", Kens Lake Rd., www.recreation.gov, Tel. 435 259 2100. **Öffnungszeit:** Ganzjährig. **Ausstattung:** Picknicktische, Feuerringe, Trockentoilette, kein Wasser. **Beschreibung:** Höhe 1.550 m. 17 km vor Moab an den Hängen der La Sal Mountains. Die größeren, reservierbaren Plätze des Loop A liegen im offenen Wiesengelände oberhalb des Sees, die kleineren Plätze des Loop B sind in etwas dichterer Vegetation näher am Mill Creek. **Preis:** $ 20. **Anfahrt:** Abfahrt »La Sal Loop Road«, nächste rechts, Verzweigung links, am Abzweig zur day use area geradeaus auf Schotter, 4,8 km ab Hwy. 191, davon die letzten 550 m gute Schotterstraße.
Hinweise: Teilweise reservierbar. Handyempfang. Im Ken's Lake ist Baden erlaubt. Hier können starke Winde durchs Tal fegen. Es ist ein paar Grad kühler als in Moab. Eine kurze Wanderung am Zufluss des Kens Lake aufwärts führt zu den Faux Falls *(2,9 km/50 Hm).*

Moab

Einwohner: 5.500. **Höhe:** 1.227 m. **Infrastruktur:** Supermärkte, Tankstellen. **Highlights:** Outdoor(motor)sport im Felsenland, Arches NP und Canyonlands National Park Island in the Sky District. **Beste Reisezeit:** Frühjahr und Herbst. **Klima:** Durchschnittliche Höchst-/Tiefsttemperaturen Juli 38°/18°C, Januar 7°/-7°C. **Hinweise:** Etwa 2,5 Millionen Besucher jährlich.

Moab Information Center: GPS N 38°34'23.5" W 109°32'59.8", 25 E Center St., Tel.: 435 259 8825.

Zwei Supermärkte: Beide eher hochpreisig. Village Market vor Moab Brewery mit teils europäisch anmutendem Sortiment, City Market 500 m nördlich.

V/E und Propan: Maverick Tankstelle Moab, rechte Seite kurz vor dem Zentrum, GPS N 38°33'32.0" W 109°32'37.1", Entsorgung: an den Zapfsäulen vorbei rechts »um die Ecke«, dort auf der linken Seite, Trinkwasser: gegenüber an der Gebäudewand.

Farm & City Feed and RV Supply, GPS N 38°33'36.0" W 109°32'48.4".

Moab befindet sich fest in der Hand von Touristen und Outdoor-Enthusiasten. Arches und Canyonlands Nationalparks und Dead Horse State Park liegen in direkter Nachbarschaft. Und schon bei der Einfahrt in den Ort wird klar, dass hier Offroad-Fahren ganz groß geschrieben wird. Die Felswüste rund um die Stadt ist eine riesige Spielwiese nicht nur für motorisierte Fahrzeuge jeder Art, sondern auch für Kletterer, Mountainbiker, Reiter, Wanderer. Neben allen Outdoorvergnügen, die man im Red Rock Country erleben kann, gibt es in Moab außerdem fast unzählige Festivals und Events, zu denen unter anderem die 9-tägige **Easter Jeep Safari** zählt, während der die Stadt aus allen Nähten platzt. Trotzdem ist Moab ein beschauliches, amerikanisches Kleinstadtflair erhalten geblieben.

Moab, Felswüste zwischen National- und State Parks und Spielwiese für Outdoor-Enthusiasten und Offroad-Fahrer.

Die Anzahl der Unkünfte in und bei Moab ist beachtlich, es gibt alleine **zwölf private Campingplätze** noch vor der Brücke über den Colorado River! Sie liegen fast alle am Highway 191 mit entsprechender Lärmbelästigung, sind eher hochpreisig und vor allem bei Festivals sehr frühzeitig ausgebucht.

Ausnahmsweise kommt jetzt zuerst eine **Auswahl der privaten Campingplätze, beginnend von Süden**, dann die Aktivitäten in Moab und anschließend die Beschreibung der Umgebung mit weiteren Campingplätzen in den Parks und am Colorado River.

Etwa **sieben Kilometer südlich des Zentrums** im Ort Spanish Valley befinden sich unter anderem:

122 Moab – *OK RV Park*

GPS/Kontakt: N 38°31'23.8" W 109°29'21.5", 3310 Spanish Valley Dr., Tel. 435 259 1400. **Öffnungszeit:** Ganzjährig. **Ausstattung:** Picknicktische, Full Hookup, Sanitäranlagen, WiFi, Waschmaschinen. **Beschreibung:** Höhe 1.390 m. Älterer Platz mit Schatten, in der Erweiterung sind die Bäume noch klein, am östlichen Ortsrand mit Blick auf Felsen, sehr ruhige Lage. **Preis:** $ 54 – 64 + tax. **Anfahrt:** Nach der Shell-Tankstelle rechts in die Spanish Trail Road, zweite rechts.

123 Moab – *KOA Holiday*

GPS/Kontakt: N 38°31'23.8" W 109°29'49.4", 3225 South Hwy 191, Tel. 435 241 7890. **Öffnungszeit:** Mitte März – Anf. November. **Ausstattung:** Picknicktisch, Grill, Sanitäranlagen, Pool, Sauna, Waschmaschinen. **Beschreibung:** Höhe 1.400 m. Relativ neuer, sehr großer Platz direkt am Highway. Alle Stellplätze getrennt durch schmale Grünstreifen mit überwiegend noch kleinen Bäumen und Büschen. **Preis:** Ab $ 65 + tax. **Anfahrt:** Beschildert am Hwy 191.

Etwa **fünf Kilometer südlich** ist die Auswahl noch größer:

124 Moab – *Pack Creek Campground & RV Park*

GPS/Kontakt: N 38°32'58.3" W 109°30'47.0", 520 Murphy Lane, Tel. 435 259 2982. **Öffnungszeit:** Ganzjährig. **Ausstattung:** Picknicktische, Feuerringe, Strom und Wasser, Sanitär mit Duschen älter aber gepflegt, Waschmaschinen, free WiFi, V/E. **Beschreibung:** Höhe 1.300 m. Sehr ruhige Lage am östlichen Ortsrand, viele alte Bäume, aber nicht an jedem Platz. Angenehm ohne Schnick-Schnack. Leider deutliche Preiserhöhung in den letzten Jahren. **Preis:** Ab $ 50 + tax, Fr/Sa ab $ 60 + tax. **Anfahrt:** Nach der Shell-Tankstelle rechts in Spanish Trail Road (beschildert), am Kreisverkehr links in S Murphy Lane. Oder aus der Stadt kommend: am ACT Campgr. links in S Mill Creek Drive, 3. rechts in S Murphy Ln.

Alternativen, von Süden Richtung Zentrum:

Spanish Trail RV Park, am Hwy. 191 linke Seite/westlich, Tel. 435 259 2411. Sehr gepflegt, Pool und Spa, Toiletten und Duschen, Waschmaschinen, Full Hookup, ab $ 78 + tax.

Dowd Flats RV Park, rechte Seite, nackter, vollgestellter Schotterplatz. Wird zu Scenic Inn& Suites gehören oder abgerissen.

Moab Rim Campark, am Hwy 191 links, Tel. 435 259 5002, auf der Westseite des Highways mit schöner Sicht zu beiden Seiten.

Stellplätze auf Schotter mit kleinen Grasflächen, Picknicktisch und Baum, Toiletten und Duschen, Snackbar, portable Feuerringe können kostenlos geliehen werden, Strom und Wasser, $ 44 - $ 56 + tax.
ACT Campground, am Hwy 191 rechts, Tel. 435 355 0355. Relativ nacktes Gelände am Highway, Sanitäranlage mit Duschen, Waschmaschinen, ab $ 47 + tax.

Wer mitten **im Zentrum** übernachten will, sollte sehr frühzeitig versuchen, hier einen Platz zu bekommen:

125 Moab – *Sun Outdoors Moab Downtown*

GPS/Kontakt: N 38°33'52.6" W 109°32'58.9", 555 S Main St., Tel. 877 4153 991. **Öffnungszeit**: Ganzjährig. **Ausstattung:** Picknicktische, Full Hookup, Duschen, Toiletten, Waschmaschinen, kleiner Pool und Wasserspielplatz, V/E (zu bezahlen). **Beschreibung:** Höhe 1.230 m. Stellplätze und Zufahrten Schotter/fester Grund, mit kleinen, trockenen Grasstreifen, nur einzelne Bäume. **Preis:** Ab $ 57 + tax incl. Wasser und Strom. **Anfahrt:** Zentral hinter der Texaco-Tankstelle, beschildert.
Alternative: Up the Creek Campground, aktuell geschlossen wegen Schäden durch Überflutung.

Nördlich von Moab noch vor der Brücke über den Colorado River befinden sich drei weitere Plätze:

126 Moab – *Sun Outdoors North Moab*

GPS/Kontakt: N 38°35'38.8" W 109°34'02.2", 1301 North Hwy. 191, Tel. 888 991 5329. **Öffnungszeit:** Ganzjährig. **Ausstattung:** Picknicktische, Full Hookup, Pool, WiFi. **Beschreibung:** Höhe 1.210 m. Große Kiesfläche, die durch große Bäume und Picknicktische parzelliert ist. **Preis:** Ab $ 47 + tax. **Anfahrt**: Nach Ausfahrt aus Moab auf der linken Seite, beschildert.
Alternativen:
Portal RV Resort, liegt vom Highway aus gesehen neben Sun Outdoors North Moab *(eine Abfahrt vorher)*, Full Hookup, extra lange Stellplätze, Fahrwege Asphalt, offen mit einzelnen Büschen und Bäumen, Sanitäranlagen, Pool, WiFi, $ 84 + tax.
Sun Outdoors Canyonlands Gateway, kurz vor der Colorado-Brücke links, Tel. 877 418 8535, offener Schotterplatz mit kleinen Grasflächen mit jeweils zwei Picknickbänken und kleinen Bäumen, Pool, ab $ 60 + tax.

Weitere einfache Campingplätze des BLM gibt es am Colorado River und in der Sand Flats Recreation Area, siehe Ausflüge.

Egal von welcher Wüstenseite man kommt: Moab liegt in einem grünen Tal, bewässert von Pack Creek und Colorado River. Aber die Umgebung lässt sich nicht verleugnen, denn spätestens nach einem Tag ist hier alles mit feinem Sandstaub bedeckt. In Moab lassen sich neben Besuchen der umliegenden National und State Parks *(siehe Tour 7)* noch viele andere Unternehmungen gestalten.

Das **Zentrum** rund um die Center Street beim Visitor Center ist ein **El Dorado für Souvenir-Bummler**. Hier reiht sich ein Souvenirladen an den nächsten, teils billig und teils mit schönen Dingen, unterbrochen von einzelnen Sportgeschäften, Restaurants und Cafés. Herauszuheben sind die Gallery Moab und die Hogan Trading Company, die Werke lokaler Künstler und der Indianer ausstellen.

Am ersten und dritten Donnerstag ab 17 Uhr findet der **Moab's Market on Center** statt, bei dem Farmer und Künstler ihre Produkte und Werke verkaufen *(am Information Center rechts, East Center Street)*. Parken für einen Bummel kann man auch größere Fahrzeuge relativ gut auf der N 100 sW, ein Block parallel zum Hwy. 191 nach Westen/links.

Wer sich sein Mittagessen selbst zubereiten will, kann zum schattigen **Swanny City Park** fahren mit seinen überdachten Picknicktischen am Rand der großen Grünfläche *(GPS N 8°34'39.0'' W 109°33'10.4'', 300 m auf der N 100 W nach Norden)*.

Ein sehr empfehlenswerter Picknickplatz befindet sich direkt vor der Brücke über den Colorado River auf der rechten Seite, der **Lions Park**, mit Grünflächen, Bäumen, überdachten Picknicktischen, Toiletten und Zugang zur alten *Colorado Riverway Bridge (GPS N 38°36'08.1'' W 109°34'31.3'')*.

Wandbild, Interpretationen von Kokopelli, durstiger Rabe im City Park, Colorado Riverway Bridge

Für ein typisch amerikanisches Abendessen ist die **Moab Brewery** das Ziel schlechthin. Wobei das Essen dort nicht nur typisch ist in Bezug auf die Auswahl. Typisch ist auch, dass man draußen wartet und per SMS aufgerufen wird, wenn ein Platz frei wird.

Die sehr leckeren Burger und Pommes werden dann klassisch in einem Körbchen mit Papier serviert, was vor allem bei Menschen, die den dicken Burger völlig unamerikanisch zumindest teilweise mit Messer und Gabel essen, weil er nicht in den Mund passt, zu zermatschtem Papier führt. Und anschließend gemütlich quatschen ist nicht: Wer fertig ist, wird noch nach Nachtisch gefragt, ansonsten kommt die Rechnung, damit der Platz frei wird für die Nächsten.

Nicht zu übersehen ist die große Anzahl von Tourenanbietern und Vermietern von 4x4-Fahrzeugen. Hier empfiehlt es sich, an einer geführten Tour teilzunehmen, denn die *Guides* erklären Auf- und Abfahrten, die man selbst für unmöglich halten würde. Die Touren starten bei stolzen $ 300 für gute zwei Stunden, der Preis ist abhängig von der Zahl der (Mit-)Fahrer.

Unbedingt erklären lassen sollte man sich das Programm einer UTV-Tour, denn es werden Sightseeing-Touren angeboten weitgehend auf Schotterstraßen unter dem Namen »Hell's Revenge« – und im Kleingedruckten steht, dass *Hell's Revenge* nicht gefahren wird. Zudem gibt es Anbieter, die ihre Fahrzeuge erst zu Startplätzen transportieren müssen, was in der Gesamtzeit eingeschlossen ist.

Wir haben sehr gute Erfahrungen mit **Outlaw Adventure Tours and Rentals** gemacht *(GPS N 38°34'29.6" W 109°33'08.6", Tel. 435 260 7451, siehe Kasten UTV)*.

Für alle Outdoorsportler, die viel *Slick Rock* – blanken Felsen –

Moab Brewery, UTV-Tour in der Sandflat RA, mit Outlaw Adventure Tours auf Fins and Things

und dazwischen Sand benötigen, wird die **Sand Flats Recreation Area** in den Felshügeln östlich von Moab vom Bureau of Land Management unterhalten *(Anfahrt siehe Campingplatz, $ 5/Tag oder $ 10/7 Tage für privates Fahrzeug)*. Hier tummeln sich jährlich über 200.000 Besucher auf den verschiedenen Trails. Der **Slickrock Bike Trail** erfordert auf 17 Kilometern viel Kraft und technische Finesse. **Hell's Revenge** und **Fins & Things** sind zwei *Trails* für Vierrad-Fahrzeuge.

TOUR 6

127 Moab
Sand Flats Recreation Area, Loop A und B

GPS/Kontakt: N 38°34'33.6" W 109°31'10.6", Sand Flats Rd. , Tel. 435 259 2444. **Öffnungszeit:** Ganzjährig. **Ausstattung:** Picknicktische, Feuerringe, Trockentoilette bei Loop B und den Parkplätzen. **Beschreibung:** Höhe 1.430 m. Geschotterte, feste Zufahrten und Stellplätze gerahmt von Felsen, einzelne Büsche und Bäume, die Plätze sind als Loop angelegt, so dass es keine Probleme beim Wenden gibt. **Preis:** $ 15. **Anfahrt:** Von Süden kommend rechts an der ersten Ampelkreuzung auf 400 East (bei Maverick Tankstelle), nach 1 km vor Dave's Corner Market rechts, dann immer geradeaus bis Eingangsstation, dann Loop A links, Loop B 500 m weiter rechts, 5,5 km entfernt von Moab Zentrum. **Hinweis:** Nicht reservierbar. **Alternative:** Die Zufahrtstraße ist bis zu Loop C/D asphaltiert .

UTV – Grip zwischen Himmel und Erde

UTV's sind kleine, vierradangetriebene Fahrzeuge, bei denen man anders als bei einem Quad/ATV tief sitzt mit niedrigem Schwerpunkt.

Als Geschenk zum runden Geburtstag starteten wir am Geschäft in Moab, und Lars konnte sich auf der kurzen Strecke einmal quer durch Moab an das UTV gewöhnen. Dann ging es hoch in die Sand Flats Recreation Area, zu der der Veranstalter eine Tourengenehmigung braucht. Unser Weg und Ziel war die Fins & Things-Route.

Hatte Lars vorher noch Sorge, dass das alles zu easy und langweilig würde, so wurde er sehr schnell eines Besseren belehrt. Ab jetzt waren wir

nur noch auf Fels oder Sand unterwegs. Das Terrain und die Stufen wurden immer wilder – und die Pausen blieben kurz. An den schwierigen Stellen stieg unser *Guide* Charlie aus, um uns genau einzuweisen. Und bergauf fuhren wir schlichtweg in den blauen Himmel. Von Lars und Joana war immer nur noch zu hören »Ist das g..l !!!«. Tatsächlich bin ich auch ein Stück gefahren, aber die wirklich steilen, schwierigen Passagen waren nichts für meine Nerven – die durfte Lars jubelnd am Steuer genießen. Für uns, die sonst eher die Ruhe in der Natur suchen, war es eine andere Erfahrung der Felsenlandschaft - nicht beschaulich, sondern eher dröhnend – aber ein Riesenspaß!

Weitere Ausflüge können wir an den Colorado unternehmen. *Vorsicht: Der Colorado hat gefährliche Unterstömungen,* nie ohne Schwimmweste baden gehen!

Vor allem für Fahrer kleiner Fahrzeuge kann die **Kane Springs Road** auf der Ostseite des Colorado interessant sein. Für fünf Kilometer führt sie asphaltiert am Flussufer entlang, zum einfachen Kings Bottom Campingplatz *(s.u.)* und einem großen Parkplatz *(dort Wendemöglichkeit, Abzweig in Moab hinter McDonalds, ab dort 7,6 km bis zum Parkplatz)*. Ab dort führt sie als Schotterstraße in die Felsenlandschaft, unter anderem zu einem Felsen mit Petroglyphen mit einer menschlichen Geburtsszene *(GPS N 38°31'20.1" W 109°36'09.8", 2 km ab Parkplatz)* und zum The Ledge Campground *(keine Einrichtungen, kein Schatten, nicht reservierbar, $ 15, 9 km ab Parkplatz, beliebt bei 4x4-Fahrern)*.

128 The Ledge – N 38°29'06.4" W 109°36'16.6"

129 Moab – *Kings Bottom Campground*

GPS/Kontakt: N 38°33'23.3" W 109°35'05.9", Kane Springs Rd., Tel. 435 259 2100. **Öffnungszeit:** Ganzjährig. **Ausstattung:** *Max. 25 ft/7,60 m!* Picknicktische, Feuerringe, Trockentoilette. **Beschreibung:** Höhe 1.210 m. 10 befahrbare Stellplätze zwischen Colorado und Straße/Felswänden. **Preis:** $ 20. **Anfahrt:** An der Kane Springs Road, 4,6 km ab Moab. **Hinweis:** Nicht reservierbar.

Eine weitere Ausflugsmöglichkeit bringt uns auf die **Nord-Westseite des Colorado** zu Felszeichnungen, Dinosaurierspuren und einem fast perfekten Felsbogen.

Fans von **Felszeichnungen** sollten einen Stopp am ersten Parkplatz rechts nach der Brücke über den Colorado machen, dem **Courthouse Wash Trail** Parkplatz.

Wanderung zum Courthause Wash Panel, 1,4 km/20 Hm

Entfernung bis zur Infotafel hin und rück. Fernglas mitnehmen.

Der asphaltierte Rad-Fußweg führt über die Brücke zurück über den Wash. Kurz vor Ende der Leitplanken zweigt ein Trampelpfad schräg links ab und auf die Klippen oberhalb der Straße zu. Unterhalb der Geröllhalde erklärt eine Infotafel die Felszeichnungen, die sich auf dem untersten senkrechten Felsband etwa an der Stelle befinden, wo oben eine viereckige Felsplatte vorspringt. Von der Infotafel aus benötigt man ein Fernglas, um sie gut zu sehen. Es ist auch möglich, bis zu den Felszeichnungen hochzusteigen. Die Felszeichnungen befinden sich auf dem Gelände des Arches Nationalpark.

TOUR 6

Anschließend biegen wir ab in die nächste Straße links, UT-279 S, die **Potash Road**. Vorbei am Jaycee Park Campground (*nur Zelt-Camper erlaubt*) und William's Bottom Campground (*s. Gold Bar CG*) erreichen wir nach 16 km ab Moab den Parkplatz der **Dinosaur Tracks und Petroglyphs**. Zu den Felszeichnungen und Dino-Fußspuren führt ein 500 Meter langer Lehrpfad über Fels und Geröll. (*GPS N 38°31'57.2" W 109°36'31.5", Wenden für große Fahrzeuge schwierig, wenn der Parkplatz voll ist*). Vier Kilometer weiter kommen wir zum Parkplatz des **Corona Arch Trailhead** (*Overflow Parkplätze rechts gegenüber*) und zum Gold Bar Campground.

Wanderung zum Corona Arch, 3,9 km/150 Hm

Parken GPS N 38°34'30.0" W 109°37'57.3". Nicht bei nassem Fels gehen wegen ***Rutschgefahr!***

Am Anfang des Parkplatzes starten wir über die mit Steinen gestützte Stufen in Kehren hoch zur Felswand. Auf dem Plateau unter den Felsen gehen wir links und überqueren die Eisenbahn. Ein breiter Fußweg führt nach rechts unterhalb der Klippen entlang und im Einschnitt links über Steine und Geröll hoch. Oben halten wir uns auf blankem Fels rechts. Bei einer Verzweigung bleiben wir rechts und folgen dem breiten, felsigen Weg auf die gegenüberliegenden Felswände zu.

Wir halten uns links der Kuppe zur Rechten, erreichen ein weites Tal und steuern weiter auf das rechte Ende der Felswand vor uns zu. Dann umrunden wir diese auf einem schmalen, an einigen Stellen leicht abschüssigen Felsband.

Jetzt blicken wir auf ein riesiges Felsrund. Wir bleiben auf unserer Höhe auf dem Plateau unterhalb der senkrechten Klippen. Wo der Weg versperrt scheint, führen in den Fels geschlagene Stufen mit einer Kette nach oben. Anschließend geht es scharf rechts weiter zu einer kurzen Leiter. Über blanken

Fels folgen wir dem weiten Bogen des Felsrundes und kommen zuerst zum Bowtie Arch mit seinen hängenden Gärten und dann zum Corona Arch. Zurück wandern wir auf gleichem Weg.

130 Moab – *Gold Bar Campground*

GPS/Kontakt: N 38°34'26.1" W 109°37'58.1", Potash Road, Tel. 435 259 2100. **Öffnungszeit:** Ganzjährig. **Ausstattung:** Picknicktische, Feuerringe, Trockentoilette. **Beschreibung:** Höhe 1.220 m. 9 Plätze in der Schlucht des Colorado am Fluss, umgeben von grünen Büschen, aber kein Schatten. **Preis:** $ 20. **Anfahrt:** Potash Road, 22 km ab Moab. **Hinweis:** Nicht reservierbar.
Alternative: William's Bottom Campground, 17 Plätze unter Bäumen am Fuß der Klippen, nicht reservierbar, nur kleine Fahrzeuge, $ 20).

Sonnenuntergang im Felsenland bei Moab

Aussicht vom La Sal Lookout Point

Die **La Sal Mountain Loop Road** ist eine weitere Ausflugsmöglichkeit vor allem an heißen Sommertagen, sie beginnt am Colorado nach Nordosten/flussaufwärts an der UT-128.

Entlang des Colorado am ersten Teil des La Sal Mountain Loops gibt es mehrere einfache Campingplätze.

Vorsicht: Der Colorado hat ***gefährliche Unterstömungen!***

131 Moab – *Goose Island Campground*

GPS/Kontakt: N 38°36'43.2'' W 109°33'26.7'', UT-128, **Tel.** 435 259 2100. **Öffnungszeit:** Ganzjährig. **Ausstattung:** Picknicktische, Feuerringe, Trockentoilette. **Beschreibung:** Höhe 1.210 m. 20 Plätze auf der Flussseite, teilweise Schatten durch Bäume, sehr schöne Lage in der Schlucht des Colorado, sehr beliebt aufgrund der Nähe zu Moab, füllt sich von März bis Oktober im Laufe des Vormittages. **Preis:** $ 20. **Anfahrt:** Hwy 128, 7 km ab Moab. **Hinweis:** (Noch) nicht reservierbar. **Alternativen:** Weiter flussaufwärts befinden sich mit gleicher Ausstattung weitere Plätze in folgender Reihenfolge:

Grandstaff Campground: Nur für Zelte.

Drinks Canyon Campground: 17 Plätze, 14 km bis Moab, GPS N 38°38'03.7'' W 109°29'02.0''.

Hal Canyon/Oak Grove Campground: 11/7 Plätze.

Big Bend Campground: 23 Plätze, 16 km bis Moab, kleiner Strandbereich, GPS N 38°38'56.5'' W 109°28'46.6''.

Upper Big Bend Campground: 8 Plätze, beliebt bei Kletterern.

Noch nördlich des Abzweiges der La Sal Loop Road folgen: **Upper/ Lower Onion Creek** Campground (Bootsrampe und Flusszugang über Onion Creek), zusammen 35 Plätze, 38 km ab Moab, und **Hittle Bottom Campground** mit Flusszugang/Bootsrampe.

Die La Sal Mountains

Abstecher: La Sal Mountain Loop

Länge: 95 km gesamt bzw. 80 km von Abzweig UT-128 vom Hwy 191 zurück bis zum Hwy. 191 bei Ken's Lake. **Geöffnet:** Schneefrei etwa Mitte Mai bis Ende Oktober. **Dauer:** Halber Tag, nicht empfohlen für sehr große WOMO's *(bisher ohne offizielle Längenbeschränkung)*.

Der **La Sal Mountain Loop** windet sich die La Sal Berge hoch, bietet unglaubliche Aussichten über das Red Rock Country rund um Moab und führt bis in subalpine Regionen der Berge. Dabei durchfahren wir mehrere Vegetationsstufen, von Wüste in Wacholder-Kiefern-Bestände bis zu Eichen- und Espenwald. Die Region der Fichten- und Tannenhaine beginnt am **Warner Lake**, der für die meisten WOMO-Fahrer nicht erreichbar ist.

Wir starten von Moab kommend vor der Brücke über den Colorado auf die UT-128 nach rechts. Durch die enge Schlucht kommen wir an mehreren Campingplätzen vorbei (s.o.) und einem kleinen, sandigen Flusszugang, dem **Sandy Beach River Access** (Parkplatz, Trockentoilette, 20 km ab Abzweig/Start). Dann ziehen sich die Klippen weiter zurück und wir biegen rechts ab in das **Castle Valley**, beschildert »La Sal Loop Rd«.

Das Castle Valley ist bewohnt, der Castle Creek ermöglicht etwas Landwirtschaft. Wegen seiner Felsformationen wurde es zum Drehort einiger Filme. Dazu zählen der **Castletown Tower** mit der Felssäule **The Rock** und links davon **The Priest and the Nuns**. Die Vegetation wird dichter und wir biegen beschildert rechts ab. Es geht weiter aufwärts und ein paar enge Serpentinen bringen uns zum **La Sal Lookout Point** mit weitem Panoramablick über das Castle Valley und das rote Felsenland. Hier auf 2.540 Metern, dem höchsten Punkt der *Loop Road*, ist es merklich kühler.

Ab jetzt windet sich die Straße an den Hängen entlang, vorbei an der Whispering Oaks Ranch, zum Abzweig der Warner Lake Road. Dieser Abstecher zieht sich 8,5 Kilometer als gut ausgebaute aber steile Schotterpiste hoch zum Warner Lake, einem kleinen, romantischen Bergsee inmitten Espen-Fichtenwald mit Wandermöglichkeiten und Campingplatz. Dabei überwindet sie 450 Höhenmeter – und bleibt nur Fahrern von Vans vorbehalten unter Missachtung der Mietbedingungen *(19 Plätze, Picknicktische, Feuerringe, Trockentoilette, Trinkwasser, $ 20, reservierbar von Mitte Juni bis Ende September* www.recreation.gov*)*.

132 Warner Lake – N 38°31'12.5" W 109°16'34.2"

Nach dem Abzweig führt die Straße hinunter in den Mill Creek Canyon. Auf dessen anderen Seite steigt sie nochmal kurz an, um dann hinabzuführen Richtung Ken's Lake und Moab.

Tour 7

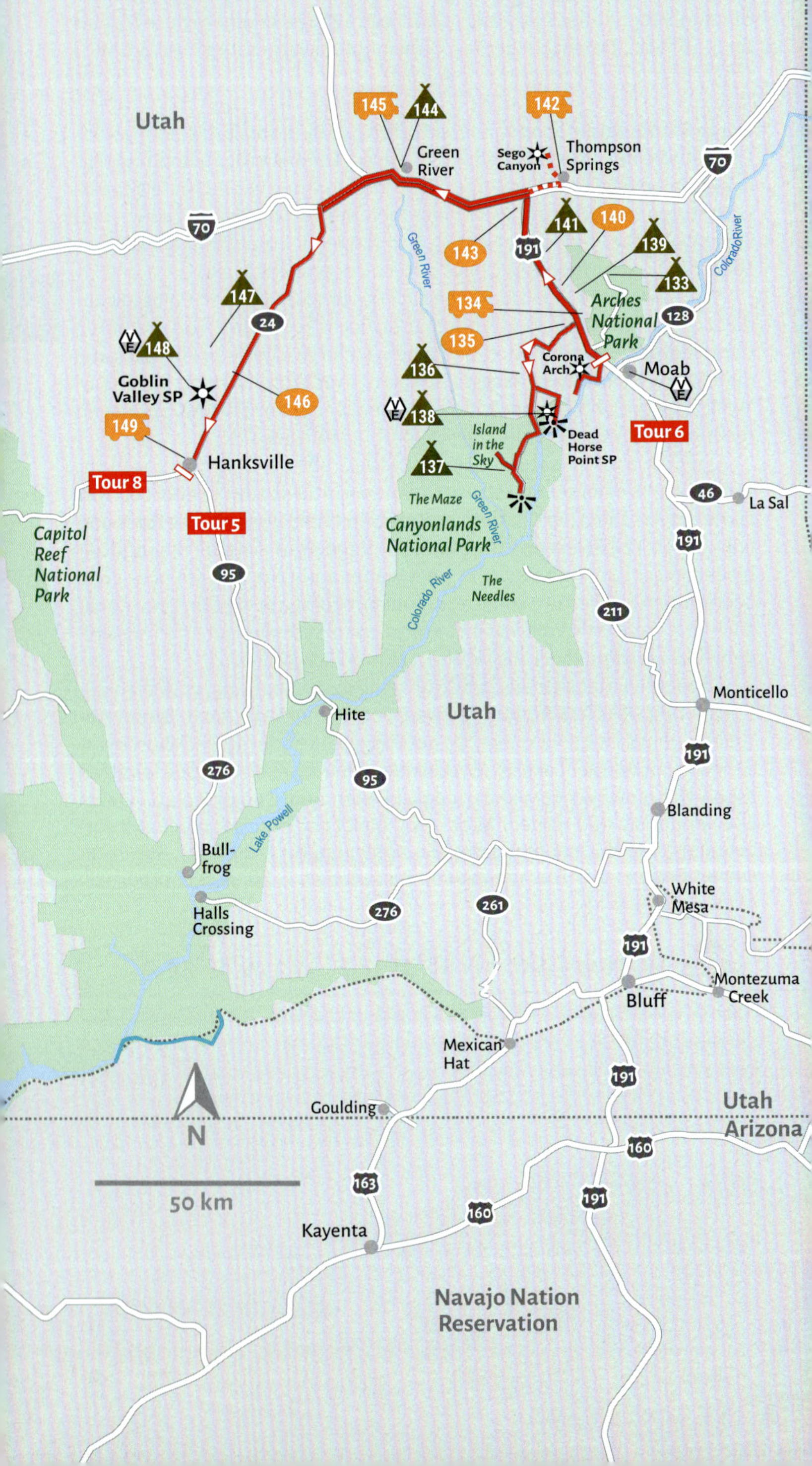
Utah
145
144
Green River
142
Sego Canyon
Thompson Springs
70
143
191
141
140
139
133
Green River
Colorado River
134
Arches National Park
128
135
Corona Arch
Moab
136
138
Island in the Sky
Dead Horse Point SP
Tour 6
137
147
24
148
Goblin Valley SP
146
149
Hanksville
Tour 8
Tour 5
46
La Sal
The Maze
Canyonlands National Park
Green River
191
Capitol Reef National Park
95
Colorado River
The Needles
211
Monticello
Hite
Utah
276
95
191
Blanding
Bull-frog
Lake Powell
Halls Crossing
276
261
White Mesa
191
Montezuma Creek
Bluff
Mexican Hat
191
Goulding
N
Utah
Arizona
160
50 km
163
191
160
Kayenta
Navajo Nation Reservation

Vom Arches Nationalpark nach Hanksville
240 km

Unsere Tour startet mit einer hohen Dichte an sehenswerten Parks! Schauen Sie sich unseren Vorschlag für einen traumhaften Tag im Arches Nationalpark an. Die restliche Strecke wird meist als Verbindung einfach abgefahren. Trotzdem gibt es auch hier vor allem für »Wiederholungstäter« einiges zu entdecken!

- **Landscape Arch**
- **Aussichten an der Park Avenue und am Panorama Point**
- **Delicate Arch für Wanderer**
- **Mesa Arch in Canyonlands**
- **Grand View Point mit kurzer Wanderung**
- **Dead Horse Point State Park**
- **Goblin Valley State Park**

Wenn Sie Arches, Canyonlands Island in the Sky und Dead Horse Point sehen wollen, sollten Sie dafür zwei ganze Tage einplanen.

Sehr wichtig ist der Hinweis, dass für den Arches Nationalpark ein kostenloser, zeitgebundener Eintrittspass zusätzlich zur Eintrittsgebühr gebucht werden muss, der *Timed Entry Pass.* Der Campingplatz im Arches Nationalpark ist in der Saison von April bis Oktober durchgehend frühzeitig ausgebucht.

Double-O-Arch am *Primitive Trail* **des Devil's Garden Gebietes**

Zeitzone

Utah -8 Stunden zu MEZ, Mountain Standard Time (MST) und Mountain Daylight Time (MDT).
Bitte beachten: Umstellung von/zu Sommerzeit verschoben zu Deutschland.

Von Moab aus kommend ist der Arches Nationalpark der Erste in der illustren Reihe der Parks.

Arches Nationalpark

Eintritt: $ 30/7 Tage oder America the Beautiful Pass. **Highlights:** Felsbögen. **Beste Reisezeit:** April/Mai und Mitte September – Oktober, im Sommer schwere Nachmittagsgewitter möglich. **Klima:** Durchschnittliche Höchst-/ Tiefsttemperaturen: Juli 39°/18°C, Januar 4°/-12° C. **Höhe:** 1.350 – 1.590 m.

TOUR 7

Hinweise: 1,5 Millionen Besucher im Jahr.
April – Oktober: *Timed Entry Pass*, ein kostenloses, zeitgebundenes Zugangsticket, notwendig für alle Fahrten in den Park von 6 – 17 Uhr. Dadurch soll der Stau vor den Eingangshäuschen verringert und die Besuchermenge begrenzt werden. Er ist zu reservieren unter www.recreation.gov. *1.700 Parkplätze* im Park sind in der Hauptsaison *ab 9 Uhr weitgehend voll.*

Die beste Lösung, um den Arches Nationalpark entspannt genießen zu können, ist eine **Anreise mit Sonnenaufgang oder am späten Nachmittag**. Feiertage und lange Wochenenden sind unbedingt zu vermeiden, vor allem mit großem Fahrzeug. Am besten wäre, sehr frühzeitig einen Platz auf dem Campingplatz zu reservieren. Der Park ist 24 Stunden geöffnet.

Nur sehr vereinzelt Handyempfang. Auch bei kurzen Wanderungen an Wasser denken!

Nach Kassenhäuschen und Visitor Center windet sich die Straße hoch in die Felsenlandschaft. Am **Park Avenue Viewpoint** führt ein kurzer Lehrpfad zu einem Aussichtspunkt in eine Schlucht, deren Felswände zu Zinnen und Säulen erodiert wurden. Hier startet die **Wanderung** durch die Park Avenue *(3,2 km/98 Hm)*, die

Wanderer in Arches vor der Kulisse der La Sal Mountains

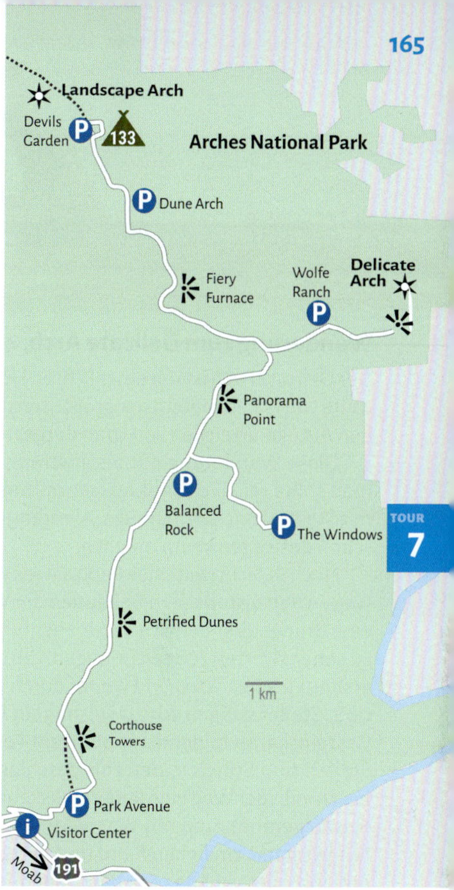

durch die Schlucht wieder zur Straße führt zum Parkplatz am Courthouse Towers Viewpoint. Der Rückweg erfolgt auf gleichem Weg.

Der La Sal Mountain Viewpoint und Corthouse Tower Viewpoint, das nördliche Ende des Park Avenue Trails, schließen sich an.

Der nächste große Viewpoint befindet sich beim **Balanced Rock**, um den herum ein 500 Meter langer Fußweg führt, von dem knapp die Hälfte asphaltiert ist.

Kurz danach führt ein Abzweig nach rechts zur **The Windows Section**, er endet in einem großen Straßenring mit Parkplätzen. Dort startet der **Windows Trail** zu den drei Felsbögen North Window mit weiter Aussicht, South Window sowie zum Turret Arch *(Hauptweg breit ausgebaut 1,6 km/30 Hm, Rundweg über Primitive Trail auf der Rückseite von North und South Window 2,1 km/30 Hm)*. Auf der anderen Seite des Straßenringes führt ein weiterer Weg bis in das Felsrund unterhalb des Double Arch *(1 km/20 Hm)*.

Vorbei am **Panorama Point** mit Aussicht auf die La Sal Mountains kommen wir zum Abzweig der Delicate Arch Road.

Die Delicate Arch Road führt zum Parkplatz des **Delicate Arch Trails** und endet am **Delicate Arch Viewpoint**.

Wanderung zum Delicate Arch, 4,8 km/164 Hm

Der Delicate Arch ist mit einer lichten Höhe von 14 Metern und einer Innenweite von fast 10 Metern der größte freistehende Felsbogen im Park und auf den Autokennzeichen von Utah dargestellt.

Diese Wanderung gilt als anstrengend, es gibt keinen Schatten und man sollte reichlich Trinkwasser mitnehmen. In felsigen Bereichen ist sie mit Steinmännchen markiert. Allerdings ist man hier nie alleine, Verlaufen schon deswegen kaum möglich.

Noch in Sichtweite des Parkplatzes wandern wir auf breitem Schotterweg an den historischen Gebäuden der **Wolfe Ranch** vorbei und dann über eine Brücke über den *Salt Wash*. Hier führt ein kurzer Abstecher nach links zu sehenswerten Felszeichnungen. Zurück auf dem Hauptweg geht es zuerst nur leicht ansteigend weiter durch geröllige Hügel mit wenig Vegetation. Steiler steigen wir zu Felshügeln hoch und schließlich immer einer Gesteinskante folgend auf blankem Fels steil aufwärts. An den steilsten Stellen sind Stufen in den Fels geschlagen. Noch vor Erreichen der Höhe beschreibt der Weg eine lange Linkskehre und führt in ein Hochtal, das von Felsen gerahmt und mit Wacholder bewachsen ist. Wir folgen dem breiten Felsband am linken Rand und hinter den gegenüberliegenden Felsen entlang. Hier wird das Felsband, auf dem wir gehen, für gut 50 Meter sehr schmal. Rechts oberhalb öffnet sich der Donut Arch. Weiter folgen wir dem in den Fels geschlagenen, nicht ganz so schmalen Weg bis zum Plateau des Delicate Arches. Zurück geht es auf gleichem Weg.

Zurück auf der Park Road fahren wir am Salt Valley Overlook vorbei zum Fiery Furnace Overlook. Ein 150 Meter langer Fußweg führt zum Aussichtspunkt auf den »Feuerofen«, ein dichtes Labyrinth

Landscape Arch

aus Sandsteinsäulen und engen Schluchten *(Betreten nur mit Rangern oder Genehmigung)*.

Vom Parkplatz **Sand Dune Arch Trailhead** können wir auf den zugehörigen Weg starten, der sandig durch eine enge Schlucht zwischen zwei Sandsteinwänden zum besagtem Felsbogen führt *(600 m)*. Außerdem geht es an der Verzweigung nach links zum großen Broken Arch, dessen Deckgestein teilweise herabfiel *(1,9 km)*.

Im Arches Nationalpark erwartet uns die dichteste Ansammlung faszinierender, von der Natur geschaffener Felsbögen!

Am großen Straßenbogen am Ende der Park Road liegen eine Picknickarea im Schatten von Felswänden sowie der Campingplatz und der **Devil's Garden Trailhead**. Auf diesem können wir mit gefühlt allen anderen Parkbesuchern den weitesten Felsbogen, den **Landscape Arch**, besuchen. Neben dem Delicate Arch ist er der zweite und leichter zu erreichende Favorit dieses Parks.

Wanderung zum Landscape Arch, 2,9 km/20 Hm

Mit einer Spannweite von 93,3 Metern ist der Landscape Arch der längste natürliche Felsbogen in Nordamerika, der zudem an der dünnsten Stelle nur 1,8 Meter dick ist. Seit den großen Felsabbrüchen in 1991 und 1995 dürfen Besucher nicht mehr unter den Felsbogen gehen.

Der breite, gut ausgebaute Devil's Garden Trail startet vom Parkplatz mit Trockentoilette und Wasserspendern zwischen hohen Sandsteinfinnen hindurch. Er beschreibt einen Bogen und kommt an den Abzweig zum **Pine Tree Arch** *(rechts, nächster Abzweig geradeaus, sehr lohnend, ab hier plus 650 m/20 Hm, weniger überlaufen)* und **Tunnel Arch** (Loch hoch im Felsen, hat uns weniger begeistert). Wir halten uns links und wandern beständig leicht aufwärts weiter zwischen hohen Sandsteinmauern entlang, hier mit größerem Abstand und grüner Vegetation. Dann öffnet sich der Blick nach rechts. Vor uns blicken wir auf faszinierende Säulen, Felsspitzen und Mauern. Erneut leicht ansteigend und sandig wandern wir zwischen die Felsgebilde.

Schon vom Weg haben wir einen schönen Blick auf den fragilen Landscape Arch. Bei den folgenden Verzweigungen halten wir uns links zum Aussichtspunkt unterhalb bzw. vor dem Felsbogen, wo er sich stärker als zuvor gegen den Himmel abzeichnet.

Der Devils Garden Trail führt von hier aus zu weiteren sehenswerten Felsbögen, tiefer in die Felsenwelt hinein und als *Primitive Tsrail* im Bogen zurück. Was nach dem Delicate Arch folgt, ist die eindrücklichste und einsamste Wanderung des Nationalparks *(siehe Wandern)*.

TOUR 7

133 Arches Nationalpark
Devil's Garden Campground

GPS/Kontakt: N 38°46'49.1" W 109°35'27.1", Park Road, www.recreation.gov, Tel. 435 719 2299. **Öffnungszeit:** Ganzjährig. **Ausstattung:** Picknicktische, Grills, Trinkwasser, Toiletten. **Beschreibung:** Höhe 1.590 m. 51 Stellplätze im lichten Wacholderhain zwischen Sandsteinfelsen, Fahrwege und Stellplätze asphaltiert. **Preis:** $ 25. **Anfahrt:** Am Ende der Park Road. **Hinweise:** Reservierbar von März bis Oktober, *frühzeitig reservieren! Kein Handyempfang.* Broken und Sand Dune Arch sowie Landscape Arch sind vom Campingplatz zu Fuß zu erreichen.

Entstehung der Arches

Hätten wir vor einer Million Jahren hier gestanden, würden wir auf weite Ebenen blicken, gebildet von bis zu 2,5 Kilometer dicken Sediment- und Sandsteinschichten. Aus einem Teil der Schichten entstanden ganz vereinfacht die Arches in zwei Schritten. Dafür allerdings brauchte es ein paar Voraussetzungen. Zuerst führte eine dicke, verformbare Salzschicht tief unter den Sandsteinschichten zu Rissen in den aufliegenden Gesteinen. Diese erodierten zu Finnen, den schmalen Sandsteinwänden, die wir überall im Park sehen.

Dann sickerte langsam Wasser durch den porösen, oberen Entrada-Sandstein und sammelte sich in der unterliegenden, dichteren Carmel-Formation. Dort löste es die Calzit-Bindungen der Sandkörner, die anschließend erodiert werden konnten.

Damit das Alles genauso funktionierte, musste sehr Vieles zusammen passen, zum Beispiel durfte es in der ganzen Zeit zu keinem einzigen Erdbeben kommen. Der Prozess der Erosion verläuft weiter, neue Bögen entstehen und Alte brechen ein, so wie 2008 der Wall Arch.

Finnen in Devils Garden

Ein traumhafter Tag in Arches

Wir starten mit unserem Timed Entry Pass, den wir rechtzeitig reserviert haben, oder sind deutlich vor 6 Uhr am Parkeingang *(aktuelle Bedingungen bitte überprüfen* home.nps.gov/arch).

Ein erster Blick gilt der **Park Avenue**. Anschließend fahren wir nach Devil's Garden, um dort einen Parkplatz zu ergattern. Wir wandern zum beliebten **Landscape Arch** und biegen auf dem Rückweg zum viel ruhigeren **Pine Tree Arch** ab. Entweder wir picknicken unter dem Pine Tree Arch oder an den Picknicktischen am Parkplatz.

Pine Tree Arch

Nachmittags können wir die Aussicht am **Panorama Point** genießen, **The Windows Section** besuchen mit dem **Double Arch** und durch die Park Avenue spazieren *(Parken auch bei den Courthouse Towers)*. Alternativ wandern wir je nach Temperaturen und Kondition zum **Delicate Arch** mit viel Wasser im Gepäck.

Wir verlassen Arches und rollen auf der US-191 weiter Richtung Norden. Beim Abzweig in Richtung Canyonlands, Island in the Sky, entstanden in den letzten Jahren zwei neue, teure Campingplätze.

134 Moab – *Sun Outdoors Canyonlands Gateway*

GPS/Kontakt: N 38°40'35.0" W 109°41'17.1", US-191, Tel. 877 396 3630. **Öffnungszeit:** März – Oktober. **Ausstattung:** Picknicktische, Sanitäranlagen mit Duschen, Pool, Waschmaschinen, Propan, WiFi. **Beschreibung:** Höhe 1.380 m. Großer Campingplatz mit Stellplätzen auf Schotter, jeweils mit einem überwiegend noch sehr kleinen Baum. **Preis:** Ab $ 66 + tax. **Anfahrt:** 18 km ab Moab, kurz nach Abzweig Canyonlands rechts. **Alternative: Seven Mile RV Park**, neuer privater Platz für Wohnmobile, Strom, keine Duschen, noch sehr nackt, $ 55 + tax , mit Strom $ 75, Tel.+1 435 260 1323. 3 km näher an Moab.

Damit sind wir auch schon am Abzweig des Highway UT-313 angelangt, der als Sackgasse zum **Dead Horse Point State Park** und in den **Canyonlands National Park, Island in the Sky District,** führt. In der Ecke des Abzweigs befindet sich das Moab Giants Dinosaurier Museum (Tageseintritt $ 18, Familie $ 60). Auf der gegenüberliegenden Seite gibt es eine Informationstafel zu den Parks.

Abstecher Canyonlands Island in the Sky/Dead Horse Point

Strecke/Dauer: Canyonlands und Dead Horse Point 150 Kilometer/1 Tag mit *(hin und rück inklusive Besichtigungen)*. Dead Horse Point 72 km/ca. 3 Stunden *(hin und rück inkl. Besichtigungen)*. **Vor- und Nachteile Canyonlands:** Viel größer, Highlight Mesa Arch, im America the Beautiful Pass enthalten, weitere Anfahrt. **Dead Horse Point:** Blick auf den Colorado River direkt unterhalb, kurze Anfahrt, nicht im America the Beautiful Pass enthalten.

Gegenüber an einem kleinen Asphaltrund befindet sich eine Informationstafel. Hier ist Übernachten bisher nicht verboten.

135 Infotafel – N 38°40'21.4" W 109°41'15.3"

TOUR 7

Ab jetzt gilt »Camp only in designated Camping Areas«. Die Straße führt hoch auf die Mesa und einige Kilometer relativ unspektakulär durch rotes Sagebrush-Land zu einem Campingplatz und zum Abzweig zum State Park *(siehe weiter unten)*.

136 Moab – *Horsethief Campground*

GPS/Kontakt: N 38°35'05.1" W 109°48'46.7" Hwy. 313, Tel. 435 259 2100. **Öffnungszeit:** Ganzjährig. **Ausstattung:** Picknicktische, Feuerringe, Trockentoiletten, kein Wasser. **Beschreibung:** Höhe 1.870 m. 56 Stellplätze in buschiger Kiefer-Wacholder-Vegetation, viele mit weiter Aussicht. **Preis:** $ 20. **Anfahrt:** 20 km ab Abzweig von Hwy. 191, dann 1 km auf guter Schotterstraße. **Hinweis:** Nicht reservierbar.

An der Verzweigung geradeaus erreichen wir bald das Eingangsschild des Canyonlands Nationalparks und kurz danach das ganzjährig geöffnete Visitor Center.

Canyonlands Nationalpark, Island in the Sky District

Eintritt: $ 30/7 Tage oder America the Beautiful Pass. **Highlights:** Weite Aussichten vom Hochplateau auf die Schluchten von Colorado und Green River, Mesa Arch. **Beste Reisezeit:** April/Mai und Mitte September–Oktober, schwere Nachmittagsgewitter möglich in der Monsunzeit Mitte Juli–Mitte Sept. **Klima:** Durchschnittliche Höchst-/Tiefsttemperaturen Juli 38°/18°C, Januar 4°/-12°C. **Höhe:** 1.800–1.900 Meter. **Hinweise:** 800.000 Besucher im Jahr. Aussichtpunkte ohne Geländer. *Handyempfang nur vereinzelt*.

Unsere Fahrt durch den Park startet mit zwei Aussichtspunkten: Am Parkplatz **Shafer Canyon Overlook** können wir 500 Meter zur Felsspitze mit Blick in den Shafer Canyon hinauslaufen. Der **Shafer Trail Viewpoint** ist nur ein Parkstreifen, der aber den Blick auf die schwindelerregende, in die fast senkrechte Felswand gebaute Schotterstraße *Shafer Trail* erlaubt.

Mesa Arch, das bekannteste Fotomotiv von Canyonlands

Canyonlands und seine drei Distrikte

Die einsamen Schluchten von Canyonlands sind seit 1964 als Nationalpark geschützt und umfassen 1.366 Quadratkilometer. Durch die Schluchten von Colorado und Green River ist das Gebiet in drei Teile getrennt: **The Needles** im Südosten entlang des Colorado (Tour 6), **Island in the Sky** auf dem Plateau zwischen Green River und Colorado und **The Maze** westlich des Green River. Alle drei Gebiete haben getrennte Zufahrten und sind nicht durch Straßen verbunden. Die ersten beiden Gebiete sind durch asphaltierte Straßen erschlossen, im Labyrinth von The Maze gibt es nur Schotterpisten .

Als nächstes erreichen wir den großen Parkplatz am **Mesa Arch Trailhead**. Von hier führt ein 800 Meter langer Fußweg zum Arch, hinter dem sich die La Sal Mountains erheben und der vor allem bei Sonnenaufgang das beliebteste Fotomotiv des Parks ist.

Dann teilt sich die Straße. Nach links fahren wir über eine schmale Plateauspitze zu weiteren Aussichtspunkten mit Blick in die Schluchten. Am Ende erreichen wir den **Grand View Parkplatz** an einer Straßenschleife. Hier können wir zum Rand des Plateaus laufen. Vor allem aber lohnt der **Grand View Point Trail.** Er führt gut ausgebaut immer am Plateaurand entlang bis zur Spitze, wo wir von den Felsen links oberhalb des Fußweges eine unglaubliche 360°-Rundumsicht haben *(3,2 km/40 Hm)*.

Der Shafer Trail führt zum Colorado

Wir fahren zurück und an der Straßenverzweigung kurz vor dem Mesa Arch links. Beim nächsten Abzweig links kommen wir zum Willow Flat Campground und daran vorbei zum Green River Overlook.

137 Canyonlands – *Willow Flat Campground*

GPS/Kontakt: N 38°23'02.9" W 109°53'19.9", Green River Overlook Rd., Tel. 435 719 2313. **Öffnungszeit:** Ganzjährig. **Ausstattung:** *Max. 28 ft/8,50 m!* Picknicktische, Feuerringe, Trockentoiletten, kein Wasser. **Beschreibung:** Höhe 1.850 m. 12 asphaltierte Plätze in lichtem Wacholderbestand. **Preis:** $ 15. **Anfahrt:** Hwy. 313, nach Mesa Arch rechts, nächste links. **Hinweise:** Nicht reservierbar. Kein Handyempfang.

Wanderung Upheaval Dome Overlook, 2,1 km/40 Hm

Der Upheaval Dome ist ein Krater mit etwa 1,4 Kilometern Durchmesser und 400 Metern Tiefe. In seinem Inneren bilden verschiedene, fast senkrecht stehende Gesteinsschichten eine helle, zentrale Erhebung. Um die Entstehung des Kraters gibt es verschiedene Theorien, am wahrscheinlichsten ist ein Meteoriteneinschlag in der Zeit des Jura.

Wir starten auf dem Crater View Trail bei der Infotafel am hinteren Ende des Straßenringes. Von hier aus führt ein guter, mit Steinen begrenzter Fußweg an den zwei Abzweigungen des Syncline Loop Trail vorbei *(Vorsicht, der Syncline Loop ist sehr schwierig und endet immer wieder in Rettungsaktionen!)*.

Der farbenprächtige Upheaval Dome

Wir bleiben geradeaus und wandern auf dem jetzt schmaleren, aber immer noch eindeutig begrenzten Pfad abwärts durch Wacholder und über flache Felskuppen. Auf blankem Fels treffen wir auf eine weitere Verzweigung und gehen zuerst geradeaus zum **First Overlook**, der wenig später erreicht ist. Hier blicken wir in den Krater, Informationstafeln erklären diese geologische Besonderheit.

Zurück an der letzten Verzweigung biegen wir rechts ab und benötigen jetzt etwas Orientierungssinn. Der Weg führt in der Nähe des Kraterrandes teilweise über blanken Fels und ist mit Steinmännchen markiert. Er endet an einem mit Zaun gesicherten Aussichtspunkt, von wo wir einen freien Blick in den Krater und das weite Land außen herum haben. Zum Parkplatz gehen wir auf gleichem Weg zurück. Dabei bietet sich in der kühleren Jahreszeit die erste große Felskuppe links an für ein Picknick mit Blick in den Krater.

Auf der Rückfahrt nach Moab können wir am zuvor beschriebenen Abzweig rechts in den Dead Horse Point State Park abbiegen. Hier sind die Fahrtstrecken kürzer: Sieben Kilometer zum Wärterhäuschen und weitere 5,5 Kilometer zum Ende der Straße.

Ancestral Pueblo Ruinen beim Aztec Butte

Dead Horse Point State Park

Eintritt: $ 20. **Highlights:** Aussicht auf Canyonlands und den 660 Meter tiefer fließenden Colorado River. **Hinweise:** Geöffnet von 6 – 22 Uhr. Bei unserem letzten Besuch gab es einen reduzierten Preis bei spätem Eintritt. Wenn das Eingangshäuschen nicht mehr besetzt ist, kann der Park auch ohne Eintritt betreten werden.

Es gibt einen Aussichtspunkt beim Parkplatz am Visitor Center, aber der absolut Herausragende ist der **Dead Horse Point** am Ende der Straße. Kurze asphaltierte Wege führen zu einem überdachten Bereich und einer kleinen **Aussichtsterrasse** an der Spitze des Plateaus, von wo aus man 600 Meter hinunterguckt auf die engen Schleifen des Colorado und auf die wilden Felsformationen, die sich bis zum Horizont in der offenen Schlucht erstrecken. Hier sind alle Abgründe mit Mauern gesichert und wer etwas von den Menschen wegkommen möchte, kann auf dem Rückweg an der östlichen Mauer entlang gehen.

Wer einmal am oberen Ende einer mehrere Hundert Meter hohen, fast senkrechten abfallenden Wand oberhalb des Colorado stehen möchte – ohne Mauer –, sollte bei der Rückfahrt nach den Picknicktischen und dem schmalen Grat auf den nächsten Parkplatz links fahren, den Meander Overlook.

Am Dead Horse Point

Wanderung Dead Horse Rim Loop Trail, 8 km/220 Hm

Diese Wanderung startet vom Visitor Center und führt immer am Rand um die Plateauspitze herum zu den drei Aussichtspunkten **Basin Point**, **Dead Horse Point** und **Shafer Canyon Overlook**. Der Weg ist im offenen Sagebrush-Land meist gut zu sehen und markiert. Trotzdem sollten wir uns eine Karte im Visitor Center besorgen (s. Wandern).

Wir starten vorbei an der rechten Seite des Visitor Centers bzw. an den Toiletten und dahinter links. Ein Asphaltweg führt vom Gebäude weg und wir gehen geradeaus Richtung **East Rim Trail**. Auf dem ersten Felsen verzweigt sich der Weg und wir folgen dem Naturpfad des East Rim Trails geradeaus. Mit Blick auf die La Sal Mountains wandern wir auf dem Plateau und nähern uns dem Rand. Hier sehen wir die Wasserbecken **Potash Ponds**. Sie gehören der Intrepid Potash Inc. Diese Firma gewinnt Kaliumchlorid für Dünger, indem sie das Wasser des Colorado in die Tiefen des Gesteins pumpt und die gewonnene Salzlauge unter Zugabe von Kupfersulfat in den Becken trocknen lässt.

Am Ende einer langen Rechtskehre um eine Plateauspitze führt ein Abstecher nach links zum **Basin Overlook** mit Aussicht auf die Potash Ponds, eine Colorado-Kehre und die La Sal Mountains.

Um die nächste lange Einbuchtung herum wandern wir auf den schmalen Grat zu, wo unser Weg direkt neben der Straße verläuft. Dahinter halten wir uns schräg links auf Felsplatten und treffen auf den asphaltierten Weg, der uns zum Dead Horse Point bringt. Von diesem aus wählen wir den **West Rim Trail** zurück und biegen vor dem Toilettenhäuschen links ab. Der Asphalt endet an einem ruhigeren, mit Mauer geschützten Aussichtspunkt mit Bank. Ab hier halten wir uns leicht rechts, um anschließend dem Naturpfad nach links zu folgen. Er führt jetzt häufiger über felsigen Grund, wo wir auf Steinmännchen achten müssen. Eine Weile sind wir näher an der Straße als am Schluchtrand, dann laufen wir wieder an der Schlucht und kommen erneut zum schmalen Grat.

Anschließend beschreibt der Weg eine lange Rechtskurve *(Steinmännchen)*, um bei einem Felsabsatz nach links abzubiegen. Ab jetzt ist die Orientierung wieder einfacher und wir erreichen den Abzweig zum **Meander Overlook**, wo wir über eine enge Schleife des Colorado blicken. Wir folgen dem Pfad jetzt überwiegend über roten Boden. Dort, wo er sich noch einmal bis auf wenige Meter dem Schluchtrand annähert, haben wir eine ähnliche Aussicht wie beim Rim Overlook auf die steilen Felswände, die die Schlucht begrenzen. Anschließend wandern wir um eine Rechtskehre und beim Abzweig zum Rim Overlook geradeaus. Jetzt erwarten uns noch 1,2 Kilometer, bei denen wir das Plateau überqueren. Beim Abzweig zum Big Horn Overlook gehen wir geradeaus weiter und am Campingplatz vorbei zurück zum Visitor Center.

138 Dead Horse Point State Park
Kayenta/Wingate Campground

GPS/Kontakt: N 38°29'10.1" W 109°44'16.5", UT-313, www.reserve-america.com, Tel. 435 259 2614. **Öffnungszeit:** Ganzjährig. **Ausstattung:** Picknicktische, Feuerringe, Sanitäranlagen, Trinkwasser, V/E. **Beschreibung:** Höhe 1.820 m. 44 Stellplätze im lichten Wacholderwald auf dem Plateau, genau zwischen den Aussichtspunkten des Dead Horse Rim Loop Trail. **Preis:** $ 50 mit Strom. **Anfahrt:** Am Visitor Center vorbei, nächste (Kayenta) oder übernächste (Wingate) rechts. **Hinweis:** Frühzeitig reservieren.

Zurück von unserem Abstecher rollen wir auf dem Highway 191 nach Norden. Östlich des Highway wird der neue Utahraptor State Park aufgebaut, der sowohl das Gebiet mit seinen Mountainbike- und 4WD-Strecken wie auch Artefakte schützen soll. Der neue **Willow Springs Trail Camping** verfügt bisher kaum über Einrichtungen *(Porta Potti in der Saison, Abzweig zwischen Milepost 138/139 mit Rechtsabbiegespur, $ 15 mit Strom)*.

139 Willow Springs – N 38°41'48.2" W 109°40'30.4"

Der **Fallen Officer Peace Trail** ist eine Offroadstrecke, gewidmet den Frauen und Männern, die im Dienst für Utah starben. Ein Bronzeschild bittet darum, sie zu würdigen, und um Spenden für die Familien. Übernachten auf dem großen Schotterparkplatz überwiegend außer Sicht des Highways ist möglich *(zwischen Mileposts 141/142 nach Osten/rechts, 300 m gute Schotterstraße, Alternative: Nächste rechts zu den Klondike Bluffs (nicht beschildert), viele Plätze)*.

140 Fallen Officer PT – N 38°43'54.3" W 109°43'29.0"

141 Moab – *North Klondike Campground*

GPS/Kontakt: N 38°49'20.6" W 109°45'56.6", Hwy. 191/BLM 143. kein Tel. **Öffnungszeit**: Ganzjährig. **Ausstattung:** Picknicktische, Feuerringe, Trockentoilette, kein Wasser. **Beschreibung:** Höhe 1.340 m. 25 Stellplätze in flachem Hochtal mit beeindruckendem Blick auf die Copper Ridge, überragt von den La Sal Mountains in der Ferne. Beliebt bei MTB-Fahrern. Zufahrt und Stellplätze geschottert. **Preis:** $ 20, zu bezahlen über die recreation.gov App. **Anfahrt:** Abzweig zwischen Mileposts 148/149 nach Osten/rechts *(beschildert »North Klondike Trails«)*, 2,4 km gute Schotterpiste, immer dem Hauptweg folgen. **Hinweise:** Nicht reservierbar. Am Campingplatz vorbei führt die Hauptstrecke zu Dinosaurier-Spuren *(s. Infotafel)*.

Dann erreichen wir bei **Crescent Junction** die Interstate I-70 bei einer in grellen Grüntönen gestrichenen Tankstelle mit happigen Preisen. Unsere Tour führt uns von hier nach Westen.

Trotzdem sei hier wegen des hohen Andrangs bei Moab kurz auf den **Desert Moon Campground** in Thompson Springs verwiesen *(Full Hookup, 10 Plätze unter Bäumen, $ 40 + tax, Tel. 435 299-0377).*

142 Desert Moon – N 38°58'16.3" W 109°42'58.7"

Außerdem sind eindrucksvolle Felszeichnungen im **Sego Canyon** nördlich von Thompson Springs zu sehen *(Exit 187, links nach Thompson Springs und immer geradeaus, nach dem Ort einspurig und kurzes Stück Schotter durch trockenes Bachbett, 7 km eine Richtung ab Hwy.).*

Richtung Westen gibt es eine Zufahrt zur **Crescent Junction Rest Area** leider nur in der Gegenrichtung. Diese Raststätte liegt leicht erhöht und bietet eine unübertreffliche Weitsicht über Canyonlands und Arches mit den La Sal Mountains im Hintergrund, die man von überdachten Picknickplätzen genießen kann. Wer spät kommt, kann hier auch eine Nacht bleiben *(Trockentoiletten, Drehen über die nächste Ausfahrt in 9 km Entfernung, Platz ist dem Wind völlig ungeschützt ausgesetzt).*

143 Crescent Junction – N 38°56'18.7" W 109°49'39.2"

Der Ort **Green River** *(850 Einwohner, Höhe 1.243 m)* liegt am Fluss Green River, der in Canyonlands in den Colorado mündet, und ist durch Bewässerung tatsächlich grün. Mehrere Hotels und vier Campingplätze stehen für Durchreisende zur Verfügung.

V/E: Neue Maverik Tankstelle am Ortseingang, GPS N 38°59'43.2" W 110°10'54.5".

Propan: Loves Truckstop am Ortseingang, GPS N 38°59'40.9" W 110°11'05.0".

Laundromat *(Waschmaschinen)* am Shady Acres RV Park.

144 Green River – *State Park Campground*

GPS/Kontakt: N 38°59'23.5" W 110°09'14.9", Green River Blvd., www.reserveamerica.com, Tel. 435 564 3633. **Öffnungszeit:** Ganzjährig. **Ausstattung:** Picknicktische, Feuerringe, Sanitäranlagen mit Duschen, einige Plätze mit Strom und Wasser. **Beschreibung:** Höhe 1.230 m. Der mit Abstand schönste der Campingplätze: Schattige Stellplätze unter hohen Pappeln am Ufer des Green River, grüne Grasflächen. **Preis:** $ 35. **Anfahrt: US-70,** exit 160, in den Ort fahren, nach der einzigen Ampel zweite rechts *(beschildert).* **Hinweise:** Tageseintritt Green River State Park $ 7 *(beim Camping inklusive).* Seine Bootsrampen werden als Start für Boots-/Rafttouren in zwei Canyons genutzt.

145 Green River – *Shady Acres RV Park*

GPS/Kontakt: N 38°59'42.8'' W 110°09'13.9'', 690 E Main St., Tel. 435 564 8290. **Öffnungszeit:** Ganzjährig. **Ausstattung:** Picknicktische, Feuerringe, asphaltierte Stellplätze mit Full Hookup , free WiFi. **Beschreibung:** Höhe 1.230 m. Der Grünste der privaten Plätze mit fast 100 Stellplätzen. **Preis:** Ab $ 65 + tax. **Anfahrt:** US-70, exit 160, in Green River beschildert rechte Seite.
Alternativen: KOA Journey, GPS N 38°59'31.8'' W 110°08'28.2'', überwiegend kleine Bäume, in der Saison ab $ 65 + tax, Tel. 435 564 8195, Abfahrt 164, vor der Brücke links.
iCamp Green River, GPS N 38°59'17.6'' W 110°09'14.8'', Sanitäranlagen mit Duschen, WiFi, Waschmaschinen kostenlos, überwiegend nackte Schotterfläche mit einzelnen Bäumen, etwas ungepflegt, mit Strom ab $ 40 + tax, Tel. 435 564 8372, gegenüber vom Green River State Park.

Vorbei am Abzweig des Highway US-6 Richtung Salt Lake City biegen wir beim nächsten Abzweig ab auf den **Highway UT-25** Richtung Hanksville. Rechts begleitet uns der grüne Vegetationssteifen des **San Juan River**, auf der linken Seite blicken wir auf gestreifte Hügel. Nach einer Brücke über den Wasserlauf und seiner grünen Aue rollen wir über ein weites Plateau mit Beifuß, *Sagebrush*. Ein breiter, sandiger *Wash* kündet von den Wassermengen, die hier nach schweren Gewittern abfließen können. Rechts blicken wir auf das **San Rafael Reef**, ein 120 Kilometer langer, erodierter Höhenzug aus Navajo und Wingate Sandstein.

Dann treffen wir in der Weite auf den Abzweig zum **Goblin Valley State Park**. Hier befindet sich ein großer Schotterplatz mit einem einsamen Baum, auf dem man eine Nacht verbringen kann.

146 Abzweig Goblin Val. – N 38°37'49.5'' W 110°34'03.2''

Zum Goblin Valley sind es 19 asphaltierte Kilometer ab hier, wobei wir an der ersten Verzweigung links abbiegen. Geradeaus gibt es zwei kostenfreie Campingplätze.

147 Green River – *Temple Mountain Campgr. East*

GPS/Kontakt: N 38°39'24.6'' W 110°39'40.2'', Temple Mt. Rd., Tel.: 435 636 3600. **Öffnungszeit:** Ganzjährig. **Ausstattung:** Feuerringe, Trockentoilette, kein Wasser. **Beschreibung:** Höhe 1.620 m. Großer, nackter Schotterplatz am Rande des San Rafael Reef. **Preis:** Kostenlos. **Anfahrt:** Am Linksabzweig zum Goblin Valley geradeaus, 750 m asphaltiert. **Hinweise:** Der Temple Mountain Campground West *(gleiche Ausstattung)* liegt 2,4 km weiter nach Durchfahrt durch das Reef *(Fahrtstrecke zur Hälfte asphaltiert)*. Auf der Strecke sind die Felszeichnungen des Temple Mountain Wash Pictograph Panel zu sehen *(Infotafel)*.

TOUR 7

Aussicht vom Goblin Overlook

Goblin Valley State Park

Eintritt: $ 20/2 Tage. **Highlights:** Felssäulen mit runden Köpfen, die Kobolde oder *Goblins*. **Beste Reisezeit:** Frühling und Herbst. **Klima:** Durchschnittliche Höchst-/Tiefsttemperaturen Juli 38°/16°C, Januar 6°/-10°C. **Hinweise:** Kleiner Park mit einer Fläche von zwölf Quadratkilometern. *Kein Handyempfang.* Am schönsten wirken die Kobolde im Morgen- oder Abendlicht.

Nach Einfahrt in den Park erreichen wir gut 500 Meter weiter eine T-Kreuzung, an der wir links abbiegen. Nach einem knappen Kilometer haben wir den **Goblin Overlook** erreicht. Hier gibt es überdachte Picknicktische und Treppenstufen führen hinab in das Tal der Felsgestalten. Säulen, Pilze, Kobolde? Bald umgeben sie uns wie in einem Labyrinth. Da es hier keine den Boden schützende Kruste gibt (*Cryptobiotic Soil*), dürfen wir frei zwischen den Felsgestalten herumlaufen. Zurück finden wir immer, das Dach der Picknicktische ist von allen Ecken zu sehen. Neben der Möglichkeit, frei zwischen den Felsen hindurch zu laufen, gibt es auch noch einige markierte Wanderungen.

Wanderungen im Goblin Valley State Park

Wasser mitnehmen und Karte bei den Rangern besorgen, siehe auch Wandern.

Der **Carmel Canyon Loop** *(2,5 km/40 Hm)* fängt bei den Sanitäranlagen des Overlook an. Er führt über einen breiten Kamm auf **Molly's Castle** zu, eine frei stehende Felsformation, und dann hinab zu einem trockenen Bachlauf. Wo dieser auf den Grund des **Camel Canyon** trifft, biegen wir links ab. Jetzt immer in der Nähe des Schluchtgrundes wandern wir in den zerklüfteten Camel Canyon mit seinen gestreiften

Wänden. Unterhalb der **Three Sisters**, drei Felssäulen, die von links über den Canyonrand blicken, geht es links hoch. Jetzt erwarten uns eine kleine Slotcanyon-Passage und einige etwas steilere Stellen über blanken Fels hoch zur Straße.

Die Wanderung **The Goblins Lair** führt zu einer Höhle, der **Chamber of the Basilisk** (3,7 km/50 Hm). Sie startet wie zuvor beschrieben, biegt aber am Grund des Camel Canyons nach rechts ab und umrundet das Plateau nach rechts.

148 Green River – *Goblin Valley Campground*

GPS/Kontakt: N 38°34'20.9" W 110°42'42.8", Goblin Valley Rd., www.reserveamerica.com, Tel. 435 275 4584. **Öffnungszeit:** Ganzjährig. **Ausstattung:** Picknicktische, Feuerringe, Sanitäranlagen mit Duschen *(beides nicht im Winter)*, V/E. **Beschreibung:** Höhe 1.530 m. 21 Plätze mit überdachten Picknickplätzen am Rande der Wild Horse Mesa, Fahrwege und Stellplätze asphaltiert, kaum Vegetation. **Preis:** $ 35. **Anfahrt:** An der T-Kreuzung im Park rechts. **Hinweise:** Reservierbar.

Hanksville mit Wildwest-Flair *(160 Einwohner, Höhe 1.308 m)* am Ende der Tour liegt am Zusammenfluss von Fremont River und Muddy Creek, die als Dirty Devil River zum Colorado fließen. Es gibt Restaurants, einen kleinen Gemischwarenladen und Tankstellen. In **Carl Critters Garden** ist eine phantasievolle Ansammlung von Skulpturen aus Schrott zu sehen *(kostenlos)*.

149 Hanksville – *Duke RV Park*

GPS/Kontakt: N 38°22'28.1" W 110°42'31.4", 275 UT-24, Tel. 435 542 3235. **Öffnungszeit:** Ganzjährig. **Ausstattung:** Picknicktische, Grills, Full Hookup , Sanitäranlagen mit Duschen, Waschmaschinen, Steak House Duke's Slickrock Grill. **Beschreibung:** Höhe 1.310 m. Große Schotterfläche mit meist kleinem Baum für jeden Stellplatz. **Preis:** $ 40 + tax. **Anfahrt:** 300 m westlich des Straßendreiecks Hwy. 24/95 auf der Nordseite/rechts.
Alternative: Hanksville RV and Marine, völlig nackter Schotterplatz.

Tour 8

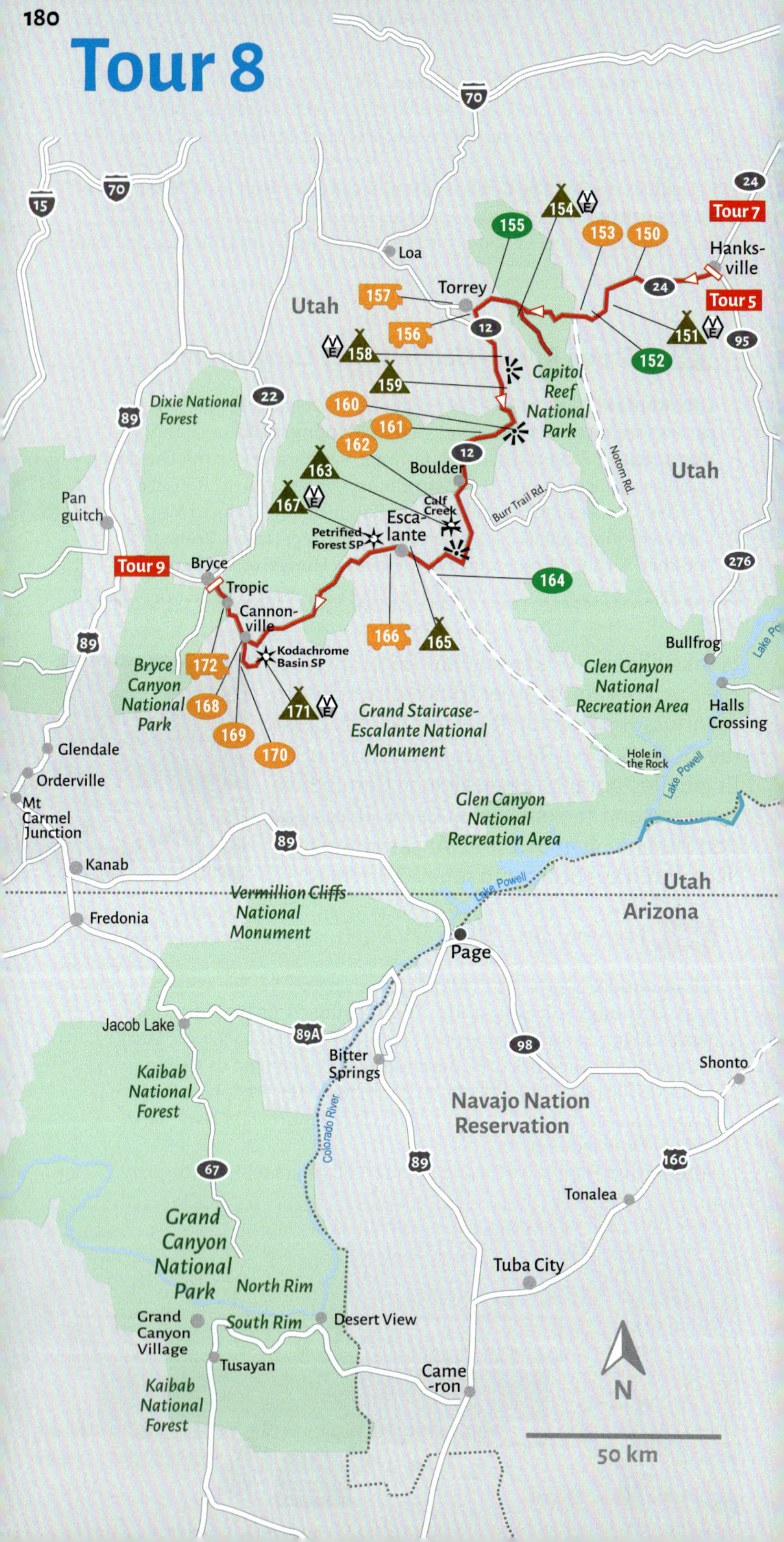

Utah
Arizona
Torrey
Loa
Hanks-ville
Tour 7
Tour 5
Tour 9
Capitol Reef National Park
Dixie National Forest
Boulder
Calf Creek
Escalante
Petrified Forest SP
Bryce
Tropic
Cannonville
Kodachrome Basin SP
Bryce Canyon National Park
Grand Staircase-Escalante National Monument
Glen Canyon National Recreation Area
Bullfrog
Halls Crossing
Hole in the Rock
Lake Powell
Burr Trail Rd.
Notom Rd.
Panguitch
Glendale
Orderville
Mt Carmel Junction
Kanab
Fredonia
Vermillion Cliffs National Monument
Page
Jacob Lake
Bitter Springs
Kaibab National Forest
Colorado River
Navajo Nation Reservation
Shonto
Tonalea
Tuba City
Grand Canyon National Park
North Rim
South Rim
Grand Canyon Village
Desert View
Tusayan
Came-ron
N
50 km

Über Capitol Reef zum Highway 12

250 km

Bei einem ersten Aufenthalt auf dem Colorado-Plateau wird diese Strecke oft nur auf der Durchfahrt zwischen den großen Nationalparks erlebt. Aber wenn Sie mehr Zeit mitbringen, gibt es hier abseits der ganz großen Touristenströme viel zu erleben. Der Capitol Reef Nationalpark ist ein El Dorado für Fans von Schluchtenwanderungen. Und der Highway 12 bietet die unterschiedlichsten Landschaftsformationen von rotem Fels bis Bergland! Treffen Sie Ihre Wahl aus folgenden empfehlenswerten Zielen:

- **Capitol Reef Nationalpark mit Schluchten und Petroglyphen**
- **Aussichspunkte des Highway 12**
- **Kodachrome Basin State Park**

Wir reisen durch unterschiedliche Klimazonen, von der Wüste hoch bis in die montane Zone am Highway 12, wo es im Winter regelmäßig schneit. Die Passhöhe des Highway 12 liegt auf 2.920 Meter! Im Winter kann es hier zu Sperrungen wegen Schneefall kommen.

Unsere Tour beschreibt genug Besichtigungs- und Wanderziele, um gleich mehrere Tage entlang der Strecke zu verbringen. Mit begrenzter Zeit ist es ratsam, eine Auswahl zu treffen, um diese dann in Ruhe genießen zu können.

Weite Sicht nach Norden vom Larb Hollow Overlook

Zeitzone

Utah -8 Stunden zu MEZ, Mountain Standard Time (MST) und Mountain Daylight Time (MDT).
Bitte beachten: Umstellung von/zu Sommerzeit verschoben zu Deutschland.

Wir fahren auf dem Highway 24 Richtung Westen und folgen dabei weitgehend dem Tal des **Freemont River** aufwärts, das sich wie ein grünes Band durch die nackte Fels- und Geröllllandschaft zieht. Zeigt diese sich zuerst in den gewohnten Ockertönen, so wechseln die Farben schnell zu einer fast unwirklichen Mondlandschaft. Rechts erhebt sich der **Factory Butte**, grau mit wild zerfurchten Hängen und gelbem Deckgestein.

Danach liegt nach rechts die Zufahrt zum riesigen, nackten Schotterplatz **Swing Arm City**, einem Parkplatz für Offroad-Fahrer *(nach Regen lehmig-matschig, zwischen Milepost 105/104, ab Hwy. 170 m)*.

150 Swing Arm City – N 38°21'57.1" W 110°54'54.2"

Weiter rollen wir im Tal des Freemont River zwischen grauen Schutthügeln, Feldern und grünen Bäumen bis zur Farmer-Siedlung **Caineville**. Dort führt der Highway hinter die Klippen, um den Fluss fünf Kilometer später zu überqueren.

151 Hwy. 24 – *Sleepy Hollow Campground*

GPS/Kontakt: N 38°17'25.4" W 111°02'50.7", Hwy. 24, Tel. 435 456 9130. **Öffnungszeit:** Ganzjährig. **Ausstattung:** Picknicktische, Sanitär mit Duschen, Strom, V/E. **Beschreibung:** Höhe 1.430 m. Einfacher, privater Campingplatz auf Schotter mit 10 Stellplätzen, die teilweise im Schatten großer Bäume liegen. Trotz der Nähe zur Straße vor allem sehr ruhig, wie etwas aus der Zeit gefallen. **Preis:** Ab $ 25 - 30 + tax. **Anfahrt:** Direkt nach der Brücke über den Fremont River, links *(Mileposts 95/94)*.

Factory Butte, wie nicht von dieser Welt

Bei *Milepost* 91, 5,5 km nach der Brücke, bietet die geschotterte **Hartnet Cathedral Road** freie Stellplätze zwischen Büschen und Bäumen unterhalb des Highways im Auebereich des Fremont River *(erste Plätze nach 50 m, Alternative: Breiter, geschotterte Seitenstreifen zwischen Hwy. und Flussufer, 1,5 km weiter westlich).*

152 Hartnet Cath. Rd. – N 38°16'29.3" W 111°05'21.1"

Jetzt rücken die Felswände enger zusammen und wir folgen dem Fremont River aufwärts. Für kleine Fahrzeuge gibt es eine letzte Übernachtungsmöglichkeit vor dem Nationalpark auf einem Fahrweg oberhalb des Flusses, der außen um einen Felsen verläuft, durch den der Highway durchgebrochen wurde.

153 Freemont River – N 38°17'05.1" W 111°07'06.7"

Dann erreichen wir das Eingangsschild des Capitol Reef Nationalparks. Gegenüber beginnt die **Notom Road**, die als Schotterpiste weit in den Süden des Nationalparks führt zur **Burr Trail Road**, eine Strecke für Abenteurer mit 4x4-Fahrzeugen.

Capitol Reef National Park

Eintritt: $ 20/7 Tage oder America the Beautiful Pass. Muss nicht auf dem Hwy. 24, sondern erst nach Abbiegen auf den Scenic Drive bezahlt werden. **Highlights:** Schluchten der Waterpocket Fold, historische Gebäude. **Beste Reisezeit:** Mitte April bis Mitte Oktober, schwere Sommergewitter von Juli bis Mitte September. **Klima:** Durchschnittliche Höchst-/Tiefsttemperaturen Juli 33°/18°C, Januar 5°/-6°C. **Höhe:** 1.600 - 1.750 m. **Hinweis:** 1,2 Millionen Besucher im Jahr.

Auf dem Highway 24 fahren wir in den Park durch die Schlucht des Freemont River und vorbei an einigen Sehenswürdigkeiten. Links steht die kleine **Behunin Cabin**, ein Sandsteinhaus, das der

Anfahrt zur Brücke im grünen Tal des Freemont River

Behunin Cabin, Fruita Schulhaus, Felszeichnungen

Mormonensiedler Elijah Behunin 1883 für seine 15-köpfige Familie baute. Sie lebten hier nur ein Jahr, wobei die älteren Jungen in einem Felsüberhang schliefen und die älteren Mädchen in einem Planwagen. Dann folgt der Parkstreifen **Grand Wash Trailhead**. Von hier können wir zu Fuß dem breiten, sandigen Flussbett in die Schlucht des Grand Wash bis zu den Narrows folgen, wo die hohen Felswände auf etwa 2,50 Meter zusammentreten *(4 km hin und zurück, nicht bei drohendem Gewitter!)*.

Als nächstes erreichen wir den Parkplatz der **Hickman Bridge**, Start einer beliebten kurzen Wanderung zu einer großen Felsbrücke am Rande eines von hohen Felsen gerahmten Taleinschnittes *(2,7 km/60 Hm)*. Vom **Hickman Overlock** sieht man die Brücke wenig kontrastreich gegen die dahinter liegenden Felsen.

Die Waterpocket Fold, gesehen vom Chimney Rock Loop

Schließlich lohnen die **Petroglyph Panels** einen Stopp. Die Menschen der Fremont Kultur, die hier von etwa 300 bis 1.300 Jahren lebten, haben Zeugnisse ihrer Kultur im Fels hinterlassen. Der kurze Holzsteg führt zu Menschenähnlichen- und Tierdarstellungen, die Ritzungen am langen Steg liegen näher, sind aber abhängig vom Lichteinfall schwerer zu sehen.

Vorbei am kleinen Holzgebäude des **Fruita-Schulhauses**, in dem eine Tocher von Elijah Behunin unterrichtete, erreichen wir den Abzweig des **Scenic Drives**. Hier liegt das **Visitor Center**, in dem der Parkeintritt bezahlt werden muss.

Der Scenic Drive führt vorbei an den **Obstgärten**, für die Fruita berühmt war. Hinter dem **Gifford Homestead** mit Picknickbänken, einem Farmhaus von 1908, liegt der Fruita Campground.

154 Capitol Reef – *Fruita Campground*

GPS/Kontakt: N 38°16'56.0'' W 111°14'48.0'', Scenic Drive, www.recreation.gov, Tel. 435 425 3791. **Öffnungszeit:** Ganzjährig. **Ausstattung:** Picknicktische, Feuerringe, Spültoiletten, V/E. **Beschreibung:** Höhe 1.680 m. 71 Stellplätze in den alten Obsthainen von Fruita. Plätze und Zufahrten asphaltiert. Wunderschön während der Obstbaumblüte. **Preis:** $ 25. **Anfahrt:** Scenic Drive, 2 km ab Visitor Center. **Hinweise:** Reservierbar von März bis Oktober, frühzeitig buchen! Im Herbst darf Obst für den direkten Verzehr gepflückt werden.

Die Waterpocket Fold

Die Waterpocket Fold ist eine 150 Kilometer lange Verwerfungszone, die in Nord-Süd-Richtung verläuft. Hier hoben sich die Gesteinsschichten vor etwa 50 bis 70 Millionen Jahren an und wurden schräg gestellt. Anschließend erodierten sie, so dass heute 19 unterschiedliche Sedimentschichten in ihrer ursprünglichen Reihenfolge stufig freigelegt sind, im Westen die Altesten, im Osten die Jüngsten. Sie entstammen aus 200 Millionen Jahren Erdgeschichte, der Zeit der Dinos von Trias bis Kreide. Ihren Namen »Wassertaschen« bekam die Verwerfung, weil sich in den erodierten Löchern Wasser oft bis weit in den Sommer hinein sammelt, wichtig für Tiere und die frühen Bewohner. Die beste Aussicht auf die Waterpocket Fold hat man vom Strike Valley Overlook an der geschotterten Burr Trail Road.

Petroglyph Panels im Capitol Reef NP

Weiter führt der Scenic Drive zur **Grand Wash Road** und zur **Capitol George Road**, zwei einspurige Schotterpisten, die in die jeweiligen Schluchten gebaut wurden und an Parkplätzen mit Wandermöglichkeiten enden *(6 und 13 km ab Visitor Center)*. Die beiden Schotterstraßen sind zwar in gutem Zustand, aber abgesehen von den Versicherungsbedingungen auch wegen der Breite für WOMOs ungeeignet.

Goosenecks Overlook

Wanderungen

Capitol Reef ist ein wunderbares Terrain für abwechslungsreiche Wanderungen in Schluchten und zu großartigen Aussichtspunkten. Neben den beiden bereits genannten Wanderungen gibt es viele weitere Möglichkeiten (s. Wandern).

Zu den Schluchtwanderungen zählen:

Cohab Canyon, sehr abwechslungsreiche Schlucht (5 km/190 Hm). **Sulphur Creek**, rote, hohe Felswände, mit kleiner Klettereinlage, Vorsicht: Gefahr von Sturzfluten! (3 bzw. 7,3 km/40 bzw. 100 Hm).

Vor allem weite Aussichten über die Waterpocket Fold, die Verwerfung des Capitol Reef, bietet der **Chimney Rock Loop** (5,9 km/180 Hm).

Weitere Wanderungen führen von der Grand Wash Road zum **Cassidy Arch**, sowie in der Capitol George zum **Pioneer Register** und den Water Tanks.

Selbst die offiziellen Wanderungen sind oft dürftig markiert und setzten Wanderkarten und gute Beschreibungen voraus. Bei Wanderungen in Schluchten unbedingt die Wettervorhersage im Visitor Center übeprüfen wegen der Gefahr von *Flash Floods*, plötzlichen Sturzfluten!

In der Schlucht des Sulfur Creek

Zurück am Highway 24 sollten wir unbedingt auf die Goosenecks Road zum **Panorama Point** abbiegen. Am Ende der asphaltierten Strecke können wir an einer kleinen Ringstraße parken und uns auf den Weg machen auf einen Felsrücken des Panorama Point, von wo wir die vielen farbenprächtigen Klippen von Capitol Reef bestaunen oder uns auch zu einem Picknick auf die Felsen setzen können *(200 m hin und rück)*.

Die **Gossenecks Road** führt als gute Schotterstraße noch 1,3 Kilometer weiter und endet bei einem geschotterten Wendehammer *(Drehen für große WOMOs nur, wenn Parkplatz/Wendehammer nicht voll)*. Von hier führt ein kurzer Fußweg zu einem mit Geländer gesicherten **Goosenecks Overlock** hoch über der Schlucht des Sulphur Creek *(200 m hin und rück)*.

Wer keinen Campingplatz bekommen hat, kann es am **Cooks Mesa Tralhead** versuchen, die kurze Piste verzweigt sich zu festgefahrenen Plätzen zwischen Wacholderbüschen *(auch für größere WOMOs, wenn trocken. Alternative: Schotterplatz am Hwy. 300 m weiter)*.

155 Cooks Mesa Trailh. – N 38°19'35.4'' W 111°21'50.4''

An einigen Hotels und Resorts vorbei erreichen wir **Torrey** *(250 Einwohner, Höhe 2.084 m)*. Neben mehreren Restaurants gibt es eine Tankstelle am Abzweig des Highway 12, haltbare Lebensmittel im Chuck Wagon General Store sowie drei Campingplätze.

156 Torrey – *Wonderland RV Park*

GPS/Kontakt: N 38°17'53.5'' W 111°24'08.2'', 44 S Hwy. 12, Tel. 435 425 3665. **Öffnungszeit:** März bis Oktober. **Ausstattung:** Picknicktische, Feuerringe, Sanitäranlagen mit Duschen, Full Hookup, Münzwaschmaschinen, free WiFi. **Beschreibung:** Höhe 2.080 m. Großzügige Stellplätze, parzelliert mit Grasstreifen und Bäumen, Fahrwege und Stellplätze geschottert. **Preis:** Ab $ 44 + tax. **Anfahrt:** Am Abzweig des Hwy. 12.

157 Torrey – *Thousand Lakes RV Park*

GPS/Kontakt: N 38°18'02.5" W 111°26'41.8", Hwy. 24, Tel. 435 425 3500. **Öffnungszeit:** Anfang April bis Ende Oktober. **Ausstattung:** Picknicktische, Feuerringe, Sanitäranlagen mit Duschen, Full Hookup, Münzwaschmaschinen, Pool im Sommer, Grill $ BBG, super-leckere Muffins, Souvenirshop mit guter Qualität, V/E. **Beschreibung:** Höhe 2.090 m. Ältester Campingplatz mit großem Schottergelände und alten Bäumen, die neuen Bereiche am Ostrand ohne Bäume. Besonders schön ist die Aussicht von den Plätzen am westlichen und nördlichen Rand auf die Klippen und über das Tal. **Preis:** Ab $ 25 + tax ohne Strom/Wasser, ab $ 45 + tax mit Anschlüssen. **Anfahrt:** Hwy. 24, 1,6 km westlich von Torrey. **Alternative:** Sand Creek RV in Torrey.

Der schnellste Weg von Torrey zum Bryce oder Zion Nationalpark verläuft über die Highways 24/62/22 bzw. 24/62/89 durch Koosharem und Circleville. Zwar beträgt die rechnerische Differenz zum Highway 12 nur 45 Minuten, die sich aber sehr in die Länge ziehen können, wenn große Fahrzeuge über die Kurven des Highway 12 kriechen.

Deshalb empfehlen wir den großartigen **Highway 12** nicht als Verbindungsstrecke, sondern nur, wenn genug Zeit zum Genießen ist. Dann allerdings führt der **»A Journey through Time Scenic Byway«** ungemein abwechslungsreich durch verschiedene Vegetationszonen und Landschaftsformen.

Die Straße ist grundsätzlich ganzjährig geöffnet, kann aber zwischen Torrey und Boulder *im Winter nach Schneestürmen zeitweise geschlossen* sein. Die Passhöhe liegt auf 2.920 Metern!

Bergwiese in Herbstfärbung auf den Höhen des Highway 12

Aussicht vom Larb Hollow Overlook mit Blick auf Mt. Ellen

Der erste Abschnitt des Highway 12 verläuft an den östlichen Hängen des 3447 Meter hohen Bluebell Knoll, auch Boulder Mountain genannt. Außer auf seiner weiten, flachen Kuppe ist der Berg mit Nadelbäumen bewachsen, zu denen sich an den Hängen Espen gesellen. Das Gebiet gehört zum Dixie National Forest. Vom späten Frühjahr bis in den Herbst **leben Rinderherden frei** in den Wäldern und Bergwiesen, bitte fahren Sie vorsichtig!

Von Torrey rollen wir ein kurzes Stück weiter am Freemont River und dann aufwärts erst durch Wacholderbestände zur Ansiedlung Grover mit Viehweiden. Langsam geht die Vegetation in Kiefern- und später auch Espenwälder über.

158 Highway 12 – *Singletree Campground*

GPS/Kontakt: N 38°09'40.8" W 111°20'03.2", Hwy.12, www.recreation.gov, kein Tel. **Öffnungszeit:** Mai bis Mitte Oktober. **Ausstattung:** Picknicktische, Feuerringe, Toiletten, Trinkwasser, V/E.
Beschreibung: Höhe 2.520 m. 31 Stellplätze im offenen Kiefernwald, asphaltierte Fahrwege. **Preis:** $ 20. **Anfahrt:** 19 km ab Torrey, kurz vor Milepost 111, beschildert. **Hinweis:** Teilweise reservierbar.

Vom **Larb Hollow Overlook** haben wir eine zwar leicht zugewachsene, aber trotzdem großartige Aussicht über Capitol Reef bis zu den Bergen des Mt. Ellen mit seiner Bisonherde. Anschließend passieren wir die **Wildcat Rest Area** mit Picknicktischen und das *Information Center*. Dahinter verbirgt sich eine große Wiesensenke, die gerne von den im Sommer frei herumstreifenden Rinderherden genutzt wird.

159 Highway 12 – *Pleasant Creek Campground*

GPS/Kontakt: N 38°06'07.4" W 111°20'13.7", Hwy.12, kein Telefon. **Öffnungszeit:** Mai bis Mitte Oktober. **Ausstattung:** Empfohlen für *max. 25 ft/7,60 m.* Picknicktische, Feuerringe, Trockentoiletten, Trinkwasser. **Beschreibung:** Höhe 2.640 m. 10 Plätze im Nadelwald, Wege asphaltiert. **Preis:** $ 12. **Anfahrt:** Bei Milepost 106, beschildert. **Hinweise:** Beliebt zum Angeln im Pleasant Creek, nicht reservierbar. **Alternativen: Lower Plesant Creek**, 4 Stellplätze. **Oak Creek** , GPS N 38°05'21.3" W 111°20'35.5", 6 Plätze im Mischwald.

Die Bergwiesen werden größer und auf der **Passhöhe von 2.920 Metern** rollen wir durch eine weite Wiesenfläche.

Der **Steep Creek Overlook** liegt schon wieder etwas tiefer und blickt weit nach Südosten über den südlichen Teil des Capitol Reef Nationalpark in Richtung Lake Powell. Eine ähnliche, noch etwas weitere Aussicht bietet der **Homestead Overlook** mit Picknicktischen oberhalb eines weiten Wiesenhanges. Da er außerdem als kleiner Straßenring vom Highway wegführt, eignet er sich am ehesten für eine Übernachtung, wenn alle Campingplätze voll sind, ist aber möglichem Schlechtwetter voll ausgesetzt.

160 Homestead – N 38°00'42.0" W 111°21'31.7"

Einige Meilen weiter liegt der **Chriss Lake Trailhead** mit Trockentoilette etwas abseits der Straße und kann ebenso als Übernachtungsplatz dienen wie Plätze entlang des Feldweges auf der gegenüberliegenden Wiese.

161 Chriss Lake TH – N 38°00'32.7" W 111°23'55.1"

Ab jetzt verlieren wir schnell an Höhe, verlassen die Bergwiesen und rollen hinab nach **Boulder** *(230 Einwohner, Höhe 2.043 m, Tankstelle)*. Auf die durchfahrenden Reisenden wirkt Boulder vor allem wie eine lockere Ansammlung von Farmen. Passend zu diesem Eindruck bekam Boulder als letzte Stadt der USA die Post mit Maultieren geliefert, weil erst 1939 eine ganzjährig nutzbare Straße gebaut wurde. An das Stromnetz angeschlossen ist die Siedlung seit 1947.

In Boulder befindet sich das **Anasazi State Park Museum**, das eine große Anasazi-Ruine und Artefakte bewahrt *(März – Oktober 8 – 18 Uhr, im Winter bis 16 Uhr, Eintritt $ 5, Familie $ 10, Senior 62 und älter $ 3)*.

In der Linkskehre südlich des Zentrums zweigt der **Burr Trail** ab. Hier liegt der Burr Trail Grill, der Burger, Pies und Bier anbietet.

Burr Trail

Der Burr Trail führt über 58 Kilometer zu Nortom Road und in den Capitol Reef NP. Davon sind die ersten 49 Kilometer asphaltiert, führen bis Kilometer 29 durch rote Schluchten und bieten einige freie Übernachtungsplätze. Die eindrucksvollste Aussicht über die Waterpocket Fold hat man vom Strike Valley Overlock, dessen Parkplatz aber schon im Bereich der Schotterpiste liegt *(Wanderung 8 km hin und rück)*. Anschließend führen steile, nach Regen rutschige Serpentinen hinunter zur Nortom Road.

Nachdem wir bis Boulder durch Bergwiesen und -wälder fuhren, erwartet uns jetzt wieder Felsenland in verschiedenen Perspektiven.

Am Homestead Overlook

Auf dem »Hogback« des Highway 12 über den Schluchten zu beiden Seiten

Zuerst fahren wir hoch auf das Plateau, das sich westlich von Boulder erstreckt. Und dann rollen wir auf der immer schmaler werdenden Plateauspitze, dem *Hogback*, spektakulär nach Süden.

Ein 350 Meter langes altes Straßenstück, asphaltiert, an beiden Seiten an den Highway angebunden, in Sichtweite aber durch breiten Grünstreifen von der Straße getrennt, kann als Übernachtungsplatz dienen *(bei der nördlichen Zufahrt auch Stellplätze für kleine Fahrzeuge im Grünen 100 m von der Straße)*.

162 Hogback – N 37°50'53.0" W 111°25'41.6"

Der Kamm wird immer schmaler, belohnt wird die abenteuerliche Straßenführung auf dem *Hogback*, dem Schweinerücken, mit unübertroffenen Aussichten. Beim **Calf Creek Viewpoint**, einem superbreiten Seitenstreifen, können wir immer noch die weite Aussicht genießen und blicken zudem hinunter auf die Schlucht des Calf Creek, die genau unter uns das Felsrund der Lower Calf Creek Falls bildet *(GPS N 37°49'51.6" W 111°24'54.0")*. Dann rollen wir am Hang entlang bis zum Abzweig der **Calf Creek Recreation Area** *(Eintritt $5, max. 25 ft/7,60 m)*. In der grünen Oase, die der Calf Creek hier geschaffen hat, warten Parkplätze, Picknickbänke, Toiletten, der Startpunkt einer Wanderung und ein Campingplatz. Die Recreation Area liegt im Grand Staircase Escalante National Monument.

Die Schlucht des Calf Creek

Wanderung Lower Calf Creek Falls, 10,8 km/50 Hm

Hinweis: Möglichst früh ankommen, denn die Parkplätze sind im Laufe des Vormittags belegt. Die Wanderung ist wegen sandiger Passagen anstrengend, obwohl sie weitgehend flach verläuft. Reichlich Wasser mitnehmen und Badesachen. Bitte **nur wasserfeste Sonnencreme** verwenden, um den Pool bei den Wasserfällen vor übermäßigem Eintrag zu schützen.

Auf interessante Stellen in der Schlucht, z.B. ein Lagerraum der Publo-Indianer in den Felswänden, weisen nummerierte Pfosten hin, zu denen es eine Broschüre am Start der Wanderung gibt und im Internet *(googeln »Lower Calf Creek Falls Trail Map«, nicht erst am Start herunterladen wegen mangelnden Handyempfangs)*.

Die Wanderung startet am Parkplatz, folgt dem Fahrweg und biegt vor der Brücke links ab. Jetzt wandern wir auf dem eindeutigen Pfad in die Schlucht, in der rechts von uns der Calf Creek verläuft. Immer im oberen Bereich der Vegetation, vereinzelt auf Felsen, häufiger über tiefen Sand gelangen wir tiefer in die Schlucht. Nach fünf Kilometern erreichen wir den Pool am Fuß der Fälle, die 38 Meter hoch in ein Felsrund stürzen. Am schönsten ist das Licht hier etwa in den Mittagsstunden und Sandstrand und Steine laden zu einer Rast ein. Im Pool darf gebadet werden. Zurück geht es auf gleichem Weg.

163 Boulder – *Calf Creek Campground*

GPS/Kontakt: N 37°47'28.8'' W 111°24'51.7'', Hwy. 12, Tel. 435 826 5499. **Öffnungszeit:** Ganzjährig. **Ausstattung:** *Max. 25 ft/7,60 m*. Picknicktische, Feuerringe, Trockentoiletten. **Beschreibung:** Höhe 2.010 m. 13 Stellplätze in der Schlucht im Schatten von Bäumen, Fahrwege ab Parkplatz und Stellplätze nicht asphaltiert. **Preis:** $ 15. **Anfahrt:** Kurz vor Milepost 75, nicht asphaltiert ab Parkplatz, führt als betonierte Furt durch den Calf Creek. **Hinweis:** Nicht reservierbar.

Fahrt durch versteinerte Dünen

Der Highway folgt jetzt der Schlucht des Calf Creek bis zur Schlucht des Escalante River und überquert den kleinen Fluss. Auf der anderen Seite geht es wieder hoch aufs Plateau und am **Kiva Koffeehouse** vorbei.

Wir kommen in eine hügelige Landschaft aus weißen Felsdünen, ein weiteres Highlight des Highway 12. Die Straße zieht sich in Kehren hoch, am Plateaurand wartet der **Head of the Rocks Overlook** mit weiter Aussicht über die durchfahrene Felslandschaft (*GPS N 37°44'47.9" W 111°27'14.6"*). Bis Escalante erwarten uns jetzt weite dürre Grasflächen mit einzelnen Büschen und der Aussichtspunkt Hole in the Rock.

Hole in the Rock – One wild Wagon Trip

Dieser Aussichtspunkt ist nur interessant, wenn wir die Geschichte verstehen (*GPS N 37°43'41.0" W 111°31'57.4"*). Die Siedler, die vom acht Kilometer entfernten Escalante aus den Südwesten Utahs besiedeln wollten, zogen immer über das Vorland der Klippen, die sich vor uns erstrecken, in Blickrichtung nach links. Dort, wo die Klippen in knapp 80 Kilometern Luftlinie im Dunst enden, liegt die Schlucht des Colorado-River, heute Teil des Lake Powell. Hier legten sie in einem natürlichen Einschnitt die unglaubliche Passage **Hole-in-the-Rock** an und kämpften sich durch den steilen Einschnitt mit allen Karren und Tieren zum Colorado (*siehe Fort Bluff, Tour 4*).

Am nicht asphaltierten Hole-in-the-Rock-Trail, der 100 Meter östlich des Aussichtspunkt startet, finden sich nach 500 Meter freie Stellplätze auf festem Grund zwischen lockerer Wacholdervegetation. Bei trockenem Wetter sind sie auch für größere Fahrzeuge erreichbar (*nach dem trockenen Creek rechts*).

164 Hole-i-t-Rock Trail – N 37°43'28.4" W 111°31'40.7"

Wenig später erreichen wir **Escalante** (*800 Einwohner, Höhe 1.774 m, Tankstelle, Lebensmittelgeschäft*). Am Ortseingang ist das Escalante Visitor Center erneut den Pionieren des Hole-in-the-Rock-Trecks gewidmet. Auf der Rückseite liegt ein kaum bekannter Campingplatz.

165 Escalante – *Heritage Center Campground*

GPS/Kontakt: N 37°45'41.3" W 111°34'43.4", 1300 UT-12, Tel. 435 633 5981. **Öffnungszeit:** Ganzjährig. **Ausstattung:** Picknicktische, Spültoiletten und Waschbecken. **Beschreibung:** Höhe 1.780 m. Einfache Stellplätze mit festgefahrenen oder Schotterzufahrten auf dem Wiesengelände hinter dem Heritage Center, kein Schatten/keine Bäume. Schöne Aussicht in die Berge. **Preis:** $ 25. **Anfahrt:** Nach dem Ortseingang erste rechts (beschildert). **Hinweis:** Reservierung/Bezahlung nur online: www.escalanteheritagecenter.org, Reiter »More«.

166 Escalante – *Canyon of the Escalante RV Park*

GPS/Kontakt: N 37°46'13.7" W 111°36'34.7", 495 W Main St., Tel. 435 826 4959. **Öffnungszeit:** Mitte März bis Mitte November. **Ausstattung:** Picknicktische, Full Hookup, Sanitäranlagen mit Duschen, Münz-Waschmaschinen, free WiFi. **Beschreibung:** Höhe 1.790 m. Großer Schotterplatz mit hohen Bäumen. **Preis:** Ab $ 37 + tax. **Anfahrt:** Am westlichen Ortsausgang auf der linken Seite. **Alternative:** Der neue **Escalate RV Park**, 300 m weiter außerhalb, rechts.

TOUR 8

Ein Kilometer nach dem westlichen Ortsausgang von Escalante befindet sich die kurze Zufahrt zum **Escalante Petrified Forest State Park** *(Eintritt $ 10)*. Der Park schützt das Gebiet um einen Stausee, auf dem sich auch versteinerte Baumstämme befinden. Nach einem Kilometer Fahrt sind Visitor Center und Campingplätze des kleinen Parks erreicht und hier endet auch die asphaltierte Straße. Am **Wide Hollow Reservoir** wird geangelt, Boot und Kanu gefahren und gebadet. Zu den versteinerten Baumstämmen führt der **Petrified Forest Trail** recht steil hoch auf das Plateau der Felskuppen mit guter Aussicht *(zwei Varianten: 1,7 km/90 Hm oder 3,1 km/150 Hm)*.

167 Escalante – *Wide Hollow/Lake View Campground*

GPS/Kontakt: N 37°47'13.3" W 111°37'52.2", 710 Reservoir Rd., www.reserveamerica.com, Tel. 435 826 4466. **Öffnungszeit:** Ganzjährig. **Ausstattung:** Picknicktische mit Dächern, Feuerringe, Sanitäranlagen mit Duschen, Trinkwasser, V/E. **Beschreibung**: Höhe 1.820 m. Etwas enger als bei State Parks üblich. Schöne Lage zwischen See und den angrenzenden Felskuppen. **Preis:** $ 25. **Anfahrt:** Am Visitor Center vorbei. **Hinweis:** Reservierbar.

Wir sind jetzt im riesigen Gebiet des Grand Staircase National Monument unterwegs. Es erstreckt sich vor allem nach Süden, hat eine kurze, bewegte Geschichte und ist kaum entwickelt.

Die fünf Stufen des Grand Staircase, gesehen vom Le Fevre Overlook, Tour 3

Grand Staircase Escalante National Monument

Dieses National Monument wurde 1996 von Präsident Bill Clinton ausgewiesen auf einer Fläche von 7.600 Quadratkilometern weitgehend unentwickelten Landes. Nachdem Präsident Trump die Fläche wesentlich verkleinerte, damit Bergbaufirmen die Bodenschätze ausbeuten konnten, wurde des Gebiet von Biden wieder hergestellt. Es erstreckt sich von Escalante und Boulder nach Südwesten in Richtung Kanab. Im Westen grenzt es an den Bryce Canyon, im Süden an den Glen Canyon des Colorado River und an den Highway 89 zwischen Kanab und Page. Es umfasst unter anderem die Schluchten des Paria und des Escalante River und weite Bereiche der *Grand Staircase* genannten Felsformationen.

Grand Staircase: An fünf riesigen Stufen, Felsklippen unterschiedlicher farben, zeigen sich die Sedimentablagerungen von Jahrmillionen.

TOUR 8

Fünf Hauptstufen bilden die Grand Staircase, die großen Treppenstufen:

Chocolate Cliffs, braun, 200 - 245 Mio. Jahre alt, zu der Zeit entstanden, als die Dinos sich entwickelten *(im Foto: niedrige Klippen auf weißem Rand)*.

Vermillion Cliffs, zinnoberrot, 165 - 200 Mio. Jahre alt und mehrere Hundert Meter hoch, u.a. bei Kanab zu sehen *(hohe rote Klippen)*.

White Cliffs, 150 - 185 Mio. Jahre alt, mächtig und mehrere Hundert Meter hoch, u.a. im Zion National Park zu sehen *(hohe weiß-beige Klippen)*.

Grey Cliffs *(im Foto nicht zu sehen)*

Pink Cliffs, 40 - 60 Mio. Jahre alt aus der Zeit, als die Säugetiere anfingen sich auszubreiten, oberste Stufe, mehrere Hundert Meter hoch, bilden die Felsformationen des Bryce Canyon *(oberste, teils fast senkrechte Stufe)*.

Das Foto oben zeigt Höhenlagen von 1.500 Metern im Vordergrund und 2.800 Metern auf den Höhen des Paunsaugunt Plateaus. Die Distanz zwischen erster und fünfter Stufe beträgt etwa 45 Kilometer.

Das Gebiet wird nur durch wenige Schotterstraße erschlossen, für die zumeist 4x4-Fahrzeuge gebraucht werden. Eine Übersichtskarte findet ihr bei der Internetsuche nach »Grand Staircase Escalante Travel Map«.

Auf dem Highway 12 rollen wir nach Westen und folgen dabei dem Tal des Escalante Rivers aufwärts. Nach gut zwölf Kilometern sind von einer Parkbucht mit Orientierungstafel die Upper Valley Grainaries zu sehen: Grundmauern von Kornspeichern der Pueblo-Kultur in einem bogenförmigen, flachen Überhang oberhalb der Straße. Sie sind vor allem interessant für Besucher, die noch keine anderen Anasazi-Ruinen gesehen haben.

Grey und Pink Cliffs vom Hwy. 12 gesehen

Wir verlassen das Tal und kommen zum **Powell Point Vista**. Der Aussichtspunkt wurde nach Major John Wesley Powell benannt, der bereits Green und Colorado River erforschte, und 1872 das letzte völlig unbekannte Territorium der USA erkundete, das südlich von hier im Bereich des heutigen Grand Staircase Escalante National Monument liegt. Nach Nordwesten blicken wir auf die oberste Felsstufe, die Pink Cliffs, in denen sich Bryce und Red Canyon formten.

Schnell rollen wir von der Hochebene hinunter zu den landwirtschaftlich geprägten Orten Henrieville und **Cannonville** am Paria River. Hier können wir einen Abstecher zum Kodachrome Basin State Park unternehmen *(13 Kilometer)*.

Wer im State Park keinen Platz mehr bekommt, kann an der W Center Street zwischen Town Park mit Picknicktischen und Visitor Center übernachten *(Platz 168)* oder Richtung Kodachrome Basin auf einem Schotterplatz am Abzweig der **Skutumpah Road** durch das Grand Staircase Escalante NM *(169, s. Foto)*. Dann überquert die Parkzufahrt das breite Bett des Paria River, kurze Pisten nur für Vans führen zum Fluss *(170)*.

168 Town Park – N 37°33'59.9" W 112°03'17.5"

169 Skutumpah Rd. – N 37°31'51.2" W 112°02'59.8"

170 Paria River – N 37°31'26.8" W 112°02'36.4"

Die Landschaft wird felsiger, wir verlassen das Flusstal und erreichen eine 90°-Linkskurve mit Rastplatz und Infotafeln *(Übernachten verboten)*. Geradeaus führt die nicht asphaltierte Cottonwood Road weiter für 4x4-Fahrzeuge. Wir biegen links ab auf Asphalt.

Kodachrome Basin State Park

Eintritt: $ 10. **Highlights:** Farbenprächtige Felsformationen und 67 Steinsäulen, sogenannte *Pipes* oder *Sandpipes*. **Beste Reisezeit:** Frühjahr und Herbst, von Mitte Juli bis Mitte September schwere Nachmittagsgewitter möglich. **Klima:** Durchschnittliche Höchst-/Tiefsttemperaturen Juli 30°C/12°C, Januar 5°C/-8°C. **Höhe:** 1.750 - 1.800 m.

Ausblicke und Felsgestalt im Kodachrome Basin

TOUR 8

Nach dem Visitor Center verzweigt sich die Straße, rechts geht es auf Schotter zu den beiden kleineren Arch und Bryce View Campgrounds. Wir bleiben links und fahren zwischen einer Reihe Felsmauern hindurch zum **Panorama Trailhead** und anschließend zum Parkplatz des **Angel's Palace Trailhead**. Die Straße endet wenig später nach dem **Basin Campground** in einem kleinen Straßenring. Wandern ist die beste Möglichkeit, den Park kennen zu lernen. Es werden auch Ausritte angeboten.

Wanderungen im Kodachrome Basin

Angels Palace Trail, 2,3 km/70 Hm, Start GPS N 37°31'43.0" W 111°59'33.2". Gegenüber der nördlichen Zufahrt des Parkplatzes führt ein Fußweg am überdachten Picknickplatz vorbei, durch einen kleinen Trockenlauf und in eine grün bewachsene Schlucht. An deren Ende geht es in einem Bogen auf einem schmalen Pfad hoch auf die Felskuppe. Hier folgen wir einem Felsrund nach rechts, steigen über eine kleine Felsmauer und wandern oberhalb der Aufstiegs-Schlucht nach links. Der Trail biegt links ab und führt dann ein paar Stufen hinab, rechts unterhalb eines schmalen, ebenen Felsbandes. Jetzt umrunden wir das westliche Plateau des Angels Palace mit mehreren Aussichtspunkten. Dann treffen wir auf einen Querweg, der nach rechts hinausführt auf eine schmale Felsfinne.

Von dort zurück gehen wir geradeaus bis zur Felsmauer, die aussieht, wie aus riesigen Lehmblöcken aufgestellt. Vor dieser biegen wir rechts ab und werden um das südliche Plateau herumgeführt. Der Rückweg führt in einem kleinen Einschnitt nach links hoch und wieder an der Felsmauer entlang. Diese können wir entweder am Ende nach rechts umrunden und auf bekanntem Pfad zurückgehen, oder an der niedrigsten Stelle übersteigen und auf dem schmalen Felsband nach rechts gehen.

Der **Panorama Loop** bietet Wandermöglichkeiten verschiedener Längen an, der kurze Loop mit 4,7 km/80 Hm kann erweitert werden mit dem Panorama Point und der Cool Cave auf 9,3 km/175 Hm.

171 Kodachrome Basin
Basin/Bryce View/Arch Campgrounds

GPS/Kontakt: N 37°31'50.2" W 111°59'30.5", Kodachrome Basin SP Rd., www.reserveamerica.com, Tel. 435 679 8562. **Öffnungszeit:** März - November. **Ausstattung:** Picknicktische, Toiletten und Duschen, Feuerringe, teilweise Full Hookup, V/E. **Beschreibung:** Höhe 1.800 m. 34 asphaltierte Stellplätze im lichten Wacholdergebüsch, auch für große Fahrzeuge. Bryce View und Arches: weniger Ausstattung. **Preis:** Ab $ 25, Full Hookup $ 35. **Anfahrt**: An der Kodachrome Basin State Park Road. **Hinweis:** Reservierbar und früh ausgebucht. Wer vor Mittag anreist, bekommt trotzdem meistens einen Platz.

TOUR 8

Zurück auf dem Highway 12 rollen wir im Tal des Paria River nach Norden. **Tropic** *(550 Einwohner, Höhe 1.923 m)* liegt in einem weiten Wiesental unterhalb pastell-leuchtender, zu Hoodos ausgewaschener Felsen. Der Ort lebt bereits von den Touristen des Bryce Canyon und von etwas Landwirtschaft. Es gibt eine teure Tankstelle, einen Country Market und ein paar Restaurants.

172 Tropic – *Bryce Canyon Village RV Park*

GPS/Kontakt: N 37°37'19.8" W 112°04'53.3", 100 S Main St., Tel. 435 679-8546. **Öffnungszeit:** April – Oktober. **Ausstattung:** Picknicktische, Grills, Full Hookup, Sanitäranlagen mit Duschen, Pool und Whirlpool. **Beschreibung:** Höhe 1.960 m. Plätze auf Schotter mit jeweils einem schmalen Grasstreifen, nur wenige mit kleinem Baum. **Preis:** Ab $ 60 + tax. **Anfahrt:** Am südlichen Ortseingang links/Westseite.

Auf der Weiterfahrt nach Bryce kommen wir am Parkplatz des kurzen **Mossy Cave Trails** vorbei, der gut ausgebaut unterhalb roter Felssäulen entlangführt, bei der Verzweigung nach links zur Mossy Cave, nach rechts zu einem Wasserfall *(1,4 km/37 Hm, GPS N 37°39'56.2" W 112°06'36.3")*. Durch die orange-gelben Felsen der **Pink Cliffs** fahren wir hoch auf das **Paunsaugunt Plateau**, an dessen Abbrüchen sich der Bryce Canyon bildete, und kommen zum großen Kreisverkehr beim Ort Bryce. Hier geht es nach links in den Ort und zum Nationalpark und zum Start von Tour 9.

Tour 9

Utah
Dixie National Forest
Pan guitch
Red Canyon
Bryce
Tropic
Cannonville
Escalante
Tour 8
Cedar Breaks NM
Dixie National Forest
Bryce Canyon National Park
Glendale
Orderville
Mt Carmel Junction
Kanab
Subway
Zion National Park
Springdale
Rockville
Virgin
Hurricane
Tour 20
Tour 10
St.George
Tour 3
Fredonia
Grand Staircase-Escalante National Monument
Vermillion Cliffs National Monument
Jacob Lake
Bitter Springs
Kaibab National Forest
Colorado River
Grand Canyon National Park
North Rim
South Rim
Grand Canyon Village
Desert View
Tusayan
Kaibab National Forest
N
50 km
Peach Springs
Seligman
Ash Fork
Williams
Flagstaff
Durchfahrt auf Hwy. 9 durch den Zion Nationalpark ist gebührenpflichtig.

Bryce Canyon und Zion Nationalpark
190 km

Zwei der beliebtesten »Mighty Five«, der fünf Nationalparks in Utah, liegen an dieser Tour! Und damit ist das Programm auch schon geklärt.
Hier unsere Ideen für einen unvergesslichen Besuch der Parks:

- **Sonnenaufgang am Bryce Point**
- **Rim Trail von Inspiration Point zum Sunrise Point**
- **Red Canyon**
- **Kurze Wanderung zu den Emerald Pools im Zion**
- **Temple of Sinawawa mit Spaziergang zu den Narrows**

Nehmen Sie sich für jeden der beiden Parks jeweils möglichst mindestens einen ganzen Tag Zeit.

Berücksichtigen Sie das völlig unterschiedliche Klima: Bryce liegt auf 2.400 Metern Höhe mit kalten Wintern und frühen Wintereinbrüchen. Im Tal von Zion auf etwa 1.200 Metern Höhe dagegen kann es im Sommer unerträglich heiß werden.

Vor allem für Zion gilt: Wer auf den Nationalparkcampingplätzen übernachten will, muss sehr frühzeitig buchen.

Die beschriebene Tour führt durch den Zion Nationalpark und es muss auf jeden Fall Eintritt bezahlt werden. Diese Strecke kann umfahren werden.

Im Bryce Canyon auf dem Fairyland Loop Trail

Zeitzone

Utah -8 Stunden zu MEZ, Mountain Standard Time (MST) und Mountain Daylight Time (MDT).
Bitte beachten: Umstellung von/zu Sommerzeit verschoben zu Deutschland.

Wir starten beim großen Kreisverkehr »Welcome to Bryce Canyon Country« Richtung Bryce Canyon National Park und zum Ort Bryce *(200 Einwohner, Höhe 2.336 m, teure Tankstelle, Lebensmittel nur im General Store von Ruby's Inn)*. Bryce selbst besteht vor allem aus Unterkünften, einem riesigen Campingplatz und Tourenanbietern. Viele der saisonalen Mitarbeiter wohnen in *Employee RV Parks*. Nach der Sinclair Tankstelle folgt das **Bryce Canyon Shuttle Parking** links. Für einen Tagesausflug in den Park sollten wir hier parken und auf den Shuttle-Bus umsteigen *(s. Infokasten Bryce Canyon)*. Dann folgt rechts der große, private Campingplatz.

TOUR 9

173 Bryce Canyon – *Ruby's Inn RV Park & Campground*

GPS/Kontakt: N 37°40'06.2'' W 112°09'29.4'', 300 South Main St., Tel. 435 834 5301. **Öffnungszeit:** Ende März bis Ende November. **Ausstattung:** Picknicktische, Feuerringe, Full Hookup, Sanitäranlagen mit Duschen, Waschmaschinen, Pool und Whirlpool, V/E, Propan.
Beschreibung: Höhe 2.430 m! 270 Stellplätze im lichten Kiefernwald, nur teilweise mit Schatten. **Preis:** Ab $ 32 + tax ohne Anschlüsse, Full Hookup ab $ 50 + tax. **Anfahrt:** Am südlichen Ortsrand von Bryce.
Hinweise: Der Bryce Canyon Shuttle zum Visitor Center und in den Park hält vor dem Platz *(kostenlos, wenn ein Nationalpark-Ticket vorliegt)*. Im Winter gibt es wenige Stellplätze beim Best Western PLUS Ruby's Inn.

Noch vor dem Parkeingang befindet sich ein Parkplatz, von dem eine gute Schotterstraße wegführt. An dieser gibt es freie Über-

Kreisverkehr »Welcome to Bryce Country«

nachtungsplätze für kleinere Fahrzeuge, Drehen ist nach 400 Metern an einem Fahrwegedreieck möglich.

174 Bryce – N 37°39'43.3" W 112°09'37.2"

Bryce Canyon National Park

Eintritt: $ 35/7 Tage pro Fahrzeug oder America the Beautiful Pass. **Highlights:** Farbenprächtige Felssäulen, die Hoodoos. **Beste Reisezeit:** Mitte Mai bis Mitte Oktober. Mai und Oktober Nachtfrost möglich. Mitte Juli bis Mitte September schwere Nachmittagsgewitter möglich. **Klima:** Durchschnittliche Tageshöchst-/tiefstwerte im Juli 27°C/9°C, im Januar 3°C/-11°C. **Höhe:** 2.400 - 2.770 m.

Hinweise: In 2022 besuchten 2,4 Millionen Menschen den Park. ***Vom Visitor Center bis zum Paria View ist das Parken für Fahrzeuge ab 23 Fuß/7 m verboten*** während der Fahrzeiten der Shuttle Busse von 8 – 20 Uhr. Die Shuttles sind kostenlos mit einem Nationalpark-Ticket *(Mitte Mai – Mitte Okt.)*.
Fahrzeuge ab 23 Fuß Länge können parken:
1. Bryce Canyon Shuttle Parking *(Nationalparkticket kann am Parkplatz gekauft werden, auch das Gruppenticket für alle Insassen eines Fahrzeuges)*.
2. Großer Parkplatz an der Zufahrt zum North Campground.
3. Auf dem eigenen Stellplatz eines der beiden Campingplätze.
4. Südlich des Abzweigs Bryce/Paria View Road.

Die beste Zeit für einen Besuch ist vormittags bis früher Nachmittag, weil sich Hoodoo-Bereiche nach Osten öffnen.

TOUR 9

Lower Inspiration Point

Am Fairyland Point

Die Straße zum **Fairyland Point** zweigt 500 Meter nach dem Parkeingangsschild links ab. Nach 1,6 Kilometer ist der lohnenswerte Aussichtspunkt erreicht mit vergleichsweise viel Ruhe und je nach Licht tiefroten Hoodoos. Hier ist ein Startpunkt des *Fairyland Loop Trails (s. Wandern)*.

TOUR 9

Magische Märchengestalten, versteinerte Geister, erodierte Felssäulen? Im Bryce Canyon steht die weltweit größte Zahl an Hoodoos.

Die Eingangsstation und das Visitor Center erreichen wir 1,5 Kilometer weiter. Fahrzeuge ab 23 ft/7,60 m müssen jetzt entweder auf dem Parkplatz an der Zufahrt des North Campground parken und ab hier auf den Shuttle Bus umsteigen oder durchfahren bis nach der Abfahrt zum Bryce/Paria Point ohne anzuhalten. Die Campingplätze dürfen angefahren werden.

175 Bryce Canyon – *North Campground*

GPS/Kontakt: N 37°38'14.5"W 112°10'08.5", Bryce Canyon Rd., www.recreation.gov, Tel. 435 834 5322. **Öffnungszeit:** Ganzjährig. **Ausstattung:** Picknicktische, Feuerringe, Spültoiletten, während der Saison: Trinkwasser, Waschmaschinen, V/E. **Beschreibung:** Höhe 2.420 m! 100 Plätze im hohen Nadelwald direkt an der Abbruchkante, Fahrwege asphaltiert, Plätze in Loop A und B für Fahrzeuge > 20 Fuß geeignet. **Preis:** $ 30. **Anfahrt:** 300 m nach der Eingangsstation links. **Hinweise:** Reservierbar von Ende Mai bis Anfang Oktober. *Kein Handyempfang.* **Alternative: Sunset Campground**, auf der anderen Seite der Straße beim Sunset Point, nicht reservierbar, geöffnet Mitte April bis Ende Oktober, Fahrzeuge > 20 Fuß nur in Loop A.
Von Mai bis Oktober sind beide Campingplätze vor allem an Wochenenden **ab mittags voll**, dann bleiben die teuren privaten Plätze oder freies/*Dispersed Camping* an der Zufahrt und am Hwy. 12.

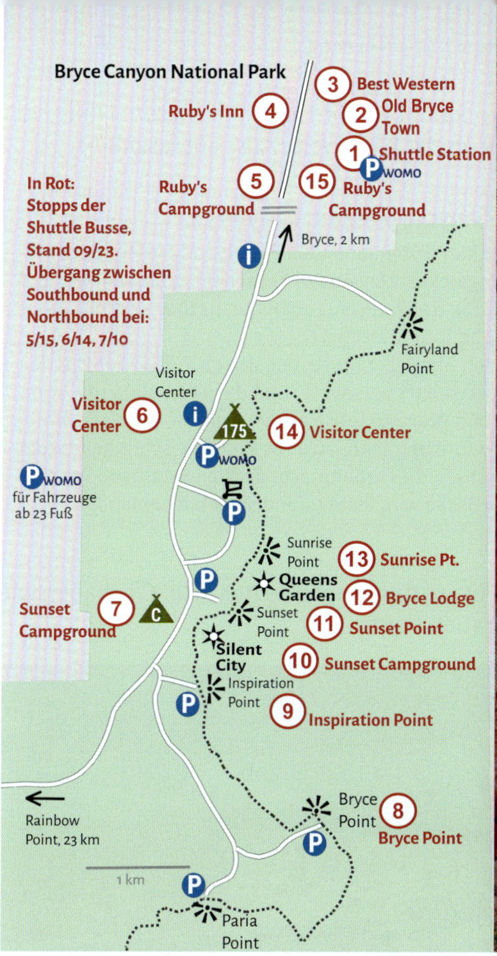

Ab hier führt die **Bryce Canyon Road** über 29 Kilometer bis zum Rainbow Point ganz im Süden des Parks. Die mit Abstand am meisten besuchten Plätze befinden sich auf den ersten 2,9 Kilometern sowie der Nebenstraße zu Bryce und Paria View.

Der nächste Abzweig von der Bryce Canyon Road führt zum General Store und zum Parkplatz des **Sunrise Point**, von dem man die Felssäulen von **Queens Garden** überblickt *(Fußweg ca. 1,5 km hin und rück)*. Die Nebenstraße führt im Bogen zurück. Dann folgt der Abzweig zum **Sunset Point**, dem beliebtesten Aussichtspunkt, der sich zwischen den Halbkesseln von Queens Garden und Silent City befindet *(Fußweg ca. 400 m)*. Nachdem wir an der Abfahrt zum Sunset Campground vorbeigefahren sind, zweigt die Bryce Point Road ab Richtung **Lower** und **Upper Inspiration Point** sowie **Bryce Point**, die das dichteste Hoodoo-Rund Silent City überblicken. Vom **Paria Point** fällt der Blick Richtung Süden.

Wer ab hier der Bryce Canyon Road in den Süden folgt, kommt zu weiteren lohnenden Aussichtspunkten, an denen die Dichte der Hoodoos viel kleiner ist, die Ruhe dafür umso größer.

Die Straße endet am Rainbow Point auf 2.770 Metern Höhe, von wo aus vor allem die unglaublich weite Aussicht fasziniert.

Pink Cliffs und ein Canyon, der kein Canyon ist

Nach den Legenden der hier früher lebenden Paiute sind die Hoodoos versteinerte Wesen und Unglücksboten. Aus wissenschaftlicher Sicht wurden sie aus den Abbruchkanten des Paunsaugunt Plateaus bzw. der Pink Cliffs des Grand Staircase (siehe Tour 8) erodiert.

Benannt sind sie nach Ebenezer Bryce, der sich zu Füßen der Klippen mühsam an der Landwirtschaft versuchte, und das Felsenlabyrith kommentierte mit »A hell of a place to loose a cow« - ein Höllenplatz, wenn man eine Kuh verliert. Heute betrachten wir vor allem die Schönheit dieser ungewöhnlichen Landschaft, die Farbenpracht der vielgestaltigen Felssäulen, die berauschenden Blicke vom Plateaurand. Ein Märchenland!

Die schönste Aussicht auf das Amphitheater *Silent City* haben wir übrigens vom Inspiration Point.

TOUR 9

Wandern im Bryce Canyon

Rim Trail von Sunset zu Sunrise Point, 750 Meter, oder von Inspiration zu Sunrise Point, 2,2 km. Zwischen Sunset und Sunrise Point ist der Rim Trail breit und absolut eben ausgebaut, immer direkt oberhalb des Bereiches von Queens Garden. Verlaufen ist unmöglich, da wir von der Strecke aus beide Aussichtspunkte sehen.

Wesentlich schöner ist ein Start am **Inspiration Point** auf naturbelassenem Weg mit viel weniger Touristen. In Ruhe erleben wir Silent City von oben, ehe wir die sehr belebten Punkte erreichen.

Mehrere Wanderungen führen außerdem in die Welt der Hoodoos hinab. Obwohl sie beschildert sind, sollten wir Karten/Beschreibungen mitnehmen. Besonders beliebt ist der **Queens Garden Navajo Loop**, der hinab zu den Hoodos führt und in der engen Schlucht *Wall Street* in steilen Serpentinen wieder hoch zum Rim *(s. Wandern)*.

Wall Street

Ein traumhafter Tag in Bryce Canyon

Am besten startet ein Tag in Bryce mit dem Sonnenaufgang, wenn die nach Osten geöffneten Amphitheater in der Sonne aufleuchten. Gut von den Campingplätzen zu Fuß erreichbar ist der **Sunrise Point**, weitere Aussicht bietet der **Inspiration Point**. Falls wir mit dem WOMO gefahren sind, parken wir es rechtzeitig vor Start der Shuttle-Busse *(8 Uhr)* auf unserem Campingplatz oder auf dem Parkplatz beim North Campground.

Nach einem Frühstück besuchen wir das Visitor Center. Dann fahren wir mit den Shuttles zum Sunrise Point. Hier können wir entweder auf dem breiten Rim-Trail zum **Sunset Point** spazieren und weiter bis zum Inspiration, oder für Sportliche die Wanderung **Queens Garden Navajo Loop** unternehmen, die uns mitten zwischen die Hoodoos führt.

Wer nicht früh morgens schon am Inspiration Point war, sollte das auf jeden Fall nachholen. Beim Verlassen des Nationalparks empfehlen wir unbedingt einen Stopp beim **Fairyland Point**.

Inspiration Point, unten: Queens Garden

Bei der Weiterfahrt auf dem Highway 12 Richtung Westen finden sich weitere Übernachtungsmöglichkeiten auf dem weiten Wiesenplateau. Die Johns Valley Road führt asphaltiert am Kreisverkehr nach Norden, nach 7 Kilometern gibt es links und rechts der Straße einige festgefahrene Plätze *(100 – 150 m Naturbelag)*.

176 Johns Valley Rd. – N 37°43'49.0" W 112°05'39.5"

177 Bryce Canyon – *Pines Campground*

GPS/Kontakt: N 37°42'40.2" W 112°13'01.5", Hwy. 12 Milepost 10, Tel. 435 834 5441. **Öffnungszeit:** Mitte April – Mitte November. **Ausstattung:** Picknicktische, Sanitäranlagen mit Duschen, Full Hookup Waschmaschinen. **Beschreibung:** Höhe 2.430 m! Privater Platz, Stellplätze auf Schotter in hohem Kiefernwald hinter der Chevron-Tankstelle. **Preis:** Ab $ 50 + tax. **Anfahrt:** Am Kreisverkehr bei Bryce City Richtung Panguitch für 6,5 km, linke Seite.

178 Bryce Canyon – *Kings Creek Campground*

GPS/Kontakt: N 37°36'31.3" W 112°15'29.4", East Fork Rd., Tel.: 801 226 3564. **Öffnungszeit:** Ende Mai bis Mitte September. **Ausstattung:** Picknicktische, Feuerringe, Spültoilette, Trinkwasser, V/E. **Beschreibung:** Höhe 2.430 m! Auf Loop A befinden sich die WOMO-Stellplätze am Hang im Pinienwald. Der Platz liegt oberhalb des *Tropic Reservoir*, eines Bergsees mit Bade- und Angelmöglichkeit, im Dixie National Forest. **Preis:** $ 19. **Anfahrt:** Hwy. 12, zwischen *Mileposts* 11/10 links/nach Süden abbiegen auf die East Fork Road, *dann 11 km auf guter Schotterpiste*, Verzweigung am See links und weitere 1,5 km. **Hinweis:** Nicht reservierbar.

Plätze für *Dispersed Camping* im lichten Kiefernwald gibt es außerdem an der **Toms Best Spring Road** *(Abzweig rechts zwischen Mileposts 8/7, erste Plätze nach gut 200 m, weitere nach 500 m, gegenüber des Abzweigs asphaltierter Parkplatz bisher ohne Camping-Verbot).*

179 Toms Best Spr. Rd. – N 37°43'17.9" W 112°15'16.8"

Anschließend rollen wir wieder zwischen Felsen und Hügeln in teils fast unwirklich leuchtenden Orange-Rottönen. Wir erreichen das Gebiet des **Red Canyon**, das zum Dixie National Forest gehört und vom Forest Service verwaltet wird *(Tunnelhöhe 13'6"/ 4,1 m, für fast alle Fahrzeuge geeignet).*

Red Canyon

Eintritt: Kostenlos. **Highlights:** Rote Felssäulen und –türme. **Beste Reisezeit:** Mai bis Mitte Oktober, schwere Nachmittagsgewitter möglich von Mitte Juli bis Mitte September. **Höhe:** 2.210 m. **Hinweis:** Schneefall möglich ab Mitte Oktober.

180 Panguitch – *Red Canyon Campground*

GPS/Kontakt: N 37°44'38.0" W 112°18'38.4", UT-12, Tel. 435 676 2676. **Öffnungszeit:** Mai bis Mitte Oktober. **Ausstattung:** Picknicktische, Feuerringe, Toiletten und Duschen, V/E. **Beschreibung:** Höhe 2.220 m! 37 Plätze im Kiefernwald leicht unterhalb des Highways, Fahrwege teilweise asphaltiert. **Preis:** $ 21. **Anfahrt:** Hwy. 12, zwischen den Tunneln und dem Visitor Center, links. **Hinweis:** Nicht reservierbar.

Direkt anschließend folgt das **Visitor Center** mit großem Parkplatz rechts. Hier startet der Pink Ledges Trail *(s.u.)*. Entlang einer langen Linkskehre gibt es weitere Park- und Wandermöglichkeiten, darunter den Photo Trail *(s.u.)*.

TOUR 9

Wanderungen im Red Canyon

Pink Ledges, 1,1 km/45 Hm, führt in die Welt der Felssäulen. Parken GPS N 37°44'44.7" W 112°19'08.8" am Visitor Center.

Wir starten auf der linken Seite des Visitor Center auf einem breiten, geschotterten Fußweg und bleiben an der ersten Verzweigung rechts. Durch lichten Kiefernwald treffen wir auf einen Querweg unterhalb einer Felswand und biegen rechts ab. Vorbei an einer Bank mit Aussicht weit nach Westen schlängelt sich der Pfad im Tal aufwärts, immer unterhalb einer Vielzahl von Felssäulen, die in den Himmel ragen.

Unser Pfad quert einen Trockenlauf und steigt noch kurz an, bis er in einer felsigen Ecke rechts abbiegt. Hier lohnt ein Blick nach links zwischen den Felsen hindurch in eine kleine Seitenschlucht. Jetzt geht es zwischen lockerem Kiefernbewuchs wieder abwärts, vorbei am felsigen »Kamel« Richtung Parkplatz. Der ausgebaute Wanderweg führt ans östliche Ende des Parkplatzes zu Picknicktischen und der alten *Guard Station*.

Felstor, Mitte und linke Seite Pink Ledges, unten Photo Trail

Photo Trail, 700 m/40 Hm, führt auf einen Grat mit großartiger Aussicht auf Felsen und das Tiefland im Westen, schmaler Pfad am steilen Hang! Für Schwindelfreie. Parken GPS N 37°44'43.2" W 112°19'37.4".

Wir starten an der zweiten Parkbucht nach dem Visitor Center und steigen ein paar Stufen nach rechts/Norden hoch. Nach wenigen Metern erreichen wir eine Verzweigung und gehen geradeaus weiter aufwärts. Bei der nächsten Verzweigung wählen wir den schmalen Pfad am Hang zu den Felsen nach links. Noch vor den Felsen beschreibt er eine scharfe Rechtskehre und führt auf den Grat oberhalb der Felsgruppe. Der Felsblock weiter oberhalb ist leicht zu erklimmen und ein schöner Rast- und Aussichtspunkt. Zurück geht es auf gleichem Weg, denn die etwas weiter oberhalb abzweigenden Serpentinen sind schmal und rutschig.

Jetzt öffnet sich das Felsenland und wir fahren hinunter ins weite Tal des Sevier River. Am Anfang der **Casto Canyon Road** befindet sich ein festgefahrener Platz 100 Meter vom Highway entfernt im Sagebrush-Land, auf dem bei trockenem Boden eine Übernachtung für alle Fahrzeuge möglich ist.

181 Casto Canyon Rd. – N 37°44'46.5" W 112°20'29.8"

182 Panguitch – *Red Canyon RV Park*

GPS/Kontakt: N 37°44'55.4" W 112°21'43.0", 3279 UT-12, Tel. 877 386 4383. **Öffnungszeit:** April bis Ende Oktober. **Ausstattung:** Picknicktische, Full Hookup, Sanitäranlagen mit Duschen. **Beschreibung:** Höhe 2.090 m! Stellplätze auf Schotter mit schmalem Rasenstreifen, nur wenige mit einem Baum (dort tropft Harz). **Preis:** $ 45 + tax. **Anfahrt:** 1,3 km vor Highway 89.

Vorbei an ein paar Motels treffen wir auf den Highway US-89. Wer einen größeren Einkauf erledigen muss, kann die elf Kilometer nach Norden ins Zentrum der kleinen Stadt Panguitch fahren. In gleiche Richtung liegt auch der sehr naturnahe **Riverside Campground** am Ufer des Servier River (*2,6 km ab US- 89, ab $ 25 + tax*).

183 Riverside CG – N 37°46'09.5" W 112°23'24.3"

Für unsere Tour biegen wir auf die US-89 nach links Richtung Süden ab. Jetzt sind wir im grünen Tal des **Servier River** unterwegs, das auf beiden Seiten begrenzt wird von niedrigen Bergketten. Im kleinen Ort **Hatch** *(140 Einwohner, Höhe 2.109 m)* gibt es eine Tankstelle und den teuren Riverside Ranch RV Park in schöner Lage *(ab $ 62 + tax)*.

Weiter geht es aufwärts im Flusstal bis **Long Valley Junction**, eine Ansiedlung auf 2.280 Metern Höhe am Abzweig des Highway UT-14. Hier ist nur in den Sommermonaten ein Abstecher in das **Cedar Breaks National Monument** möglich, das 40 Kilometer entfernt ist und ähnliche Felsabbrüche wie Bryce Canyon zeigt, mit weniger und kleineren freistehenden Hoodoos. Im engeren Tal des East Fork Virgin River rollen wir wieder abwärts.

184 Glendale – *Bryce Zion Campground*

GPS/Kontakt: N 37°23'06.8'' W 112°34'36.5'', 175 East Koa Dr., Tel. 435 648 2490. **Öffnungszeit:** Mai bis Oktober. **Ausstattung:** Picknicktische, Sanitäranlagen, Pool, Waschmaschinen, kleines Bistro-Café. **Beschreibung:** Höhe 1.970 m. Stellplätze mit schmalen Grasstreifen, teilweise Bäume, schöne Aussicht ins Tal. **Preis:** Ab $ 45 + tax. **Anfahrt:** 14 km südlich von Long Valley Junction.

TOUR 9

Nach der nächsten Kurve wartet die große **Shingle Creek Rest Area** mit überdachten Picknicktischen, Bäumen und Toiletten. Bei der folgenden Abfahrt zum **Stout Canyon** befindet sich nach 100 Metern ein großer Schotterplatz außer Sichtweite des Highway *(2 km weiter auf der Schotterstraße ebenfalls großer Schotterplatz zwischen kiefernbestandenen Kuppen)*.

185 Stout Canyon – N 37°22'41.6'' W 112°35'30.4''

Im Tal des Servier River

Vorbei an den Wiesen des Lydias Canyon kommen wir nach **Glendale** *(400 Einwohner, Höhe 1.761 m, keine Versorgung)*. Anzahl und Preise der Campingplätze steigen jetzt durch die »Nähe« zu Zion.

186 Glendale – *Bauers Canyon Ranch RV Park*

GPS/Kontakt: N 37°19'04.9" W 112°35'56.1", 90 West Center Street, Tel. 435 648 2564. **Öffnungszeit:** März bis Ende Oktober. **Ausstattung:** Picknicktische, Full Hookup, Sanitäranlagen mit Duschen, free WiFi, Waschmaschinen. **Beschreibung:** Höhe 1.760 m. Wiesenstreifen mit überwiegend großen Bäumen, Familiengeführter Betrieb mit langer Rancher-Geschichte. **Preis:** Ab $ 40 + tax. **Anfahrt:** »Zentral« in Glendale, nach dem Visitor Center rechts.

Der **Cliffside RV Park** bietet ganzjährig Plätze auf einer großen Schotterfläche mit einigen Bäumen *(ab $ 50, Tel. 435 868 1020)*. Im Ort **Orderville** *(600 Einwohner, Höhe 1.661 m)* gibt es Tankstelle und Lebensmittelgeschäft. Der kleine **Mount Carmel Motel & RV Park** versteckt sich hinter Thujen am Highway *(Tel. 435 648 2323)*.

TOUR 9

187 Cliffside RV Park – N 37°17'05.0" W 112°37'20.4"

188 Mout Carmel RV P. – N 37°14'31.2" W 112°40'15.2"

Mount Carmel Junction liegt am Abzweig des Highway UT-9 Richtung Zion National Park. Neben zwei Tankstellen und zwei Restaurants gibt es zwei weitere, sehr einfache RV Parks. Der **Thunderbird RV Park** verteilt sich auf zwei Standorte nördlich und direkt am Abzweig, wobei der nördliche sich als vollgestellter, breiter Schotterstreifen parallel zum Highway darstellt *($ 39 + tax, Tel. 435 648 2203)*. Die große Schotterfläche des **East Zion RV Park** liegt genau im Abzweig *($ 39 + tax, Tel. 435 648 2326)*.

189 Thunderbird RV P. – N 37°13'23.5" W 112°40'51.8"

190 East Zion RV Park – N 37°13'28.1" W 112°40'49.4"

Südlich von Mt. Carmel Junction versteckt sich die unbekannte, langgestreckte Höhle »Belly of the Dragon« mit Übernachtungsmöglichkeit *(1,5 km, davon 450 m Schotter, GPS N 37°12'42.2" W 112°41'06.5")*.

In Mount Carmel Junction biegen wir rechts ab Richtung Zion National Park. *Die Durchfahrt ist gebührenpflichtig:* $ 35 Eintritt für den Nationalpark und $ 15 für alle *Oversized Vehicles* beim Zion-Mount Carmel Tunnel (siehe dort).

Die kürzeste Alternativstrecke nach Hurricane ist 25 Kilometer länger und dauert ebenfalls etwa 1,25 Stunden, aber ohne Wartezeiten am Tunnel und Stau in Zion. Sie folgt dem Highway 89 für sechs Kilometer nach Süden, biegt auf den einsamen Highway 43 ab vorbei an den Coral Pink Sand Dunes und bei Colorado City auf den Highway 398 *(98 km ab Mount Carmel Junction).*

Unsere Tour führt jetzt Richtung Zion National Park. Ab dem Abzweig rollen wir über die einsamen Hochflächen der **East Mesa**. Nach der Zion Mountain Ranch erstreckt sich eine riesige Weide mit dickem Holzzaun, auf der eine Herde Bisons lebt.

Kurz vor Beginn des Nationalparks biegt die asphaltierte **North Fork County Road** rechts ab. Direkt nach dem Abzweig befindet sich ein großer Schotterplatz, der außerdem Zugang zu einem alten Stück Highway gibt, beides in Sichtweite der Straße, bisher ohne Übernachten-Verboten-Schild.

191 North Fork C. Rd. – N 37°14'30.0" W 112°50'00.3"

192 Orderville – *Zion Ponderosa Ranch Resort*

GPS/Kontakt: N 37°16'16.8" W 112°52'32.9", Twin Knolls Rd., Tel. 435 648 2700. **Öffnungszeit:** März bis November. **Ausstattung:** Campingplatz mit Sanitäranlagen *(nur 3 Plätze für große WOMOs)*, RV Park mit Full Hookup, Pool und Whirl-Pool, Restaurant, viele Freizeitaktivitäten. **Beschreibung:** Höhe 1.990 m. Riesiges Resort mit Holzhütten, Cowboywagen und Glampingzelten. Campingplatz etwas abseits im Wacholder-Wald, RV Park mit asphaltierten Fahrwegen und Stellplätzen ohne Schatten in zentraler Lage. **Preis:** Campingplatz ab $ 29 + tax, RV Park ab $ 99 + tax. Anfahrt: 9 km ab Abzweig North Fork Road (beschildert). **Hinweise:** Handyempfang. Auf dem Gelände befindet sich das Büro von **East Zion Adventures**, die neben vielen weiteren Aktionen einen regelmäßigen Shuttle-Transport zum Startpunkt der Wanderung zum Observation Point anbieten *(siehe Wandern, $ 7 p.P.).*

Auf der UT-9 über die East Mesa

Nach dem Abzweig der North Fork Road erblicken wir die ersten Felsklippen und sind fast am Nationalparkeingang.

193 Mt. Carmel – *Hi-Road Campground*

GPS/Kontakt: N 37°14'11.3" W 112°51'21.7", UT-9, Tel. 435 648 3302. **Öffnungszeit:** März bis Oktober. **Ausstattung:** Picknicktische, Full Hookup, free WiFi, Sanitäranlagen, V/E. **Beschreibung:** Höhe 1.760 m. Relativ großzügiges Gelände mit Stellplätzen auf Schotter und Baumreihen. **Preis:** $ 40 + tax ohne Anschlüsse, ab $ 50 + tax für Full Hookup. **Anfahrt:** Hwy. 9 bei Milepost 45.

Zion National Park

Eintritt: $ 35/7 Tage pro Fahrzeug oder America the Beautiful Pass. **Highlights:** Riesige Schlucht des Virgin River mit bis zu 900 Meter hohen, teils senkrechten Wänden, auf denen der Wechsel von dunkelroter Kayenta Formation zu hellerem Navajo Sandstone bis zur weißen Temple Cap Formation deutlich zu sehen ist. **Beste Reisezeit:** Frühjahr und Herbst, ab Mitte Juli bis Mitte September schwere Nachmittagsgewitter möglich. **Klima:** Durchschnittliche Tageshöchst-/tiefstwerte im Tal im Juli 38°C/21°C, im Januar 12°C/-1°C. Auf der East Mesa östlich des Mt. Carmel Tunnels mehrere Grad kühler. **Höhe:** Zion Valley 1.200 - 1.350 m. East Mesa ca. 1.800 - 2.100 m.

Hinweise: In 2022 besuchten 5 Millionen Menschen den Park.
Bitte überprüfen: Bisher gibt es keine Timed Entry Reservations.

Anreise zu den Parkplätzen am Visitor Center (Start Shuttle Busse) ***möglichst vor 7 Uhr*** (aus Osten Tunnel-Zeiten beachten)!

Die Straße in den Zion Canyon ab Canyon Junction ist für private Fahrzeuge rund um die Uhr gesperrt, wenn Shuttle-Busse fahren *(von März bis November, im Winter an Wochenenden und während der Ferien).*

Das **Zion Canyon Shuttle System** besteht aus zwei Linien, die Busse sind **kostenlos** und fahren im Abstand von wenigen Minuten:

1. Zion Canyon Line, fährt in die Schlucht des Virgin River im Nationalpark, vom Visitor Center in den Zion Canyon bis zum Temple of Sinawava, Fahrtdauer eine Richtung ca. 45 min. Es werden alle Stopps angefahren sowohl *Northbound* (in den Canyon) als auch *Southbound* (aus dem Canyon).
2. Springdale Line zwischen Visitor Center und Springdale (9 Haltestellen).

Für den Mt. Carmel Tunnel müssen ***übergroße Fahrzeuge $ 15 Maut bezahlen und können ihn nur während der Ranger-Zeiten befahren.*** Für sie wird der 1,7 km lange Tunnel gesperrt, damit sie auf der Mittellinie fahren können. Dies gilt für Fahrzeuge höher als 11 feet 4 inch/3,4 m und breiter als 7 feet 10 inch/2,4 m, somit für alle RV's bzw. klassischen Wohnmobile. Tunnelzeiten für *Oversized Vehicles:* April bis September 8 – 20 Uhr, Anfang November bis März 8 – 16.30 Uhr. Der Tunnel wurde im Jahr 1930 fertiggestellt.

Wer keinen Übernachtungsplatz mit Anschluss an das Shuttle System hat, sollte in den sehr frühen Morgenstunden anreisen, um einen Parkplatz zu bekommen. Kostenlose Parkplätze gibt es am Visitor Center auch für WOMOs.
In Springdale gibt es gebührenpflichtige Parkplätze für PKW ab $ 12/Tag (Zone C) bzw. $ 15 (Zone B ab Höhe Hampton Inn und südlich) und für RVs ab $ 24 nur in Zone C (Lion Boulevard, GPS N 37°11'38.1" W 112°59'36.6").

Jetzt folgt zuerst die Beschreibung der Durchfahrt, dann die des Zion Canyon mit Busstopps und einem Vorschlag für einen traumhaften Tag in Zion. Ab dem **East Entrance** schlängelt sich die Straße durch die hellen Felsen des Navajo Sandstone, die in Nord-Süd-Richtung zerfurcht sind. Der meist trockene **Clear Creek**, der neben der Straße verläuft, hat diese Schlucht und damit den östlichen Parkzugang geschaffen.

Versteinerte Dünen

Direkt am ersten Parkplatz rechts ist der Aussichtspunkt auf die **Checkerboard Mesa**, deren Hänge wie ein Schachbrett durch waage- und senkrechte Furchen strukturiert sind. Sehr lohnend ist ein Stopp an der dritten Parkbucht nach dem Parkplatz, allerdings finden vor allem große Fahrzeuge hier oft keinen

Platz *(GPS N 37°13'28.1" W 112°53'36.6")*. Von der Parkbucht nach rechts/Norden sind es nur wenige Schritte in eine Senke, die von wunderschön geschwungenen Sandstein-Formationen, versteinerten Dünen, umgeben ist, während gegenüber der Blick auf einen weiteren Berg in *Checkerboard*-Optik fällt.

Weiter durch die faszinierende Felslandschaft führt die Straße durch zwei Tunnel. Der zweite Tunnel macht sich fast immer durch Stau bemerkbar sowie durch die vielen PKWs, die am rechten Fahrbahnrand parken. Direkt vor dem Tunnel startet der kurze **Canyon Overlook Trail** *(1,6 km/50 Hm)* mit super Aussicht in die untere Schlucht des Pine Creek Richtung Zion Canyon mit der Serpentinenstraße ins Tal. Allerdings ist er für RV-Fahrer kaum erreichbar *(wenige Parkplätze 200 Meter vor dem Tunnel rechts GPS N 37°12'53.3" W 112°56'22.3", kleiner PKW-Parkplatz gegenüber)*.

Durch den Zion-Mount Carmel-Tunnel und dann in engen Serpentinen am steilen Hang rollen wir Richtung Tal. Bei einem schweren Gewitter im August 2018 wurde die wagemutig angelegte Straße teilweise unterspült.

Im Tal erreichen wir vor der Brücke über den Virgin River einen großen Abzweig, die **Canyon Junction**. Hier dürfen nur die Shuttle Busse nach rechts in den Zion Canyon *(außer Wintermonate)*. Richtung Springdale kommen wir vorbei am **Zion Human History Museum**, das über Geschichte und Besiedlung des Tals informiert *(Eintritt frei)*, an South Campground und Visitor Center mit riesigen Parkplätzen und Start des Canyon Shuttle und am Watchman Campground.

Direkt im Anschluss verlassen wir den Nationalpark.

Wanderungen im Zion: Angels Landing, The Narrows, Canyon Overlook Trail.

Auf dem Kayenta Trail in Zion, der Schlucht des Virgin River

194 Springdale/Zion – *Watchman Campground*

GPS/Kontakt: N 37°11'54.9" W 112°59'10.0", UT-9, www.recreation.gov, Tel. 435 772 3256. **Öffnungszeit:** Ganzjährig. **Ausstattung:** Picknicktische, Feuerringe, Strom, Spültoiletten, V/E, Trinkwasser, keine Duschen. **Beschreibung:** Höhe 1.200 m. 65 Plätze für WOMOs in lichtem Pappelwald. **Preis:** $ 30. **Anfahrt:** Zum Visitor Center und an diesem vorbei, beschildert. **Hinweise:** Alle Plätze reservierbar. Voll in quasi jeder Nacht von Mitte März bis Ende November. Am Campingplatz vorbei fließt der Virgin River mit breiten Sandbänken. Er dient als beliebte Sommerfrische und Abkühlung *(im Sommer Problem mit giftigen Cyanobakterien, Blaugrünalgen)*.
Alternative: South Campground, direkt benachbart, GPS N 37°12'17.1" W 112°59'00.8", geschlossen im Winter, kein Strom. Reservierung ab zwei Wochen vor Aufenthalt www.recreation.gov.

TOUR 9

Mit dem Shuttle Bus in den Zion-Canyon

Wer Zion sehen will, muss sein WOMO parken und in einen kostenlosen Shuttle umsteigen. Die Busse halten auf Hin- und Rückweg an allen Haltestellen *(s. Karte)*. Sie fahren je nach Bedarf alle 10 Minuten. Trotzdem bilden sich vor allem am Visitor Center tagsüber lange Schlangen. Die wichtigsten Haltestellen sind:

- » Stopp 5 »Zion Lodge«, Start der Wanderung zu den **Emerald Pools**.
- » Stopp 6 »The Grotto«, Start der Wanderungen »Angels Landing« *(sehr schwer, Reservierung erforderlich)*
- » Stopp 7 »Weeping Rock«, Start eines asphaltierten Spaziergangs zu einer grünen Oase im Überhang.
- » Stopp 9 »Temple of Sinawava«, Ende der Straße. Hier zuerst auf Asphalt, dann im Flussbett in die **Zion Narrows** *(Flusswanderung nur bei Niedrigwasser)*.

Picknick am Virgin River im »Temple of Sinawava«

Ein traumhafter Tag in Zion

TOUR 9

Wir starten im Sommer deutlich vor 7 Uhr, um einen Parkplatz beim Visitor Center zu bekommen. Mit dem Bus fahren wir zum **Human History Museum**, um die Geschichte des Tals besser zu verstehen *(je nach Öffnungszeit ans Ende des Tages legen)*.

Gewaltige Kathedralen aus Fels ließen Isaac Behunin ausrufen: »This is Zion!«, der gelobte Ort für das Volk Gottes.

Weiter geht es mit dem Bus zu Stopp 5, wo wir zu den **Emerald Pools** wandern, mindestend bis zum Lower Emerald Pool mit Durchgang unter dem Wasserfall. Am schönsten ist die Rundtour mit dem Kayenta Trail *(min. 2 Stunden, mit Karte oder Wanderbuch)*.

Unser nächster Stopp ist 9 **»Temple of Sinawava«**. Wir suchen uns einen Platz auf den Felsen am Virgin River und genießen ein Picknick unter den fast 300 Meter hohen, senkrechten Felswänden des natürlichen Tempels. Von hier aus können wir weiter in die Schlucht wandern Richtung **Zion Narrows** vorbei an **hängenden Gärten**, die in Felsnischen von austretendem Wasser genährt werden. Wenn der Wasserstand es zulässt, können wir am Ende des Asphalts auf grobem Geröll und Felsen ein Stück im Wasser weitergehen.

Lohnende Stopps für die Rückfahrt mit dem Shuttle-Bus sind Stopp 7 **»Weeping Rock«** und Stopp 4 **»Court of the Patriarchs«**.

Lower Emerald Pool

Observation Point, Blick auf das Tal von Zion und Angels Landing

Wandern im Zion National Park

Der Zion National Park ist ein El Dorado für Wanderer. Allerdings sind viele Wanderungen sehr anstrengend, was sich erklärt, wenn man die steilen Schluchtwände betrachtet. Hier ein paar Tipps, mehr bei »Wandern« in »Tipps und Infos«:

Emerald Pools, gesamt 1,6 km/60 Hm, Busstop 5: Die Wanderung führt zu drei Pools, der obere gerahmt von bis zu 700 Meter hohen Felswänden. Bis zum ersten Pool ist die Wanderung asphaltiert und einfach, danach wird sie rauer. Besonders eindrücklich ist es, die Tour mit dem Kayenta Trail zu verbinden *(4,6 km/90 Hm)*.

Angels Landing, 7,3 km/460 Hm, Busstopp 6: Die Wanderung führt auf einen ausgesetzten Felsgrat, der an manchen Stellen vor allem Ähnlichkeit mit einem Klettersteig hat. Der Zugang ist inzwischen begrenzt und wird mittels Lotterie vergeben www.nps.gov/zion/planyourvisit/angels-landing-hiking-permits.htm.

The Narrows, 3,2 km bis Ende Asphalt, Busstopp 9: Zuerst spazieren wir asphaltiert durch die immer enger werdende Schlucht des Virgin River. Nach 1,6 km endet der Weg und es geht im Wasser weiter auf grobem Geröll. Turnschuhe und Stock sind Mindest-Ausstattung. Die aktuellen Bedingungen sind am Start der Wanderung angeschlagen, unbedingt beachten! Diese Tour kann sonst lebensgefährlich werden, denn im Sommer kann der Wasserstand des Flusses wegen Nachmittagsgewittern irgendwo im weiteren Umland extrem schnell und hoch ansteigen.

Observation Point, 11,5 km/220 Hm: Seit schwere Unwetter die Serpentinen Richtung East Mesa wegspülten, kann dieser nur noch von Osten begangen werden. Von der Zion Ponderosa Ranch fahren Shuttle zum Start. Noch schöner ist die Strecke durch den Upper Echo Canyon *(für Infos siehe Wandern und Update zum Wanderführer auf der zugehörigen Verlagshomepage)*.

Wir verlassen den Nationalpark. Sofort schließt sich der Ort **Springdale** an *(520 Einwohner, Höhe 1.188 m, Lebensmittel, Tankstelle)*. Er dient heute vor allem der Versorgung der Touristen und ist gerahmt von den Klippen der sich öffnenden Schlucht. Zwei kleine Geschäfte befinden sich direkt am nördlichen Ortsrand *(Happy Camper Market)* sowie im Zentrum *(Sol Foods)*. Alle Parkplätze sind gebührenpflichtig *(s. Nationalparkkasten)*.

195 Springdale – *Zion Canyon Campground*

GPS/Kontakt: N 37°11'38.0" W 112°59'35.4", 479 Zion Park Blvd., Tel. 435 772 3237. **Öffnungszeit:** März bis November. **Ausstattung:** Picknicktische, Feuerringe, Full Hookup, Sanitäranlagen mit Duschen, Waschmaschinen, Pool. **Beschreibung:** Höhe 1.190 m. 131 RV-Plätze auf Schotter, die meisten mit Bäumen, Zufahrten asphaltiert. Der Virgin River fließt am Campingplatz entlang. **Preis:** Ab $ 79 + tax. **Anfahrt:** Am nördlichen Ortseingang links/Ostseite.

Von Springdale aus rollen wir auf der UT-9 im Tal des Virgin River Richtung Westen. Beim Ort Rockville ist der Abzweig zur **Grafton Ghost Town**, einer restaurierten ehemaligen Mormonen-Siedlung am Virgin River mit Kapelle, Schule, einigen Häusern und Friedhof *(GPS N 37°10'02.5" W 113°04'55.6", Zufahrt ab Rockville 5,6 km einspurig, davon 2 km geschottert)*.

196 Rockville – *Smithsonian Butte Road*

GPS/Kontakt: N 37°09'03.8" W 113°03'31.4", Smithsonian B. Rd. **Max. WOMOs:** 5. **Ausstattung:** Keine. **Beschreibung:** Höhe 1.140 m. Festgefahrene Plätze mit einigen Pappeln zwischen felsigen Hügeln. **Anfahrt:** In Rockville auf die Bridge Road *(Schild »Grafton« nur von Westen aus zu sehen)*. Der schmalen, asphaltierten Straße für 2,7 km folgen, dann auf festgefahrener Piste 50 m nach links, Wendemöglichkeit für RV bis 25 ft/ 7,60 m. **Hinweis:** 8,5 km von Springdale, zur Ghost Town weitere 3 km.

Vor Virgin zweigt die **Kolob Terrace Road** ab. Sie führt asphaltiert in den Westteil des Parks zum Startpunkt für die Wanderung zum berühmten **Subway**, wo die Felswände der Schlucht wie eine oben fast geschlossene U-Bahn-Röhre geformt sind. Für diese Wanderung wird eine Erlaubnis, *Permit*, benötigt. Am Anfang der Strecke kann in und um einen Pappelhain frei übernachtet werden *(1,6 km ab Abzweig, 21 km ab Springdale, kurze, breite Fahrwege Erde/Lehm)*.

197 Kolob Terrace Rd. – N 37°12'43.2" W 113°10'25.8"

Direkt nach dem Abzweig der Kolob Terrace Road folgt ein RV Park.

198 Virgin – *Zion River Resort*

GPS/Kontakt: N 37°12'12.6"N 113°10'38.9"W, 551 E State Route 9, Tel. 888 822 8594. **Öffnungszeit:** Ganzjährig. **Ausstattung:** Picknicktische, Full Hookup, Sanitäranlagen mit Duschen, Pool und Whirlpool, free WiFi, Propan, Shuttle Bus zum Zion NP. **Beschreibung:** Höhe 1.070 m. Sehr großer Campingplatz mit betonierten Stellplätzen mit kleinem Grasstreifen und Baum, asphaltierte Fahrwegen. **Preis:** Ab $ 63 + tax, Dez. bis Febr. $ 43 + tax. **Anfahrt:** Am östlichen Ortseingang von Virgin. **Hinweis:** 20 km von Springdale entfernt.

Zum neuen Zion White Bison Glamping + RV Resort am Westrand von Virgin ist der Bau eines großen RV Parks noch in Planung *(Tel. 435 635 3004)*.

TOUR 9

Außerorts zweigt die **Sheep Bridge Road** links ab, die zu einer kleinen Stromschnelle des Virgin River führt *(nach der Brücke links, 650 m schmale Piste, Wenden möglich)*. Im weiteren Verlauf der Piste liegt ein sehr beliebter Ort für *Dispersed Camping*, hier stehen in der Saison gefühlt Hunderte Fahrzeuge auf Freiflächen in der *Sagebrush*-Wüste *(2,8 km ab Abzweig, davon 1,9 Schotter)*.

199 Sheep Bridge Rd. – N 37°11'09.7" W 113°13'20.1"

Das Fort Zion als nachgebaute Wild-West-Town sieht hübsch aus, aber bietet vor allem Touri-Nepp. Weitere Übernachtungsmöglichkeiten auf größeren Freiflächen finden sich an der **La Verkin Overlook Road** ebenfalls in niedriger Wüstenvegetation *(400–500 Meter auf Pisten vom Highway entfernt)*.

199 La Verkin O. Rd. – N 37°12'09.9" W 113°13'57.3"
N 37°12'26.1" W 113°14'24.7"

Fahrt nach Hurricane

Tour 10

Navajo Nation Reservation
Moenkopi
Tuba City
Page
Bitter Springs
Came-ron
Grand Staircase-Escalante National Monument
Tropic
Cannon-ville
Bryce
Bryce Canyon National Park
Utah
Vermillion Cliffs National Monument
Colorado River
Desert View
North Rim
South Rim
Jacob Lake
Grand Canyon Village
Tusayan
Grand Canyon National Park
Kaibab National Forest
Dixie National Forest
Glendale
Orderville
Kanab
Fredonia
Mt Carmel Junction
Arizona
Zion National Park
Spring-dale
Virgin
Tour 20
Tour 9
Tour 3
Hurri-cane
Quail Creek SP
Sand Hollow SP
Red Cliffs RA
St.George
Snow Canyon SP
Mesquite
Grand Canyon-Parashant National Monument
South Cove
Nevada
Moapa Valley Overton
Valley of Fire
Lake Mead National Recreation Area
Lake Mead
Tour 2
Tour 1
Las Vegas
Desert National Wildlife Range
Kalifornien
N
50 km
Durchfahrten durch Valley of Fire und Lake Mead Nat. Rec. Area sind gebührenpflichtig.

Über Saint George zum Valley of Fire

280 km

Auf dieser Tour liegen zwei wunderbare State Parks, die den großen Nationalparks in Nichts nachstehen, der Snow Canyon State Park und der Valley of Fire State Park. Dazu reihen sich Besichtigungsmöglichkeiten sowie wunderschöne Übernachtungsmöglichkeiten. Hier unsere Top Fünf dieser Tour:

- **Quail Creek State Park**
- **Snow Canyon State Park**
- **Petroglyphen am Atlatl Rock im Valley of Fire**
- **Mouse's Tank Trail und White Domes Trail**
- **Rogers Spring, Picknick mit Blick auf Lake Mead**

In den Sommermonaten wird es überall entlang dieser Tour extrem heiß und das Valley of Fire heizt sich zum Glutofen auf. Dies ist eine Tour für die Frühjahrs- und Herbstmonate! Aus Sicherheitsgründen sind im Valley of Fire im Sommer die meisten Wanderwege gesperrt.

Auf dieser Tour werden zweimal Gebühren fällig. Sowohl die Fahrt durch das Valley of Fire muss bezahlt werden, auch wenn man nur durchfahren will, ebenso wie die North Shore Road in der Lake Mead National Recreation Area. Wer die Gebühren sparen möchte oder wenig Zeit hat, fährt auf der US-15 durch nach Las Vegas.

Auf dem Red Hills Parkway zum Snow Canyon State Park

Zeitzonen

Utah -8 Stunden zu MEZ, Mountain Standard Time (MST) und Mountain Daylight Time (MDT).
Bitte beachten: Umstellung von/zu Sommerzeit verschoben zu Deutschland.

Arizona -8 Stunden zu MEZ, **zur Sommerzeit -9 Stunden**, ganzjährig Mountain Standard Time (MST), zwischen St. George und Mesquite.

Nevada -9 Stunden zu MEZ, Pacific Standard Time (PST, von Mitte März bis Anfang November Pacific Daylight Time (PDT, ab Mesquite.
Bitte beachten: Umstellung von/zu Sommerzeit verschoben zu Deutschland.

Im Tal des Virgin River empfängt uns ein großes Siedlungsgebiet an einem wichtigen Verkehrsknotenpunkt. In einer von Klippen umgebenen Senke im Flusstal sind mehrere Orte mit insgesamt über 200.000 Einwohnern zusammengewachsen. Außerdem treffen hier wichtige Verkehrsverbindungen aufeinander: Die Interstate US-15 zwischen Las Vegas und Salt Lake City verläuft durch das Tal, davon zweigen die UT-9 Richtung Springdale/Zion National Park (Tour 9) ab und die UT-59 Richtung Kanab/Grand Canyon National Park North Rim (Tour 3).

Hurricane

Einwohner: 20.000. **Höhe:** 851 m. **Infrastruktur:** Alle Einrichtungen, großer Walmart an der UT-9 Richtung Hwy. 15 westlich des »Ortskerns«. **Propan und V/E:** Sinclair Tankstelle beim Sand Hollow RV Resort, GPS N 37°10'33.4" W 113°19'48.7".

Waren früher große Pfirsich- und Aprikosenplantagen die Lebensgrundlage für Hurricane, so sind es heute vor allem die Touristen. Wegen der »Nähe« zu Zion und Grand Canyon North Rim wurden in den letzten Jahren an der UT-59 weitere RV-Campingplätze gebaut. Hurricane mausert sich so zum Standort für Ausflüge in die weitere Umgebung.

201 Hurricane – *Zion View RV Park*

GPS/Kontakt: N 37°10'34.8" W 113°18'57.2", 1481 W State St., Tel. 435 990 5867. **Öffnungszeit:** Ganzjährig. **Ausstattung:** Picknicktische, Full Hookup, WiFi. **Beschreibung:** Höhe 970 m. Neuer RV-Park, nacktes Gelände mit diagonalen Asphalt-/Betonplätzen und –zufahrten und dazwischen Schotterstreifen, direkt am Highway. **Preis:** Ab $ 60 + tax. **Anfahrt:** An UT-9 Richtung Interstate 15, an McDonalds vorbei, dann links.

202 Hurricane – *Sand Hollow RV Resort*

GPS/Kontakt: N 37°10'34.7'' W 113°19'52.4'', 50 Rlington Pkwy., Tel. 435 850 7890. **Öffnungszeit:** Ganzjährig. **Ausstattung:** Picknicktische, Full Hookup, Sanitäranlagen mit Duschen, Waschmaschinen. **Beschreibung:** Höhe 1.000 m. Schotterplätze mit noch sehr kleinen Bäumen, Asphaltzufahrten, typisch diagonal angelegt, direkt am Highway. **Preis:** Ab $ 55 + tax. **Anfahrt:** An UT-9 Richtung Interstate 15, bis der Highway sich Richtung Tal senkt, links.

Ehe wir auf die Interstate US-15 treffen, zweigt nach links eine Zufahrt zu einem der vier State Parks im Tal ab.

Sand Hollow State Park

Eintritt: $ 20 pro Tag und Fahrzeug, März bis Oktober Fr – So $ 25. **Highlights:** Sand-Landschaft, Baden, Angeln, Wassersport. **Beste Reisezeit:** Frühjahr und Herbst. **Klima:** Durchschnittliche Höchst-/Tiefsttemperaturen: Juli 40°C/22°C, Januar 12°C/-2 °C. **Höhe:** 930 m.

Das große Reservoir liegt inmitten einer orange-gelben Sandlandschaft mit Sahara-Feeling, aus der einzelne Felsen herausragen und die in der Ferne von Klippen gerahmt ist. Das Wasser des Sees erwärmt sich schnell. Bei Wassertemperaturen über 18°C kann es zu Badedermitis kommen, einem stark juckenden, ungefährlichen Hautausschlag aufgrund von Zerkarien. Es gibt zwei beliebte Campingplätze.

203 Hurricane – *Westside Campground*

GPS/Kontakt: N 37°07'07.4'' W 113°23'14.3'', Sand Hollow Road, www.reserveamerica.com, Tel. 435 850 7890. **Geöffnet:** Ganzjährig. **Ausstattung:** Überdachte Picknicktische, Feuerringe, Full Hookup, Toiletten und Dusche, V/E. Beschreibung: Höhe 930 m. 50 Stellplätze mit viel Abstand und grandioser Aussicht oberhalb des Sees, Zufahrten und Plätze asphaltiert. **Preis:** $ 50. **Anfahrt:** Auf Southern Parkway 7, dort beschildert. Hinweis: Reservierbar. **Alternative: Sandpit Campground**, ohne Strom/Wasser $ 35, Wege/Plätze fester Grund, reservierbar, GPS N 37°06'05.1'' W 113°22'10.5''.

Zu einem weiteren, sehr schönen Statepark kommen wir, wenn wir vor Erreichen der Interstate 15 bzw. nach Überquerung des Virgin River beschildert rechts abbiegen.

Quail Creek State Park

Eintritt: $ 20 pro Tag und Fahrzeug, März bis Oktober Fr – So $ 25. **Highlights:** Baden, Angeln, Wassersport. **Beste Reisezeit:** Frühjahr und Herbst. **Klima:** Durchschnittliche Höchst-/Tiefsttemperaturen Juli 39°C/22°C, Januar 12°C/-2 °C. **Höhe:** 910 m.

1985 fertiggestellt wird der Stausee durch einen Kanal vor allem mit dem Wasser des Virgin River versorgt und dient zur Wasserversorgung und Bewässerung. Außerdem ist er beliebt zum Baden, Angeln und Bootfahren.

204 Hurricane – *Quail Creek Campground*

GPS/Kontakt: N 37°11'13.8" W 113°23'42.2", 472 N 5300 W, www.reserveamerica.com, Tel. 435 879 2378. **Öffnungszeit:** Ganzjährig. **Ausstattung:** Picknicktische mit Dach, Feuerringe, Trinkwasser, Toiletten, V/E. **Beschreibung:** Höhe 920 m. Großartige Aussichten in die Red Rock Landschaft. Niedrige Wüstenvegetation ohne Schatten. Im Winter mildes Klima. Zufahrten und Plätze Asphalt, Platzzufahrten teilweise steil (schräg anfahren, damit der Überhang nicht aufsetzt!). **Preis:** $ 28, mit Strom $ 40. **Anfahrt:** Abzweig von UT-9, beschildert, 4 km östl. der Auffahrt auf US-15. **Hinweis:** Reservierbar.

Am Quail Creek State Park ziehen dunkle Wolken auf

Wenn wir am Quail Creek State Park vorbeifahren, kommen wir in gut drei Kilometern Entfernung zu weiteren Übernachtungsmöglichkeiten sowie einem State Park, der wegen der Brückendurchfahrt nur für Vans geeignet ist.

205 Hurricane – *Koa Journey*

GPS/Kontakt: N 37°12'21.9'' W 113°23'36.6'', 5800 North Old Highway 91, Tel. 435 879 212. **Öffnungszeit:** Ganzjährig. **Ausstattung:** Picknicktische, Sanitäranlagen mit Duschen, Full Hookup, Pool, Snack-Bar, Waschmaschinen. **Beschreibung:** Höhe 920 m. Relativ enge Stellplätze auf Schotter, nur teilweise Bäume/Schatten. **Preis:** Ab $ 51 + tax. **Anfahrt:** Wie beschrieben oder: US-15, Exit 22, rechts auf Old Hwy. 91. **Alternative:** An der gleichen Abfahrt nach links gibt es in Leeds zwei RV Parks: **Zion West RV Park**, Tel. 435 627 9004, ab $ 45 + tax. **Leeds RV Park & Motel**, Tel. 435 879 2450, ab $ 35 + tax.

Red Cliffs Recreation Area

Eintritt: $ 5 pro Tag und Fahrzeug oder America the Beautiful. **Highlights:** Rote Felsen, Wandern, Dinosaurierspuren. **Beste Reisezeit:** Frühjahr und Herbst. **Klima:** Durchschnittliche Höchst-/Tiefsttemperaturen Juli 40°C/24°C, Januar 12°C/-2 °C. **Höhe 980 m.**
Hinweise: Zufahrt mit *Höhenlimit 11 ft 9 in/3,58 m* wegen Unterführung des Highways, *für klassische Wohnmobile nicht geeignet!*
In der Saison oft ausgelastet, dann wird die Zufahrt verweigert. Durch die Lage zwischen roten Felsen von Mai bis Oktober extrem heiß.

Am Quail und Leeds Creek hat sich eine grüne Oase mitten in der Felslandschaft des Navajo Sandstone gebildet. In den umgebenden Hängen wurden verschiedene Dinosaurierspuren gefunden aus dem Jura.

206 Hurricane – *Red Cliffs Campground*

GPS/Kontakt: N 37°13'21.4" W 113°24'12.6", W Red Cliffs Campground Loop, www.recreation.gov, Tel. 435 688 3200. **Öffnungszeit:** Ganzjährig. **Ausstattung:** *Max. Fahrzeughöhe 11ft 9in/3,58 m!* Picknicktische mit Schattendach, Grill, Trockentoilette. **Beschreibung:** Höhe 980 m. 11 asphaltierte Stellplätze entlang der kurzen Ringstraße. **Preis:** $ 15. **Anfahrt:** Wie zuvor beschrieben oder US-15, Exit 22, rechts auf Old Hwy. 91, dann beschildert rechts. Hinweis: Der Campingplatz muss zwingend zuvor reserviert werden.

Wanderungen Red Cliffs State Park

Mehrere kurze Wege sind im Park beschildert und auf der Parkkarte verzeichnet, sie starten alle von der kurzen Ringstraße.

Der **Red Reef Trail** führt zu einem Slot-Canyon-Abschnitt und durch diesen hindurch, ist dort im Frühjahr oft noch mit Wasser gefüllt *(3,5 km/70 Hm zum Slot-Bereich hin-rück)*.

Am **Silver Reef Trail** liegen die wichtigsten Dinospuren *(150 m, kann zum Silver Reef Overlook verlängert werden 1 km/40 Hm)*.

TOUR 10

Auf dem **Anasazi Trail** entdecken Wander:innen Ruinen von Wohn-/Speicherräumen *(1,8 km hin-rück)*. Mit dem Rückweg auf dem Red Reef East Trail lässt sich hier eine ähnlich lange Runde wandern.

Jetzt fahren wir auf der Interstate US-15 Richtung Südwesten.

St. George, Metropolregion

Einwohner: 180.000. **Höhe:** 872 m. **Beste Reisezeit:** Frühjahr und Herbst. **Klima:** Mittlere durchschnittliche Tages-/Nachttemperatur im Juli 39°/24°C, Januar 12°/1°C.

Propan: Pilot Travel Center, südlich von St. George an der US-15, Exit 4, GPS N 37°03'36.0" W 113°34'56.3".
V/E: Maverik Adventure's First Stop, östlich von St. George an der US-15, Exit 13, GPS N 37°08'42.2" W 113°29'11.5".

Wer auf der US-15 durch St. George fährt, sieht den Tempel der Mormonen strahlend weiß leuchten vor den roten Klippen, die die Stadt nach Westen einrahmen. Er ist der älteste Tempel, der heute noch genutzt wird und wurde 1877 gebaut. Mit einer Höhe von 53 Metern, einer Grundfläche von etwa 40 mal 32 Metern und 13.000 Quadratmetern Innenfläche wirkt er mächtig. Vom Tem-

Mormonentempel in St. George, strahlend weiß vor den Red Cliffs

pel in Salt Lake City wird er bezüglich der Außenmaße um jeweils etwa 10 Meter übertroffen. Der Bauplatz war sehr sumpfig und alles andere als ideal und musste erst aufwändig mit zerkleinertem Lavagestein stabilisiert werden.

Der Tempel kann besichtigt werden, in der Straße am Visitor Center ist Parken am Straßenrand möglich *(GPS N 37°05'58.7" W 113°34'39.0")*.

1953 kam es zu massivem radioaktivem Fallout in St. George nach einem Atomwaffentest auf dem Testgelände nördlich von Las Vegas in 160 Kilometer Entfernung.

207 Saint George – *Saint George RV Park*

GPS/Kontakt: N 37°07'21.9" W 113°32'19.9", 2100 E Middleton Dr., Tel. 435 673 2970. **Öffnungszeit:** Ganzjährig. **Ausstattung:** Picknicktische, Sanitäranlagen mit Duschen, Full Hookup. **Beschreibung:** Höhe 870 m. Asphaltierte Zufahrten, Plätze auf Schotter, fast alle mit Schatten durch große Bäume sowie kleinem Rasenstreifen. Direkt neben der US-15, deswegen auch in der Nacht laut. **Preis:** Ab $ 48 + tax. Wochenende und Frühjahr/Herbst bis $ 70 + tax. **Anfahrt:** US-15, Exit 10, von der Abfahrt nach Norden abbiegen *(entgegen Hinweisschild »Alle Enrichtungen«)*, links auf den Red Hills Pkwy, nach 1,4 km rechts.

Nördlich von St. George liegt der vierte der State Parks im Tal.

Picknick im Snow Canyon State Park

Snow Canyon State Park

Eintritt: $ 15 pro Tag und Fahrzeug. **Highlights:** Sehr vielfältige und farbenprächtige Felsen, Lava-Höhle, versteinerte und aktuelle Sanddünen. **Beste Reisezeit:** Frühjahr und Herbst. Im Winter mild trotz des Namens. **Klima:** Durchschnittliche Höchst-/Tiefsttemperaturen Juli 40°C/24°C, Januar 12°C/-1 °C. **Höhe:** 950 - 1.200 m.

Der Snow Canyon State Park ist mit 30 Quadratkilometern Größe einer der größeren State Parks. Der Slogan »This place would be a National Park in any other state« trifft tatsächlich die landschaftliche Vielfalt, der wir im Snow Canyon begegnen können. Der farbliche Kontrast zwischen roten und weißen Klippen der breiten Schlucht, den orange-gelben versteinerten Dünen, schwarzen Lavabrocken, dazu grüne Vegetation und blauer Himmel, ist wirklich beeindruckend.

Versteinerte Dünen, erstarrte Lavaströme, Sandsteinklippen: »This place would be a National Park in any other state.«

TOUR 10

Schon die Zufahrt Red Hills Parkway zum nördlichen Parkzugang führt durch unwirklich rotes Felsenland und bietet beim **Snow Canyon Scenic Overlook** eine schöne Übersicht über die Felsen- und Farbenvielfalt *(450 m mit großem Wendehammer, nur teilweise asphaltiert, Abzweig beschildert, GPS N 37°13'09.9" W 113°38'17.0")*.

Von der **North Entrance Station** führt die gut ausgebaute Parkstraße *Snow Canyon Drive* über sieben Kilometer durch den Park zum südlichen Parkeingang.

Felsenvielfalt im Snow Canyon State Park

Der Park lässt sich am besten auf einer Wanderung erleben. An der Strecke starten zuerst die Wanderungen zu **Lava Tube** und **Petrified Dunes**, etwa auf halber Strecke folgen Visitor Center und Campingplatz und kurz vor dem südlichen Parkzugang ein kleines **Dünenfeld** und der **Jenny Slot Canyon**.

Wanderungen im Snow Canyon State Park

Mehrere kurze Wanderungen sind gut beschildert, sie sind hier entlang der Parkstraße von Nord nach Süd beschrieben. Mit Ausnahme des Slot Canyons sind auf die vergleichsweise kurzen Strecken relativ viele Höhenmeter zu bewältigen. Nie in der Mittagshitze und immer genug Wasser mitnehmen! Für die ersten beiden Wandervorschläge parken wir am besten auf dem Parkplatz von Butterfly/Petrified Sand Dunes, GPS N 37°12'56.5" W 113°38'37.7". Wenn dieser voll ist, gibt es 300 Meter südlich einen weiteren Parkplatz mit Picknicktischen.

Lava Tube, 3,7 km /120 Hm Parken N 37°13'19.2" W 113°38'30.9". Taschen-/Stirnlampen mitnehmen! Wir starten in Richtung der versteinerten Dünen.

Versteinerte Dünen, Lavatube

Bei der ersten Verzweigung wandern wir rechts auf den »Butterfly Trail«. Er windet sich um Dünenfelsen herum und über einen kleinen Ausläufer

hinüber und scheint dann an einem hohen versteinerten Dünenkamm zu enden. Hier gehen wir auf ein erstes Felsband hoch – nicht bis hoch auf den Kamm! –, blicken nach rechts und sehen große, silbergraue Halbkugeln, die als Wegmarker auf den Fels montiert sind. Diese Marker leiten uns über den Turtle Rock zum Lava Flow Trail, wo wir nach links abbiegen. Zuerst zweigt ein Abstecher nach links zu einem Aussichtsfelsen ab. Dann führt der Weg um eine Rechtskurve zur Öffnung der großen Lavahöhle, in die wir hinuntersteigen können. Zurück auf gleichem Weg.

Petrified Sand Dunes, 1 km/40 Hm: Wir starten wie zuvor beschrieben, biegen aber auf dem ersten Felsband des versteinerten Dünenkammes links ab und folgen den dunklen Halbkugeln hoch auf die Dünen. Auch hier gehen wir auf gleichem Weg zurück.

Dünenfeld, 500 m: GPS N 37°11'35.2" W 113°38'52.0". Vom Parkplatz nach Süden führt ein beschilderter, deutlicher Pfad zu den Dünen. Es gibt auch einen Parkplatz am Snow Canyon Drive direkt neben den Dünen, er ist für **große WOMOs zu kurz.**

Jenny's Canyon Trail, 500 m: Parkstreifen GPS N 37°11'17.5" W 113°38'39.8". Wir folgen dem mit Steinen flankierten Fußweg in die Öffnung zwischen den Felswänden. Dort wandern wir auf die Felswand auf der rechten Seite zu. Wenn wir diese erreicht haben, sehen wir links die Öffnung des kleinen Slotcanyons, den wir ein Stück weit erforschen können.

208 St. George – *Snow Canyon Campground*

GPS/Kontakt: N 37°12'12.9" W 113°38'27.1", 1002 Snow Canyon Drive, www.reserveamerica.com, Tel. 435 628 2255. **Öffnungszeit:** Ganzjährig. **Ausstattung:** Picknicktische, Feuerringe, Toiletten, heiße Duschen, teilweise Strom und Wasser, V/E. **Beschreibung:** Höhe 1.030 m. Neue Plätze 1-14 direkt beim Visitor Center, diagonal angelegt mit Schotterstreifen, mit Strom. Die anderen Plätze in sehr schöner Lage weiter abseits, teils direkt am Felsen. **Preis:** $ 40 - 45. **Anfahrt:** Am Snow Canyon Drive. **Hinweis:** Reservierbar.

Wir verlassen St. George und rollen durch Felsenland und an Geröll- und Felshängen entlang. Wir überqueren den Virgin River und folgen ihm Richtung Südosten. Schnell werden die Klippen zu beiden Seiten des Highway höher, wir nähern uns der Schlucht

Mondaufgang am Virgin River Campground

des Virgin River. Hier befindet sich ein einfacher Campingplatz mit Day-Use Area in fantastischer Lage im Hochtal des Virgin River, der allerdings nicht in der Sommerhitze zu empfehlen ist.

209 US-15 – *Virgin River Campground*

GPS/Kontakt: N 36°56'59.4'' W 113°47'51.0''. Cedar Pocket Rd, www.recreation.gov, Tel. 435 688 3200. **Öffnungszeit:** Ganzjährig. **Ausstattung:** Teils überdachte Picknicktische, Feuerringe, Spültoiletten, Trinkwasser. **Beschreibung:** Höhe 680 m. 74 Plätze umgeben von schroffen Bergen und Wüstenvegetation. Asphaltierte Stellplätze und Zufahrten, Straßenlärm kaum zu hören. **Preis:** $ 8. **Anfahrt:** US-15, beschildert. **Hinweise:** 25 Plätze reservierbar. Vorsicht: Auch die Day-Use-Plätze sind reservierbar! Sowohl vom Campingplatz als auch von der Day-Use Area führen Pfade ans Wasser.

Auf den nächsten zehn Kilometern wird's spektakulär: Die US-15 folgt dem Verlauf des Virgin River durch seine enge, hohe Schlucht. Bis zu 600 Meter ragen die Felswände rechts und links in den Himmel. Plötzlich öffnet sich die Schlucht und wir rollen über ein weites Plateau, sehen Klippen nur noch in weiter Ferne.

Schlucht des Virgin River

Joshua Trees vor den Mormon Mountains an der US-15

In **Littlefield** bietet der Chief Sleep Easy RV Park bevorzugt Langzeitplätze. Ab jetzt erstrecken sich zu beiden Seiten der Interstate große Bestände an **Joshua Trees**. Wer ihnen näher kommen möchte, kann in Littlefield auf den W Old Hwy. 91 nach Norden abbiegen *(Exit 8)*. Er führt in die **Beaver Dam Mountains** und bietet Übernachtungsmöglichkeiten z.B. an der Mojave Deser Joshua Tree Road *(Apex Road, nicht asphaltiert, 700 m ab Hwy.)*.

210 Beaver Dam Mts. – N 37°01'32.1" W 113°54'16.3"

TOUR 10

Dann überqueren wir die Grenze von Arizona nach Nevada und erreichen **Mesquite** *(25.000 Einwohner, Höhe 488 m)*, Standort zahlreicher Casinos und Golfplätze. Beim Casablanca Resort mit Casino, Spa und Poollandschaft werden RV-Stellplätze mit Parkplatzatmosphäre angeboten *(ab $ 35 + tax, Exit 120)*.

211 Casablanca Resort – N 36°48'02.8" W 114°05'57.1"

Am kleinen Muddy River liegt das Siedlungsgebiet **Moapa Valley** mit dem Hauptort **Overton** *(7.000 Einwohner)*. Das **Lost City Museum** zeigt rekonstruierte Gebäude und Artfeakte des Pueblo Grande, das im Lake Mead versank *($ 6, MI – SO 8.30 – 16.30 Uhr)*. Anfang/Mitte April findet das Clark County Fair und Rodeo statt.

Für den Rückweg nach Las Vegas gibt es drei Optionen:

Erstens kostenlos auf der Interstate.

Zweitens gebührenpflichtig durch die Lake Mead National Recreation Area auf dem North Shore Drive (Exit 93, Richtung Overton). Die Straße führt durch das langgestreckte Siedlungsgebiet und automatisch zum North Shore Drive des Lake Mead.

Die dritte Variante wird in der Folge beschrieben und beinhaltet doppelte Gebühren sowohl für die Lake Mead National Recreation Area als auch das Valley of Fire.

Wir fahren weiter auf der US-15 bis Exit 75 »Valey of Fire, Lake Mead«. An der Abfahrt liegt das **Moapa Paiute Travel Plaza** mit Tankstelle, Propan, Restaurant und Casino. Es ist massiv ausgebaut worden mit riesigen Parkflächen für LKW.

Durch ein Solarzellen-Feld rollen wir auf das Valley of Fire zu. An der letzten Abfahrt rechts vor den Bergen des Valley of Fire ist ein beliebter Ort für *Dispersed Camping (s. Foto, Zufahrt Schotter, erste Plätze nach 400 m, dort Drehen möglich).*

212 Moapa Paiute TP. – N 36°29'55.9" W 114°45'36.3"

213 Berge Valley o.F. – N 36°26'41.5" W 114°40'33.2"

Der Highway wird kurvenreicher und nach 23 Kilometern ab US-15 ist die Eingangsstation des State Parks erreicht. Hier muss der Eintritt zwingend bezahlt werden auch bei reiner Durchreise.

Valley of Fire State Park

Eintritt: $ 15 pro Tag und Fahrzeug. **Highlights:** Felsen in wilden Farbvariationen, Petroglyphen, Wandern. **Beste Reisezeit:** Frühjahr und Herbst. **Klima:** Durchschnittliche Höchst-/Tiefsttemperaturen Juli 42°C/23°C, Januar 16°C/0 °C.

Hinweise: Jährlich etwa 300.000 Besucher. Die Wanderungen *Fire Wave und Seven Wonders sind in den heißen Sommermonaten gesperrt* (1. Juni bis 30. September).
Der Park ist geöffnet von Sonnenauf- bis untergang. Im Dunklen ist der Aufenthalt nur auf dem Campingplatz erlaubt. *Handyempfang teilweise* auf den hochgelegenen Parkplätzen und an den Eingangshäuschen.
Wer über Nacht bleiben möchte, sollte vor dem Mittag kommen und sich *zuallerest um einen Campingplatz kümmern!*

Das **Valley of Fire** wurde schon 1935 angelegt und ist Nevadas ältester State Park. Haben wir unsere ersten Wanderungen dort noch »einfach so« unternehmen können, so ist der Park heute gut organisiert mit Visitor Center und markierten Wanderwegen. *Aztec Sandstone* aus dem Jura, vor 150 Millionen Jahren als eisenhaltige Sanddünen abgelagert, tritt hier mit aller Farbenpracht an die

Treppenaufgang und Felszeichnungen am Atlatl Rock

Felsen in unwirklichen Farben von gelb über rosa und pink bis zu tief leuchtendem Rot, das Valley of Fire wird seinem Namen gerecht.

Oberfläche. Die bunte Steinwelt kann auf verschiedenen Wanderungen und an Aussichtspunkten bestaunt werden.

An der Durchgangsstraße liegen die Beehives, bienenkorbartige Felskuppen. Dann folgt der Abzweig zum Campingplatz, an dem die Felszeichnungen des **Atlatl Rock** mit einer Metalltreppe zugänglich sind. Wer Zeit hat, kann zum Felsbogen **Arch Rock** oben auf einer Felsengruppe hochsteigen.

214 Valley of Fire – *Atlatl/Arch Rock Campgrounds*

GPS/Kontakt: N 6°25'20.1'' W 114°32'57.1'', Campground Rd., Tel. 435 628 2255. **Öffnungszeit:** Ganzjährig. **Ausstattung:** Picknicktische mit Dach, Feuerringe, Toiletten, Duschen. Auf Atlatl Rock CG einige Plätze mit Strom und Wasser. V/E an der Zufahrt. **Beschreibung:** Höhe 740 m. Sehr schöne Lage in roter Felsenwüste. Die Plätze des Arch Rock Platzes schmiegen sich einzeln in Buchten an die Felswände. Meist spätestens ab Mittag voll. Im Sommer unerträglich heiß. **Preis:** $ 25. **Anfahrt:** Vom Valley of Fire Hwy. beschildert abzweigen. **Hinweis:** Nicht reservierbar. Wer den nächsten Tag im Park verbringt, muss einen zweiten Tageseintritt bezahlen.

TOUR 10

Gegenüber der Campingplatzzufahrt führt eine kurze Schotterstraße zu den Petrified Logs, drei eingezäunten, versteinerten Baumstämmen, die uns nicht so überzeugt haben *(Rundweg 500 m)*.

Als nächstes geht es links in die **Mouse's Tank Road**, an der die wichtigsten Highlights und farbenprächtigsten Felsen liegen. Direkt am Anfang befindet sich das Visitor Center *(9–16 Uhr)*. Dann rollen wir mitten durch Felsen in schier unglaublichem Rot, die vor allem bei Sonnenauf- und Untergang in den Farben des Feuers leuchten und dem Park seinen Namen gaben.

Am ersten Parkplatz beginnt eine der schönsten Wanderungen

Fast surreale Felsskulptur: die Fire Wave

zum **Felsrund Mouse's Tank** *(1,2 km hin und rück)*, die durch den sandigen Petroglyph Canyon mit Felszeichnungen führt. Ebenfalls sehr lohnend ist ein Stopp beim nächsten Parkplatz mit Fußweg zum Rainbow Vista *(1,6 km)* oder einer Rast auf den umliegenden Felskuppen. Dann verlassen wir das unwirkliche Rot und rollen durch Felsland in verschiedensten Gelb- und Pastelltönen.

Bei P3 startet die Wanderung zur **Fire Wave** *(1,5 km)*, an der vorbei es in den **Pastel Pink Canyon** in unglaublicher Farbenvielfalt geht *(beide gesperrt von 01. Mai bis 30. Sept.)*. Die Straße endet am White Domes Parkplatz.

Wanderung White Domes Trail, 1,8 km/40 Hm

Gut markiert mit Betonpyramiden mit Pfeilen. Um einen Parkplatz zu bekommen, sollten wir in der Saison entweder sehr früh oder spät anreisen *(dann etwa 1 Stunde für die Wanderung einplanen, sie ist zu schön zum »durchrennen«!)*.

Vom Parkplatzende wandern wir geradeaus auf breitem, sandigem Grund in den Felseinschnitt vor uns. Die Felswände rücken näher zusammen. Dann geht es abwärts über Geröll, wobei bei einzelnen steileren Passagen Steinstufen angelegt wurden. Unten angelangt erreichen wir die

Auf der Mouse's Tank Road

Im Pastel Pink Canyon, Teil der Seven Wonders

kleine Ruine eines Filmsets. An dieser geradeaus weiter führt der Weg hinab in eine Schlucht, wo wir rechts abbiegen. Jetzt folgt die Passage durch einen Slotcanyon, gerahmt von hohen, ausgewaschenen, gelben Wänden. Wo die Schlucht sich öffnet, biegen wir rechts ab. Wir wandern jetzt auf der westlichen Seite des White Dome entlang, auf sandigem Grund immer aufwärts. Schließlich wird der Weg kiesig, eben und bietet weite Aussicht. Der White Dome endet, rechts erheben sich jetzt zwei rote Felshügel. Zwischen diesen beiden hindurch kommen wir wieder zur Straße und dort rechts zum Parkplatz.

TOUR 10

Wir verlassen die Stichstraße ins Valley of Fire, biegen nach Westen ab und kommen vorbei an der Felsgruppe Seven Sisters mit Picknicktischen und dem kurzen Abzweig zu den Historic Cabins.

Wanderung zur Generations Bridge, 600 m

Parken GPS N 36°25'35.0" W 114°27'47.7"
Fans von Star Trek können zuvor noch einen Stopp einlegen: Vom Parkplatz aus laufen wir auf der anderen Straßenseite zurück nach Osten, bis ein deutlicher, sehr breiter Fußweg rechts abbiegt. Ihm folgen wir durch das hier tiefrote Land bis zu einem kleinen, felsigen Einschnitt, der von einer eher unauffälligen Fußgängerbrücke überspannt wird. Dies soll die originale Brücke zur Szene sein, bei der Captain Kirk starb.

Jetzt folgen der Parkplatz am **Elephant Rock,** danach die Parkeingangsstation und drei Kilometer weiter die North Shore Road.

Wer im Valley of Fire keinen Campingplatz fand, kann hier links abbiegen und kommt nach 5,5 Kilometern zu einer riesigen Schotterebene neben der Straße, den **Poverty Flats**,

Elephant Rock

und direkt anschließend zur Abfahrt rechts hoch auf die **Snowbird Mesa**, beides beliebte Stellplätze in karger Wüste ohne Schatten, auch für große Fahrzeuge geeignet, starke Winde möglich.

215 Poverty Flats – N 36°28'51.6" W 114°27'18.1"

An der North Shore Road nach rechts/Süden erwartet uns direkt das nächste Kassenhäuschen.

Lake Mead National Recreation Area

Eintritt: $ 25/7 Tage oder America the Beautiful Pass. **Highlights:** Felsenland und Wassersport. **Beste Reisezeit:** Frühjahr und Herbst. **Klima:** Durchschnittliche Höchst-/Tiefsttemperaturen Juli 41°C/24°C, Januar 13°C/1 °C. **Höhe:** ca. 350 - 600 m. **Hinweis:** Ausführlichere Infos siehe Tour 2.

Direkt nach dem Kassenhäuschen zweigt eine Schotterstraße ab zur **Ghost Town St. Thomas**, die in den 1930ern vom See 20 Meter überflutet und inzwischen mit fallendem Wasserstand wieder freigegeben wurde *(4,8 km Schotter, Lehrpfad 4,2 km auf ehemaligem Seegrund zu alten Grundmauern)*.

Die Abfahrt zum **Stewards Point** ist beschildert. Hier bietet sich ein ruhiger Zugang zum See, der vom Ende der Schotterstraße etwa 500 Meter entfernt ist. Freies Übernachten ist verboten.

Absolut lohnend ist ein Stopp bei **Rogers Spring**, nicht nur wegen der Quelle und den Palmen, sondern auch wegen der großartigen Aussicht über das Tal des Lake Mead an einer der wenigen Stellen an der North Shore Road, von der der See zu sehen ist.

Rogers Spring, eine Oase in der Wüste

Eine Stichstraße führt über acht Kilometer zur **Echo Bay** mit geschlossener Bootsrampe, Campground und RV Park, die in Konzession betrieben werden und inzwischen etwa zwei Kilometer vom Seeufer entfernt liegen. Er dient noch als Ausweichplatz für das Valley of Fire, könnte geschlossen werden.

216 Lake Mead – *Echo Bay Campground*

GPS/Kontakt: N 36°18'29.5'' W 114°25'24.0'', Echo Bay Rd., Tel. 702 394 4000. **Öffnungszeit:** Ganzjährig. **Ausstattung:** Picknicktische, Feuerringe, auf RV-Plätzen Full Hookup, Sanitäranlagen mit Duschen (nur RV und Upper Campground), Waschmaschinen. **Beschreibung:** Höhe 400 m. 55 RV-Plätze und >100 Campingplätze , alle relativ eng, mit kleinen Büschen und einzelnen Palmen. **Preis:** Ab $ 25 + tax, Full Hookup $ 35 + tax. **Anfahrt:** Kurz vor Ende der Echo Bay Road.

Wir rollen auf schroffe, schwarze Berge zu und an ihrer rechten Seite entlang durch wildes Felsenland. Ein Stopp lohnt sich beim Picknickplatz mit überdachten Tischen an den **Red Stone Dunes**. Über 140 Millionen Jahre enstanden aus dem losen Sand der Dünen, durch die Dinosaurier streiften, harte, tiefrote Felsen.

Wanderung Red Stone Dune Trail, 950 m/25 Hm

Parken GPS N 36°14'32.4'' W 114°30'57.7'', Wegmarkierung nicht gut.
Wir spazieren bis zum letzten Picknicktisch und bei diesem wenige Meter geradeaus zu einem querverlaufenden Weg. Dort links blicken wir auf den ersten, ausgewaschenen und zerfurchten Felsdünenhügel, den wir umrunden werden. Wenige Meter vor den Felsen biegen wir rechts ab.
Jetzt führt der Pfad immer am Fuß des Felsens entlang, den wir für eine

bessere Aussicht auch erklimmen können. Dabei haben wir einen schönen Überblick über das Hochtal mit versteinerten Dünenresten, gerahmt von spitzen Felskuppen. Wir folgen dem Pfad, bis wir wieder auf die Nordseite des Felsens kommen und links Parkplatz und Picknicktische sehen.

Calville Bay ist einer der Hotspots des motorisierten Wassersports am Lake Mead, dessen Bootsrampen noch geöffnet sind. Eine sechs Kilometer lange Stichstraße führt dort hin *(beschildert)*.

217 Lake Mead – *Calville Bay Campground*

GPS/Kontakt: N 36°08'25.0" W 114°43'34.5", Calville Bay Rd., www.recreation.gov, Tel. 702 293 8906. **Öffnungszeit:** Ganzjährig. **Ausstattung:** Picknicktische, Feuerringe, Spültoiletten, V/E. **Beschreibung:** 52 asphaltierte und relativ dicht angeordnete Stellplätze zwischen Oleanderbüschen. **Preis:** $ 20. **Anfahrt:** North Shore Road, beschildert abbiegen zur Caville Bay. **Hinweis:** Reservierbar.

Weiter nach Süden kommen wir zum Abzweig der SR-147 nach North Las Vegas. Hier geradeaus fällt rechts der hohe Staudamm des **Lake Las Vegas** ins Auge, der 1991 fertiggestellt wurde. Als luxuriöses Resort geplant, gingen mehrere Firmen bankrott, wohl auch durch Korruption. Dann treffen wir auf die **Lakeshore Road** (Tour 1), wo es links nach Henderson/Las Vegas South geht.

Rogers Spring

Tour 11

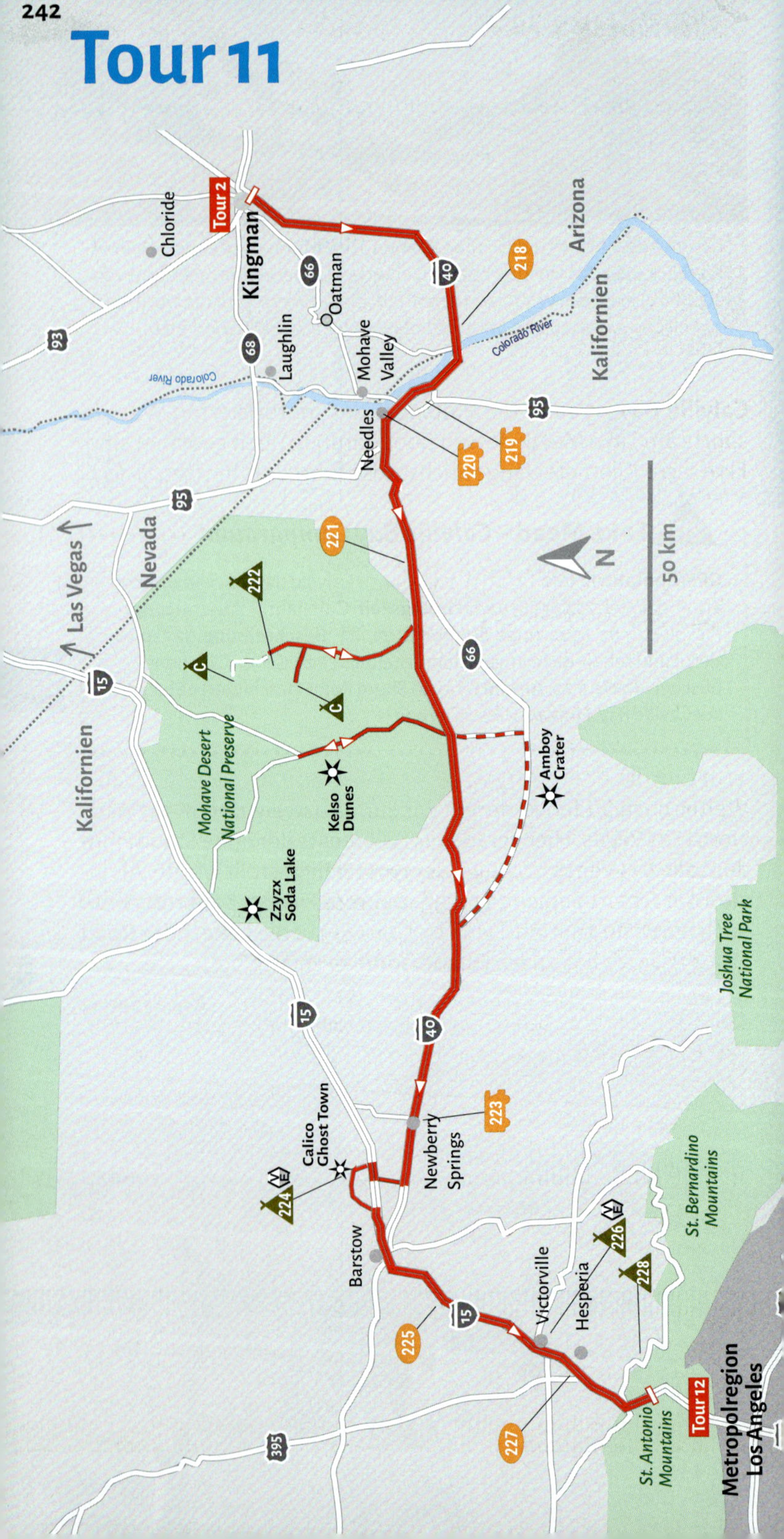

Tour 2
Chloride
Kingman
66
Oatman
40
218
Arizona
93
68
Laughlin
Mohave Valley
Colorado River
Colorado River
Kalifornien
95
219
220
Needles
95
221
N
50 km
Las Vegas
Nevada
222
C
C
15
66
Kalifornien
Mohave Desert National Preserve
Kelso Dunes
Amboy Crater
Zzyzx Soda Lake
Joshua Tree National Park
15
40
223
Newberry Springs
Calico Ghost Town
224
Barstow
226
228
St. Bernardino Mountains
Victorville
Hesperia
15
225
227
395
Tour 12
St. Antonio Mountains
Metropolregion Los Angeles

Durch die Wüste zum Pazifik

420 km

Auf der US-40 nach Westen: Die Strecke von Kingman nach Los Angeles durchquert die Mojave-Wüste. Oft wird diese Strecke einfach »abgefahren« auf dem Weg zum Ziel.
Zur richtigen Jahreszeit können Sie entlang der Route viele Besonderheiten dieses Wüstengebietes entdecken sowie Relikte der Route 66. Hier unsere Ideen für diese Tour:

- **Topock 66**
- **Mojave National Preserve**
- **Erloschene Vulkankrater an der Route 66**
- **Liberty Sculpture Park in Barstow**
- **Calico Ghost Town**

Ausführliche Besichtigungen in der Wüste und Übernachten auf der Strecke können wir nur von Ende September bis Anfang Juni empfehlen, denn im Sommer wird es unerträglich heiß in der Mojave Wüste. Zudem sind die meisten Wohnmobile zumindest im Juli/August bei Befahrung von Wüstengebieten nicht oder nur eingeschränkt versichert.

Unterschätzen Sie die Entfernung nicht. Bei den 420 Kilometern sind die Abstecher in die Mojave-Wüste nicht eingerechnet. Der Highway 40 East zieht sich mit der Geschwindigkeitsbegrenzung von 70 mph, 110 km/h, gefühlt ewig durch die Wüste. Außerdem können Sie ab Victorville mit Stau und stockendem Verkehr rechnen. Auch ab dem Pass zwischen den St. Antonia und St. Bernardino Mountains, bei dem diese Tour endet, kriecht der Verkehr oft langsam hinunter in die Metropolregion.

In den Bergen vor der Metropolregion Los Angeles, also direkt nach dem Ende unserer Tour, gibt es Übernachtungsmöglichkeiten mit moderateren Temperaturen, die in Tour 12 vorgestellt werden.

Auf der US-40 Richtung Los Angeles

Zeitzone

Nevada und Kalifornien -9 Stunden zu MEZ, Pacific Standard Time (PST) und Pacific Daylight Time (PDT) von Mitte März bis Anfang November. *Vorsicht:* Im Übergang, wenn in Kalifornien/Nevada schon/noch PDT herrscht aber bei uns noch/schon Winterzeit -8 Stunden hinter MEZ.

Von Kingman aus führt die US-40 in einem Bogen zum Colorado-River. Die Alternative über die enge und kurvenreiche Route 66 über Oatman ist in Tour 2 beschrieben. Kurz vor Erreichen des Colorado River wird der Bereich südlich von Exit 2 gerne zum freien Übernachten benutzt *(erste Stellplätze nach 160 m Schotter).*

218 US-40 Exit 2 – N 34°43'05.8" W 114°26'15.8"

Die nächste Abfahrt führt zu **Topock 66**, einem legendären Restaurant an einem Nebenarm des Colorado, der den Topock Marsh, ein großes Feuchtgebiet, speist. Abgesehen von den unerträglichen Temperaturen im Sommer kann man hier über die teilweise strandbekleideten Menschen staunen, im Pool relaxen, relativ günstige Snacks essen und kostenlose Wasserfläschchen aus der Kühlbox am Pool nehmen. In der Kurve der Abfahrt kann man außerdem auf dem riesigen Schotterplatz zwischen Highway- und Eisenbahnbrücke parken und das kurze Stück steiles Ufer hinunter zum Colorado gehen *(Vorsicht: Baden ist gefährlich wegen Unterströmungen!).*

Auch wenn der Highway anschließend einige Kilometer parallel zum Fluss verläuft, gibt es kaum noch Zugänge.

Mit der Flussquerung verlassen wir Arizona und kommen nach Kalifornien. Auf der anderen Flusseite thront ein großes Route 66-Schild über dem Ufer, ob die insgesamt 8 Kilometer Umweg lohnen, muss jeder selbst entscheiden *(GPS N 34°42'55.4"*

Am Colorado bei Topock 66

W 114°29'20.4"). Anschließend passieren wir die **California Agricultural Inspection Station von Needles**. Es handelt sich um eine von insgesamt 16 solcher Stationen an großen Highways, die die Ausbreitung von Pflanzen- und Tierkrankheiten in Kalifornien verhindern soll. Untersucht auf Schädlinge werden Feuerholz, Obst, Gemüse und Boote. Einfuhrverbote für Produkte aus Arizona sind z.B.: Maiskolben, viele Nüsse, viele Zitrusfrüchte, Kumquats sowie Kirschen und Äpfel z.B. aus Utah.

Direkt an der nächsten Ausfahrt befindet sich die **Historic Route 66 California Gateway Site**. Neben einer Infotafel zur legendären Mother Road gibt es überdachte Picknicktische sowie ein sehr beliebtes Gästebuch und ein Route 66 –Symbol auf der Straße *(GPS N 34°45'39.7" W 114°34'38.4")*. Der Platz selbst ist Day Use, der breite Schotterstreifen im Anschluss wird aber auch schonmal für eine kurze Nacht genutzt. Zwei Kilometer weiter im Nichts liegt der günstige Calizona RV Park.

Mojave-Wüste

Dieses riesige Wüstenbecken erstreckt sich im Regenschatten von Sierra Nevada und den südlichen San Gabriel und San Bernardino Mountains bei Los Angeles. Es handelt sich um eine Hochwüste, die zwischen 600 und 1.200 Metern Höhe liegt und durch einen Wechsel von niedrigen Bergketten und weiten, flachen Tälern geprägt ist. Hier herrscht extremes Klima: Im Winter auch Frost, Schnee auf den Berggipfeln und starke Winde, Sommertemperaturen über 40°C und die Gefahr von Monsunstürmen mit Sturzfluten, 50 – 150 mm Niederschlag pro Jahr. Der Joshua Tree ist die für die Mojave-Wüste charakteristische Pflanze und kann auch außerhalb des gleichnamigen Nationalparks entdeckt werden. Eine weitere wichtige Pflanze ist der bis zu 4 Meter hoch werdende, immergrüne Kreosot-Busch, der gelb blüht und weiße, pelzige Früchte trägt. Allgegenwärtig sind außerdem die weiten Sagebrush-Steppen, zu Deutsch Beifuß. In der Mojave-Wüste wurden verschiedene Metalle gefunden, unter anderem Silber und Gold. Die Reste der langen Bergbautradition finden sich heute in den Geisterstädten.

Zum Landschaftsgebiet der Mojave Wüste gehören auch das Death Valley und die nördlichen Bereiche des Joshua Tree Nationalparks. Es gibt zwei Schreibweisen, die beide verwendet werden: Mohave ist englisch, Mojave spanisch.

219 Needles – *Calizona RV Park*

GPS/Kontakt: N 34°46'15.3'' W 114°35'46.1'', 1902 5 Mile Road, Tel. 760 326 5679. **Öffnungszeit:** Ganzjährig. **Ausstattung:** Full Hookup, Sanitäranlagen mit Duschen, Waschmaschinen. Gebaut wird ein Diner (Restaurant) im Route-66-Stil. **Beschreibung:** Ziemlich eng gestellte, nackte Fläche. **Preis:** $ 10, mit Strom und Wasser $ 35. **Anfahrt:** US-40, Exit 148, 2,5 km Richtung Westen.

Auf dem Highway passieren wir **Needles** *(5.000 Einwohner, Höhe 151 m, alle Einrichtungen, Sommertemperaturen bis 50°C!)*. Der Ort wurde gegründet 1883 beim Bau der Eisenbahn und expandiert heute als Urlaubssiedlung am Colorado – wobei man sich fragt, wie die Urlauber es hier aushalten in der Zeit von Anfang Juni bis Ende September. Der Needles Marina Resort RV Park bietet teure Stellplätze direkt am Colorado mit Strand *(ab $ 77, im Winterhalbjahr Rentnerparadies, Mindestalter 55 Jahre)*. Am Ortsrand warten zwei »normale« RV-Parks direkt nebeneinander.

220 Needles – *Desert View RV Resort*

GPS/Kontakt: N 334°52'05.1'' W 114°38'26.7'', 5300 National Old Trails Highway, Tel. 760 326 4000. **Öffnungszeit:** Ganzjährig. **Ausstattung:** Full Hookup, Sanitäranlagen mit Duschen, Waschmaschinen, Pool. **Beschreibung:** Schön angelegt mit Hecken zwischen allen Plätzen und Palmen, grüne Oase, kein Zugang zum Colorado. **Preis:** Ab $ 44. **Anfahrt:** US-40, Exit 141, links auf Rute-66, an Verzweigung links (Route 66 West), nach 1 km auf rechter Seite. **Alternative: Needles KOA Journey**, relative neues, nacktes Gelände, großer Schotterplatz mit einzelnen Bäumen, ab $ 37, direkt nebenan.

Unser Highway führt jetzt durch niedrige, trocken-braune Bergketten und zum Mountain Springs Summit *(840 m, Exit 115, Mountain Springs Road)*. Hier gibt es freie Stellplätze mit asphaltierter Zufahrt gerade außerhalb der Sichtweite des Highways *(400 m vom Hwy., Alternative: Essex Rest Area, Exit 106, 15 km weiter)*.

221 Mt. Springs Summit – N 34°50'02.0'' W 115°03'06.7''

Die nächsten zwei Ausfahrten führen in das **Mojave National Preserve**, das vom National Park Service verwaltet wird. Zur richtigen Jahreszeit ist dies eine wunderbare Alternative zum Joshua Tree Nationalpark mit vielen Entdeckungsmöglichkeiten.

Mojave National Preserve

Eintritt: Kostenlos. **Highlights:** Mojave Wüste, große Sanddüne, Bergbaurelikte, Joshua Trees, Lavatube *(Zufahrt aktuell gesperrt)*. **Beste Reisezeit:** März bis Mai und Ende September bis November. **Klima:** Durchschnittliche Tageshöchst-/tiefstwerte Juli 37°/22°C, Januar 13°/3°C.
Hinweis: Kein Handyempfang.
Fahrten durch Wüstengebiete sind von vielen WOMO-Vermietern im Sommer nicht oder nur eingeschränkt versichert.

Exit 100 führt als Stichstraße an die Ostseite der Providence Mountains mit den Mitchell Caverns *(Enklave im Preserve, Eintritt!)* und zu drei Campingplätzen.

Die **Mitchell Caverns** befinden sich in der Providence Mountain State Recreation Area und sind vom Mojave Desert Preserve umschlossen *(Eintritt $ 10 pro Fahrzeug, Höhlenbesichtigung nur geführt, $ 20, bis 16 Jahre $10, 11 und 14 Uhr, Juni und September 10 Uhr, Dauer 2 Stunden in den Höhlen, 8–17 Uhr, Juli/August geschlossen, Reservierung online empfohlen* www.reservecalifornia.com*)*.

Die Höhlentour führt in zwei große Tropfsteinhöhlen, die durch künstliche Gänge verbunden sind. Der Weg zu und von den Höhlen ist insgesamt 2,5 Kilometer lang und verläuft teilweise am Berghang mit großartigen Weitsichten. Neben der Höhlentour gibt es einen Lehrpfad sowie seit 2023 einen Campingplatz *(5 Plätze, nur Fr und Sa, keine Versorgung, $ 20/Nacht)*.

Das **Hole-in-the-Wall Information Center** ist gut 30 km von der US-40 entfernt *(geöffnet ganzjährig, im Sommer Fr–Mo, 10–16 Uhr, Zufahrt 500 m nicht asphaltiert)*. Hier starten der Hole-in-the-Wall Nature Trail *(800 m, Lehrpfad »Wüstenvegetation« zum Campingplatz)* und der beliebte Rings Loop Trail, der durch die Felsenwelt mit Petroglyphen und einem kurzen Anstieg über Metallringe führt *(2,4 km)*. Die Abfahrt zum Campingplatz ist auf der asphaltierten Straße 500 Meter weiter.

222 Mohave Desert – *Hole-in-the-Wall CG.*

GPS/Kontakt: N 35°02'43.7'' W 115°23'29.0'', Black Canyon Road, Tel. -. **Öffnungszeit:** Ganzjährig. **Ausstattung:** Höhe 1.340 m. Picknicktische, Feuerringe, Trockentoiletten. **Beschreibung:** 35 Stellplätze in Wüstenvegetation und mit bunten Berghängen zu beiden Seiten. **Preis:** $ 12, $ 6 mit America the Beautiful-Pass *(bar in Umschlag)*. **Anfahrt:** Beschildert auf der Black Canyon Road. Campingplatzzufahrt 300 m und Campingplatz-Loop *nicht asphaltiert.* **Hinweis:** Nicht reservierbar. **Alternative:** Mid-Hills Campground, erreichbar über 15 km gute Schotterpiste *(nicht empfohlen für sehr große Fahrzeuge)*, kühler auf 1.700 m Höhe.

Viewpoint am Granite Pass

Zurück auf US 15 führt Exit 78 erneut in das Mojave Desert Preserve auf der **Kelbaker Road**. Die normal ausgebaute, asphaltierte Straße windet sich hoch zum Granite Pass *(1.230 m)* und führt kurz zuvor an einem beschilderten Viewpoint vorbei, der von Granit-Bouldern ähnlich denen im Joshua Tree Nationalpark umgeben ist. Leider gibt es hier keine Fußwege zu den runden Felskuppen.

Dann führt die Straße in ständigem Auf und Ab hinunter ins Tal, dabei leuchten die faszinierenden **Kelso Dunes** zwischen den vielen Strommasten links auf. Der nächste Abzweig nach einem kleinen Industriekomplex führt zu den Dünen, von hier sind es fünf nicht asphaltierte Kilometer zum Parkplatz am Fuß des über 10 Kilometer langen und bis zu 200 Meter hohen, weit leuchtenden Dünenfeldes. Wer die Füße im Sand der Düne vergraben möchte, ist etwa einen Kilometer unterwegs, bis zur höchsten Düne sind es gut fünf anstrengende Kilometer *(beides hin und rück)*.

Weite Wüstenlandschaft auf der Fahrt zum Kelso Depot

Die mächtigen Kelso Dunes im Mohave National Preserves

Weiter auf der Kelbaker Road erreichen wir an der nächsten Kreuzung das **Kelso Depot Visitor Center**, erbaut 1924 als Bahnhof im mexikanischen Stil *(aktuell geschlossen)*. Von hier nach rechts erreichen wir nach insgesamt gut 25 Kilometern das Gebiet ausgedehnter **Joshua-Tree Bestände** *(nach 23 km ab Kelso Depot rechts abbiegen auf die Cedar Canyon Road und bis zum Ende des Asphalts fahren)*.

Am Kelso Depot geradeaus weiter kommen wir nach 24 Kilometer zu einem Feld schwarzer Lavaströme, die sich vor 17.000 Jahren hier ergossen. Leider ist die Schotterzufahrt zum Lava Tube, einer erstarrten Lavahöhle mit Lichtbündeln durch Löcher und einem der absoluten Highlights des Parks, gesperrt.

Noch ein letzter Hinweis zum Mohave Desert Preserve: Auch einen **Salzsee** gibt es, am Nordwestrand, erreichbar über die US-15, Exit 239, Zzyzx Road (*die Straße heißt wirklich so*): Über acht asphaltierte Kilometer führt die Straße zum Ufer des trockenen Salzsees **Soda Lake** und zur **Soda Springs Oasis**. Da der größte Teil des Geländes von der California State University betrieben wird, dürfen Besucher nur rund um den palmengesäumten, kleinen und künstlich angelegten Lake Tuendae laufen, haben aber auch hier wunderschöne Aussichten auf den Salzsee. Neben den Wissenschaftlern zieht die Oase auch viele Vögel an.

In der Mojave Desert findet sich alles für Wüstenträume: Dünen, Joshua Trees, weite Einsamkeit und sogar einen Salzsee.

Zurück auf der US-40 rollen wir in Richtung Los Angeles. Wer nicht in den Sommermonaten unterwegs ist, kann bei der zweiten Zufahrt ins Mohave Preserve *(Exit 78)* für einen Abstecher Richtung Süden fahren und auf die Route 66 nach Westen abbiegen. Der schwarze, flache **Amboy Crater** erhebt sich gut sichbar neben der Straße *(Zufahrt zum Parkplatz asphaltiert, Trockentoilette und überdachte Picknicktische, Wanderung in den Krater und um seinen Rand 6,6 km/135 Hm)*. In Ludow bietet die ehemalige Whiting Brothers Gas Station ein morbides Fotomotiv der alten Route 66 *(GPS N 34°43'26.1" W 116°09'32.2", 500 m ab Hwy.)*.

Die Route 66 verläuft jetzt parallel zum Freeway, zuerst auf seiner Nord-, dann auf der Südseite. Dabei passiert sie das tiefschwarze **Pisgah Crater and Lavafield**, die drei Kilometer lange Zufahrt ist leider nicht geeignet für WOMOs.

Auf der US-40 folgen die hübsch angelegte **Desert Oasis Rest Area** und bei der nächsten Abfahrt ein RV Park mit netten Besitzern.

223 Newberry Springs – *Newberry Mountain RV Park*

GPS/Kontakt: N 34°48'53.0" W 116°37'00.0", 47800 National Trails Hwy., Tel. 760 257 0066. **Öffnungszeit:** Ganzjährig. **Ausstattung:** Full Hookup, Picknicktische, sehr einfache und alte Sanitäranlagen, Waschmaschinen, Pool. **Beschreibung:** Schottergelände mit einzelnen Palmen und Bäumen und weitem Blick in die von Bergketten gerahmte Wüste. Stellplätze verteilen sich wie in einer Oase rund um zwei Seen. Einziger Nachteil sind Sanitäranlagen und *Autobahngeräusche*, die US-40 verläuft keine 100 m entfernt. **Preis:** $ 55, ohne Anschlüsse $ 30. **Anfahrt:** US- 40, Exit 23, nach Süden zur Route 66 und dort rechts.

Waggon der Eisenbahnlegende Santa Fe im Newberry Mt. RV Park

Anschließend erreichen wir das Stadtgebiet von **Barstow** *(25.000 Einwohner, Höhe 664 m, Supermärkte/Tankstellen, günstige Tankstelle: Pilot Travel Center am Südrand, Exit 178)*. Der Ort liegt an mehreren wichtigen Verkehrswegen, der Union Pacific Railroad, den beiden Interstates 15 und 40 und Route 66. Das **Route 66 Mother Road Museum** und das Western America Railroad Museum befinden sich nördlich des riesengroßen Rangierbahnhofs. Es lohnt sich, die zu den Gleisen gelegene, alte Bahnhofsfront zu besichtigen *(GPS N 34°54'18.0" W 117°01'24.7", kostenlos, Fr–So 10–15 Uhr)*.

Spannend und eindrücklich ist der **Liberty Sculpture Park**, der in einem großen Gelände riesige Skulpturen präsentiert und seinen Ursprung als Mahnmal für die Chinesische Demokratiebewegung und die Opfer des Kommunismus hat. Zu den Werken gehören der Tank Man, der sich 1989 während der Massakers am Tian'anmen Platz vor einen Tanker-Konvoi stellte, und eine über 10 Meter hohe Büste zum Thema Covid *(GPS N 34°54'08.0" W 116°50'32.3", an der US-15 bei der Calico Ghost Town. Kostenlos, der Park kann auf sandigen Wegen befahren werden, Fußweg ca. 600 m eine Richtung)*.

11

Die **Calico Ghost Town** liegt etwa 16 km nordwestlich von Barstow, ist als Regionalpark kommerziell ausgebaut mit Restaurants und Souvernirshops und gut besucht bis überlaufen. Der Ort entstand 1881 nach Silberfunden und wurde bereits 15 Jahre später wieder aufgegeben.

Neben der großartigen Lage zwischen bunt marmorierten Berghängen haben uns das kleine Museum Lane House und die alten Verschläge am oberen rechten Ortsrand gefallen *(GPS N 34°56'51.1" W 116°51'53.9", Eintritt $ 8, 4-11 Jahre $ 5, teurer bei Festivals)*. Für einen Besuch der Silbermine aus den 1880ern oder eine Fahrt mit der Calico Odessa Railroad werden zusätzliche Gebühren erhoben. Der alte Friedhof ist unterhalb des Ortes.

In der Calico Ghost Town, oben: Bergarbeiterhütte

Calico Ghost Town: Im »General Merchandise«

224 Barstow – *Calico Ghost Town Campground*

GPS/Kontakt: N 34°56'51.1" W 116°51'53.9", www.sbcountyparks.com, Tel. 877 387 2757. **Öffnungszeit:** Ganzjährig. **Ausstattung:** Picknicktische, Sanitäranlagen, teilweise Full Hookup. **Beschreibung:** Stellplätze auf relativ nacktem Grund mit wenigen Bäumen, verteilt auf mehreren Ebenen unterhalb der Ghost Town. Nur außerhalb der Sommersaison zu empfehlen. **Preis:** $ 30, mit Strom $ 35, Full Hookup $ 40. **Anfahrt:** US-15, Exit 194, auf Calico Road nach Norden, beschildert mit großem Minenarbeiter.

Zwischen Barstow und Victorville führt Exit 169 Hodge Road zu beiden Seiten ins Nichts mit übernachtungsgeeigneten Schotterflächen direkt ab Ende des Asphalts *(etwa 500 m vom Hwy.)*.

225 Hodge Road – N 34°44'56.6" W 117°09'45.6"

Victorville *(130.000 Einwohner, Höhe 832 m, Supermärkte/Tankstellen)* liegt an einer Kette von Seen, die sich entlang des meist trockenen Flussbettes des Mojave River gebildet haben. Dieser entspringt am Nordrand der San Bernardino Mountains und »fließt« 180 Kilometer Richtung Nordwesten in den Soda Lake der Mojave Wüste, der über die Zzyzx-Road besucht werden kann.

Am Nordrand von Victorville gibt es einen **Aircraft Boneyard**, einen Flugzeugfriedhof. Hier stehen etwa 1.000 Flugzeuge, darunter viele der zu teuer gewordenen Boing 747 sowie Boing 737 MAX. Er ist einer von mehreren alten Miliärbasen in der Mojave-Wüste, die wegen des trockenen Klimas zur Lagerung ausrangierter Flugzeuge genutzt werden. Er kann nur über den Zaun betrachtet werden von drei verschiedenen Standorten *(1. Bei den Terminal-Gebäuden, z.B. GPS N 34°34'59.1" W 117°22'39.5". 2. Von der Westseite in etwa 1 km Entfernung zu den Flugzeugen, GPS N 34°36'04.1" W 117°24'03.1" (letzte 1,5 km über breite Schotterpiste), 3. idealer Überblick von der Nordostecke auf das Gelände, N 34°36'56.8" W 17°22'24.4", kann nur über die Westseite vorbei an Platz 2 erreicht werden, 9 km Schotter, Flugzeugspotter werden bisher geduldet).*

Der **Mojave Narrows Regional Park** bietet Entspannung in einer Oase am Mojave River mit zwei Seen, Wiesenflächen und alten, hohen Pappeln *(Eintritt $ 8, kein Schwimmen/Baden, Wasserspielplatz).*

226 Victorville – *Mojave Narrows Regional Park*

GPS/Kontakt: N 34°30'33.8" W 117°16'21.9", 18000 Yates Road, Tel. 760 245 2226. **Öffnungszeit:** Ganzjährig. **Ausstattung:** Picknicktische, Feuerringe, Sanitäranlage mit Duschen, Full Hookup. **Beschreibung:** Sauber angelegte Stellplätze, teilweise mit Bäumen. **Preis:** $ 40. **Anfahrt:** US-15, Exit 140, 18 East, 2. Kreuzung rechts in Green Tree Boulevard, Straße für gut 5 km folgen bis Abzweig rechts in den Park.

Durch relativ dicht besiedeltes Gebiet nähern wir uns dem Küstengebirge, das die Mojave-Wüste vom Meer und Los Angeles trennt. Wer noch dringend einen Übernachtungsplatz braucht, kann versuchen, auf den riesigen Freiflächen beim Pilot Travel Center in Hesperia unterzukommen.

227 Pilot Travel Center – N 34°24'36.9" W 117°23'55.1"

Dann zieht sich der Freeway hoch auf zum Cajon-Pass *(1.150 m)* zwischen den San Gabriel Mountains im Norden und den bis zu 3.505 Metern hohen San Bernardino Mountains im Süden. 11

Am Pass liegt der Abzweig zur **Silverwood Lake State Recreation Area** in den San Bernardino Mountains. An dem Bergsee vergnügen sich Badegäste und Wassersportler *(Camping $ 45, reservierbar* www.reservecalifornia.com*).*

Weitere Plätze Richtung Los Angeles werden in der nächsten Tour beschrieben, weil sie sich als Startpunkte für eine Stadtbesichtigung eignen.

228 Silverwood Lake – N 34°16'59.4" W 117°20'58.3"

Vom Cajon Pass zum Pazifik

Tour 12

St. Bernardino Mountains
229
San Bernardino
10
232
215
Riverside
233
15
15
15
10
231
230
St. Antonio Mountains
234
210
5
Anaheim
Irvine
Disneyland
235
10
Los Angeles
Metro J Silver Line A Blue Line
5
236
237
Griffith Park
Long Beach
238
Universal Studios
Downtown
Hollywood Blvd.
San Pedro
5
Santa Monica
101
1
240
239
Metro G Orange Line B Red Line E Expo Line
Santa Monica Mtns.
241
243
101
Arizona
242
1
101
1
N
50 km

Los Angeles
180 km

Los Angeles ist der Name einer Stadt und eines urbanen Großraumes mit – je nach Definition – fast 20 Millionen Einwohnern und etwa 14.000 Quadratkilometern Fläche. Steht der Name wörtlich für »die Engel«, so ist er auch Synonym für Hollywood mit der Scheinwelt der Filmindustrie, für die Show der Schönen und Reichen, für ein Sprachengemisch aus Englisch und Spanisch, für mediterranes Klima, für stundenlange Autobahnstaus und für bittere Armut in der größten Gemeinschaft Wohnungsloser in Nordamerika.
Wer sich auf die Stadt einlässt, kann sie in vielen unterschiedlichen Facetten erleben. Je nach Dauer Ihres Aufenthaltes schlagen wir vor:

- **Griffith Observatory mit der berühmtesten Aussicht auf die Skyline**
- **Hollywood Boulevard**
- **Downtown City Walk**
- **Themenpark Universal Studios oder Disneyland**
- **Chillen an einem der Strände**

In diesem Kapitel gibt es alle Informationen für einen abwechslungsreichen Besuch von Los Angeles. Neben der Beschreibung der Highlights laden wir zu einem City Walk durch Downtown ein und zu allen Zielen beschreiben wir Parkmöglichkeiten und ÖPNV-Anbindungen.

Für eine günstige Übernachten empfehlen wir die Campingplätze Prado Regional Reservoir im Osten oder Leo Carillo/Malibu Creek State Parks im Westen (Plätze 233 und 241/242). Nahe am ÖPNV angebunden liegen außerdem das Golden Shore Resort (Platz 238) und der Hollywood RV Park (Platz 240).

Die Kilometerangabe bezieht sich auf die reine Durchfahrt durch die Stadt wie in der Karte eingezeichnet. Sie berücksichtigt keine Besichtigungen und Strandbesuche.

Die Skyline vom Griffith Observatory gesehen

Zeitzone

Kalifornien -9 Stunden zu MEZ, Pacific Standard Time (PST) und Pacific Daylight Time (PDT) von Mitte März bis Anfang November.
Bitte beachten: Im Übergang, wenn in Kalifornien schon/noch PDT herrscht aber bei uns noch/schon Winterzeit -8 Stunden hinter MEZ.

Wir nähern uns dem Großraum Los Angeles von Nordosten über die US-15 und den **Cajon Pass**. Wegen des riesigen Stadtgebietes kommen jetzt vor der Beschreibung der Stadt zuerst die Campingplätze östlich des Zentrums. Bei allen ist die ungefähre Fahrtzeit nach Downtown angeben, ohne die allgegenwärtigen Staus. Die Fahrtzeit zur El Monte Station der Silver Line Metro beträgt etwa 15 Minuten weniger. Freie Stellplätze sind bewusst nicht angegeben, weil viele Neighbourhoods als unsicher gelten.

Noch fast in den Bergen und direkt an der US-15 liegt der **Glen Helen Regional Park** mit Wiesenflächen für Picknick, zwei kleinen Angelseen und einem Wasser-Badepark *(Eintritt $ 8, Sa – So $ 10)*.

229 San Bernardino – *Glen Helen Campground*

GPS/Kontakt: N 34°12'44.7'' W 117°24'29.7'', 17800 Glen Helen Rd., www.sbcountyparks.com, Tel. 909 887 7540. **Öffnungszeit:** Ganzjährig. **Ausstattung:** Picknicktische, Feuerringe, Full Hookup, Sanitäranlagen mit Duschen, V/E. **Beschreibung:** Wiesengelände mit Büschen und Bäumen im alten Bereich, neuere Plätze im Außenbereich sehr nackt. **Preis:** Ab $ 37. **Anfahrt:** Im Autobahndreick auf die US-215, sofort Exit 54, rechts auf Devore Road, 2 rechts *(gegenüber vom weiß eingezäunten Regional Park)*. **Hinweise:** Reservierbar. Bis Downtown 90 km/1 h. Campingplatz liegt außerhalb des kleinen Regional Parks.

TOUR 12

Zwei Campingplätze befinden sich an der **Lytle Creek Road**, die von der US-15 bei Exit 119 Richtung Westen als Sackgasse in die San Bernadino Mountains führt, einer davon der mit Abstand günstigste in Stadtnähe. Wegen der Höhenlage herrschen hier im Sommer mildere Temperaturen.

230 Lytle Creek – *Bonita Ranch Campground & RV*

GPS/Kontakt: N 34°14'14.9'' W 117°30'00.4'', 900 S Fork Rd.,Tel. 909 887 3643. **Öffnungszeit:** Ganzjährig. **Ausstattung:** Picknicktische, Feuerringe *($ 5/Nacht)*, Sanitäranlagen mit Duschen, Wasser + Strom, V/E. **Beschreibung:** Höhe 900 m. Wunderschöne Lage im Gebirge. Plätze auf Wiesengelände mit vielen Bäumen. **Preis:** $ 45 + tax (inkl. 2 Personen), Person $ 3. **Anfahrt:** 10 km ab US-15, Exit 119. **Hinweise:** Bis Downtown: 95 km/1 h. Hier startet die hübsche Wanderung zu den Bonita Falls, 2,4 km/50 Hm.

231 Lytle Creek – *Appelwhite Campground*

GPS/Kontakt: N 34°15'33.8'' W 117°29'36.8'', Lytle Creek Rd., www.recreation.gov, Tel. 909 382 2851. **Öffnungszeit:** Ganzjährig. **Ausstattung:** Picknicktische, Feuerringe, Spültoiletten, Trinkwasser. **Beschreibung:** Höhe 1.010 m. 52 asphaltierte Plätze, auf einer Heidefläche mit unterschiedlichsten Büschen und Bäumen, gerahmt von Bergen. **Preis:** $ 10. **Anfahrt:** 12 km ab US-15, Exit 119. **Hinweise:** Überwiegend reservierbar. Bis Downtown: 98 km/1,1 h.

Im Osten der Metropolregion sind zwei empfehlenswert, günstige und stadtnahe Campingplätze zu finden. Außerdem gibt es im Osten zwei RV Parks, einmal günstig und einfach, der zweite näher an der Stadt, luxuriöser und teurer.

232 Redlands – *Mission RV Park*

GPS/Kontakt: N 34°03'46.7'' W 117°13'42.4'', 26397 Redlands Blvd., Tel. 909 796 7570. **Öffnungszeit:** Ganzjährig. **Ausstattung:** Full Hookup, V/E, Sanitäranlage mit Dusche, Waschmaschinen. **Beschreibung:** Nacktes Gelände, eng gestellt mit sehr schmalen Grünstreifen zwischen den Stellplätzen. **Preis:** Ab $ 43 + tax. **Anfahrt:** US-10 East Redlands, Exit 76, dann rechts/südlich, nächste rechts. **Hinweis:** Bis Downtown 99 km/1 h.

TOUR 12

233 Chino – *Prado Regional Park*

GPS/Kontakt: N 33°56'36.3'' W 117°38'27.7'', Prado Resevoir, www.sbcountyparks.com, Tel. 909 597 4260. **Öffnungszeit:** Ganzjährig. **Ausstattung:** Picknicktische, Feuerringe, kleines Sanitärgebäude, Strom und Wasser, V/E. **Beschreibung:** Riesige Wiesenfläche mit lockerem Baumbestand rund um das Prado Reservoir, Stellplätze mit viel Abstand. **Preis:** $ 40. **Anfahrt:** US-10 nach Westen, Exit 51 CA-83/Euclid Avenue nach Süden, nach 16 km links beschildert. **Hinweise:** Bis Downtwon 66 km/45 min. Der See ist bei Anglern beliebt, kein Badestrand. Spielplatz und Wasserspielplatz. Boot-/Tretbootverleih. Parkeintritt $ 8 p.P. oder $ 10 pro Fahrzeug *(bei Camping inklusive)*.

Alternative: Chino Hills Regional Park, Rolling M Ranch Campground, GPS N 33°55'19.9'' W 117°42'18.5'' *max. 28 ft/8,50 m*, $ 30, inmitten gelber Wiesenhügel, reservierbar www.sbcountyparks.com.

234 Pomona – *Fairplex RV Park*

GPS/Kontakt: N 34°05'23.1" W 117°45'51.4", 2200 N White Ave., Tel. 909 593 8915. **Öffnungszeit:** Ganzjährig. **Ausstattung:** Full Hookup, zentrale Sanitäranlage mit Duschen und Waschmaschinen, Pool und Whirlpool. **Beschreibung:** Riesige Anlage mit fast 200 eng angeordneten Stellplätzen, überraschend viel Grün und Bäume, viele Langzeit-/Arbeitscamper. Teuer, aber nur 30 km entfernt von der J (Silver) Line El Monte Station. **Preis:** Ab $ 85 + tax. **Anfahrt:** US-15, Exit 115A auf Hwy-210, dort Exit 48, auf Fruit St. Richtung Süden, Straßenverlauf für 3,7 km folgen. **Hinweise:** Bis Downtown 50 km/40 min. Gegenüber vom Fairplex-Gelände, einer Mischung aus Messehallen, ständigen Ausstellungen, Vergnügungspark und Festivalgelände.

Schließlich folgen vier bei Touristen wenig bekannte Campingplätze/RV Parks, die aber von Einheimischen gut belegt werden und oft frühzeitig ausgebucht sind. Der leider teure Moro Campground liegt im **Crystal Cove State Park**, der sich entlang der Meerseite des Highway No. 1 erstreckt und einen Streifen ursprüngliches Salbei-Küstenbuschland oberhalb eines flachen Steilufers und Sandstränden schützt, ein Stück wilde Natur mitten im Großstadtmolloch.

235 Crystal Cove State Park – *Moro Campground*

GPS/Kontakt: N 33°33'48.0" W 117°49'14.3", 8471 N. Coast Highway, Laguna Beach, www.reservecalifornia.com, Tel. 949 494 3539. **Öffnungszeit:** Ganzjährig. **Ausstattung:** Picknicktische, Feuerringe, Toiletten und Duschen, Wasser und Strom, V/E. **Beschreibung:** Sehr schön angelegt am flachen Hang oberhalb des Highway No. 1, Fahrwege asphaltiert, Stellplätze sauber gekiest und mit niedrigen Büschen getrennt.Von vielen Plätzen Blick aufs Meer. **Preis:** $ 75, Vans dürfen auch auf Zeltplätzen stehen $ 55. **Anfahrt:** Auf der CA-55 bis Newport Beach, dort auf den Hwy. 1 gut 12 km nach Osten, Crystal Cove Park liegt rechts, Campingplatz links/Inlandseite des Hwy. **Hinweise:** Bis Downtown 80 km/55 min. Möglichst früh reservieren. Ca. 400 m Fußweg zum Strand. Im Park gibt es fast 30 Kilometer Wanderwege und interessante Rangerführungen.

236 Huntington Beach – *Huntington Beach RV Park*

GPS/Kontakt: N 33°39'18.8" W 117°59'59.8", 21071 Pacific Coast Hwy., www.hbrv.org, Tel. -. **Öffnungszeit:** *5. September bis 31. Mai*. **Ausstattung:** Toiletten, Wasser und Strom, V/E. **Beschreibung:** Außerhalb der Sommersaison werden Stellplätze auf einem großen langgestreckten Parkplatz direkt am Strand bereitgestellt. 500 Meter zum Pier und Restaurants. **Preis:** $ 75, Fr – So $ 100. **Anfahrt:** CA-55 bis Newport Beach, dort auf den Hwy. No. 1 nach Westen für 8 km. **Hinweise:** Bis Downtown 65 km/1 h. Reservierbar 3 Monate vor Ankunftstag. Direkt am Strand.

237 Huntington Beach – *Bolsa Chica State Beach*

GPS/Kontakt: N 33°41'31.9" W 118°02'39.9", 17851 Pacific Coast Hwy., www.reservecalifornia.com, Tel. 714 377 5691. **Öffnungszeit:** Ganzjährig. **Ausstattung:** Sanitäranlagen mit Münzduschen, Strom und Wasser, V/E. Feuerringe am Strand. **Beschreibung:** Durch Markierungsstreifen abgetrennte Stellplätze auf einem Parkplatz zwischen Strand und Highway No. 1. Sehr beliebt und langfristig ausgebucht. **Preis:** Ab $ 60. **Anfahrt:** CA-55 bis Newport Beach, dort auf den Hwy. No. 1 nach Westen für 15 km. **Hinweise:** Bis Downtown 60 km/1 h. Frühzeitig reservieren. Auf der Inlandseite befindet sich eine Lagune mit Rundwegen.

238 Long Beach – *Golden Shore RV Resort*

GPS/Kontakt: N 33°45'52.8" W 118°12'07.7", 101 Golden Shore, Tel. 800 668 3581. **Öffnungszeit:** Ganzjährig. **Ausstattung:** Picknicktische, Full Hookup, Toiletten und Duschen, Pool und Hotpool, Waschmaschinen, free Wifi. **Beschreibung:** Eng aber ansprechend angelegt mit vielen Palmen und kleinen Hecken zwischen den Stellplätzen. Am Los Angeles River in Long Beach, 2 km von Meer/Strand entfernt. Oft ausgebucht. **Preis:** $ 80 - 90. **Anfahrt:** US-710 nach Long Beach, Exit 1B, Pico Ave. Richtung Meer, nach Unterführung des Autobahnkreuzes links auf W Ocean Boulevard, nach Brücke über Los Angeles River erste rechts. **Hinweise:** Bis Downtown 40 km/30 min, 1 km zur Metro Blue Line Long Beach Richtung Los Angeles Down Town.

Nach diesem Überblick über die Übernachtungsmöglichkeiten östlich von Los Angeles folgen jetzt alle Infos zur Stadt.

Unterwegs im Großraum Los Angeles

Los Angeles

Einwohner: 4 Millionen. **Einwohner Metropolregion:** 19 Millionen. **Ausdehnung:** Ost-West 170 km von San Bernardino bis West Hills, Nord-Süd 60 km von Pasadena bis Long Beach. **Klima:** Subtropisch, durschnittliche Tageshöchst-/tiefstwerte Juli 29°C/18°C, Januar 19°C/9 °C.
Seenebel: Im Frühsommer erwärmt sich die Luft an Land schneller als auf dem Meer und reichert sich mit verdunstetem Wasser an. Nachts zieht diese Luft über das kühlere Meer und führt so zu teils dichtem Seenebel. Dieses Phänomen endet üblicherweise etwa Ende Mai beziehungsweise an Juni-Morgenden löst es sich schnell auf.
Hinweise: Alle 2-3 Jahre wehen die heißen Santa-Ana-Winde über die Berge aus den östlichen Wüsten und verstärken die Waldbrandgefahr.
Staus auf Highways führen zu einer tatsächlich gefahrenen Durchschnittsgeschwindigkeit von etwa 50 km/h.

Unsere Besichtigung der Stadt ist sortiert zu den Themen:

» Hollywood
» Downtown
» Parks
» Skyline View
» Museen
» Themenparks
» Strände
» Parken und ÖPNV
» Vergünstigungskarten
» Wohnmobilmiete

Los Angeles – History 'n' Facts

Vor der Besiedlung durch die Weißen besiedelten unterschiedlicher Stämme das hügelige Gebiet westlich der Costal Range am Meer. Zu ihnen zählten die Chumash, die als Fischer lebten und die Gabrieleno.

Um die Indigenen zu missionieren und Besitzansprüche der spanischen Krone zu verdeutlichen, gründeten 1771 Franziskaner die spanische Mission »San Gabriel«. Die Stadt Los Angeles wurde 1781 gegründet von 44 Siedlern, ebenfalls um den spanischen Einfluss zu festigen. Sie betrieben vor allem Viehzucht. 40 Jahre später, 1821, kam Los Angeles unter mexikanische Herrschaft. Bis Mitte des 19. Jahrhunderts war die Stadt auf etwa 2.000 Einwohner angewachsen, amerikanische Siedler, chinesische Arbeiter und mexikanische Großgrundbesitzer.

Im Mexikanisch-Amerikanischen Krieg von 1846 – 48 wurde Los Angeles an die USA angegliedert. Goldfunde bei Sacramento westlich von San Francisco im Jahr 1848 führten zum Kalifornischen Goldrausch, der sieben Jahre andauerte und auch zum Wachstum der Bevölkerung von Los Angeles führte. Um 1900 war die Bevölkerung auf 100.000 Menschen angewachsen. Dann kam es zu einem explosionsartigen Wachstum der Stadt durch Zuwanderung, Anbindung an die Eisenbahn und Industrialisierung. 1910 begann die Filmproduktionen in Hollywood und ein wichtiger Wirtschaftszweig expandierte. Um die Wasserversorgung sicherzustellen, kaufte die

Stadt umfangreiche Wasserrechte im 300 Kilometer entfernten Owens Valley, das sich zwischen Sierra Nevada und Death Valley erstreckt. Über Aquädukte wird es seit 1913 von dort transportiert.
Heute ist die Bevölkerung bunt gemischt mit etwa einem Drittel Latinos. Selbstverständlich wird hier auch Spanisch gesprochen und beschildert. Etwa ähnlich groß ist die Gruppe der weißen Bevölkerung, dann folgen Menschen asiatischer Abstammung. Auch heute noch wächst die Stadt kontinuierlich, vor allem durch Zuwanderung aus Mexiko und Mittelamerika. Los Angeles hat eine hohe Kriminalitätsrate, ein besonderes Problem ist die Bandenkriminalität.

Ein völlig anderes Problem birgt die San-Andreas-Verwerfung, die zu Füßen der Küstenberge verläuft und somit am Ostrand des Ballungsgebietes. Hier verschiebt sich die Pazifische Platte unter und entlang der Nordamerikanischen Platte. Gezählt wurden seit 1800 neun große Beben mit einer Stärke von 6 und höher und viele kleine Beben. Das stärkste Beben fand 1857 statt, es führte zu wenig Schäden wegen der geringen Besiedlungsdichte. Weil die Erde so lange nicht mehr gebebt hat, staut sich die Energie zwischen den Platten auf und es wird ein großes Beben erwartet »The Big One«. In Los Angeles gelten es sehr strenge Baustandards. Jährlich werden Katastrophenübungen durchgeführt, die »Great Shake Out«.

Hollywood

Dieser Name steht für die Filmindustrie, die riesigen Hollywood Lettern am Rande des gleichnamigen Villenviertels, den Hollywood Boulevard mit den Sternen und für die Universal Studios, auf deren Gelände auch heute noch Blockbuster gedreht werden.

Eine der bekanntesten Besichtigungsziele ist der **Hollywood Boulevard** zwischen Madame Tussauds im Westen und der Vine Street im Osten. Hier liegen folgende Attraktionen aufgereiht:

» Das Wachsfigurenkabinett Madame Tussauds *(11–18 Uhr, Fr–Sa 10–18 Uhr, ab $ 33 + tax)* TCL Chinese Theatre, ein 1927 eröffnetes Kino. Im halbrunden Vorhof sind Hand- und Fußabdrücke von Stars zu bewundern *(kostenlos)*

» Dolby Theatre, 2001 gebaut für die Verleihung der Oscars mit bis zu 3.400 Sitzplätzen, bietet eine der größten Bühnen der USA. Am Gebäude befindet sich der Stern des Boxers Muhamad Ali.

» Metro B Red Line, Station Hollywood/Western *(s. Parken/ÖPNV)*

» Walk of Fame, im Bürgersteig eingelassene Sterne für Prominente der Unterhaltungsindustrie, inzwischen über 2.700 in fünf Kategorien Film, Fernsehen, Musik, Radio, Theater, auf beiden Seiten der Straße und weiter östlich/westlich

» Metro B Red Line Station Hollywood/Vine, *(s. Parken/ÖPNV)*

Anreise Hollywood Boulevard

Am entspanntesten ist die Anreise per Metro (siehe ÖPNV). Alternativ ist Parken in den Seitenstraßen theoretisch möglich, für große Fahrzeuge aber kaum umsetzbar *(kostenpflichtig und mit Zeitbegrenzung)*.
Außerdem gibt es folgende Parkplätze:
Hollywood Boulevard Parking *($ 22 pro Tag für einen PKW-Stellplatz, GPS N 34°06'05.4" W 118°19'23.0")*
1634 N Las Palmas Ave Parking *($ 20/Tag für einen PKW-Stellplatz, auch kürzere Zeiten möglich, GPS N 34°06'02.7" W 118°20'09.8")*

Das **Hollywood Sign** mit seinen 15 Meter hohen Lettern ist das Wahrzeichen des Stadtteils. Um es zu sehen, gibt es mehrere Möglichkeiten.

Die bekannteste ist das **Griffith Observatory**. Es thront auf der Südseite des Mount Hollywood in 300 Metern Höhe und wurde 1935 im Jugendstil erbaut. Von der Aussichtsterrasse hat man einen der besten Blicke über die Stadt. Vor allem abends ist diese Aussicht sehr beliebt. Der Blick fällt schräg auf das 2 Kilometer entfernte Hollywood-Sign an den Berghängen im Westen. Im Observatorium gibt es ein Planetarium mit Ausstellung *(kostenlos Di – Fr 12 – 22 Uhr, Sa – So 10 – 22 Uhr)*. Wenn wir das Griffith Observatory azyklisch besuchen, also früh morgens, haben wir die besten Chancen auf einen Parkplatz, eventuell sogar kostenlos am Fern Dell Drive direkt unterhalb des Observatoriums.

TOUR 12

Anreise Griffith Observatory

Per Metro B (Red) Line und Bus DASH Observatory/Los Feliz an *(siehe ÖPNV)* oder über die beiden Zufahrten Fern Dell Drive *(aus Südwesten)* oder North Vermont Avenue *(aus Südosten)*. Ab dem Mt. Hollywood Tunnel 700 Meter vor dem Observatorium bilden die Straßen zusammen eine Einbahn-Zu-Abfahrt.
Parken: Section 9 Parking am Fern Dell Drive *(kostenlos, GPS N 34°07'02.2" W 118°18'25.8", 1,8 km/120 Hm eine Richtung zum Observatorium über den West Trail, einen breiten gesperrten Fahrweg in der Straßenkehre)*

Die nächtliche Skyline vom Griffith Observatory gesehen

Das Hollywood Sign, vom Griffith Observatory aus gesehen

Parkstreifen an Fern Dell Drive/N Vermont Ave./W Observatory Rd. oder auf dem kleinen Parkplatz vor dem Observatorium *(GPS N 34°07'18.2" W 118°18'07.0", kostenpflichtig $ 10 pro Stunde von 12–22 Uhr, Sa–So 10–22 Uhr)* Greek Parking *(großer Parkplatz am Fuß der N Vermont Avenue, GPS N 34°07'19.1" W 118°17'49.3", kostenlos außerhalb von Veranstaltungen im Greek Theatre/Open Air Amphitheater, Fußweg 1,1 km/80 Hm entlang der Straße zum Observatorium).*

Es gibt weitere, weniger bekannte Möglichkeiten, das Hollywood-Sign zu bewundern. Hier zwei Vorschläge:

» **Hollywood Sign Viewpoint** auf der Nordwest-Seite des Hollywood Reservoirs, Luftlinie 950 Meter, oberhalb befindet sich ein Park mit großer Wiesenfläche und Blick auf die großen Lettern *(GPS N 34°07'32.7" W 118°19'33.6", Parken nur tagsüber entlang der Straße westlich des Viewpoints).*

» Vom **Damm des Hollywood-Reservoirs**, schöner Blick übers Reservoir, Luftlinie 2 km *(GPS N 34°07'02.4" W 118°19'48.1", kleiner Parkplatz, Wenden für große Fahrzeuge schwierig).*

TOUR 12

Das Griffith Observatory gehört zum Griffith Park, siehe Parks. Die Universal Studios sind im Abschnitt Themenparks beschrieben.

Downtown

Downtown Los Angeles ist eine schwer verdauliche Mischung aus **hoch aufstrebenden Wolkenkratzern**, stolzer Finanzwelt, Gebäude unterschiedlicher Baustilen und **bitterer Armut**. Hier finden sich das historische Zentrum mit niedrigen Backsteinhäusern, die Los Angeles City Hall im Art-Deco-Stil von 1928, der Bahnhof Union Station von 1939 im Stil einer spanischen Mission, der Monumentalbau The Cathedral of Our Lady of Los Angeles von 2002 und vieles mehr. Dazu die Seilbahn Angels Flight von 1901 und mehrere großformatige Kunstwerke wie das Triforium und der Molecule Man. Dazwischen wohnen Obdachlose unübersehbar in Zelten und unter Planen. An Wochenenden, wenn das wohlhabende Downtown Pause hat, fällt dieser bedrückende Gegensatz besonders stark auf.

Nur 350 Meter östlich beginnt **Central City East**, auch **Skid Row** genannt, ein Begriff, der sich auf die Schlitten der Holzfäller bezieht und heute allgemein für Armenviertel steht. Über etwa 50 Straßenböcke verteilt lebt hier die größte Gemeinschaft von Wohnungslosen in den USA, geschätzt 10–15.000 Menschen.

Einen schönen Blick auf Downtown über die Wasserflächen mit Seerosen hat man aus dem **Echo Park**, vier Kilometer nordwestlich von Downtown *(GPS N 34°04'29.8" W 118°15'41.2")*.

Jetzt zurück zu einer Besichtigung von Downtown, die wir als Spaziergang durch die Stadt ab Union Station beschreiben.

TOUR 12

LA Downtown City Walk

Wir starten an der **Union Station**, die wir durch den Haupteingang nach Westen verlassen. Unter Palmen überqueren wir die N Alamenda Street und steigen die breiten Treppen schräg rechts hoch.

Am Monument von Antonio Aguilar gehen wir links vorbei zum El Pueblo des Los Angeles im Stil einer Pagode oder achteckigen Tribüne. Hier nach rechts liegt die **Olvera Street**, das historische Zentrum mit niedrigen Backsteinhäusern und Jahrmarktbuden, Souvenirs und Restaurants. Wir laufen die gut 150 Meter lange Straße hoch und wieder runter.

Zurück spazieren wir an der rechten Seite der Pagoden-Tribüne vorbei und entlang der N Main Street zum **Brunswick Building**. 1888 in Viktorianischer Zeit eröffnet, war es eines der ersten fünfstöckigen Gebäude in Los Angeles.

Weiter auf der Main Street überqueren wie die US-101 und kommen vorbei am mächtigen US Court House. An seinem Ende ist auf der gegenüberliegenden Straßenseite das **Triforium** zu sehen, 20 m hohe Betonsäulen mit 1.494 bunten Prismen aus venezianischem Glas und Beleuchtung. Ursprünglich war es mit einem Carillon bestückt. Einem Glockenspiel mit 79 Glocken. Weiter auf der rechten Seite blicken wir auf die **Los Angeles City Hall** im Art-Deco-Stil von 1928. Der Turm ist 138 m hoch und bietet ein kostenloses Observation desk im 27. Stock (*Security check beim Haupteingang, Aufzug bis zum 22. und dann bis zum 26. Stock, Treppen*).

Hinter der City Hall biegen wir rechts ab durch den Park, auf der nächsten Straße rechts und links durch den Grand Park. Mit der City Hall im Rücken spazieren wir durch den Park aufwärts und überqueren zwei Straßen bis zu den Wasserspielen der Arthur J. Will Memorial Fontain. Der nächste Satz Treppenstufen bringt uns zur Grand Avenue, wo wir links abbiegen.

Direkt auf der nächsten Ecke leuchtet silbern die einem Segelschiff nachempfundene **Walt Disney Concert Hall** von 2003. Sie ist Heimat des Los Angeles Philharmonic Orchestra und bietet Platz für über 2000 Gäste.

Weiter auf der Grand Avenue kommen wir zum The Broad Museum für zeitgenössische Kunst (*Di – Fr 11 – 17 Uhr, am Do bis 20 Uhr, Sa/So 10 – 18 Uhr, genereller Eintritt kostenlos, Sonderausstellung extra*).

An dieser Ecke biegen wir links ab und gehen nach dem ersten Gebäude auf der rechten Seite rechts die Stufen hoch zu einer Passage, die vorbei an Cafés und Wasserspielen auf die spiegelnden Türme des 1 Cal Plaza und 2 Cal Plaza zuführt. Die 176 und 230 Meter hohen Bürotürme

City Hall, Angels Flight, Concert Hall, Hinterhof und bittere Armut

wurden 1983 und 1992 fertiggestellt. Vor dem zweiten Turm biegen wir links ab und befinden uns an der oberen Station von **Angels Flight**. Die berühmte Seilbahn von 1901 überwindet eine Strecke von 100 Metern *($ 1)*. Wer jetzt Hunger bekommen hat, kann sich im **Grand Central Market** versorgen. Die Markthalle liegt vom unteren Ende von Angels Flight gesehen schräg links auf der anderen Straßenseite. Hier werden Snacks und Gerichte verschiedenster Kulturen angeboten mit meist gehobener Qualität und Preisen.

Beim Grand Central Market biegen wir rechts um die Ecke auf die W 3rd Street und sehen an der nächsten Ecke das altehrwürdige **Bradbury Building** von 1893. Im Inneren mit den Metalltreppen und der Glaskuppel wurde unter anderem Blade Runner gedreht, das Erdgeschoss des Gebäudes kann besichtigt werden.

TOUR 12

Zurück zur Union Station kommen wir entweder, indem wir vor dem Bradbury Building rechts abbiegen auf S Broadway und nach zwei Blocks rechts in die W 5th Street zur Metro Station Pershing Square.

Oder wir biegen stattdessen links ab auf S Broadway, kommen nach drei Blocks im Grand Park direkt oberhalb der City Hall aus und gehen auf bekanntem Weg zurück.

Alternativ kann man vom Bradbury Building auf der W 3rd Street fünf Blocks nach Westen laufen. Vor der Union Church of Los Angeles links und rechts in die Azusa Street kommen wir mitten nach Little Tokyo. Wir überqueren die E 2nd Street, laufen an der 1st Street rechts, biegen in die N Alameda Street links ab und laufen zwei Blocks und über die US-101 zur Union Station.

Anreise Downtown

Metro B Red Line aus Westen, J Silver Line aus Osten.
Für Fahrzeuge gibt es eine Vielzahl an Parkflächen in der Stadt für $ 10–15 pro Tag, einige der größeren Parkflächen sind:
El Pueblo Parking, westlich von Union Station/Olvera Street: nicht geeignet für WOMOs wegen der Trennbalken zwischen den Plätzen, $ 2,50/20 min, max. $ 17,50, GPS N 34°03'27.0" W 118°14'19.3"
City Lot 2, $ 9, GPS N 34°03'05.8" W 118°14'20.6", Sonntags geschlossen
Grand Central Market Parking, $ 10, nicht bewacht, GPS N 34°03'07.1" W 118°14'55.1"

Parks

Los Angeles verfügt über unzählige Parks. Zu diesen gehören der Echo Park mit Blick auf Downtown *(siehe Downtown)* und die Flächen rund um das Hollywood Reservoir *(siehe Hollywood Sign)*.

Einer der ganz großen Parks mit einer Fläche von 17 Quadratkilometern ist der **Griffith Park** zum dem auch das Griffith Observatory mit der Aussicht auf Downtown gehört. Für Tierfreunde interessant ist der **Los Angeles Zoo** auf der Nordseite des Parks mit über 2.100 Tieren aus 270 verschiedenen Arten *(10 – 17 Uhr, $ 22, 2 – 12 Jahre $ 17, GPS 34°08'59.9"N 118°16'57.1"W)*. Lost Places-Interessierte können den **Old Zoo** mit den leeren Gebäuden besuchen *(GPS N 34°08'00.8" W 118°17'05.1", alter Zoo ist ca. 700 Meter westlich, aus Ankunftsrichtung geradeaus bis Parkplatzende und dort schräg links am Wald entlang)*. Für Eisenbahnfans empfiehlt sich das »Travel Town Museum«, ein kostenloses **Eisenbahnmuseum** *(täglich 10 – 17 Uhr, GPS N 34°09'13.3" W 118°18'32.0")*.

Skyline View

Die Aussicht auf Downtown vor verschiedensten Hintergründen ist immer ein beliebtes Fotomotiv. Bereits benannt wurden das Griffith Observatory beim Thema Hollywood sowie der Echo Park am Ende des Themas Downtown.

Wunderschön lässt sich die Skyline gegen die am besten schneebedeckten San Gabriel Mountains bei sehr klarem Wetter fotografieren vom **Baldwin Hills Scenic Overlook** *(GPS N 34°00'57.8" W 118°22'56.7", mit Wendehammer, Fußweg zum Overlook 500 m hin-rück)*. Direkt südlich erstreckt sich das Inglewood Oil Field.

Der kurvenreiche **Mulholland Drive** bietet mehrere Aussichtspunkte über die Stadt. Außerdem ist er Schauplatz des gleichnamigen Mystery-Thrillers von 2001.

Der beliebteste Aussichtspunkt, **Jerome C. Daniel Overlook**, ist nur 3,8 Kilometer von den Universal Studios entfernt *(kleiner Parkplatz, nur 2 Plätze geeignet für WOMOs, GPS N 34°06'58.5" W 118°20'33.6", muss von Westen angefahren werden, wer von den Studios kommt, muss vorbeifahren und am besten an der übernächsten Abfahrt drehen)*. Von hier sind außerdem das Hollywood Sign, das Grifith Observatory und das große Amphitheater Hollywood Bowl zu sehen. Von hier aus führt die Straße weiter nach Westen zu weiteren Aussichtspunkten.

Jerome C. Daniel Overlook

Museen

Von den unzähligen Museen im Großraum Los Angeles folgen hier nochmal drei der großen Einrichtungen, das The Broad hatten wir bereits beim Rundgang in Downtown.

Zu den berühmtesten gehört das **Getty Center**, ein kostenloses Kunstmuseum *(Reservierung erforderlich)*. Es bietet neben Kunst tolle Aussichten über die Stadt und wird betreut von der Stiftung des Ölmilliardärs J. Paul Getty. Es kann nur besucht werden durch Anreise mit der Metro Bus Line 761 oder Parken im Parkhaus *(an der US-405, GPS N 34°05'17.8" W 118°28'34.5", max. Höhe 6 ft 10"/2,08 m (12 ft 6"/3,80 m auf Deck 1),* ***kein Parken für WOMOs!****, $ 20 pro Tag, von diesem führt eine Bahn hoch zum Museum)*.

Die **Getty Villa** im Stil einer römischen Villa mit griechischen und römischen Ausstellungsstücken liegt im Ortsteil Castellamare ganz im Westen an der Küste *(ebenfalls kostenlos, Reservierung erforderlich)*.

Das **Los Angeles County Museum of Art** gilt als größtes Kunstmuseum an der Westküste *($ 25, Kind 3 – 17 Jahre $ 10, Mo/Di und Do/Fr 11 – 18 Uhr (Fr bis 20 Uhr), Sa/So 10 – 19 Uhr, Parkplatz bei den La Brea Tar Pits, $ 15 für PKW, GPS N 34°03'51.9" W 118°21'17.2", am hinteren Parkplatzende in gleicher Richtung weitergehen)*. Benachbart sind die Teergruben, in der unter anderem Knochen von Mammuts und Säbelzahntigern gefunden wurden sowie ein kleines Museum mit den Exponaten.

Der **Exposition Park** südwestlich des Zentrums bietet verschiedene Museen und Sporteinrichtungen, darunter das California Science Center *(kostenlos)*, in dem eine Endeavour, eine Soyuz-Kapsel und kleine Flugzeuge ausgestellt sind, der Rosengarten und das Natural History Museum of Los Angeles *(Parken $ 15 pro Parkplatz, GPS N 34°00'42.7" W 118°17'14.4" für RV, zur Endeavour der Straße immer am Stadium entlang folgen)*.

Themenparks

Los Angeles ist auch bekannt für seine Themenparks, es gibt sowohl Disneyland als auch die Universal Studios Hollywood. Ein Besuch reißt ein Loch ins Portemonnaie.

Die **Universal Studios** gelten als Muss für Filmbegeisterte. Sie liegen in der Universal City, in der auch aktuell Filme prodiziert werden. Der

Freizeitpark ist in zwei Bereiche aufgeteilt, den Upper und den Lower Lot, die durch drei lange Züge von Rolltreppen verbunden sind. Hier finden sich zu vielen Blockbustern und Lieblingsfilmen entsprechende »Welten«. Die schneebedeckten Häuser der »Wizarding World of Harry Potter« füllen eine ganze Straßenzeile mit Souvernirläden, in denen es unter anderem Eulen und Zauberstäbe zu kaufen gibt. Zugang zu Hogwarts Castle erhält man auf dem Weg zum Fahrgeschäft »Harry Potter and the Forbidden Journey«, das mit hoher Geschwindigkeit und teils fast über Kopf durch das Schloss und virtuelle 3-D-Szenen rast. Wesentlich entspannter ist die Wasserbahn von »Jurassic World – The Ride« und regelrecht beschaulich die Kisten-Bummelbahn von Pets. Einige witere Highlights sind Transformers, Revenge of the Mummy, Super Nintendo, Waterworld. Eine Studiokarte lädt man sich am besten vorher aufs Handy, es gibt keine gedruckte Version *(Tickets ab $ 109, Express Ticket ab $ 199, Parken für WOMOs $ 35 GPS N 34°08'06.3" W118°21'14.2" ca. 250 m vom Eingang, Metro Station Universal/Studio City (Red B Line) ca. 700 m vom Eingang)*.

Persönliches Fazit

Wer die Studios besucht, sollte früh kommen und zuerst an der Studio-Tour teilnehmen. Die Tram-Tour erklärt das Universal City Gelände und hat einige echte Highlights in petto, wenn Benzinkanister explodieren oder es zu einer Jagd mit The Fast & The Furious kommt. Ab jetzt bedeuten alle Highlights längeres Anstehen, oft bis zu einer Stunde, es sei denn man kann die Express-Karte vorweisen. Nach dem beeindruckenden Hogwarts-Ride, allerdings auch einer der Schwierigsten, brauchte mein Magen erstmal Pause. Letztlich habe ich mich zu weiteren Rides entschlossen, bin aber nur für die Ruhigeren geeignet. Die Studios sind ein Riesenspaß für Filmfans und für Menschen mit stabilem Magen. An allen Ecken gibt es Restaurants und Snacks, oft passend zur jeweiligen Welt, aber auch Tische und Stühle, um Mitgebrachtes zu verzehren.

Disneyland ist ein Vergnügungspark, der sich an den Themen der Disney Filme orientiert. In acht verschiedenen Welten erleben die Besucher die Hauptattraktionen der Disney Filme in nachgebauten Umgebungen mit Erlebnistouren und Fahrgeschäften. In Adventureland z.B. schaukelt ein Jeep durch die Welt von Indiana Jones und eine Bootstour führt in einen Dschungel. Der Wilde Westen wird nachgestellt ebenso wie die Piratenwelt von Pirates of the Caribbean und die Sternenwelt von Star Wars. Die klassischen Disney-Figuren sind vor allem bei Kindern beliebt. Der Park ist in einen Nord- und Südbereich geteilt, den klassischen Disneyland Park und den Disney California Adventure Park. Mit dem »einfachen« Tagesticket kann nur ein Bereich betreten werden *(ab $ 104, es werden Ticket und Reservierung für den gleichen Tag benötigt. Wer beide Parkbereiche an einem Tag besuchen wollte, zahlt plus $ 65, Parken $ 35 für RV's nur in der etwas weiter entfernten Toy Story Parking Area GPS N 33°47'59.1" W 117°54'48.2", von dort 1,6 km zum Eingang).*

Strände

TOUR 12

Im Großraum Los Angeles sind neben einigen Klippenbereichen über 70 Kilometer Strände vorgelagert, wenn man die kleinen Strände zwischen den Klippen mitrechnet auch über 100 Kilometer. Hier folgt eine kurze Beschreibung der wichtigsten oder beliebtesten Strände von Süden nach Nordwesten. Als allgemeiner Hinweis für Stadtstrände gilt: Nicht barfuß gehen wegen Scherben und Spritzen. Außerdem: Parken mit WOMOs ist schwierig.

Strände des **Crystal Cove State Parks**, **Huntington State Beach** und **Bolsa Chica State Beach:** siehe Campingplätze am Beginn des Kapitels.

Long Beach mit Aquarium of the Pacific, der Queen Mary *(1930 gebaut, Museum, erinnert an Titanic)*, großen Piers und Jachthafen, Parken von Fahrzeugen > 22 ft/6,70 m überall und grundsätzlich verboten in Long Beach. Angebunden an Metro Blue Line.

Venice Beach

Manhattan Beach mit fotogenem Pier, Villen, Beachvolleyball-Feldern und netten Restaurants oberhalb des Piers, gilt als hip und trendy *(Parken für Fahrzeuge bis 25 ft/7,60 m in den schrägen Parkbuchten am Valley Drive, GPS N 33°53'24.7" W 118°24'36.3", an Wochenenden sehr früh anreisen!, von hier 1 km zum Pier).*

Dockweiler Beach State Park, nur durch 500 Meter breites Dünenfeld vom Flughafen getrennt und entsprechend laut, die Flugzeuge starten über den Strand hinweg. Im Sommer trotzdem beliebt, siehe auch Dockweiler RV Park *(GPS N 33°56'11.1" W 118°26'18.7", Parkgebühr Sommer/Winter: Mo – Fr $ 7/9, Sa – So $ 9/13 (WOMOs zahlen das doppelte), an Memorial Day/July 4th, Labor Day $ 40)* .

Venice Beach mit seinen Künstlern und Artisten gehört zu den beliebtesten Stränden, der in einem schmalen Grünstreifen mit Palmen und einem Boardwalk, Holzsteg, nur für Fußgänger endet. Ab etwa 10 Uhr bis Sonnenuntergang gehört der Boardwalk Künstlern, Artisten und Verkaufsbuden. Von Mitternacht bis fünf Uhr morgens ist der Aufenthalt an Strand und Boardwalk verboten *(Parken für Oversized Vehicles größer 22 ft/6,70 m grundsätzlich verboten. PKW-Parkplatz z.B. GPS N 33°58'44.4" W 118°28'01.3").* Dahinter liegen der Venedig nachempfundene Stadtteil mit Kanälen sowie ein großer Jachthafen.

Der berühmte **Santa Monica Pier** mit Vergnügungspark markiert zugleich das Ende der Route 66. Hier ist Parken für WOMOs extrem teuer und nur von Sonnenauf- bis untergang erlaubt. Die E (Expo) Metro Line fährt bis kurz vor den Pier. *(RV und Oversized Vehicles $ 60, entspricht vier Standardparkplätzen à $ 15 (Winter $ 28 – 40) Lot 3 North GPS N 34°00'59.5" W 118°30'08.0" oder*

Manhattan Beach und Pier

Lot 4 South GPS N 34°00'17.6" W 118°29'25.2").

Im Nordwesten des Großraums schließen sich fünf Kilometer Sandstrand des **Will Rogers State Beach** an, Schauplatz der Baywatch-Serie und direkt unterhalb des Highway No. 1 mit gefühlt unendlichen vielen Parkplätzen. Vor allem außerhalb der Spitzenzeiten ist bisher das Parken von WOMOs unproblematisch *(drei riesengroße Parkplätze, z.B. GPS N 34°02'08.5" W 118°32'09.5", $ 5-15).*

Parken und ÖPNV

Metro B (Red) Line (Straßenbahn)

Die absolut wichtigste Verbindung ist die Metro B Red Line. Sie verbindet North Hollywood mit dem Hollywood Boulevard, der Buslinie DASH zum Griffith Observatory sowie Downtown. Die Fahrtzeit in eine Richtung von North Hollywood bis Union Station beträgt etwa 30 min. Preis $ 1,75 für 2 h, $ 3,50/Tag, $ 12,50/7 Tage.

Dafür wird eine TAP card benötigt, zu der man die TAP App herunterlädt *(Preis $ 2 für die Karte, zu kaufen bei den TAP Vending Machines an allen Metro Stationen und Stationen der Orange Line).*

TOUR 12

Die Parkplätze der Metro-Stationen werden bezahlt am Parkautomaten mit Angabe des Kennzeichens und der TAP-Nummer *($ 3/Tag).*

Wichtige Station der B (Red) Line von West nach Ost:

» Universal City/Studio City Station: **Universal Studios**

» Hollywood/Highland: **Walk of Fame, TCL Chinese und Dolby Theater** direkt westlich bzw. beim Verlassen des Gebäudes rechts

» Theatre und Hollwood/Vine Station: 1,2 km östlich von Hollywood/Highland, zwischen den beiden: **Walk of Fame**

» Vermont/Sunset Station: Umstieg auf Buslinie DASH Observatory/Los Feliz zum **Griffith Observatorium** *(von 10–22 Uhr, alle 15–20 min, Barzahlung, $ 0,5).*

» 7th Street/Metro Center: **Umstieg** auf E (Expo) Line (U-/Straßenbahn) **nach Santa Monica** *(Fahrtzeit 45 min eine Richtung, alle 12–15 min).*

» Umstieg auf A (Blue) Line (U-/Straßenbahn) **nach Long Beach** *(Fahrtzeit 55 min, alle 10–20 min).*

» Pershing Square: **Downtown mit Museum of Contemporary Art**

» **Union Station**: Downtown und Endpunkt

Zugang zu den Metro-Linien mit Parkmöglichkeiten
Im Folgenden sind große Parkplätze an den äußeren Enden der jeweiligen Metrolinien gelistet. Die Parkbuchten sind in PKW-Länge angelegt, jedoch nicht baulich getrennt. Bitte parken Sie größere Fahrzeugen im Randbereich, um nicht die Plätze für Berufspendler zu blockieren.

Im Osten an der J (Silver) Line

- El Monte Station, 1.287 Plätze, GPS N 34°04'19.1" W 118°02'34.0" *(MO–FR $ 2/Tag, Umsteigemöglichkeit auf B (Red) Line in Downtown bei Civic Center/Grand Park Station oder 7th Street /Metro Center, fährt bis San Pedro (Hafen), Fahrtzeit bis downtown 28 min, alle 5–10 min).*

Im Westen an der B (Red) Line

- North Hollywood , 767 Plätze, GPS N 34°10'11.4" W 118°22'33.0" *(Endpunkt mit Umsteigemöglichkeit auf G (Orange) Line).*
- Universal City/Studio City, 584 Plätze, GPS N 34°08'26.6" W 118°21'41.2", $ 3/Tag

Weiter westlich G (Orange) Line
Bus mit Anschluss an Metro B (Red) Line, Reihenfolge stadtauswärts

- Los Angeles Valley College, $ 2/Tag, riesiger Parkplatz, GPS N 34°10'24.4" W 118°25'20.0"
- Sepulveda Station, 260 Plätze, GPS N 34°10'52.0" W 118°28'06.5"
- Balboa, 264 Plätze, kostenlos, GPS N 34°11'11.1" W 118°29'55.3"

Vergünstigungskarten
Es gibt verschiedene Anbieter von Vergünstigungskarten, die sich abhängig von den gewählten Attraktionen bei einem intensiveren Aufenthalt in der Stadt lohnen können. Zu diesen gehören die City Pässe von GoCity, die es in verschiedenen Varianten gibt.

Wohnmobilmiete in Los Angeles

Die Wohnmobilvermieter in Los Angeles sind weit über den Großraum verstreut, hier sortiert nach der Entfernung zum Flughafen:

- » **Escape Campervans**, Inglewood, 4 km zum Flughafen
- » **Travellers Autobarn**, Inglewood, 7 km zum Flughafen
- » **Cruise America**, Carson südwestlich des Flughafens bzw. nördlich von Long Beach, 25 km zum Flughafen
- » **El Monte**, Los Angeles, östlich des Flughafens an der US-5, 40 km zum Flughafen
- » **Britz USA**, Agoura Hills am Hwy. 101 westlich des Großraumes, 56 km zum Flughafen
- » **Road Bear**, Agoura Hills am Hwy. 101 westlich des Großraumes, 57 km zum Flughafen

Wie immer bei Miete eines Wohnmobils ***muss die erste Nacht nach Ankunft in einem Hotel verbracht werden.*** Hier bietet sich ein Hotel mit Airport-Shuttle in Flughafen-Nähe an.

Transatlantic Auto & RV Center bietet seit 1975 **Miete** und **An- und Rückkauf** von alten Vans und Campern an. 1993 haben wir dort unserern ersten Mini-Camper gekauft und 2017 einen Van für einen längeren Zeitraum gemietet. Tatsächlich ließ die Qualität 2017 zu wünschen übrig, soll sich aber wieder gebessert haben. Es handelt sich ausnahmslos um alte Fahrzeuge, die vor allem im Sommer wesentlich günstiger sind als die klassischen Vermieter. Inzwischen hat Transatlantic in San Francisco eine zweite Station im Westen der USA (www.transatlantiv-rv.com).

Flughafen Schnellbus

Die Flughafen-Schnellbusse LAX FlyAway binden den Flughafen mit Van Nuys im Norwesten *(37 km zum FlyAway Terminal)* und der nördlich gelegenen LA Union Station *(30 km)*. Die Busse fahren ohne Zwischenstopps, nützen wenig für die Anreise zu den Vermietern *(RoadBear und Britz: 30 Kilometer ab Van Nuys)*.

Molucule Men und Triforium

Zum Abschluss folgen weitere **Übernachtungsmöglichkeiten** im Westen und Norden. Im Stadtgebiet liegen die folgende Plätze: Der dicht gestellte Walnut RV Park liegt in Northride im Nord-West-Großraum *(GPS N 34°14'07.1" W 118°33'02.7", Tel +18187750704, ab $ 85, Bis Downtown 43 km/30 min).*
Der Malibu Beach RV Park an der Küste auf dem Weg nach Westen toppt alle bisherigen Preise *(ab $ 120).*

239 Playa del Rey – *Dockweiler RV Park*

GPS/Kontakt: N 33°55'44.7" W 118°26'04.5", 12001 Vista Del Mar, www.beaches.lacounty.gov/dockweiler-rv-park, Tel. 310 322 4951. **Öffnungszeit:** Ganzjährig. **Ausstattung:** Picknicktische, Full Hookup. **Beschreibung:** Direkt am Strand. Nackter Betonplatz mit drei schräg und eng gestellten RV-Reihen und ein paar Palmen. Fluglärm. **Preis:** Ab $ 45, Full Hookup ab $ 65, an Feiertagen + $ 19. **Anfahrt:** US-110 South Richtung San Pedro, US-105 West Richtung LAX Airport, am Flughafen vorbei bis zum Strand, dort links. **Hinweise:** Muss vor Anreise reserviert werden. Bis Downtown 30 km/25 min. Der Bicycle Trail verbindet in Richtung Marina del Rey, Venice und Santa Monica Beach.

TOUR 12

240 Van Nuys – *Hollywood RV Park*

GPS/Kontakt: N 34°12'40.8" W 118°30'03.3", 7740 Balboa Blvd., Tel. 818 785 0949. **Ausstattung:** Picknicktische, Sanitäranlage, Full Hookup. **Beschreibung:** Gepflegtes Gelände mit vielen Büschen und Bäumen, sehr eng gestellt mit schmalen Grasstreifen. Teilweise Langzeitunterkünfte für Saisonarbeiter:innen u.a. der Filmstudios. **Preis:** $ 79 + tax. **Anfahrt:** US-405, Exit 65 »Victory Blcd., Van Nuys«, auf Victory Blvd. Richtung Van Nuys, nach 2,5 km rechts in Balboa Blvd. **Hinweise:** Bis Downtown 35 km/30 min. ÖPNV: Vom Campingplatz sind es 2,8 km zum Parkplatz der Orange Bus Line (Anbindung Red Metro Line) an der Victory Street.

Weitere **sehr empfehlenswerte Campingplätze finden sich in den Santa Monica Mountains,** der Küstenbergkette westlich von Los Angeles. Leo Carrillo bietet zudem einen großartigen Strand!

Der **Strand des Leo Carillo State Parks** steht auch Tagesbesuchern offen. Hier kann man baden, Wellenreitern zuschauen oder sich selbst auf ein board begeben, über die Felsen in der Brandung klettern und bei Ebbe zwischen den Tümpeln nach Meeresgetier suchen *(Parkgebühr $ 3/Stunde, $ 12 pro Tag für ein Auto, mit einem WOMO Wochenenden und Ferien meiden).*

241 Agoura Hills – *Malibu Creek Campground*

GPS/Kontakt: N 34°05'44.6'' W 118°42'43.2'', 1925 Las Virgenes Road, www.reservecalifornia.com, Tel. 800 444 7275. **Öffnungszeit:** Ganzjährig. **Ausstattung:** Max. 30 ft/9,10 m. Picknicktische, Feuerringe, Toiletten und Duschen *(1$-Noten!)*. **Beschreibung:** 63 Plätze auf Wiesengelände mit lockerem Baumbestand in wunderschön bergiger Umgebung. Zufahrten und Plätze asphaltiert. **Preis:** $ 45. **Anfahrt:** CA-101 Exit 32, 5,5 km auf Las Virgenes Road Richtung Süden, dann beschildert rechts. **Hinweise:** Bis Downtown 57 km/40 min. Reservierbar. Höhe max. 13ft 6''/4,10 m, für »normale« Miet-WOMOs o.k. Wanderungen zu den Malibu Creek Rock Pools und zur M*A*S*H site, Film-Standort des Kriegslazaretts der amerikanischen Kriegssatire mit einigen Relikten.

Impressionen vom Leo Carrillo State Park (alle Fotos der Doppelseite)

242 Malibu – *Leo Carrillo Campground*

GPS/Kontakt: N 34°02'48.0" W 118°56'02.9", 35000 E Pacific Coast Hwy., www.reservecalifornia.com, Tel. 800 444 7275. **Öffnungszeit:** Ganzjährig. **Ausstattung:** Picknicktische, Feuerringe, Toiletten und Duschen *(1$-Noten!)*, Strom, V/E. **Beschreibung:** 60 Plätze in einer Seitenschlucht mit viel Grün. Zufahrten und Plätze asphaltiert. 300 – 900 m zum Strand. **Preis:** $ 45, mit Strom $ 60. **Anfahrt:** CA-101 Exit 40, auf S Westlake Blvd. Richtung Süden über die Berge, am Hwy-1 rechts für 3,5 km. **Hinweise:** Bis Downtown 68 km/ 50 min. Reservierbar, früh ausgebucht! Höhe max. 13ft 6"/4,10 m, für »normale« Miet-WOMOs o.k.
Alternative: Point Mugu SP, Sycamore Canyon Campground, ähnlich Leo Carrillo, Stellplätze weniger schön angelegt, 9 km weiter westlich.

TOUR 12

Oberhalb von Leo Carrillo kann der etwas schräge, aber breite Sunset Point für eine Übernachtung dienen, noch gibt es keine Verbotsschilder.

243 Sunset Point – GPS N 34°02'37.8" W 118°52'43.3"

Tour 13

Fresno
180
99
Three Rivers
5
Visalia
Lemoore
Tulare
Coalinga
198
Porterville
101
99
5
46
Shandon
46
Atascadero
Tour 14
Bakersfield
Morro Bay
261
McKittrick
Montana de Oro
San Luis Obispo
Coast Mountains
5
Pismo Beach
Spellacy
260
259
Rancho G Dunes
Santa Maria
Guadalupe
258
Coast Mountains
Lebec
101
1
Los Padres National Forest
Santa Ynez
251
Lompoc
245
244
Solvang
250
Coast Mountains
Mission
Santa Barbara
101
1
Carpinteria
257
Seal Sanctuary
Venture
256
249
255
254
Oxnard
248
253
252
247
246
Tour 12
Channel Islands of California
N
50 km

Highway No. 1 Süd

260 km

Auf dieser Tour sind wir unterwegs auf einer der Traumstraßen der Welt, dem Pacific Coast Highway PCH oder auch Highway No. 1 beziehungsweise technisch CA-1. Der südliche Abschnitt führt durch Orte mit historischen Bauwerken und touristischen Piers, vorbei an schönen Stränden, aber auch immer wieder über längere Strecken ins Inland und durch große Ballungsgebiete. Die wildesten Abschnitte des Highway No. 1 erwarten uns bei Tour 14. Für diese Tour empfehlen wir besonders:

- **Carpinteria Seal Sanctuary**
- **Santa Barbara**
- **Oso Flaco Lake in den Guadalupe-Nipomo Dunes**
- **Smugglers Cave**
- **San Luis Obispo**

Entlang des Highway No. 1 herrscht mediterranes Klima, die beste Reisezeit ist April bis Oktober. Im Mai und Juni aber ziehen See-Nebel ins Land, May Gray und June Gloom genannt. Ihre Stärke schwankt von Jahr zu Jahr, manche Tage versinken ganz im Nebel.

Von Los Angeles bis San Luis Obispo verlaufen Highway No. 1 und der Freeway US-101 entweder parallel oder deckungsgleich auf der Westseite des Küstengebirges.

Viele der günstigen State oder County Park Campingplätze am Meer sind sehr frühzeitig ausgebucht. Es gibt aber auch Ausweichplätze ein Stück weg vom Meer, auf denen auch in der Saison oft noch ein Plätzchen zu finden ist. Freies Übernachten ist hier schwierig, geht entweder abseits im Küstengebirge oder in den besiedelten Gebieten. Ende Dezember 2023 wurden einige Campingplätze durch riesige Flutwellen beschädigt.

Blick über Santa Barbara vom Uhrentrum des County Courthouse

Zeitzone

Kalifornien -9 Stunden zu MEZ, Pacific Standard Time (PST) und Pacific Daylight Time (PDT) von Mitte März bis Anfang November.
Bitte beachten: Im Übergang, wenn in Kalifornien schon/noch PDT herrscht, aber bei uns noch/schon Winterzeit -8 Stunden hinter MEZ.

Wir starten unsere Reise bei Oxnard, wo Highwy No. 1 und CA-101 zusammenkommen und als Freeway weiterführen. Schöne Campingplätze Richtung Los Angeles am Highway No. 1 und in den Santa Monica Mountains sind bereits bei der letzten Tour beschrieben.

Für **Oxnard** *(200.000 Einwohner, Tankstellen, Supermärkte)* sind Landwirtschaft und Erdbeeranbau wichtige Wirtschaftsfaktoren, ebenso wie die große Militärbasis mit dem Raketenstartplatz Naval Air Station NAS Point Mugu. Das Ventura Beach RV Resort liegt direkt am Highway und ist sehr teuer *(ab $ 100)*.

Der Nachbarort **Ventura** *(111.000 Einwohner)* ist ein beliebtes Ziel für Surfer. Hier führt die CA-33 in die Berge und zu zwei Campingplätzen, die weniger überlaufen sind als die am Meer:

Die günstigen **Foster Red Mountain Campground** und Foster Residence Park *(benachbart)* des Ventura County bieten einfache Stellplätze im Wald *($ 26, 10 km ab Ventura,* www.venturaparks.org*)*.

TOUR 13

Die riesige **Lake Casitas Recreation Area** mit 12 Campingbereichen unterschiedlicher Ausstattung liegt oberhalb des Stausees *($ 40–80 ohne Anschlüsse bis Full Hookup, überwiegend schön angelegt in lockerem Baumbestand, Baden im See verboten, Wasserpark für $ 20 p.P., 20 km ab Hwy. 1)*.

244 Foster Red Mt. – N 34°21'08.1" W 119°18'31.6"

245 Lake Casitas – N 34°24'59.4" W 119°20'16.2"

Pier Shoals Beach

Ab jetzt sind wir entlang der Küste unterwegs, wobei US-101 und CA-1 teilweise deckungsgleich und teilweise direkt nebeneinander verlaufen.

May Gray und June Gloom

Im Mai und Juni wärmt sich das Land stärker und schneller auf als das Meer. In der Folge ist die absolute Luftfeuchtigeit über dem Land höher, weil warme Luft mehr Wasser speichern kann als kalte. Diese Luft zieht Richtung Meer, wird dort abgekühlt und die Luftfeuchtigkeit kondensiert – zu dichtem Nebel.

Für die südliche Küste Kaliforniens kommen noch zwei Aspekte hinzu: Erstens verhindert das Küstengebirge, dass die Nebel ins Inland wegziehen. Zweitens bildet sich im Mai und manchmal auch im Juni eine stabile Inversionswetterlage mit warmen Luftschichten direkt oberhalb der Nebel, die verhindern, dass die Nebelbänke nach oben entweichen können. Je nach Stärke lösen sich diese Nebel im Laufe des Vormittags auf.

Im Juni bildet sich aus ähnlichen Gründen oft eine sehr niedrige Wolkendecke mit feinen Nebeltröpfchen in der Luft.

Für die Coastal Redwoods, die Küsten-Riesenmammutbäume, die ursprünglich das komplette Küstengebirge bedeckten, waren und sind diese Nebel und niedrigen Wolken lebensnotwendig. An den Nadeln der Bäume kondensiert das Wasser und versorgt sie und auch die Lebensgemeinschaft mit dem notwendigen Nass, obwohl es nicht regnet.

Der Emma Wood State Beach besteht aus einem fast zwei Kilometer langen, schmalen Kiesstreifen am Meer mit Asphaltstraße unterhalb von Eisenbahn und Freeway. Der grobe Kiesstrand ist bei Anglern, Surfern und Campern beliebt.

TOUR 13

246 Ventura – *Emma Wood State Beach*

GPS/Kontakt: N 34°17'36.3'' W 119°20'24.3'', CA-1, www.reservecalifornia.com, Tel. 805 968 1033. **Öffnungszeit.** Ganzjährig. **Ausstattung:** Keine. **Beschreibung:** 90 Plätze direkt am Meer, enggestellt auf Sand-Kies und leicht schräg, Abtrennung nur durch Bodenmarkierung. **Preis:** $ 40. **Anfahrt:** US-101, Exit 72, erste Abfahrt zum Meer. **Hinweis:** Reservierbar.

Auch im Anschluss verläuft über zwei Kilometer ein quasi durchgehender Parkstreifen direkt am Meer, ideal für eine Pause *(no Overnight Parking)*, dann folgen kleinere Feriensiedlungen.

247 Ventura – *Faria Beach Park*

GPS/Kontakt: N 34°19'07.9'' W 119°23'25.3'', 4350 Pacific Coast Hwy., www.venturaparks.org, Tel. 805 654 5000. **Öffnungszeit:** Ganzjährig. **Ausstattung:** Picknicktische, Toiletten und Duschen, Full Hookup, WiFi. **Beschreibung:** Auf einem niedrigen Plateau zwischen Meer und Hwy. 1. Zum Meer große Felsblöcke, Stellplätze Kies. Bei Ebbe kleiner Strand am Nordende. Blick auf Channel Islands. **Preis:** $ 37 – 45, mit Hookup $ 63 – 67. **Anfahrt:** US-101, zwischen Exit 72 und 78 am Hwy. 1. **Hinweis:** Frühzeitig reservieren. **Alternative: Hobson Beach Park**, enger gestellt aber sonst ähnlich, 2,8 km nordwestlich.

248 Ventura – *Rincon Parkway*

GPS/Kontakt: N 34°19'39.5'' W 119°23'51.2'', Pacific Coast Hwy, www.venturaparks.org, Tel. 805 654 5000. **Öffnungszeit:** Ganzjährig. **Ausstattung:** Dixitoiletten. **Beschreibung:** 127 offizielle Stellplätze auf Seitenstreifen am Hwy. 1, auf den 2,8 km Faria und Hobson Beach. **Preis:** $ 39 – 43. **Anfahrt:** US-101, Exit 78, dann auf CA-1 2 km zurück nach Südosten. **Hinweis:** Reservierbar.

TOUR 13

Wer einen ruhigen Strandzugang sucht, dem sei die **Pier Shoals Beach** empfohlen. Der große Asphaltparkplatz mit langer Unterführung zum Meer direkt nördlich der US-101 füllt sich nur an Sommerwochenenden *(siehe Foto vorherige Seite, GPS N 34°21'20.3'' W 119°25'48.9'', Exit 78, Sackgasse des Highway 1, Vorsicht: Navis verorten dies schonmal auf der US-101!, Übernachten verboten)*. Vom Strand blicken wir auf Ricon Island, 1958 in 900 Meter Entfernung vom Festland gebaut für Öl- und Gasförderung und mit einem Steg verbunden.

Beim Carpinteria Seal Sanctuary

Siesta in der Sonne

Nächste Stadt ist **Carpinteria** *(14.000 Einwohner)*, spanisch für »Zimmermannswerkstatt«, so benannt wahrscheinlich, weil die früher hier lebenden Chumash-Indianer Holzkanus bauten.

In Capinteria befindet sich eine der vier verbliebenen Robben-Aufzuchtkolonien der südkalifornischen Küste. Der Strandabschnitt des **Carpinteria Seal Sanctuary** wird jedes Jahr vom 01. Dezember bis 31. Mai geschlossen für die Aufzuchtsaison der Robben. Dann überwachen Freiwillige den Strand und informieren Besucher. Gegenüber liegen vier der acht Channel Islands, die sich auf etwa 100 Kilometer im Meer erstrecken und durch einen Nationalpark und ein Meeresschutzgebiet geschützt sind.

Zu den Robben von Carpinteria

TOUR 13

GPS N 34°23'13.5'' W 119°29'54.9'', Parkplatz ist für PKW vorgesehen. Wenn zu voll, dann ist Parken möglich auf der anderen Seite der Brücke über die US-101 entlang der ersten Querstraße *(knapp 300 m entfernt)*.

Besonders lohnenswert von Ende Dezember bis Mitte Mai, weil dann Hunderte Robben hier lagern und ihre Jungen bekommen. Im restlichen Jahr sind in der Regel einzelne Robben, v.a. Jungtiere anzutreffen. Die kleine Wanderung ist auch landschaftlich lohnenswert.

Wir starten auf dem breiten Fußweg geradeaus Richtung Meer und halten uns bei der ersten Verzweigung rechts. Dichte, niedrige Dünenvegetation umgibt uns, die im Frühjahr bunt blüht. Wir treffen auf einen breiten Fußweg parallel zur Eisenbahn und gehen nach rechts. Unter riesigen Eukalyptusbäumen erreichen wir die offizielle Stelle der Eisenbahnüberquerung, das bedeutet, der Pfad läuft auf den Damm zu ***(Vorsicht: Strecke ist in Betrieb!)***.

Dann erreichen wir die Oberkante der Klippen. Wir gehen nach rechts bis zum offiziellen, mit Schnüren abgesicherten Aussichtspunkt auf die Robben unterhalb und auf den Pier, an dem kleinere Schiffe von den vorgelagerten Ölplattformen anlanden.

Zurück spazieren wir auf gleichem Weg.

249 Carpintera – *Carpintera State Beach*

GPS/Kontakt: N 34°23'34.5" W 119°31'13.2", 4th Street, www.reservecalifornia.com, Tel. 800 444 7275. **Öffnungszeit:** Ganzjährig. **Ausstattung:** Picknicktische, Feuerringe, Sanitäranlagen, teilweise Full Hookup. **Beschreibung:** Stellplätze direkt am Meer in vier verschiedenen Bereichen, die nach den Channel Islands benannt sind. Teilweise Parkplatzcharakter direkt am Meer *(S Rosa, S Miguel)*, die anderen beiden hübscher angelegt auf Wiese mit einzelnen Bäumen und Büschen *(Anacapa, Santa Cruz)*. **Preis:** Ab $ 45. **Anfahrt:** Hwy. 1, Exit 47, Richtung Meer, Carpinteria Ave. rechts, nächste links in Palm Ave. **Hinweis:** Reservierbar. Für Durchfahrende gibt es En-Route Camping auf Parkplatz für eine Nacht *(ab 18 bis 9 Uhr, wenn Campingplatz voll ist)*.

Santa Barbara , Metropolregion

Einwohner: 450.000. **Höhe:** 15 m. **Infrastruktur:** Alle Versorgungsmöglichkeiten. **Beste Reisezeit:** April - Oktober. **Klima:** Durchschnittliche Höchst-/Tiefsttemperaturen Juli 25°/15°C, Januar 19°/7°C.
V/E: Tankstelle »76«, $ 7,50, GPS N 34°25'59.9" W 119°54'00.7". **Propan:** U-Haul GPS N 34°26'23.8" W 119°46'12.3".

TOUR 13

Gegründet wurde der Ort 1786 als Teil der Kette der Missionen zwischen Los Angeles und San Francisco. Da die Gebäude nach einem Erdbeben 1925 weitgehend originalgetreu wieder aufgebaut wurden, ist der spanisch-mexikanische Stil erhalten geblieben. Heute ist Santa Barbara einer der teuersten Wohngegenden der USA, in der viele Prominente Residenzen haben. Der Ort verlieh sich den Namenszusatz The American Riviera.

Drei wichtige, historische Gebäude können wir besichtigen. Die **Santa Barbara Mission** wurde 1786 gebaut als 10. Franziskanermission zur Bekehrung der Chumash-Indianer und gilt als Königin der Missionen. Nach Erdbeben von 1912 wurde sie neu errichtet im ursprünglichen Stil. Zu besichtigen sind Reste der ausgedehnten Wasseraufbereitung mit Reservoiren, Leitungen und Filterhaus, neben dem Eingang eine alte Quelle und das Waschhaus Lavadero. Die Mission wurde zum zentralen Archiv und zur Bibliothek der Missionen und ist auch heute noch Sitz des Franziskanerordens und ein aktives Kloster. *(GPS N 34°26'12.6" W 119°42'47.1", 9.30–16 Uhr, $ 15, Kind 5–17 Jahre $ 10, Kirche und Friedhof sind nicht zugänglich z.B. während Messen, Trauungen oder Beerdigungen)*.

Das **County Courthouse** im spanischen Kolonialstil mit 26 Meter hohem Uhrenturm stammt von 1929. Hier sind der mechanische Uhrenmechanismus von 1929 und der *Mural Room*, vollständig geschmückt mit historischen Wandbildern, zu bestaunen. *(Self-guided Tours während Arbeitszeiten oder kostenlose Führungen täglich 14 Uhr und Mo – Fr 10.30 Uhr., Uhrenturm schließt gegen 16.45 Uhr (Parken entlang der Anacapa Street GPS N 34°25'26.6" W 119°42'10.1").*

Santa Barbara, Königin der Missionen, durch Stearns Wharf mit dem Meer verbunden, Wohnort der Reichen, beliebtes Ziel der Touristen.

El Presidio, das königliche Fort, ist das älteste Gebäude von 1782 und Kaliforniens zweitältestes Gebäude. Vier Flügel umschlossen den ursprünglich etwa 150 x 120 Meter großen Komplex mit Exerzierplatz, Kammern für Soldaten und Räumen für Offiziere, zwei Bastionen und Kapelle. Heute steht nur noch der nordwestliche Flügel, die Canon Perdido Street durchschneidet den ehemaligen Exerzierplatz und auf ihrer südöstlichen Seite wurden neue Gebäude errichtet *(Fußweg vom Courthouse 500 m: Der Anacape Street für zwei Block nach Südosten folgen, dann links in E Canon Perdido Street).*

Ein weiteres Highlight ist **Stearns Wharf**, der ältester Anlegekai, noch in Betrieb und mit einzelnen Restaurants und schöner Aussicht auf den Ort, das Küstengebirge und den Jachthafen.

TOUR 13

Auch der **Jachthafen** ist nett mit einfachen Restaurants und dem Aussichtspunkt Castillo Point am Ende der äußeren Hafenmauer *(Parken knapp 1 km westlich des großen Jachthafens, oversize parking > 22 f: $ 5/Stunde, GPS N 34°24'10.5" W 119°41'52.0", Übernachtung verboten! Von hier knapp 2 km zu Stearns wharf, One-Way).*

In den Gewässern vor Santa Barbara ziehen von Ende November bis Anfang April Grauwale zu den wärmeren Gefilden der Baja California. Buckel-, Blauwale und Delfine werden ganzjährig gesichtet *(Condorexpress, Motorboot für 120 Passagiere $ 70 – 119/2,5 – 4,5 h).*

Der Sunrise RV Park ist eng gestellt, direkt neben dem Highway und weit ab der Highlights ($ *65 + tax, Tel. 805 684 2811).*

250 Sunrise RV Park – N 34°25'18.1" W 119°39'58.9"

Blick über bunt blühende Dünen Richtung Küstengebirge

Eine sehr schöne Ausweichmöglichkeit zu den meist überfüllten Campingplätzen am Meer ist die Cachuma Lake Recreation Area.

Auf der Fahrt dorthin können Fahrer eines Vans beim **Cumash Painted Cave State Historic Park** in einem vergitterten Überhang farbenprächtigen Felsmalereien bestaunen *(GPS N 34°30'14.9'' W 119°47'15.3'', CA-154 am Pass rechts auf Painted Caves Rd., schmal und kurvenreich für 3,2 km, gesamt 12 km ab Hwy. 101).*

251 Santa Barbara – *Cachuma Lake Rec. Area*

GPS/Kontakt: N 34°34'23.8'' W 119°57'32.0'', 1 Lakeview Dr., reservations.sbparks.org, Tel. 805 568 2460. **Öffnungszeit:** Ganzjährig. **Ausstattung:** Picknicktische und Feuerringe, teilweise Strom/Wasser, V/E, Overflow Parking. **Beschreibung:** Knapp 600 Plätze auf einer Halbinsel im Stausee, weitläufige Wiese mit lockerem Baumbestand. Kein Badestrand. **Preis:** $ 35, $ 55 mit Strom/Wasser. **Anfahrt:** CA-154, 28 km ab Hwy. 101. **Hinweis:** Reservierbar.

Weiter auf Highway No. 1 befinden sich im Schwemmland dreier Seitenschluchten kostenpflichtige State Parks mit Parkplätzen, Zugang zum Meer und Campingplätzen, die allerdings extrem frühzeitig ausgebucht sind. Das Resort Sun Outdoors Santa Barbara ist nur für finanzkräftige Reisende eine Alternative *(gegenüber El Capitan SB, ab $ 95 + tax/Nacht).*

252 Goleta – *El Capitan State Beach*

GPS/Kontakt: N 34°27'36.6'' W 120°01'24.7'', El Capitain SB Rd., www.reservecalifornia.com, Tel. 805 968 1033. **Öffnungszeit:** Ganzjährig. **Ausstattung:** Picknicktische, Feuerringe, Sanitäranlagen mit Münzduschen, Waschmaschinen, Trinkwasser. **Beschreibung:** Über 100 Stellplätze zwischen Büschen und Bäumen auf einer Landzunge am Meer. **Preis:** $ 45. **Anfahrt:** Hwy. 1, Exit 117. **Hinweis:** Reservierbar.

253 Goleta – *Refugio State Beach*

GPS/Kontakt: N 34°27'53.0" W 120°04'10.0", 10 Refugio Beach Rd., www.reservecalifornia.com, Tel. 805 968 1033. **Öffnungszeit:** Ganzjährig. **Ausstattung:** Max. 30 ft/9,10 m. Picknicktische, Feuerringe, Spültoiletten und Duschen. **Beschreibung:** 66 Plätze auf sehr beliebtem Campingplatz mit vielen Bäumen und Palmen am Steinstrand. Bei schönem Wetter Karibik-Feeling. Fahrwege und Stellplätze Schotter. **Preis:** $ 45. **Anfahrt:** Hwy. 1, Exit 120. **Hinweis:** Reservierbar. Es werden geführte Kajak-Touren mit Rangern angeboten. **Alternative: Gaviota Campground**, max. 27 ft., etwas eng aber schön gelegen zwischen Hügeln und Eisenbahn-Pfeilern/Meer. Oft kalt wegen starker Winde, GPS N 34°28'22.3" W 120°13'45.5", Kontakt s.o.

Bei Gaviota State Beach führt die US-101 ins Inland und trennt sich vom Highway No. 1. Hier liegen die Gaviota Hot Springs. Sie sind meist etwas schlammig, sehr flach und haben diesen Faule-Eier-Schwefel-Geruch.

Im Dreieck der Highways 101/1 gibt es ein altes Stück asphaltierte Straße, auf dessen Nordstreifen man übernachten kann *(direkt neben dem Highway, manchmal etwas vermüllt, Südende bei den Gaviota Hot Springs)*.

254 Dreieck 101/1 – GPS N 34°30'37.2" W 120°13'26.4"

Für die nächsten fast 90 Kilometer verlaufen beide Highways durchs Inland. Highway 101 führt zum Tal von **Santa Ynez**, dass für seinen Weinanbau berühmt ist mit 70 Kellereien und Verkostungsmöglichkeit. Highway 1 verläuft Richtung Lompoc, ebenfalls ein Weinanbaugebiet mit drei Übernachtungsmöglichkeiten, einem County Park am Meer mit kurvenreicher Anfahrt, ein netter RV Park und ein Stellplatz.

Weinanbau bei Santa Ynez im Inland

255 Lompoc – *Jalama Beach Park and Campground*

GPS/Kontakt: N 34°30'33.0" W 120°30'00.8", 9999 Jalama Rd., reservations.sbparks.org, Tel. 805 568 2460. **Öffnungszeit:** Ganzjährig. **Ausstattung:** Picknicktische, Feuerringe, Toiletten und Münzduschen, V/E, WiFi, Kiosk mit Burgern u.a. **Beschreibung:** 117 Plätze, umgeben von Garrigue-Hügeln, einigen Palmen und Meer. Absolut »ab vom Schuss«, für Ruhe-Suchende. **Preis:** $ 35. **Anfahrt:** Abfahrt 7 km südlich von Lompoc, beschildert »Jamal Road«, *23 kurvenreiche Kilometer* ab Hwy. 1, schmal aber zweispurig. **Hinweis:** Reservierbar.

Der kleine River Park bietet 35 RV-Plätze mit Full Hookup am meist trockenen Fluss mit viel Grün *(ab $ 30)*.

Zwischen dem kleinen Fughafen und Walmart kann die Nebenstraße Aviation Drive für eine Übernachtung genutzt werden.

256 River Park – N 34°38'50.1" W 120°25'55.9"

257 Aviation Drive – N 34°39'47.9" W 120°28'03.9"

Von Lompoc führt Highway No. 1 auf das riesige Gelände der Vandenberg Space Force Base zu, das auch für Raketenstarts genutzt wird. Anschließend führt er ins flache Tal des Sisquoc River, in dem Landwirtschaft betrieben wird.

TOUR 13

Das mächtige Dünenfeld der Guadalupe-Nipomo Dunes begrenzt das Tal zum Meer. Durch mehrere Parks geschützt bietet es Rastplätze für Zugvögel und Nistplätze für den gefährdeten Schneeregenpfeifer. *Bitte halten Sie sich an alle Zugangsbeschränkungen!* Beide Zufahrten sind für WOMOs schwierig. Die asphaltierte, aber oft mit Sand zugewehte, schmale Main Street führt zu einem kleinen asphaltierten Parkplatz des **Rancho Guadalupe Dunes Preserve** direkt am Meer und mitten im Sand *(Wendemöglichkeit, GPS N 34°57'55.8" W 120°39'01.1")*. Abwechslungsreicher ist der Zugang beim **Oso Flaco Lake** mit einem etwa ein Kilometer langen Boardwalk über den kleinen See und durch die begrünten Dünen zu einem Aussichtspunkt über dem Meer und an den Strand *(Anfahrt 5 km breite, meist gute Piste, GPS N 35°01'44.1" W 120°37'01.7", Eintritt $ 5 pro Fahrzeug)*.

Wir erreichen **Santa Maria** *(Metropolregion 450.000 Einwohner, alle Versorgungsmöglichkeiten)* zwischen Hwy. 101 und Hwy. 1, in der Gemüseanbau betrieben wird.
Propan: Shell-Tankstelle, GPS N 34°57'10.0" W 120°24'56.8"

Eine Übernachtung ist möglich auf dem riesigen Parkplatz des Einkaufszentrums mit Walmart .

258 Walmart – N 34°55'00.7" W 120°25'08.3"

Richtung Meer folgen die beiden Orte Grover Beach und Pismo Beach. Beide Orte leben vor allem vom Tourismus. Grover Beach ist durch den schmalen Streifen der Oceano Dunes vom Meer getrennt und verfügt über mehrere Campingplätze. Im Pismo State Beach Monarch Butterfly Grove können von November bis Februar Monarchfalter beobachtet werden.

Monarchfalter

Die etwa 5 Zentimeter großen, orange-schwarz gezeichneten Schmetterlinge überwintern hier und in anderen Eukalyptus-Hainen, teilweise dicht zusammengedrängt, und ziehen für den Sommer in die Täler der westlichen Rocky Mountains. Die Falter der östlichen Population legen zwischen ihren Sommergefilden an den östlichen Hängen der Rockys und den Wintergebieten in Mexiko über 3000 Kilometer zurück! Von geschätzten 4,5 Millionen Western Monarch Butterflies in den 1980ern ist die Population auf wenige Tausend zurückgegangen. Deshalb wurden die beliebtesten Übernachtungsgebiete geschützt und Nektarvorräte angelegt. Durch den Monarch Butterfly Grove führen abgezäunte Wege, es gibt Infotafeln, Bänke und Picknicktische (GPS N 35°07'45.4" W 120°37'55.4", Parken am Straßenrand).

259 Pismo Beach – *North Beach Campground*

GPS/Kontakt: N 35°07'55.8" W 120°38'02.7", 399 S Dolliver St., www.reservecalifornia.com, Tel. 805 473 7220. **Öffnungszeit:** Ganzjährig. **Ausstattung:** Picknicktische, Feuerringe, Spültoiletten, Duschen, V/E ($ 10). **Beschreibung:** Über 100 Stellplätze *(mit Oceano Camp)* auf Wiesengelände, wenig Schatten, Fahrwege und Plätze asphaliert. Direkter Zugang durch Dünengebiet zum Meer und einer Lagune. **Preis:** $ 25. **Anfahrt:** Direkt am Hwy. 1, gegenüber vom Sky River RV-Händler. **Hinweis:** Reservierbar. Der Monarch Butterfly Grove grenzt direkt an den Campingplatz *(südöstlich)*.
Alternative: Oceano Campground, gehört ebenfalls zum Pismo State Beach, an der kleinen Oceano Lagoon weiter südlich, Bedingungen gleich.

Außerdem gibt es mehrere klassische RV Resorts, alle sehr eng gestellt, alle ab $ 75. Der Pacific Dunes Ranch Campground an der Inlandseite der Düne stellt sich für $ 78 als riesengroßer Parkplatz dar. Zu den besseren mit Pool gehören das riesige Pismo Coast Village RV Resort mit sehr wenig Schatten hinter der Lagune und direkt nördlich des North Beach Campgrounds sowie das kleinere Pismo Sands RV Resort.

260 Pismo Coast Vill. – N 35°08'05.5" W 120°38'13.6"

Pismo selbst hat eine hübsche Strandpromenade und einen langen Pier, Parken scheint für WOMOs aber unmöglich. Am westlichen Ende von Pismo führen Hwy. 1 und US-101 wieder zusammen.

Vom Parkplatz des Pismo Preserve mit Picknicktischen am Westrand des Ortes hat man eine schöne Aussicht Richtung Dünengürtel, außerdem gibt es markierte Wanderwege in die Hügel.

Wanderungen im Pismo Preserve

Parken GPS N 35°09'06.2" W 120°39'14.2".

Farblich markierte Wege und gut instand gehaltene Wege leiten hoch in die Hügel über der Küste. Alle Wege führen nicht nur durch Grasland, das im Frühling mit Wildblumen gesprenkelt ist, sondern auch durch die ursprüngliche Vegetation mit Buschwerk und niedrigen Bäumen. Vorsicht: Hier sind auch viele Mountainbiker unterwegs.

TOUR 13

Mit 2,1 km/65 Hm ist die Kombination **High Road – Vamonos Canyon** eine lohnenswerte, kurze Variante. Wir starten ein kurzes Stück auf der Zufahrt zurück und biegen rechts ab auf den Fahrweg High Road. Diesem folgen wir bis zum Abzweig C11-1 nach rechts. Am Hang queren wir zur Low Road, gehen einige Schritte nach links und biegen rechts ab bei D11-2 auf den orangen Vamonos Trail. Durch Heide umrunden wir den Berghang, um dann im romatisch bewachsenen Einschnitt wieder abwärts zu gehen. Bei A12-1 mit dem Parkplatz in Sichtweite biegen wir rechts ab und beim folgenden Fahrweg wieder rechts.

Wer mehr will: Der blau markierte **Spring to Spring Trail** verläuft über 6,1 km /150 Hm und belohnt mit vielen großartigen Aussichten. Wir starten ebenfalls auf der High Road, biegen aber schon beim ersten Abzweig B10-1 links ab und folgen jetzt immer dem weißen Pfeil auf blauem Grund.

Auf den Felsen der Smugglers Cave

Wenige Meilen weiter verlassen Hwy. 1/101 die Küste Richtung Inland beim breiten Tal des San Luis Obispo Creek. Wer noch Lust auf ein kleines Abenteuer hat und steile, kurvige Straßen nicht scheut, nimmt Exit 195, Avila Beach Drive, für folgende Tour.

Wanderung Smugglers Cave

Parken GPS N 35°10'34.6" W 120°43'10.3", 1 km/20 Hm.

Wir folgen dem Avila Beach Drive für 3 km und nehmen den ersten asphaltierten Abzweig nach links, der nach 850 steilen und kurvenreichen Metern bei einem riesigen, schräg abfallenden Parkplatz mit fester Oberfläche und einigen Regenauswaschungen endet. Beim Schild »Pirates Cove Beach Trail« gehen wir auf dem breiten Pfad Richtung Meer, mit schöner Aussicht auf die Küste. Bei einer Verzweigung halten wir uns rechts (nach links geht es hier hinunter zum schmalen, felsengerahmten Strand). Der Weg endet auf einer Freifläche, wo ein großer Durchgang nach rechts durch die Felsen den Ausblick nach Westen freigibt. Es lohnt unbedingt, einen Snack mitzubringen und sich auf die Felsen ober- oder unterhalb zu setzen!

TOUR 13

Der Avila/Pismo Beach KOA befindet sich ebenfalls an Exit 195, ist sehr enggestellt und mit Preisen ab $ 80 sehr teuer und erlaubt nur Wohnmobile, keine Vans und umgebaute Autos.

Schließlich erreichen wir **San Luis Obispo** *(Metropolregion 280.000 Einwohner)* in einem Tal in den Bergen auf etwa 70 Meter Höhe. Genannt SLO *(gesprochen slow)* wirkt San Luis Obispo als Uni-Stadt jung, bunt und lebendig. Die Straßen sind eng und mit schattigen Bäumen bepflanzt. Vielfältige Restaurants und Geschäfte mit hochwertigen Artikeln warten auf Kunden.

Herz des historischen Zentrums ist die **Mission de Tolosa**, 1772 als Franziskanermission erbaut und heute noch ein aktives Kloster. Im Inneren befindet sich ein hübsches kleines Museum.

Am Donnerstagabend findet der **Farmers Market** auf der Higuera Street statt, auf dem sich auch die Weingüter der Umgebung präsentieren.

San Luis Obispo, Short City Walk, 1 km

Parken an der Palm Street GPS N 35°16'49.8" W 120°39'57.1" *(Parkuhren, Kreditkarte)*

Wir gehen hoch zur Missionsschule und dort rechts an der Außenwand der Mission entlang. In der Rechtskehre beim History Center laufen wir geradeaus in den Park der Mission am San Luis Obispo Creek, am Toilettenhäuschen und der Holzbrücke vorbei mit der hübschen Restaurantterrasse. Stufen bringen uns hoch zur Straße. Wir biegen links ab und nächste links auf die Higuera Street. Sie ist gesäumt mit vielen Bäumen und Zentrum der kulinarischen Highlights. Hier zweigt die kurze, aber klebrige Bubblegam Alley rechts ab nach Blast 825 Taproom – die Wände der schmalen Gasse sind über und über mit Kaugummis beklebt.

Nachdem wir an Geschäften und Restaurants vorbei geschlendert sind, biegen wir an der nächsten Kreuzung links ab und erreichen die Mission Plaza, den Vorplatz der Mission mit der Grizzly Statue. Hier gegenüber liegt die Monterey Street mit einigen hübschen Hausfronten. An der Mission Plaza liegt der Eingang zur Mission, deren Innenhof einschließlich des Museums mit Artefakten und Kunstwerken der Chumash kostenlos besichtigt werden kann *(Spende nicht vergessen)*.

Jetzt können wir entweder an der Front Mission oder etwas links am San Luis Obispo Creek entlang bis zur nächsten Straßenbiegung laufen, wo es nach rechts und nächste links zurück zum WOMO geht.

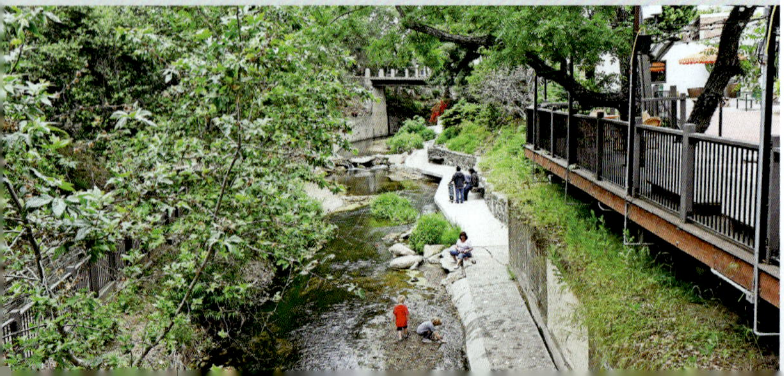

Mission de Tolosa in San Luis Obispo

In San Luis Obispo trennen sich US-101 und CA-1 endgültig voneinander, ab jetzt verläuft die US-101 als Freeway durch das breite Tal des Salinas River im Küstengebirge.

Wir fahren auf dem Highway No. 1 durch das Tal der **Nine Sisters** Richtung Meer. Die neun Schwestern gehören zu einer Kette vulkanischer Gipfel, die zwischen San Luis Obispo und Morro Bay am Meer aus der Landschaft ragen und vor 20 Millionen Jahren entstanden. Ihre Granitflanken sind unverkennbar, der höchste ist der Bishop Peak mit 475 Metern. Morro bedeutet übrigens Hügel auf Spanisch.

261 San Luis Obispo – *El Chorro Regional Park*

GPS/Kontakt: N 35°19'54.0'' W 120°43'54.5'', Dairy Creek Rd., reservations.slocountyparks.com, Tel. 805 781 5930. **Öffnungszeit:** Ganzjährig. **Ausstattung:** Picknicktische, Feuerringe, Sanitäranlagen mit Duschen, teilweise Full Hookup. **Beschreibung:** 61 Stellplätze, geschottert, zwischen grünen Hügeln und lichtem Busch- und Baumbestand, nahe am Highway. **Preis:** Ab $ 33. **Anfahrt:** 9 km auf Hwy. 1 ab SLO, beschildert. **Hinweis:** Reservierbar ab 2 Tage.

TOUR 13

Eine der Nine Sisters auf dem Weg zum Meer

Tour 14

San Ramon
Manteca
Woodward
Oakdale
San Francisco
Livermore
Pleasanton
Modesto
Fremont
Turlock
Half Moon Bay
San José
Boulder Creek
St. Cruz Mountains
Los Banos
Gilroy
Tour 15
Santa Cruz
Elkhorn Slough
Hollister
Monterey Bay National Marine Sanctuary
Prune-dale
Salinas
Monterey
17-mile-Drive
Carmel-by-the-Sea
Point Lobos SP
Bixby Bridge
Pfeiffer Big Sur SP
Pfeiffer Beach
Julia Pfeiffer Burns SP
McWay Cove
Limekiln SP
Sand Dollar Beach
Coast Mountains
Elephant Seal VP
Hearst Castle
Cambria
Atascadero
Morro Bay
Tour 13
Spooners Cove
Montana de Oro
N
50 km

Highway No. 1 Nord
280 km

Dieser wildeste Abschnitt des Highway No. 1 war Grund für die Ernennung 1937 zum ersten Scenic Highway Kaliforniens. Zwischen Cambria und Carmel-by-the-Sea rücken die Berge immer näher ans Meer, die Fahrbahn ist in die steilen Hänge geschnitten. Wir sind auf einer der Traumstraßen der Welt unterwegs, an der viel mehr als grandiose Aussichten zu erleben sind, die wenigen Strände über State Parks zugänglich sind und manchmal der ganze Highway im Küstennebel versinkt.

- **Strände San Simeon Creek und Sand Dollar Beach**
- **Elephant Seal Boardwalk**
- **Julia Pfeiffer Burns State Park**
- **Aussichtspunkte Big Sur, Willow Creek, Bixby Bridge**
- **17-Mile-Drive**

Dies ist eine der Touren, die Sie wenn irgend möglich außerhalb der Sommerferienmonate fahren sollten! Dann sind Verkehrsaufkommen und Campingplatzsituation deutlich entspannter.

Campingplätze sollten Sie trotzdem möglichst frühzeitig reservieren, denn es gibt keine Ausweichplätze. Wildübernachten ist auf der gesamten Strecke verboten.

Oft wird die beste Fahrtrichtung von Nord nach Süd angegeben. Allerdings ist der Highway an mehreren Stellen nur durch eine niedrige Leitplanke von den fast senkrechten Klippen zum Meer getrennt. Deshalb beschreiben wir ihn für Wohnmobile von Süd nach Nord auf der sichereren und nervenschonenderen Landseite. Außerdem fahren wir bei niedriger stehender Sonne so nicht ins Gegenlicht. Ein Nachteil ist definitiv, dass nicht alle Parkbuchten auf der Meerseite angefahren werden können.

Bitte seien Sie immer vorsichtig beim Abbiegen, der Highway wird auch von vielen Motorradfahrern befahren!

In diesem Abschnitt des Highway No. 1 kommt es immer wieder zu Straßensperrungen durch Erdrutsche. Für diese gibt es keine Umfahrungen, man muss die ganze Strecke zurückfahren. Bei Limekiln war die Straße ab Februar 2023 durch den Paul's Slide bis voraussichtlich spätes Frühjahr 2024 gesperrt.

Zeitzone

Kalifornien -9 Stunden zu MEZ, Pacific Standard Time (PST) und Pacific Daylight Time (PDT) von Mitte März bis Anfang November.
Bitte beachten: Im Übergang, wenn in Kalifornien schon/noch PDT herrscht, aber bei uns noch/schon Winterzeit -8 Stunden hinter MEZ.

Morro Bay *(11.000 Einwohner)* liegt am Ausgang einer Lagune, die von einem breiten Dünenstreifen vom Meer getrennt ist. Am Meer ist es hier fast immer windig.

262 Morro Bay – *Morro Bay State Park Campground*

GPS/Kontakt: N 35°20'48.0" W 120°50'27.3", Main St., www.reservecalifornia.com, Tel. 805 772 6101. **Öffnungszeit:** Ganzjährig. **Ausstattung:** Picknicktsiche, Feuerringe, Spültoiletten, Münzduschen, V/E. **Beschreibung:** 140 Stellplätze auf Wiese mit einzelnen Bäumen und Büschen, teilweise relativ eng gestellt. **Preis:** $ 35. **Anfahrt:** Hwy. 1, Exit 277, Richtung Meer, erster Abzweig rechts State Park Rd., Straße folgen. **Hinweise:** Reservierbar. Nebenan findet sich ein Übernachtungsplatz der Monarch-Falter *(s. Tour 13)* in hohen Eukalyptusbäumen.

Der Morro Bay State Park mit kleinem Hafen, Golfplatz und Campingplatz liegt an der Lagune. Am Morro Bay State Park vorbei führt die Straße zum **Montana de Oro State Park**, der einen wilden, einsamen Abschnitt des Küstengebirges schützt. Die

TOUR 14

Bucht **Spooners Cove** mit grobem Sandstrand ist von beiden Seiten durch weit ins Meer laufende Steilklippen geschützt. Im beliebten Park ist vor allem Wandern angesagt oder ein Picknick an der wilden Spooners Cove *(Parken GPS N 35°16'30.3" W 120°53'14.3")*.

Wanderung Bluff Trail

GPS N 35°16'26.6" W 120°53'16.3", max. 6,6 km/70 Hm.
Unbedingt lohnend ist der breit ausgebaute Bluff Trail, der oberhalb der Klippen entlang führt. Er startet am langen Parkstreifen südlich der Bucht. Beschildert geht es hinaus auf die Klippen. Sie strecken sich wie Finger ins Meer, werden auch Fingers of California genannt. An ihnen bricht sich die wilde Brandung. An einzelnen Stellen gibt es Zugänge zum Meer. Mehrere Fußwege führen zurück zur Straße oder wir laufen auf gleichem Weg zurück.

Der Islay Creek Campground ist im State Park *(50 Plätze, Wiese/Bäume, Trockentoiletten, $ 25,* ***max. 27 ft/8,20 m****,* www.reservecalifornia.com*)*.

263 Islay Creek Cg. – N 35°16'26.7" W 120°53'16.0"

Highway-Kurve, Otter am T-Pier

In **Morro Bay** selbst lohnt ein Stopp am Hafen und Felsen. Am **T-Pier** des Hafens ist der ideale Platz um Otter beim Spielen zu beobachten, außerdem hat man eine schöne Aussicht auf den Morro Rock *(Parken GPS N 35°22'12.0" W 120°51'17.4")*.

Auch zu Füßen des **Morro Rock** befindet sich ein riesiger Parkplatz, von dem aus man links um den Felsen herum zur Mole laufen kann, die die Laguneneinfahrt schützt und den Blick freigibt auf die Düne und Bucht. Außerdem beginnt hier der Sandstrand am Pazifik *(GPS N 35°22'13.1" W 120°51'53.3", 1 km zum ersten Parkplatz)*.

264 Morro Bay – *Morro Dunes RV Park*

GPS/Kontakt: N 35°22'44.4" W 120°51'43.3", 1700 Embarcadero, Tel. 805 772 2722. **Öffnungszeit:** Ganzjährig. **Ausstattung:** Picknicktische, Sanitäranlagen mit Duschen, Full Hookup, Waschmaschinen. **Beschreibung:** Klassischer RV Park mit wenig Grün, Asphaltfahrwegen und Schotterstellflächen. Nur durch eine Straße von Dünen und Strand getrennt. **Preis:** Ab $ 45 + tax für Full Hookup. **Anfahrt:** CA-1, Exit 279B, Richtung Meer.

265 Morro – *Morro Strand State Beach*

GPS/Kontakt: N 35°24'08.7" W 120°52'04.7", Yerba Buena St., www.reservecalifornia.com, Tel. 805 772 6101. **Öffnungszeit:** Ganzjährig. **Ausstattung:** Picknicktische, Feuerringe, Toiletten und Münzduschen, einige Plätze Full Hookup. **Beschreibung:** Etwas Parkplatzcharakter, aber umgeben von Grün in sehr schöner Lage direkt an den Dünen bzw. am Meer. **Preis:** $ 35, Full Hookup $ 50. **Anfahrt:** Hwy. 1, Exit Yerba Buena St. am nördlichen Ortsende, Richtung Meer.

Der Morro Rock, im Vordergrund das T-Pier

Auf dem Highway No. 1 Richtung Norden

Zwischen den Ausläufern des Küstengebirges und dem Meer rollen wir jetzt nach Norden. Parkbuchten ermöglichen immer wieder einen Stopp und Fußwege führen auf die Klippen. Der **San Geronimo Pullout** ist durch die Straßenkreuzung von beiden Seiten befahrbar *(GPS N 35°26'59.4" W 120°55'56.7", Vorsicht, beim Linksabbiegen nicht die Straße blockieren)*. Der Highway entfernt sich beim Harmony Headlands State Park vom Meer.

Mit **Cambria** (6.000 Einwohner) erreichen wir eine Kleinstadt im Old-English-Style mit Souvenirs und Restraurants entlang der Main St. (*Exit Cambria Dr.*). Spätestens hier sollten wir volltanken.

Jetzt rollen wir wieder am Meer entlang und erreichen den Hearst San Simeon State Park. Er schützt die Küste auf 30 km Länge. Zum Park gehören der **Strand am San Simeon Creek** *(GPS N 35°35'35.4" W 121°07'29.7")*, das Hearst Castle und der Elephant Seal Boardwalk *(Promenade, s.u.)*.

266 Cambria – *San Simeon Creek Campground*

TOUR 14

GPS/Kontakt: N 335°35'56.8" W 121°07'30.2", 500 San Simeon Creek Rd., www.reservecalifornia.com, Tel. 805 927 2035. **Öffnungszeit:** Ganzjährig. **Ausstattung:** Picknicktische und Feuerringe, Toiletten und Duschen, V/E. **Beschreibung:** 115 Plätze in Buschland, 500 – 800 m zum Creek und dem wilden und relativ einsamen Strand mit kleiner Lagune. **Preis:** $ 35.
Anfahrt: Hwy. 1, Exit 117. **Hinweis:** Reservierbar.
Alternative: Washburn Campground, 68 zusätzliche Plätze 1,5 km weiter Inland, Plätze/Zufahrten Schotter, Duschen nur auf Creek CG.

Wenn wir jetzt Zebras in den weiten Grashügeln rechts erblicken, ist das keine Halluzination. Etwa 120 Tiere sind die Nachkommen der Zootiere von Hearst und leben hier frei auf den riesigen Ländereien. Wer es genauer wissen will, hält am Parkstreifen *(GPS N 35°38'21.2" W 121°10'18.0")* oder auf dem direkt anschließenden Parkplatz links.

Beim nächsten Abzweig geht es rechts zum Hearst Castle mit großem Besucherparkplatz, teuer und eher nicht das typische Ziel für Europäer. Nach links liegt die William Randolph Hearst Memorial Beach mit langem Holzpier.

Pelikan in der Lagune des Simeon Creek, Zebras

Hearst Castle

Als Zeitungsverleger erfolgreich geworden, baute William Randolph Hearst ab 1919 die Farm der Familie zu einem Phantasieschloss aus im Stil verschiedener europäischer Epochen. Die 165 Zimmer möblierte er mit Möbeln, die er aus Europa importierte. Zum Anwesen gehörten zwei große Schwimmbecken und der größte private Zoo seiner Zeit. 1937 wurde das Geld knapp, 20 Jahre später wurde das Schloss an California State Parks zur Verwaltung übergeben, die es heute für etwa eine Millionen Besucher pro Jahr zugänglich machen *(ab $ 30 p.P, Kinder 5–12 Jahre ab $ 15)*.

Kostenlos und definitiv ein Highlight ist der **Elephant Seal Boardwalk**. Die großen Meeressäuger verbringen ihr Leben im Meer und kommen an den Strand zum Ausruhen. Sie sind ganzjährig zu sehen, die größten Ansammlungen bilden sich im Januar, April und Oktober *(GPS N 35°39'46.9" W 121°15'24.4")*.

Abendstimmung am Strand des Simeon Creek (auch Foto links)

Am Big Sur Lookout

Mit der Brücke über den San Carpoforo Creek verlassen wir nicht nur den Haert San Simeon State Park, jetzt rücken auch die Berge direkt ans Meer, der Highway ist in die steilen Hänge geschnitten. Die Straße wird steil und kurvenreich. Beim Young Creek liegt eine kleine touristische Ansiedlung.

Big Sur

Das Küstengebiet mit dem sehnsuchtsvollen Namen erstreckt sich von San Simeon bis Carmel-by-the-Sea über etwa 150 Kilometer Luftlinie. Hier fallen die Berge des Santa Lucia Range schroff und steil ins Meer. Der 1.571 Meter hohe Cone Peak ist nur fünf Kilometer vom Meer entfernt. Die Berge sind weitgehend bewaldet und gehören zum Los Padres National Forest. Sie bieten Heimat für viele Tiere, unter anderem Pumas und Schwarzbären. Seit 1997 wurden Kalifornische Kondore erfolgreich wieder ausgesiedelt.

In einer scharfen Kehre mit Parkstreifen auf beiden Seiten fällt der **Salmon Creek** über blank geschliffene Felsen aus 30 Metern Höhe in einen kleinen Pool. Eine kurze Wanderung führt zu den Wasserfällen *(GPS N 35°48'56.8" W 121°21'32.0", 500 m hin und rück, Weg ist rutschig)*.

Am **Big Sur Lookout** können wir die Aussicht entspannt auf Bänken genießen - unser Platz für einen Frühstückssnack - hinter der nächsten Kehre gibt es einen breiten Parkstreifen *(GPS N 35°51'14.0" W 121°24'41.7")*.

Aussicht vom Willow Creek View Point und Brücke über den Willow Creek

Dann fahren wir durch das Gebiet des Mud Creek-Erdrutsches von 2017 – 400 Meter Highway waren unter Schlamm und Geröll verschwunden. Wir passieren die kleine Ansiedlung Gorda Springs mit Cafe.

Der große Parkplatz des **Willow Creek View Point** ist eigentlich nur von Norden anfahrbar, leider gibt es hier auch keinen Parkstreifen auf der anderen Straßenseite (*GPS N 35°53'33.9" W 121°27'39.6"*). Hier liegt auch die kurze Zufahrt zum Willow Creek Beach (*$ 10, max. 20 ft/6,10 m, no camping*).

Wenige Kilometer weiter erreichen wir ein entwickeltes Gebiet mit Campingplatz und zwei Zugängen zum Meer:

Die Jade Cove ist eine felsig-steinige Bucht, zu der ein steiler Abstieg führt (*GPS N 35°54'59.9" W 121°28'09.1", kurzer Trail vom nördlichen Parkplatzende*).

Der **Sand Dollar Beach** präsentiert sich als langer Traumstrand, gerahmt von grün bewachsenen Klippen mit gut ausgebautem Fußweg (*$ 10 day use, GPS N 35°54'59.9" W 121°28'09.1", auf Fußweg links halten und bei Verzweigung links in Senke, war beim letzten Besuch extrem ausgewaschen wegen Winterstürmen.*) Sand Dollars sind flache Seeigel mit einer Zeichnung wie ein fünfblättriges Blütenblatt, werden hier aber kaum gefunden.

Traumstrand Sand Dollar Beach

267 Big Sur – *Plaskett Creek Campground*

GPS/Kontakt: N 35°55'07.7" W 121°28'02.2", 69345 CA-1, www.reservecalifornia.com, Tel. 805 434 1996. **Öffnungszeit:** Ganzjährig. **Ausstattung:** Picknicktische, Feuerringe, Trocken- und Spültoiletten, Trinkwasser. **Beschreibung:** 43 geschotterte Stellplätze auf schattiger Wiese mit Kiefern und Zypressen, Zufahrten Asphalt. **Preis:** $ 35. **Anfahrt:** Hwy. 1, Exit 117. **Hinweis:** Reservierbar. Kein Handyempfang. Zu Fuß etwa 700 m zum Sand Dollar Beach. Hier gibt es die Schlingpflanze Poison Oak *(Eichenblättriger Giftsumach)*. Sie ist giftig und verursacht bei Berührung einen juckenden Ausschlag.

Erneut rücken die Berge ganz dicht ans Meer, die Straße jedoch bleibt gradliniger als zuvor.

Der Kirk Creek Campground liegt auf einem grünen Plateau über dem Meer mit grandioser Aussicht entlang der Küste *($ 45, 33 Plätze, Trockentoiletten, kurzer Pfad führt zu einem felsigen Strand,* www.recreation.gov*)*.

268 Kirk Creek – N 35°59'24.1" W 121°29'42.2"

Der **Limekiln State Park** schützt Redwood-Bäume. Er bietet Strandzugang und mehrere Wanderungen, die unter anderem zu Wasserfällen und Kalköfen führen, in denen Ziegel für den Bau San Franciscos gebrannt wurden. Für viele WOMOs ist er nicht erreichbar, die Zufahrt ist beschränkt für Fahrzeuge bis ***maximal 24 Fuß/7,31 m!*** Auf dem Campground gibt es 12 Plätze für WOMOs mit Toiletten und Dusche, eng gestellt auf Schotter und strandnah, *(max. 24 ft./7,31 m, ab $ 35,* www.reservecalifornia.com*)*.

269 Limekiln State P. – N 36°00'35.6" W 121°31'06.3"

Wir fahren jetzt durch das Gebiet eines schweren Erdrutsches in 2021, als die Straße auf einer Länge von 50 Metern komplett weggespült wurde. Hier hatte zuerst das Dolan Fire den Bewuchs zerstört, heftiger Regen löste das Geröll.

Mit der McWay Cove erreichen wir den **Julia Pfeiffer Burns State Park**. Für den Park gilt eine Längenbeschränkung für

Treppen zum Sand Dollar Beach

Fahrzeuge *größer 22 Fuß/6,70 m und RVs*, sie dürfen nicht in den Park! 2020 zerstörte das Dolan Fire Wege und Vegetation. Neben Redwoods ist das absolute Highlight vor allem die Aussicht auf die McWay Bucht, in der ein Wasserfall über die Klippen auf den Strand fällt *(Eintritt $ 10 pro Fahrzeug, kein Strandzugang)*.

State Parks am Highway No. 1 schützen Pflanzen- und Tierwelt und bieten Strand-Zugänge. Und alle heißen Pfeiffer!

Der nächste Aussichtspunkt mit Abbiegespur gehört zum Julia Pfeiffer Burns State Park. Von hier ist im Januar/Februar der Zug der Grauwale zu sehen *(GPS N 36°10'10.6" W 121°41'05.3")*.

Auch der Partington Cove Trail liegt im Julia Pfeiffer Burns State Park. An Verzweigung führt der Weg nach links zum Creek, gerade auf Felsklippe mit Aussicht und rechts in eine felsige Bucht *(GPS N 36°10'37.9" W 121°41'37.9", 1,6 km hin und rück)*.

Durch ein Waldgebiet erreichen wir das Siedlungsgebiet beim Pfeiffer Big Sur Park . Eine schmale Straße nach links führt zum sehr schönen **Pfeiffer Beach** mit vorgelagerten Felsen (*keine WOMOs!, $ 12, wenig Parkplätze*).

Die Abfahrt zum **Pfeiffer Big Sur State Park** ist breit und ausgeschildert *(day-use $ 10)*. Er schützt das Gebiet der Redwood Mammutbäume am Pfeiffer Big Sur River mit dem Wasserfall des Flusses. Er ist durch Wanderwege und einen riesigen Campingplatz mit mehreren Bereichen sehr gut entwickelt. Neben Wandern gehört Baden im Big Sur River zu den beliebten Aktivitäten.

Eine schöne Wanderung führt auf gut ausgebautem Weg durch Redwoods zu den Pfeiffer Falls *(2,1 km/50 Hm h. und r.)*.

270 Pfeiffer Big Sur – *Campground*

GPS/Kontakt: N 36°15'04.3" W 121°47'10.7", Pfeiffer Big Sur Rd., www.reservecalifornia.com, Tel. 831 667 1112. **Öffnungszeit:** Ganzjährig. **Ausstattung:** Picknicktische, Feuerringe, Toiletten, Münzduschen, V/E *(am Nature Center, $ 10 für Nicht-Camper)*, Waschmaschinen *(etwa mittig im South Camp)*. **Beschreibung:** 188 Stellplätze im Redwood-Mischwald am Fluss, aufgeteilt in Main, South und Weyland Camp. **Preis:** $ 35, Plätze direkt am Ufer $ 50. **Anfahrt:** Beschildert, Abzweig rechts/Inland, bei mile marker 47.2.

Nach dem Pfeiffer Big Sur Park schließen sich teure, private Campgrounds an, einer der Günstigsten ist das Fernwood Resort im Redwood-Wald mit Strom und Wasser *(Max. 30 ft, ab $ 85 + tax, V/E $ 20). Die Big Sur Campground & Cabins kosten ab $ 117 + tax)*.

271 Fernwood Resort – N 36°15'39.3" W 121°47'35.3"

An der Mündung des Big Sur Rivers liegt der wenig entwickelte **Andrew Molera State Park** *($ 10 pro Fahrzeug)*. Aktivitäten sind Wanderungen, Relaxen am Strand und Besichtigen des Museums im historischen Farmgebäude *(Camping nur für Zelte)*.

TOUR 14

Ab jetzt wirkt das Gebirge rechts nicht mehr ganz so steil, das schmale Vorland endet mit felsigen Klippen über dem Meer und manchmal in Sandstränden.

Das **Point Sur Lighthouse** auf einem vorgelagerten Felsen ist eine markante Landmarke und kann nur bei geführten Touren besichtigt werden *($ 10 p.P.)*.

Der Highway umrundet die Bucht des Little Sur River. Zwar liegen weiterhin viele Aussichtspunkte auf der Meerseite, aber beim schönen See Otter Refuge View Point gibt es einen breiten Seitenstreifen auf der Landseite *(GPS N 36°21'08.7" W 121°53'59.1")*.

Ein weiteres Highlight ist die gebogene **Bixby Bridge**, gebaut 1932. Direkt nach der Brücke gibt es Parkmöglichkeiten auf beiden Seiten *(rechts in Schotterstraße einbiegen, GPS N 36°22'20.9" W 121°54'09.5")*.

Das Point Sur Lighthouse

Nach Überquerung des Doud Creek bietet ein schmaler Parkstreifen Zugang zur Garrapata Beach *(GPS N 36°25'22.1" W 121°54'44.2")*.

Bixby Bridge, unten: am Soberanes Point

Am **Soberanes Point** ragt eine felsige Kuppe weit ins Meer. Gut angelegte Fußwege bieten schöne Aussichten auf die Felsen vor der Küste *(GPS N 36°27'08.0" W 121°55'31.3")*.

Das **Point Lobos State Reserve** schützt eine zerklüftete Halbinsel, die sich mit einem spannenden Wechsel aus Klippen und Buchten ins Meer streckt. Sie ist ein Highlight, berühmt für die Wanderwege zwischen Klippen, Zypressen, Heideland und Meer, aber für die meisten WOMOs nicht erreichbar *(**max. 21 ft**, $ 10)*.

Der direkt anschließende Monastery Beach hat keine Beschränkungen, aber nur begrenzte Parkmöglichkeiten entlang des Highways *(GPS N 36°31'20.2" W 121°55'38.4")*.

Carmel-by-the-Sea *(3.200 Einwohner)* geht ebenfalls auf eine Missionsgründung zurück, die Mission San Carlos Borromeo de Carmelo von 1770. Nach dem Erdbeben in San Francisco 1906 zogen viele Künstler hierher. Heute ist Leben hier extrem teuer wegen des guten Klimas, der hohen Lebensqualität und der Prominenten, die sich hier niederließen.

Carmel erstreckt sich zu beiden Seiten der Ocean Avenue mit Restaurants, Geschäften und vielen schattenspendenden Bäumen. Sie endet am 1,6 Kilometer langen, breiten Sandstrand. Parken für WOMOs ist nur im Geschäftsdistrikt zu beiden Seiten der Ocean Avenue erlaubt *(zwischen Juniper und Monte Verde Street, es dürfen zwei Parkplätze belegt werden, Entfernung zum Strand ca. 800 m, Übernachten verboten)*.

Die Mission, ein aktives Kloster, befindet sich südöstlich des Zentrums *($ 13, Kind 7–17 Jahre $ 7, Mi/Do 10–16 Uhr, Fr 10–17 Uhr, Sa/So 11.30–17 Uhr, GPS N 36°32'34.7" W 121°55'08.8")*.

Lone Cypress am 17-Mile Drive

Strand am 17-Mile Drive

Als Traumstraße im Kleinen gilt der **17-Mile Drive**, der entlang der Küste zwischen Carmel und Monterey verläuft. Die weitgehend unverbaute Küstenstraße gehört der privaten, geschlossenen Wohnsiedlung Pebble Beach. Das bekannteste Fotomotiv ist die einsame Zypresse auf einem Felsen. Touristen werden auf dem Straßenabschnitt entlang der Küste immer von Nord nach Süd geschickt, fahren also bei Einfahrt im Süden zuerst auf einer kurvigen Straße durch Waldgebiete im Inland. Bei Einfahrt erhält man eine Übersichtskarte mit beschilderten Aussichtspunkten. Für die knapp 30 Kilometer sollte man sich mindesten zwei bis drei Stunden Zeit nehmen und zusätzlich Zeit für ein Picknick oder Strandbesuch einplanen. *($ 11,25 + tax/Fahrzeug, auch für RV's, wird erstattet ab Verzehr $ 35 in Restaurants, Zufahrt Süd GPS N 36°34'29.4" W 121°54'48.7", Zufahrt Nord GPS N 36°36'48.0" W 121°55'56.0", Wochenenden möglichst meiden).*

17-Mile Drive, Traumstraße im Kleinen mit Stränden, Klippen, Vogelfelsen und der berühmten Lone Cypress.

TOUR 14

Mit **Monterey** *(30.000 Einwohner, alle Versorgungsmöglichkeiten)* erreichen wir eines der touristischen Highlights der Tour.

Monterey – History 'n' Facts

Die Stadt wurde 1770 mit dem Militärstützpunkt Presidio gegründet. Für einige Jahre war Monterey Hauptstadt des mexikanischen Alta California

Bird Rock Viewpoint am 17 Mile Drive

und später des US-Bundesstattes Kalifornien. Durch die tiefen, nährstoffreichen Gewässer vor der Küste wurde die Stadt zu einem der wichtigsten Häfen für Walfänger und Sardinenfischer. Neben dem Hafen war die Straße Cannery Row als Standort unzähliger Ölsardinenfabriken zwischen 1895 und 1950 das wirtschaftliche Zentrum Montereys. Übersetzt bedeutet der Name der Straße »Konservenfabrikreihe«. Der Zusammenbruch der Fischerei durch Überfischung nach dem 2. Weltkrieg führte zu einer schweren wirtschaftlichen Krise. Den Aufschwung brachte das Buch »Cannery Row« von John Steinbeck, in Deutsch »Straße der Ölsardinen«. Es beschreibt die Lebensbedingungen im Hafenviertel in heiteren und tragikomischen Episoden und führte zum Aufschwung des Tourismus im alten Konservenfabrikviertel.

Fishermans Wharf ist ein Touristenmagnet, ein dicht bebautes Pier mit Restaurants, Souvenirshops und Whale Watching Touren *(Parkplatz Waterfront Lot $ 2/h, max $ 25., GPS N 36°36'04.6" W 121°53'31.9", für WOMOs: Municipal Wharf II, Preise s.o., GPS N 36°36'03.1" W 121°53'24.7")*. Gegenüber befindet sich der **Monterey State Historic Park**, eine Sammlung wichtiger Gebäude der Stadt, der für die Lighthouse Avenue untertunnelt wurde.

Monterey mit seiner Vergangenheit als Festungsstadt, Fischereihafen und seiner frühen Fisch-Industrie bietet viele Entdeckungen.

Der **Lower Presidio History Park** zwischen Hafen und Cannery Row bietet schöne Aussichten über die Bucht und den Hafen, Ruhe vom Trubel, Platz für ein Picknick, einen kurzen Lehrpfad zu den First People Montereys sowie ein kleines Museum *(Aussicht aktuell leider etwas zugewachsen, GPS N 36°36'30.1" W 121°53'52.1")*.

Die **Cannery Row** mit Restaurants und Geschäften in den Gebäuden im alten Fabrikstil liegt etwa 1,5 Kilometer nördlich und gilt als zweites Highlight der Stadt. Ihr ist der gleichnamige Roman von John Steinbeck aus dem Jahr 1945 gewidmet, der in Episoden das Leben im Fabrikviertel in den 1920/30ern erzählt. An ihrem Nordende befindet sich das Monterey Bay Aquarium *(Parken für RV's Cannery Row Parking, $ 25/Tag, GPS N 36°36'51.9" W 121°53'56.9", für kleine Fahrzeuge Parking Lot 7, $ 1,50/h, max. $ 8)*.

Blick vom Lower Presidio Park auf die Fishermans Wharf

Am dritten Septemberwochenende findet das Monterey Jazz Festival statt.

Wer einen Parkplatz hat, kann auf den Bus umsteigen, um die zwei Kilometer zwischen den Highlights Fishermans Wharf/Monterey State Historic Park und Cannery Row/Bay Aquarium zu überbrücken. Die **rote Buslinie JAZZ A/B** pendelt zwischen Monterey Transit Plaza *(600 m südlich von Fishermans Wharf, GPS N 36°35'50.2" W 121°53'40.1")* und dem nördlich gelegenen Aquarium im 15-Minuten Rhythmus – Richtung beachten, die Busse fahren vom Transit Plaza auch in die Gegenrichtung nach Sand City im Osten.

Custom House, Ausstellung/Hof Pacific House, California's First Theater

Monterey State Historic Park, City Walk, 700 m

Start gegenüber von Fishermans Wharf.
Das **Custom House** ist ausgestattet wie ein Zollhaus der Mexikanischen Ära *(1821 – 1846)*. Dahinter liegen der Custom House Plaza mit Künstlermarkt und das **Pacific House** von 1847, als Lagerhaus der US Navy gebaut und heute ein Museum zur Geschichte Montereys *(beide kostenlos, Di – Do 12 – 16 Uhr, Fr – So 10 – 16 Uhr)*. An diesem auf der rechten Seite vorbei kommen wir zum **Casa del Oro** von etwa 1845, dem ersten Gemischtwarenladen. Weiter geradeaus erreichen wir die Pacific Street, gegenüber ist das kleine **California's First Theater** von 1847 zu sehen, erst eine Taverne und ab 1850 Theater für die Offiziere der US Army. Wir gehen zurück und biegen nach dem ersten Haus links ab über ein paar Stufen in einen Durchgang zwischen den Häusern. Der Fußweg führt zum **First Brick House** von 1847, das erste Haus, das mit gebrannten Tonziegeln gebaut wurde. Vorher wurde im mexikanischen Stil mit Adobe (Lehmziegeln) gebaut, mit viel dickeren Wandstärken und empfindlich gegen Nässe und Regen. Später beherbergte das First Brick House ein spanisches Restaurant von »Mama« Garcia, die Küche wurde im damaligen Stil restauriert. Am kleinen Park mit Brunnen vorbei nach links sehen wir vor der Fußgängerbrücke die **Old Whaling Station** von 1847, zuerst ein Privathaus, dann Hauptsitzt der Old Monterey Whaling Company. Vom Old Whaling House gehen wir zurück, immer geradeaus zurück zum Fishermans Wharf. Der gesamte Rundgang ist deutlich länger als hier beschrieben und schließt Gebäude beim Cooper-Molera Adobe Complex ein. Die Broschüre gibt's unter www.parks.ca.gov, »Monterey SHP«.

Landwirtschaft auf dem fruchtbaren Schwemmland

Im flachen Schwemmgebiet der Bucht von Monetery wird intensiv Gemüse angebaut. Sie ist durch einen Dünengürtel vom Meer getrennt.

Das **Monterey Bay National Marine Sanctuary** gilt als Serengeti des Meers. Es erstreckt sich von Cambria im Süden bis San Francisco im Norden über 444 km Länge und durchschnittlich knapp 50 Kilometern Breite. Dazu kommt ein Gebiet um einen Tiefseeberg. Insgesamt wird eine Fläche von fast 16.000 Quadratkilometern geschützt, in denen 36 Arten von Meeressäugetieren, 180 Vogelspezies, 525 Fischarten, 4 Arten von Schildkröten und 31 verschiedenen Wirbellose leben. Dieses Meeresschutzgebiet ist eines der größten Meeresschutzgebiete der USA.

Ein weiteres Schutzgebiet ist das **Elkhorn Slough Reserve**. Es schützt einen Teil des riesigen Marschlandes, das mit den Gezeiten überspült wird und im ehemaligen Mündungsgebiet des Salinas River entstand. Es ist Lebensraum und Rastplatz für 700 verschiedene Spezies. Am Visitor Center starten verschiedene markierte Wanderwege von 1,4/1,8 und 3,7 Kilometer Länge *(GPS N 36°49'01.5" W 121°43'46.2", kostenlos, Mi–So 9–17 Uhr)*.

Strandzugang ermöglichen unter anderem folgende State Parks: Sunset State Beach, etwas einsamer gelegen *($ 10, GPS N 36°52'53.8" W 121°49'40.9", s. Camping)*, Manresa State Beach, am Rande eines Wohngebietes *($ 10 für PKW, GPS N 36°55'56.7" W 121°51'40.0")*, Seacliff State Park, am Ende des Steges liegt ein ungewöhnliches Schiffswrack, es wurde im 1. Weltkrieg wegen Stahlmangels aus Zement gebaut und hierher verbracht als Tanz- und Vergnügungsort *($ 10, GPS N 36°58'21.8" W 121°54'45.9", s. Camping)*.

Weite Brackwasserwiesen im Elkhorn Slough Reserve

Zum Abschluss folgen jetzt Übernachtungsmöglichkeiten in der Bucht. Die folgenden Camping- und RV-Plätze sind sortiert nach steigenden Preisen, wobei *die State Parks am Meer sehr frühzeitig reserviert* werden sollten. Anschließend gibt es noch ein paar Vorschläge für freie Stellplätze.

272 Watsonville – *Sunset State Beach*

GPS/Kontakt: N 36°53'23.4'' W 121°49'54.5'', Sunset Beach Rd., www.reservecalifornia.com, Tel. 831 763 7063. **Öffnungszeit:** Ganzjährig. **Ausstattung:** Max. 31 ft., Picknicktische, Feuerringe, Spültoiletten und Münzduschen. **Beschreibung:** 90 Stellplätze hinter den Dünen in lichtem Kiefernwald. Luftlinie 250 m vom Strand, zwei Fußwege führen hinunter. **Preis:** $ 35. **Anfahrt:** Hwy. 1, Exit 425, Gegenrichtung zu »Watsonville«, Lee Road rechts, nächste Kreuzung links, dann beschildert rechts. **Hinweis:** Reservierbar.

273 Aptos – *Sea Cliff State Beach*

GPS/Kontakt: N 36°58'21.5'' W 121°54'50.2'', State Park Dr., www.reservecalifornia.com, Tel. 831 763 7063. **Öffnungszeit:** Ganzjährig. **Ausstattung:** *Nur für RV's!* Einige Plätze mit Full Hookup. **Beschreibung:** 64 Stellplätze direkt am Strand, große Parkplätze schräg angeordnet. **Preis:** $ 35. **Anfahrt:** Hwy. 1, Exit 435, Richtung Meer. **Hinweis:** Reservierbar. Einzelne Plätze werden täglich vor Mittag vergeben.

274 New Brighton – *New Brighton State Beach*

GPS/Kontakt: N 336°58'52.6'' W 121°56'15.5'', New Brighton State Beach, www.reservecalifornia.com, Tel. 831 464 6329. **Öffnungszeit:** Ganzjährig. **Ausstattung:** Picknicktische, Feuerringe, Spültoiletten, Duschen, V/E. **Beschreibung:** 110 Stellplätze in Wiesengelände mit Büschen und einzelnen Kiefern, direkt hinter den Dünen. **Preis:** $ 35, Plätze am Meer oder mit Hookup teurer. **Anfahrt:** Hwy. 1, Exit 436, Richtung Meer, erste links, nächste rechts. **Hinweis:** Reservierbar.

TOUR 14

275 Monterey – *Laguna Seca Campground*

GPS/Kontakt: N 36°34'43.9'' W 121°45'19.0'', S Perimeter Rd., www.co.monterey.ca.us, Tel. 831 663 2886. **Öffnungszeit:** Ganzjährig. **Ausstattung:** Picknicktische, Feuerringe, Sanitäranlagen mit Duschen, Strom, Wasser, V/E (geschlossen bei Events). **Beschreibung:** In engen Terrassenstufen angelegt mit schöner Aussicht über die Berge. Relativ grün. **Preis:** Ab $ 35. **Anfahrt:** Auf der CA-68 Richtung Salinas, Abfahrt beschildert. **Hinweis:** Ohne Reservierung Anreise nur vor 18 Uhr. Drei Bereiche: Chaparral, Can-Am und Grand Prix. An der Rennstrecke von Laguna Seca, einem ausgetrockneten See, finden regelmäßig Events statt.

276 Salinas – *Salinas/Monterey KOA*

GPS/Kontakt: N 36°47'26.8" W 121°40'10.4", 8710 Prunedale North Rd., Tel. 831 663 2886. **Öffnungszeit:** Ganzjährig. **Ausstattung:** *Nur für vollausgestattete RVs.* Picknicktische, keine Sanitäranlagen, Full Hookup, ganzjährig beheizter Pool. **Beschreibung:** Relativ nackte Asphaltfläche mit kurzen, schmalen Hecken zwischen den Plätzen, direkt neben einer großen Abfahrt des Hwy. 101 mit viel Verkehrslärm. **Preis:** Ab $ 55 + tax, Standard $ 75 + tax. **Anfahrt:** US-101, Exit 336, CA-156 West/Monterey, sofort westlich der Autobahn »Prunedale North Rd.«, nächste rechts.

Alternative: Moss Landing KOA Express, ebenfalls nur für vollausgestattete RV's, mitten im Jachthafen von Moss Landing. Ab $ 80 + tax. GPS N 36°47'57.7" W 121°47'10.1", Tel. 831 633 6800.

Folgende Plätze sind sehr teuer:

Santa Cruz /Monterey Bay KOA Holiday, Luftlinie 1 km vom Meer entfernt, ab $ 120 + tax.

Marina Dunes RV Park, liegt ideal zwischen Meer und Highway 1, gut 600 m durch Dünen zum Meer, ab $ 130 + tax.

In den Bergen liegen zwei State Parks mit Campingplätzen, jeweils mindestens eine kurvenreiche Stunde Fahrtzeit von Monterey entfernt. Absolut empfehlenswert ist der Freemont Peak State Park wegen des leichten Zugangs zum 967 Meter hohen Freemont Peak mit unübertroffener Aussicht über die Bucht von Monterey.

Fremont Peak State Park, max. 25 ft/7,60 m, 25 Plätze auf 850 Metern Höhe, $ 25, www.reservecalifornia.com, GPS N 36°45'36.9" W 121°30'10.1".

Hollister Hills State Park, wird vor allem von Motocross-Fahrern genutzt, RV's auf Lower und Upper Ranch Campgrounds, $ 10, nicht reservierbar, GPS N 36°46'10.2" W 121°24'52.0".

TOUR 14

Folgende Parkplätze sind Vorschläge für freie Übernachtungen, dabei liegt der Schotterplatz an der CA-68 auf dem Weg zur Laguna Seca etwas durch Bäume getrennt. Bei beiden Travel Center sollte man fragen. Der zur Garlic Farm gehörende RV Park bietet nur Langzeitaufenthalte, es gibt aber auch riesige Parkplätze.

277 Schotterplatz CA-68 – N 36°34'18.9" W 121°48'28.2"

278 Pilot Travel Ctr. Salinas – N 36°39'53.5" W 121°37'47.2"

279 Garlic Farm Travel Ctr. – N 36°59'15.6" W 121°33'25.9"

Tour 15

Stockton
Manteca
San Ramon
San Francisco
Tour 16
Livermore
Pleasanton
Modesto
Fremont
Turlock
Half Moon Bay
San José
Big Basin Redwoods
Lighthouse
Boulder Creek
St. Cruz Mountains
Gilroy
Henry Cowell Redwoods
Santa Cruz
Tour 14
Hollister
Prune-dale
Salinas
Monterey
Carmel-by-the-Sea
Coast Mountains
Cambria
Morro Bay
N
50 km
5
580
99
280
101
1
9
17
25
46
280
281
282
283
284
285
286
287
288
289

Santa Cruz Mountains

115 km

Die Santa Cruz Mountains werden gerne auf dem Weg nach San Francisco links liegen gelassen. Neben den schönen Stränden gibt es hier größere Bestände von Redwoods, Küsten-Mammutbäumen, stille, hohe Giganten des Küstengebirges. Wer also genug Zeit mitbringt für zusätzliche Stopps kann folgende, oft übersehene Highlights entdecken:

- **Henry Cowell Redwoods State Park**
- **Pescadero Marsh und Beach**
- **Pillar Point Jachthafen bei Half Moon Bay**

Unsere Tour ist geteilt in drei Bereiche: Zu den Redwoods in den Santa Cruz Mountains, entlang der Küste auf dem Highway No. 1 und zum Schluss der schnelle Weg nach San Francisco auf der US-101. Wir empfehlen einen Besuch der Redwoods im Henry Cowell Park und anschließend die Fahrt auf dem Highway No. 1.

Übernachten am Highway No. 1 und auf seinen Parkplätzen ist auch hier grundsätzlich verboten.

Zeitzone

Kalifornien -9 Stunden zu MEZ, Pacific Standard Time (PST) und Pacific Daylight Time (PDT) von Mitte März bis Anfang November.
Bitte beachten: Im Übergang, wenn in Kalifornien schon/noch PDT herrscht aber bei uns noch/schon Winterzeit -8 Stunden hinter MEZ.

Zwischen der Bucht von Monterey und San Francisco erheben sich die Santa Cruz Mountains bis in 1.154 Metern Höhe. Sie sind Heimat größerer Redwoodwälder, die in mehreren State Parks geschützt werden. Die Bergkette selbst wird durch beiden Highway CA-9 und CA-17 erschlossen, die in Richtung San Jose führen. Highway 1 an der Küste führt vorbei an Stränden und Feuchtgebieten. Der Highway 101 führt an der Ostseite entlang durch San Jose nach San Francisco und ist die schnellste Verbindung. Ein Abstecher zu den Redwood-Wäldern der Santa Cruz Mountains und die Fahrt entlang der Küste auf dem Highway No. 1 zählen zu den eher unbekannten Highlights einer Fahrt entlang des Pazifik.

Santa Cruz *(Metropolregion 260.000 Einwohner, alle Versorgungsmöglichkeiten)* entstand als zwölfte der Kalifornischen Missionen. Heute gilt sie als weltoffene und alternative Stadt, begründet durch die University of California Sante Cruz *(UCSC)*, den wichtigsten Arbeitgeber, sowie den Lifestyle der Surf City USA, wie Santa Cruz sich nennt. Eine wichtige Rolle spielt der Tourismus.

Der **Santa Cruz Beach Boardwalk** mit Jahrmarktatmosphäre und Fahrgeschäften gilt als ältester Vergnügungspark Kaliforniens, die Holzachterbahn Giant Dipper wurde 1924 gebaut *(Zugang zum Boardwalk kostenlos, Fahrgeschäfte zu bezahlen)*.

Die **Municipal Wharf** ist ein 870 Meter langer Pier mit PKW-Parkplätzen und Restaurant.

Beides ist erreichbar vom riesigen Santa Cruz Beach Boardwalk Parking *($ 20/25, GPS N 36°57'53.0" W 122°01'08.5", RV's parken auf großem Schotterplatz am Straßenende)*.

Zugang zum Strand und einen Überwinterungswald der Monarch-Falter gibt es im Natural Bridges State Park am Westrand von Santa Cruz *($ 10, GPS N 36°56'59.5" W 122°03'22.9")*.

Zu den Redwoods in den Santa Cruz Mountains (CA-9/CA-17)

Im Roaring Camp im Western-Style starten Fahrten mit historischen Zügen in die Redwoods *(ab $ 33 + tax und Parkgebühr)*.

Im Henry Cowell Park hat ein ursprünglicher Bestand von Redwoods das große Fällen überlebt, stille, uralte, himmelhohe Giganten.

Dann erreichen wir den Henry Cowell Redwoods State Park, und wer nicht bis zum Redwood National Park fahren kann, sollte hier wandern gehen.

Henry Cowell Redwoods State Park

Eintritt: $ 10. **Highlights:** Ein Hain mit uralten Redwood Küstenmammutbäumen (old-growth) sowie neue (second-growth) Redwood-Bestände. **Beste Reisezeit:** Ganzjährig. **Klima:** Durchschnittliche Tageshöchst-/Tiefsttemperaturen Juli 23°/12°C, Januar 16°/5°C.
Hinweise: Die Zufahrt zu Visitor Center/Day-Use-Area mit dem Loop Trail durch den alten Hain liegt an der CA-9, die Zufahrt zum Campingplatz an der Graham Hill Road. Beide sind nur durch Fußwege verbunden.

Auf etwas über 160.000 Quadratmeter hat hier ein Bestand an alten Redwood-Bäumen das große Fällen überlebt. Der größte Baum des Parks ist etwa 1.500 Jahre alt und 84 Meter hoch. Aber auch die nach 1920 gewachsenen Redwoods haben inzwischen eine beachtliche Höhe erreicht. Mit den ganz Großen im nördlichen Nationalpark können sie nicht konkurrieren, trotzdem sind diese stillen Riesen unglaublich beeindruckend!

Redwood Grove Loop Trail, 1,2 km

Start GPS N 37°02'30.4" W 122°03'53.5". Am Start kann man einen Guide auf das Handy laden mittels QR-code für die 15 Stationen am Weg.

Der Loop-Trail führt eben, breit ausgebaut und mit Zäunen flankiert durch einen Bestand an alten Redwoods. Tatsächlich sind sie nicht so riesig wie ihre Verwandten im Nationalpark, aber trotzdem extrem beeinduckend. Wir starten am Visitor Center, verlaufen ist kaum möglich.

Eine längere Wanderung startet beim Campingplatz (s.u.), führt aber bis zum Visitor Center und zurück, kann also auch dort beginnen. Außerdem beschreibt sie den Weg zum Strand am Fluss.

TOUR 15

Nachtwanderung mit Rangern zum Observation Desk im Henry C Redwoods

280 Henry Cowell Redwoods – *Scotts Valley CG.*

GPS/Kontakt: N 37°01'50.0" W 122°02'34.6", 2591 Graham Hill Rd., www.reservecalifornia.com, Tel. 831 438 2396. **Öffnungszeit:** Im Winter wetterbedingte Schließungen möglich. **Ausstattung:** Picknicktische, Feuerringe, Spültoiletten, Münzduschen , kein V/E, aber Wasser fürs RV. **Beschreibung:** 113 schattige Stellplätze im Kiefern- und Eichenwald. Zufahrten Asphalt, Plätze natur. **Preis:** $ 35. **Anfahrt:** Hwy. 1, Exit 442 Richtung Felton, Straße 5,2 km folgen. **Hinweise:** Reservierbar. Hier wächst Poison Oak, Eichenblättriger Giftsumach, eine giftige Schlingpflanze, die Ausschlag verursacht.

Henry Cowell Highlights Loop, 8,6 km/200 Hm

TOUR 15

Zuvor Ranger fragen, ob die ***Brücken über den Eagle Creek aufgebaut sind.***

Start am Campingplatz. Kurz oberhalb des Eingangs zum Campingplatz wandern wir auf dem breiten, beschrankten Fahrweg in den Wald *(vom Campingplatz kommend nach rechts)*. Wir folgen dem Fahrweg und bei einer T-Kreuzung halten wir uns rechts. Jetzt spazieren wir durch teilweise geplant abgebranntes Gebiet Richtung Observation Desk. Hier wachsen Knobcone Pines, die zum Keimen und Anwachsen abgebrannte Flächen benötigen.

Vom Observation Desk haben wir eine grandiose Aussicht Richtung Bucht von Monterey und über die bewaldeten Berge.

Wir gehen in Ankunftsrichtung geradeaus weiter und sind jetzt auf einem Pfad unterwegs, der durch Chaparral, niedriges Buschwerk, führt, das die Dünen bewächst. Er führt abwärts in den Wald und vorbei an den ersten Redwoods. Wir überqueren die Pipeline Road geradeaus und biegen bei Fire Road links ab (beides Forstwege). Hier wandern wir weiter bis zum Schild Cathedral Grove. An diesem links vorbei und sofort rechts stehen wir in einem stillen Rund von mächtigen Bäumen, die weit hoch in den Himmel streben.

Von hier wandern wir auf gleichem Weg zurück und an dem Abzweig, an dem wir von links kamen, geradeaus weiter. Unser Fußweg führt abwärts, über eine kleine Brücke. Weiter steil abwärts treffen wir auf den Einschnitt des Eagle Creek, gehen links und überqueren ihn über die Brücke. Wenige Meter links ist ein Strand am breiten, flachen San Lorenzo River. Wir folgen dem Fußweg am Fluss bis zur Asphaltstraße und gehen auf dieser in gleicher Richtung weiter. Bei einer großen Lichtung mit Bank biegen wir rechts ab und folgen dem breiten Weg in einem Linksbogen vor dem Eisenbahndamm bis zu einem Gatter.

Hier sind wir am rückwärtigen Ende des Redwood Grove Loop-Trail mit

einigen mächtigen, old-growth Reedwoods. Wir halten uns rechts und folgen dem breiten Weg bis zum Visitor Center, biegen dort links ab und wandern auf der anderen Seite des Loop zurück.

Zurück beim Gatter verlassen wir den Rundweg wieder nach rechts, gehen im bekannten Rechtsbogen zur Asphaltstraße und dort links Richtung Strand. An einer Verzweigung halten wir uns rechts auf breitem Weg mit Naturbelag. Oberhalb des Strandes biegen wir links ab. Jetzt führt unser Pfad immer relativ steil aufwärts am Eagle Creek entlang. Wir überqueren die Straße, wandern weiter bergauf und kommen schließlich zu einer Brücke über den Creek. Dann wandern wir unter einer letzten Gruppe Redwoods hindurch, wechseln in Chaparral-Vegetation mit einigen Bäumen und treffen kurz vor dem Campingplatz auf eine Wegekreuzung. Hier geht es rechts zum Observation Desk und geradeaus auf den Campingplatz.

Redwoods, hohe Giganten des Küstengebirges

Redwoods, Sequoia sempervirens, sind die Mammutbäume der Küste und die höchsten Bäume der Welt. Sie werden bis zu 116 Meter hoch, das ist fast das dreifache unserer einheimischen Bäume. Die immergrünen Bäume haben Nadeln ähnlich denen der Fichten, etwas flacher und weniger spitz. Ihre Äste setzen erst weit oben an. In der Krone können die Nadeln Ähnlichkeit mit Thujen haben.

Die Redwoods haben eine rauhe, längs gefurchte Borke und rotes Holz, werden bis zu 2.000 Jahre alt und sind wegen ihrer dicken Borke und der erst hoch beginnenden Äste relativ unempfindlich gegen Feuer. Sie bedeckten das gesamte Küstengebirge Kaliforniens und des südlichen Oregon.
Im Küstengebirge leben sie im gemäßigten Regenwald mit guten Winterniederschlägen und

Sommernebel, die an den Nadeln kondensieren und so Wasser zuführen.

Das Holz der Redwoods gilt als wertvolles Nutzholz. Die Abholzung der majestätigen Giganten begann im 19. Jahrhundert und ging mit neuen Maschinen und Abtransport der Eisenbahn rasend schnell. Heute schützen 15 Parks die verbleibenden Redwoods, die ältesten und größten Bäume stehen im Redwood National Park, ein Zusammenschluss mehrere Parks.

Am Highway 9 vor der Abfahrt zum Day-Use-Bereich des Parks befinden sich drei private Campingplätze, sehr schön gelegen im nachgewachsenen Redwood-Wald, mit kompletter Ausstattung und Pool und sehr teuer:
Santa Cruz Redwoods RV Resort *(ab $ 90 + tax, Tel. 831 355 8321, Mindestaufenthalt 2 Nächte)*
Smithwoods RV Park *($ 75 incl. tax, Tel. 831-335-4321)*
Cotillion Gardens RV Park *(ab $ 70 + tax, Tel. 831 335 7669)*

Felton ist eine kleine Siedlung, die an drei Seiten von Flächen des Henry Cowell Redwoods State Park umgeben ist. In Felton startet der Redwood Forest Steam Train, eine Dampflok-Zugfahrt durch die alten Forstbestände *(ab $ 40 + tax für 75 min)*. Nächster Ort ist Boulder Creek, wo die CA 236 nach Links/Westen abzweigt zum Big Basin State Park.

281 Boulder Creek – *Redwood Resort*

GPS/Kontakt: N 37°07'03.4'' W 122°07'10.8'', 150 Grove St., Tel. 831 338 3413. **Öffnungszeit:** Mai - Nov. **Ausstattung:** Picknicktische, Grills, Sanitäranlagen mit Duschen, Full Hookup, Pool, V/E. **Beschreibung:** Kleiner, einfacher Campingplatz unter Redwoods, extra Bereich für Festcamper, ruhige Lage. **Preis:** Ab $ 50 + tax, mit Strom/Wasser $ 65 + tax. **Anfahrt:** CA-9, am südl. Rand von Boulder rechts in die Grove St.

Oberhalb von Davenport Beach

Auf dem Highway No. 1 entlang der Santa Cruz Mountains

Der **Big Basin Redwoods State Park** ist Kaliforniens ältester State Park, gegründet 1902. Er schützt unter anderem das größte Gebiet von old-growth Redwood-Bäumen südlich von San Francisco, insgesamt 44 Quadratkilometer. Im August 2020 wurden die Besuchereinrichtungen von einem schweren Waldbrand zerstört. Der größte Teil der alten Redwoods überstand das Feuer. Unter dem Namen »Reimagining Big Basin« wurde eine öffentliche Planung für die Neuentwicklung des Parks gestartet. Im Januar 2023 musste der Park erneut schließen wegen schwerer Sturm- und Regenschäden. Aktuell ist für einen Tagesbesuch eine online-Reservierung notwendig, erlaubt sind nur *»Passenger Vehicles« keine RV's* *($ 8)*. Vor Ort ist ein Teil der Wanderwege wieder geöffnet.

Entlang der Küste auf dem Highway No. 1

Die Küstenstraße verläuft auf einem schmalen Plateau zwischen Bergen und Meer und ist ruhiger als zuvor. Zum Meer fallen Klippen ab und vorgelagerte Felsen trotzden der Brandung.

Hier bieten sich mehrere Möglichkeiten für einen Stopp am Meer.

Der **Wilder Ranch State Park** wurde auf dem Gelände einer ehemaligen Milchfarm gegründet. Neben alten Farmgebäuden können die schöne Wilder Beach und die Fern Grotto Beach mit einem farnüberwucherten Felsüberhang auf einer kurzen Wanderung besucht werden *(GPS N 36°57'39.5" W 122°05'12.7", 3,7 km/20 Hm)*.

Kostenlos sind die Zugänge zu mehreren Stränden mit eher kleinen Parkplätzen, alleine fünf bis zum kleinen Ort Davenport: Four Mile Beach, Laguna Creek Beach, Panther Beach, Donny Beach, wo eine Nebenstraße Richtung Hernry Cowell und Big Basin Redwoods in die Berge abzweigt, und die hübsche, schmale Shark Fin Cove.

Davenport *(400 Einwohner)* blickt auf eine Walfang-Geschichte, hat ein hübsches Roadhouse und eine Bakery, die auch Burger und mehr verkauft *(Parken GPS N 37°00'41.2" W 122°11'45.7")*.

Davenport Beach und Roadhouse

Vorbei an der großen Scott Creek Beach erreichen wir den **Greyhound Rock County Park** mit Strandzugang, wo ein riesiger Felsen im Wasser liegt *(kostenlos, großer Parkplatz, dort rechte Seite, GPS N 37°04'48.9" W 122°15'55.1")*. Er kann bei Ebbe begangen werden, wird aber auch von Pelikanen beansprucht. Allerdings sieht er eher wie ein riesiger Seehund aus, als ein Greyhound *(Windhund)*.

Wadell Beach mit großem Parkplatz gehört zum Big Basin Redwoods State Park *(kostenlos)*.

Im **Ano Nuevo State Park** lebt eine der größten Festlandkolonien von See-Elefanten *($ 10, GPS N 37°07'15.8" W 122°18'26.1")*. Zu den Aussichtspunkten auf die Kolosse führt eine 4 – 5 Kilometer lange Wanderung *(hin und rück, Dez. bis März, nur geführt und reservierbar)*.

Der Santa Cruz North/Costanoa KOA in Pescadero ist 900 Meter vom Strand entfernt und lässt sich seinen Luxus inklusive Sauna entsprechend kosten *(ab $ 100)*.

Dann liegt rechter Hand die Highway 1 Brewing Company mit eigenen Biersorten *(geöffnet Donnerstag und am Wochenende)*.

Direkt danach geht es rechts hoch zum **Butano State Park**, der mit seinen Redwood-Beständen vor allem Wanderer anzieht *($ 10 Tagesgebühr, max 24 ft/7,32 m, ab Abzweig 6 km)*. 21 Plätze des zugehörigen Ben Ries Campgrounds im Redwood-Wald sind auch für WOMOs geeignet *($ 35, www.reservecalifornia.com, max. 24 ft, göffnet April - November)*.

282 Butano State Park – N 37°12'06.3" W 122°20'22.8"

Im **Pigeon Point State Park** führen kurze Fußwege zu einem Leuchtturm auf den Klippen und einer Aussichtsterrasse mit Blick auf die Küste *(kostenlos, GPS N 37°11'00.2" W 122°23'33.4")*.

Der Parkplatz am Bean Hollow State Park ist ungeeignet für WOMOs.

Mit dem **Pescadero Creek und Marsh** erreichen wir einen sehr lohnenden Abschnitt mit schroffer Felsküste, kleinen Buchten,

Strand sowie einem Feuchtgebiet *(mehrere Parkplätze, z.B. GPS N 37°15'35.4'' W 122°24'44.5'')*. 700 Meter nördlich ist ein Rundweg in den Sumpfbereich beschildert sowie Zugang zu einem größeren Strand *($ 8)*.

Oben in den Bergen liegt der **Memorial Park des County of San Mateo** in 20 Minuten/15 Kilometer Entfernung mit Wandermöglichkeiten und Campingplatz *($ 10 Tagesgebühr)*.

Pigeon Point Leuchtturm

283 Loma Mar – *Memorial County Park*

GPS/Kontakt: N 37°16'34.8'' W 122°17'28.2'', 9500 Pescadero Creek Rd., www.smcgov.org, Tel. 650 879 0238. **Öffnungszeit:** Mai – Oktober. **Ausstattung:** Picknicktische, Feuerringe, Sanitärgebäude, V/E. **Beschreibung:** 160 schattige Plätze, nur teilweise für RVs im hohen Redwood-Wald, unterteilt in Azalea und Sequoia Flat. Zufahrten/Plätze Naturbelag. **Preis:** $ 50. **Anfahrt:** Am ersten Parkplatz des Pescadero Marsh (s.o., Schild »Pescadero«) rechts in die Berge, 15 km. **Hinweis:** Reservierbar, an Ferienwochenenden min. 3 Nächte.

Mit dem **Pescadero State Beach** beginnen die ockerfarbenen Klippen *(GPS N 37°16'27.0'' W 122°24'31.9'', Parken $ 8, gegenüber der Parkplatzzufahrt Fußweg vorbei an Lagune zu o.g. Marsh)*.

Unterhalb der Klippen zieht sich jetzt ein langer, schmaler Strand entlang, an dem Pomponio State Beach und San Gregorio State Beach liegen *(Parken je $ 8)*.

Dann erreichen wir **Half Moon Bay** *(12.000 Einwohner, alle Versorgungsmöglichkeiten)* und damit auch die Siedlungsausläufer des Großraumes San Francisco. Die Fahrt zu den Highlights von San

Felsige Bucht beim Pescadero Marsh

Francisco dauert von hier etwa eine Stunde, entsprechend gestalten sich die Übernachtungspreise.

Der Pelican Point RV Park bietet klassisch Full Hookup 300 Meter vom Strand entfernt *(Ab $ 85 + tax, Tel. 650 726 9100, einfache Sanitäranlagen, Alternative: Half Moon Bay RV Park, 1,2 km zum Strand, Parkplatzcharakter, ab $ 95 + tax).*

284 Pelican Pt. RV Park – N 37°25'48.1" W 122°26'10.8"

Der **Half Moon Bay State Park** schützt fast sechs Kilometer Strände in drei Bereichen: Francis Beach mit Campingplatz, unserem Tipp für eine Nacht vor San Francisco, und Visitor Center, Venice Beach sowie Dunes und Roosevelt Beach *(Tageseintritt $ 10).*

285 Half Moon Bay – *Francis Beach Campground*

GPS/Kontakt: N 37°28'03.2" W 122°26'41.3", 95 Kelly Ave., www.reservecalifornia.com, Tel. 650 726 8820. **Öffnungszeit:** Ganzjährig. **Ausstattung:** Picknicktische, Feuerringe, Toiletten, Münzduschen, teilweise Strom, V/E *($ 10)*. **Beschreibung:** 52 Plätze direkt oberhalb der Dünen auf Wiesengelände, Zufahrten und Plätze asphaltiert. **Preis:** $ 35, mit Strom $ 50. **Anfahrt:** An der großen Ampelkreuzung mit Interstate Gasoline Richtung Meer. **Hinweis:** Sehr frühzeitig reservieren! **Alternative:** Teurer Pillar Pt. RV Park, s.u.

Am Ende der geschwungenen Bucht von Half Moon Bay liegt mit **Pillar Point** ein netter Stopp am Meer mit Jachthafen, großer Mall, Restaurants und der Half Moon Bay Brewing Company *(Parken für WOMOs auf den großen Parkflächen verboten, am besten auf der anderen Seite der CA-1, GPS N 37°30'21.3" W 122°28'52.6", Fußweg 300 m, Brewery: der Straße am Hafen entlang um Rechtskurve folgen).*

Nachos in der Brewery, Klippen im Pescadero SB

Jachthafen am Pillar Point

Der Pillar Point RV Park ist ein Parkplatz direkt an der langen Außenmole des Yachthafens, durch eine Baumreihe vom Highway No. 1 getrennt *(ab 95 incl. tax, keine Reservierungen)*.

286 Pillar Pt. RV Park – N 37°30'04.9" W 122°28'19.3"

Richtung San Francisco erwarten uns noch zwei weitere State Beaches sowie Devil's Bunker mit weiter Aussicht auf die Küstenlinie *(Parken direkt vor dem Tunnel, GPS N 37°34'14.4" W 122°30'58.2")*.

Der schnelle Weg nach San Francisco: US-101 und US-280

Da die Freeways vor allem der schnellen Fahrt nach San Francisco dienen, sind hier nur einige Übernachtungsmöglichkeiten beschrieben. Vor San Jose teilt sich der Freeway und führt als US-101 durch das dicht besiedelte Ufer der Bay, als US-280 durch die Außenbezirke am Fuß der Santa Cruz Mountains.

In Morgan Hill ist Übernachten möglich auf dem großen Parkplatz der **Cochrane Paza** mit Walmart *(US-101, Exit 367, am Hwy.)*.

Der **Sanborn County Park** liegt am unteren Osthang der Santa Cruz Mountains und schützt Wälder mit Redwoods der zweiten Generation. Wanderwege und Picknickplätze sind die Hauptattraktion *($ 6 Tagesgebühr)*. Es gibt 15 Stellplätze für RV's *(max. 30 ft/9,10 m, $ 44, direkt neben dem Tagesparkplatz, unterteilt mit kleinen Grasstreifen/Bäumen, reservierbar* parks.sccgov.org, *10 km bis CA-85)*.

Der **Portola Redwoods State Park** versteckt sich deutlich weiter in den Bergen *($ 10 Tagesgebühr, nur 6 RV-Stellplätze, max. 24 ft/7,31 m, April – Okt., Sommer 2022 geschlossen wegen Wassermangel)*.

Für eine freie Nacht eignet sich ein Parkstreifen in der Nähe des **Crystal Springs Reservoir** direkt unterhalb des Highways, durch Bäume getrennt *(US-280, Exit 36)*.

287 Cochrane Plaza – N 37°09'05.5" W 121°39'15.2"

288 Sanborn County P. – N 37°13'54.6" W 122°03'41.6"

289 Crystal Springs – N 37°32'46.3" W 122°22'22.4"

TOUR 15

Tour 16

San Francisco
Großraum
Napa
Petaluma
295
101
37
80
680
Novato
Vallejo
Point Reyes
Nat. Seashore
Olema
Fähre
296
San
Rafael
Muir
Woods
80
294
1
293
297
Oakland
292
San Francisco
580
680
1
Tour 17
290
291
Pacifica
Linda Mar
80
Fremont
Montara
Tour 15
Half Moon Bay
280
Palo Alto
101
N
San José
50 km

101
San Francisco
Zentrum
Alcatraz
Golden
Gate
Fisherman's
Wharf
Oakland
Bay Bridge
Lombard
Street
Embarcadero
Baker
Beach
Presidio
China-
town
80
Union
Square
Lands End
Golden Gate Park
Jap. Garden
De Young M.
Bot. Garden
Ocean
Beach
280
1
Twin
Peaks
1 km
101
280

San Francisco

100 km

»If you're going to San Francisco, be sure to wear Flowers in your Hair« – zu diesem Lied von Scott McKenzie hat wahrscheinlich jeder die Melodie im Kopf. Es gehört zum Summer of Love 1967, der seinen Ausgang im Golden Gate Park in San Francisco nahm. Sprengen der bürgerlichen Grenzen, Selbstbestimmung, Pazifismus und freie Liebe waren die Ziele und sind mit dem Lied und San Francisco auf immer verbunden. Um die wichtigsten Highlights der Stadt kennenzulernen, empfehlen wir, sich mindestens fünf bis sechs Stunden Zeit zu nehmen für unseren City Walk, bei dem Sie unter anderem die ersten vier unserer folgenden Tipps erleben:

- **Blick auf Bucht mit Golden Gate und Alcatraz**
- **Cable Car**
- **Transamerica Pyramid**
- **Fisherman's Wharf mit Pier 39**
- **Fahrt über die Golden Gate Bridge**
- **Alcatraz**

Gut zu wissen ist, dass San Francisco auch den Beinamen Fog City trägt, weil sie sich tagelang in dichten Seenebel hüllt. Dies passiert vor allem im Mai und Juni *(May Gray und June Gloom, siehe Tour 14)*.

Bezüglich Übernachtung gibt es mehrere Alternativen zu den beiden teuren Stadtcampingplätzen, die zudem nicht gut an das ÖPNV-Netz angeschlossen sind. Wir empfehlen, von einem der günstigeren Campingplätze außerhalb sehr früh aufzubrechen. Gut geeignet sind Francis Bay im Half Moon Bay State Park (Tour 15, frühzeitig reservieren!) und der Anthony Chabot Regional Park (297). Interessant ist auch der Platz in Vallejo mit Fährüberfahrt nach San Francisco durch die Bay (296).

Oakland Bay Bridge

Zeitzone

Kalifornien -9 Stunden zu MEZ, Pacific Standard Time (PST) und Pacific Daylight Time (PDT) von Mitte März bis Anfang November.
Bitte beachten: Im Übergang, wenn in Kalifornien schon/noch PDT herrscht aber bei uns noch/schon Winterzeit -8 Stunden hinter MEZ.

San Francisco liegt an der Spitze einer etwa elf Kilometer breiten Landzunge, die die Bucht von San Francisco vom Meer trennt. Von Norden ist der einzige Zugang die Golden Gate Bridge, die den Meereszugang der Bucht zum Pazifik überspannt. Nach Osten führt die doppelstöckige Oakland Bay Bridge über die Bucht. In den nördlichen Teil der Bucht, Bucht von San Pablo genannt, münden San Joaquin und Sacramento River, die in der Sierra Nevada entspringen und mit ihrem Wasser und Stauseen die intensive Landwirtschaft des Central Valley ermöglichen.

Die Landspitze ist dominiert von steilen Hügeln. Ursprünglich wurde die Stadt auf 7 Hügeln gebaut, heute sind es je nach Zählung 42 bis 44.

San Francisco

Einwohner: 875.000, Metropolregion: 7,8 Millionen. **Beste Reisezeit:** Ganzjährig. Im September/Oktober weniger Touristen und weniger Nebel. Sommernebel, vor allem im Mai und Juni. **Klima:** Durchschnittliche Tageshöchst-/Tiefsttemperaturen Juli 24°/13°C, Januar 14°/6°C.

Wir starten mit Übernachtungsplätzen im Süden, wo es zwei teure RV-Plätze gibt. Der Treasure Island Mobile Home & RV Park bietet nur Langzeitaufenthalte.

TOUR 16

290 Pacifica – *San Francisco RV Resort*

GPS/Kontakt: N 37°38'47.1'' W 122°29'31.7'', 700 Palmetto Ave., Tel. 877 570 2267. **Öffnungszeit:** Ganzjährig. **Ausstattung:** Sanitäranlagen mit Duschen, Full Hookup, kleiner Pool, Waschmaschinen. **Beschreibung:** 150 enge Stellplätze auf großem Parkplatz direkt oberhalb der Steilklippen, Zugang zum Meer am Südende bei Ebbe (1 km an der Straße entlang. **Preis:** Ab $ 113 + tax. **Anfahrt:** Hwy. 1, Exit 507. **Hinweis:** 26 km zur Fisherman's Wharf. Auf der anderen Seite des Highway 1 *(Fußgängerbrücke)* stoppt der Bus SamTrans-110, der etwa 25 min fährt zu Daly City BART-Bay 4. Ab hier fahren alle BART-Linien Richtung Zentrum mit letztem Ausstieg »Embarcadero« *(20 min)*, ehe sie durch die Trans Bay Tube nach Oakland fahren.

291 San Francisco – *Candlestick RV Park*

GPS/Kontakt: N 37°42'56.2" W 122°23'00.1", 650 Gilman Ave., Tel. 800 888 2267. **Öffnungszeit:** Ganzjährig. **Ausstattung:** Sanitäranlagen mit Duschen, Waschmaschinen, Full Hookup, Propan. **Beschreibung:** 165 Stellplätze auf großem Parkplatz mit einzelnen Büschen. **Preis:** Bis 30 ft $ 113 + tax, über 30 ft $ 125 + tax. **Anfahrt:** Hwy. 101, Exit 429 C, Richtung Third Street, 7. rechts in Gilman Ave. **Hinweis:** Südlich des Flughafens. Umgeben von Candlestick Point Recreation Area, die neu gestaltet wird. 14 km zur Fishermans Wharf.

San Francisco – History 'n' Facts

Bereits im 16. Jahrhundert wurde die Gegend erkundet, die Einfahrt in die Bucht aber erst 1775 entdeckt. Ein Jahr später wurde die Mission Dolores gegründet sowie zur Sicherung das Presidio als Militärstützpunkt. Die erste Siedlung bekam den Namen Yerba Buena wegen einer hier häufigen Minzeart. 1792 gründete George Vancouver eine zweite Siedlung, die Basis für Pelzhändler und Pioniere wurde. 1846 trennte sich der Ort von der Besetzung durch Mexiko. Die ursprünglichen Bewohner der Bucht, die Muwekma Ohlone, waren Anfang des 19. Jahrhundert fast vollständig ausgerottet.

Ein Goldrausch ab 1848 führte zu rasantem Wachstum und vielen Siedlern aus Europa. Weil ihre Schiffe oft in der Bucht von Yerba Buena verrotteten und die schnell wachsende Stadt mehr Platz brauchte, wurde in den 1860ern ein vorgelagerter Damm gebaut und über die Schiffswracks im Laufe eines halben Jahrhunderts aufgefüllt. Dies bildet heute den Untergrund des Financial Districts mit seinen Hochhäusern.

Am 18. April 1906 wurde San Francisco von einem schweren Erdbeben zerstört. Noch größer war die Verwüstung der dadurch verursachten Feuer durch Gasleitungen, Öfen und Kamine. Da außerdem die Wasserversorgung zusammenbrach, konnten die Brände nicht gelöscht werden. Mit dem Epizentrum drei Kilometer von San Francisco entfernt und einer Stärke von 7,8 gilt es als schwerste Naturkatastrophe der USA. Über 3000 Menschen starben. Die Hälfte der Bewohner San Franciscos, über 200.000 Menschen wurden obdachlos.

In den 1930ern wurde die Anbindung nach Norden und Osten durch die Golden Gate Bridge und die Oakland Bay Bridge wesentlich verbessert. Die Vereinten Nationen gingen aus den Nachkriegskonferenzen nach 1945 hervor, die in San Francisco stattfanden. Auch die Hippie-Bewegung von 1967 mit dem Summer of Love fand in San Francisco statt. Seit den 1970ern entwickelt sich die Stadt zu einem wichtigen Zentrum homosexueller Menschen.

Ende des 20. Jahrhunderts nahm die Informationstechnik an Fahrt auf und der wirtschaftliche Aufschwung erfolgte nicht nur im nahen Silicon Valley, sondern auch in San Francisco.

1989 fand mit dem Loma-Prieta-Erdbeben ein weiteres, sehr starkes Erdbeben statt. Das Epizentrum lag in den Santa Cruz Mountains und richtete in nur 15 Sekunden in einem Radius von gut 100 Kilometer große Schäden an. Besonders starke Schäden entstanden dort, wo der Grund künstlich aufgeschüttet war. Sämtliche Kommunikationswege wurden unterbrochen. Es kam zu immensen Sachschäden, 62 Menschen starben.

Die Beschreibung der Stadt unterteilen wir in die Bereiche:

- » The Embarcadero mit Fisherman's Wharf
- » Cable Car
- » City Walk: Die Highlights von San Francisco
- » Alcatraz
- » Presidio, der Park an der Golden Gate
- » Parks: Golden Gate und Land's End
- » Golden Gate Bridge
- » View Points

Anschließend folgen Infos zu ÖPNV und Wohnmobilmiete in San Francisco sowie Campingplätze nördlich und östlich der Stadt.

The Embarcadero mit Fisherman's Wharf

Benannt nach dem spanischen Wort für Landungsbrücke ist dies ein breiter Boulevard entlang der Piers. Er wurde gebaut auf der zugeschütteten Yerba Buena Bucht. In den 1960ern begannen Planung und Ausbau zum zweistöckigen Freeway als Verbindung zwischen Golden Gate, Oakland Bay Bridge und den südlichen Freeways. Unter den Anwohnern kam es zu jahrelangen Protesten, die zum Stopp der Arbeiten führten. Nach dem schweren Erdbeben und folgenden Diskussionen wurde der Freeway schließlich nicht repariert, sondern durch einen palmengesäumten Boulevard ersetzt.

Von Süd nach Nord gibt es entlang der fast vier Kilometer langen Straße folgende Besichtigungsziele:

- » **Pier 14**, erster Pier nördlich der Oakland Bay Bridge mit Blick auf Brücke und Financial District. Die Lichtinstallation "The Bay Lights« an der Oakland Bay Bridge leuchtete von 2013 – 2023.
- » **Ferry Building** mit Uhrenturm von 1898, Fährterminal, überstand beide Erdbeben weitgehend unbeschadet.
- » Gegenüber das **Embarcadero Center** mit sechs Wolkenkrat-

TOUR 16 **Ferry Building, Coit Tower**

Pier 39

zern aus den Jahren 1971 bis 1989, davor der Springbrunnen aus großen, kubischen Betonelementen von Vaillancourt.

» **Pier 7**, 250 Meter langer Steg mit Aussicht auf Oakland Bay Bridge, Financial District und die anderen Piers.

» **Exploratorium**, Pier 15, Wissenschaftsmuseum *(Di–Sa 10–17 Uhr, So 12–17 Uhr, $ 40, 4–17 Jahre $ 30, Do Abend 18–22 Uhr für +18 Jahre, $ 20).*

» **Coit Tower**, gegenüber von Pier 27, Aussichtsturm mit 360°-Rundumblick über Stadt und Bucht auf dem Telegraph Hill, gebaut 1933, 600 Meter ab Embarcadero *(hinter Café Fog City scharf links in Battery St., nächste rechts Greenwich St., Kreuzung geradeaus und Stufen hoch bis Montgomery St., rechts und in der Kehre wieder Stufen hoch, $ 10, Kinder/Jugendliche $ 3-7, auch erreichbar mit Muni #39 Coit Bus ab Fisherman's Wharf)*

» Pier 31, Parkplatz, $ 30 Pro Tag für Fahrzeuge in PKW-Größe, hohe Halle, Probleme mit Einbrüchen.

» Pier 33, hier starten die Fähren nach **Alcatraz.**

» **Pier 39**, beliebtestes Ziel, Pier mit Geschäften und Restaurants in historischem Stil sowie der berühmten Fischsuppe im Brot, in der nordwestlichen Ecke lagern Seelöwen auf großen Holzpontons *(Sea Lion Viewing Area)*, oft gleichgesetzt mit Fishermans Wharf, hier auch das Aquarium of the Bay.

» **Pier 41**, langer Pier mit Aussicht über Hafen, Bucht und Stadt

» Die **Fishermans Wharf** erstreckt sich von Pier 39 über Pier 45 bis zum Hyde Street Pier, ursprünglich eine Siedlung italienischer Fischer, seit etwa 1950 Touristenmagnet.

» Pier 43 ½: Hier bietet die **Red & White Fleet** vergleichsweise günstige Rundfahrten durch die Bucht an, z.B. eine Stunde um Alcatraz und unter der Golden Gate durch *($ 38, 5-17 Jahre $ 29).*

» **Pier 45** mit dem Schild Fishermans Wharf und dem San Francisco National Historical Park, hier können zwei Marineschiffe der US Navy aus dem 2. Weltkrieg besichtigt werden, die SS Jeremiah O'Brien *(10–16 Uhr, $ 20, 5–12 Jahre $ 10)* und das U-Boot USS Pampanito *(10–18 Uhr, $ 25, 5–13 Jahre $ 10, Familie $ 50)*

- » Gegenüber: **Madame Tussauds Wachsfigurenkabinett**.
- » **Hyde Street Pier** mit historischen Schiffen *($ 15, kostenlos bis 15 Jahre)*.
- » Gegenüber des Hyde Street Pier: **The Cannery**, eine alte Konservenfabrik, heute Einkaufszentrum.

Parken ist im Prinzip in allen Nebenstraßen möglich an nicht eingefärbten Bordsteinen, meist aber zeitbeschränkt *(Schilder zu Straßenreinigungstagen beachten!)*, sowie in den Hallen von Pier 31.

Unser City Walk schließt den Embarcadero mit ein, siehe dort!

Cable Car

San Francisco ist auf steilen Hügeln gebaut, was den Betrieb von Straßenbahnen erschwert. Nach den ersten Tests 1873 wurden mehrere Kabelbahn-Linien gebaut, die anfangs mit Pferden, dann von Dampfmaschinen betrieben wurden. Mitte des 20. Jahrhunderts sollten die letzten Cable Car-Linien endgültig außer Betrieb genommen werde. Zwei jedoch sind heute noch in Betrieb und ein beliebtes Transportmittel der Touristen *($ 8 pro Fahrt)*. Für den Betrieb verläuft ein Stahlseil in einer Vertiefung unterhalb der Straße. Der Gripman schließt mit Muskelkraft und einem langen Hebel eine Spannklaue um das ständig umlaufende Seil, das dann die Cable Car bewegt. Zum Bremsen wird die Spannklaue geöffnet und die Schienenbremse betätigt, bei der Holzklötze auf die Schienen gedrückt werden. Außerdem gibt es einen Schaffner, der die Radbremse bedient. Und für alle Fälle gibt es eine Notbremse, ein Stahlkeil, der in den Kabelschlitz gedrückt wird.

Unser City Walk wird teilweise mit der Cable Car zurückgelegt!

Alcatraz

Die 500 Meter lange Felseninsel liegt etwa 1,8 Kilometer vor der Küste von San Francisco. Zuerst diente sie als Platz für einen Leuchtturm, als Fort und dann als Kriegsgefangenenlager. Von 1934 bis 1963 war Alcatraz Ort des berüchtigtsten Hochsicherheitsgefängnisses der USA.

In Sichtweite des Festlandes, aber umgeben von kalten und gefährlichen Meeresströmungen, galt eine erfolgreiche Flucht von »The Rock« als unmöglich. Die Haftbedingungen waren unmenschlich. In den Zellen von 1,52 x 2,74 Metern Größe saßen mehrere berühmte Gefangene ein wie Al Capone und Machine

Alcatraz, Felseninsel in der Bucht, unten: im Zellentrakt

Gun Kelly. Es gab mehrere Fluchtversuche, von denen keiner als erfolgreich bekannt ist. Alcatraz wurde zum Zentrum mehrerer Verfilmungen, unter anderem Flucht von Alcatraz mit Clint Eastwood von 1979, basierend auf dem gleichnamigen Roman, und The Rock von 1996 mit Sean Connery und Nicolas Cage.

Die Insel und Gebäude werden vom National Park Service betreut. Alcatraz City Cruises bietet Bootstouren zur Insel in Konzession an ab Pier 33, die den Zugang auf die Insel und in den Zellentrakt beinhalten. Für den Zellentrakt gibt es Audioguides auch in deutscher Sprache. *(Tickets am besten zuvor reservieren, online cityexperiences.com/alcatrazcruises.com (ab $ 45 + tax, Kind 5-11 Jahre $ 28 + tax, Familie mit 2 Kindern $ 132 + tax), Tel. 415-981-7625, oder am Ticketschalter von Pier 33).*

City Walk – Die Highlights von San Francisco

Fußweg/Cable Car/Straßenbahn: 1,5 km bis Cable Car, Fahrt mit der Cable Car, zu Fuß 2,2 km bis Ferry Building, Fahrt mit Straßenbahn oder Short Hop Ferry, zu Fuß 2,3 km von Pier 39 zurück zum Parkplatz

TOUR 16

Wir starten am besten früh, etwa 8 Uhr, um einen Parkplatz zu bekommen. Parken: Am Fort Mason Center for Arts & Culture *(GPS N 37°48'19.3" W 122°26'00.3", oder geradeaus durch den Toreingang Fort Mason fahren, $ 3/h, max $ 15 Tag, muss pro Parkplatznummer bezahlt werde, also für großes Fahrzeug 2x bezahlen, 7 – 24 Uhr, Übernacht Parken verboten).*

Für Vans/PKWs kostenloses Parken am benachbarten Marina Green, der Grasfläche mit Sportfeldern am Yachthafen *(verboten für Wohnmobile).*

Tipp: Mit der MuniMobile App kostet ein 1-Day Visitor Pass $ 13, der für alle Fahrten von Muni, Muni Metro, historischen Straßenbahnen und Cable Car gültig ist (nicht für die BART Schnellzüge, Bezahlung per Paypal oder Kreditkarte).

Palmen am Embarcadero, im Hintergrund die Oakland Bay Bridge

Wir starten rechts am Fort Mason Center vorbei in den Park *(vom Parkplatz am Fort Mason führen Stufen hoch)*. Wir folgen dem breiten asphaltierten Weg Richtung Küstenlinie und werden mit großartigen **Aussichten Richtung Golden Gate und Alcatraz** belohnt. Der Weg führt automatisch hinunter zur Kaimauer der Bucht Aquatic Cove. Gegenüber blicken wir auf den **Hyde Pier mit seinen historischen Schiffen**.

Wir spazieren nach rechts an der Bucht entlang, vorbei am Schiff nachempfundenen Maritime Museum, unterhalb der Terrassen und dann schräg rechts in die Jefferson Street. Vor dem roten Ziegelbau des Argonaut Hotel und National Park Visitor Center biegen wir rechts ab.

An der nächsten Kreuzung ist rechts der **Drehpunkt der Powell & Hyde Cable Car**. Hier können wir für $ 12 ein Tagesticket für die Cable Car kaufen und mit dieser bis zur Lombard Street fahren *(oder 1-Day Visitor Pass, Tagesticket auch nötig, falls wir zum Union Square durchfahren)*. Um ein Gefühl für die Hügel San Franciscos zu bekommen, können wir auch fünf sehr steile Blocks hochlaufen *(550 m/90 Hm)*.

Der berühmte Abschnitt der **Lombard Street** überwindet eine Distanz von 130 Metern und knapp 40 Höhenmetern, indem hier acht enge Kurven gebaut wurden. Die ungewöhnliche Straßenführung lässt sich am besten von unten oder dem Coit Tower erkennen.

TOUR 16

Am oberen Ende der Lombard Street steigen wir wieder in die Cable Car, wer bis hier zu Fuß unterwegs war, zahlt jetzt $ 8 *(oder 1-Day MuniPass)* für eine einmalige Fahrt. Wir fahren durch die Hyde Street, links in die Washington Street und dann rechts in die Powell Street. Die Cable Car ruckelt beim Anfahren, die Bremsen quietschen beim Anhalten, der Gripman zieht mächtig an seinen Hebeln und tritt mit Wucht auf die Bremse – ein Fahrerlebnis der besonderen Art!

Bei der Haltestelle California Street steigen wir aus. Wer zusätzlich den **Union Square** erleben möchte, einen großen Platz mit Siegessäule und umgeben von Kaufhäusern, edlen Boutiquen und Restaurants, Shopping- und Kulturzentrum, der fährt bis zur Haltestelle Post oder Geary Street und später wieder zurück.

Von der Haltestelle California Street wenden wir uns bergab Richtung

Bay. Rechts vor uns erhebt sich das 237 Meter hohe, 1969 eröffnete **Bank of America Center** mit seinen stark strukturierten Fronten. Nach zwei Blocks erreichen wir die kleine **Old St. Mary's Cathedral**.

Sie wurde 1853 gebaut als erste römisch-katholische Kirche Kaliforniens mit Ziegeln aus Neuengland im Nordosten der USA, die um Kap Horn verschifft wurden, und war zur Weihe Weihnachten 1854 das höchste Gebäude der Stadt.

Hier sind wir außerdem mitten in **Chinatown** *(mit dem Eingangstor Dragon Gate zwei Blocks nach rechts)*. Wir biegen an der Kirche links ab und schlendern vorbei an Geschäften und Restaurants bis zur Washington Street. Hier noch ein Block geradeaus und dann zweimal links liegt die Golden Gate Fortune Cookie Factory in einer Gasse. In der Cookie Factory werden die bekannten Glückskekse von Hand hergestellt. Wer Glückskekse mit einem persönlichen Wunsch haben möchte für das nächste Fest, kann diese vorher online bestellen und im Shop abholen (www.goldengatefortunecookies.com/shop).

Wir gehen zurück zur Washington Street und jetzt links Richtung Bay. Vorbei am Portsmouth Square laufen wir auf die **Transamerica Pyramid** zu. Das Wahrzeichen der Stadt ist 260 Meter hoch, wurde 1972 fertiggestellt und ist nur von außen zu betrachten. An der Transamerica Pyramid biegen wir rechts ab und bei der nächsten Kreuzung links und befinden uns mitten im **Financial District** mit seinen Wolkenkratzern.

Drei Blocks weiter biegen wir rechts ab in die Battery Street und gehen über die Treppen hoch auf die Überführung. Hier spazieren wir wieder Richtung Meer und zwischen den Wolkenkratzern des **Embarcadero Centers** hindurch auf Fußwegen mit Blumenkübeln, Cafés und immer wieder Treppen, eine Stadt in der Stadt mit fast unendlichen Shopping- und Diningmöglichkeiten.

Schließlich kommen wir zum **Embarcadero Plaza** mit der Vaillancourt Fountain und blicken geradeaus auf das **Ferry Building** mit der **Oakland Bay Bridge** im Hintergrund. Wir stehen am **Embarcadero**, dem Prachtboulevard entlang der Piers *(s. Embarcadero)*. Um die Füße wieder zu schonen, haben wir zwei Möglichkeiten: Wir steigen in die Straßenbahn, die den Emarcadero hoch/links zu Pier 39 fährt *(Einzelticket $ 2,50 oder MuniPass Tagesticket $ 5)*. Leider nur noch am Wochenende und auch nur dreimal am Tag fährt die Short Hop Ferry in zehn Minuten an den Piers entlang zu Pier 41 *(Abfahrtszeiten googlen, Abfahrt Gate F1 direkt rechts hinter Ferry Building, $ 1)*.

TOUR 16

Mit der Straßenbahn sind Zwischenstopps möglich, Sehenswürdigkeiten siehe Abschnitt Embarcadero. Unbedingt anhalten müssen wir am aus Holz gebauten **Pier 39** mit seinen Geschäften, Restaurants und Seelöwen *(Haltepunkt Embarcadero & Stockton Street)*.

Anschließend können wir weiterlaufen auf dem Embarcadero durch das Viertel **Fisherman's Wharf** und vorbei an den Museumsschiffen. Oder wir sparen uns 700 Meter, setzen uns nochmal in die Straßenbahn bis zur Haltestelle Jones & Beach St. Von hier aus laufen wir auf der Jefferson Street, von der die Straßenbahn gerade abbog, zur Aquatic Cove und von dort auf bekanntem Weg zurück zum Parkplatz.

Presidio of San Francisco

Das Presidio ist ein etwa sechs Quadratkilometer großes Gelände zu Füßen der Golden Gate Bridge mit Parks und vielen historischen Gebäuden. 1776 als historischer Militärstützpunkt gegründet wurde dieser genutzt von Spanien, Mexiko und bis 1994 den USA. Ehemalige Militärgebäude und Soldatenquartiere werden heute vermietet als Wohnungen und Gewerbeflächen in exklusiver, grüner Lage.

Für einen Besuch googeln wir am besten die offizielle Karte Presidio-Visitor-Map. Im Folgenden sind zwei interessante Stopps beschrieben.

Direkt zu Füßen der Brücke befindet sich das **Golden Gate Welcome Center** mit Ausstellung *(Parken Battery East GPS N 37°48'24.6" W 122°28'18.4", oft ausgelastet)*. Vom Parkplatz führen Fußwege zum Welcome Center, zum Golden Gate Viewpoint und von dort zum Fort Point unter der Brücke zur Linken und auf dem Bay Trail zum Crissy Field Marsh und zur Crissy Field East Beach.

Alternativ können wir beim Fort Scott parken und von hier aus knapp einen Kilometer an Bunkern vorbei mit Blick auf die berühmte Brücke zum Welcome Center laufen *(GPS N 37°48'09.0" W 122°28'35.0", Parkplatz verlassen und rechts, nächste links zum Meer und auf Battery Bluffs und Coastal Trail zur Golden Gate und darunter hindurch)*.

Sehr schön ist auch **Baker Beach an der Westseite von Presidio** mit der Golden Gate im Blickfeld, hier finden wir einen Parkplatz mit einem Wohnmobil am besten außerhalb der klassischen Strandzeiten *(GPS N 37°47'26.4" W 122°28'59.4", Parken auch entlang der Zufahrtsstraße. Vorsicht: Gefährliche Meereströmungen!)*.

Anbindung ÖPNV

Die beiden Buslinien Presidio Go fahren alle 30 Minuten kostenlos vom Presidio Visitor Center Richtung Financial District *(Rote/Downtown, nicht für Touristen von 7.30 – 9 Uhr und 4.30 – 6 Uhr)* und Richtung Westküste mit Baker Beach *(Grün/South Hills Route, beide in Presidio Visitor Map verzeichnet, Parken GPS N 37°48'11.4" W 122°27'30.6", Highway überqueren)*.

Vom genannten Parkplatz fährt außerdem die Buslinie Muni 30 Stockton Richtung Fort Mason, Chinatown und Financial District *(Ausstieg z.B. Haltestelle Van Ness Ave. & Bay St. Bei Fort Mason Park/AquaticCove)*.

Parks in San Francisco

Der größte Park ist der **Golden Gate Park**, fünf Kilometer lang und 750 Meter breit. Hier gibt es viele Einzelparks und Attraktionen, Golfplatz, Bogenschießen, Picknick, Parkplätze am Straßenrand. An Wochenenden ist alles voll.

Direkt an der Ostseite des Highway No. 1, der durch den Park führt, liegen folgende Highlights:

Japanese Tea Garden

» **Japanese Tea Garden**, eines der beliebtesten Ziele des Parks mit Teichen, Pagoden, Bonsais, 1894 angelegt für California Midwinter International Exposition 1894 *(9 – 17.45 Uhr, im Winter bis 16.45 Uhr, $ 12 – 16, Kinder/Jugendliche $ 3 – 7)*.

» **DeYoung Museum**, riesige Kunstsammlung unterschiedlicher Zeitalter, Kontinente und Stilrichtungen *($ 20, Student $ 11, unter 18 Jahre frei, Di – So 9.30 – 17.15 Uhr)*.

» **California Academy of Sciences**, Wissenschaftsmuseum *($ 40, 3 – 17 Jahre $ 32, Mo – Sa 9.30 – 17 Uhr, So 11 – 17 Uhr, gegenüber vom DeYoung Museum, auf der anderen Seite der Bühne des Music Concourse)*.

» **Botanical Garden**, 9.000 Pflanzenarten auf 22 Hektar *($ 11 – 15, 3 – 17 Jahre $ 3 – 7, 7.30 – 18 Uhr)*.

Links/westlich an den Tee Garden grenzt der bei Einheimischen beliebte Stow Lake an mit Rundweg, Wasserfällen und Tretbootverleih.

Parken und ÖPNV

Parken für alle genannten Highlights: GPS N 37°46'09.4" W 122°28'14.5", zu Tea Garden und Museen 70 m nach Osten und dann links, Eingang Botanical Garden gegenüber.

Der kostenlose Golden Gate Park Shuttle verbindet mehrere Stopps im Park mit dem Ocean Beach Parking und den Muni Bussen durch die Stadt.

Lands End ist ein weiterer Park zwischen Presidio und Golden Gate Park. Hier locken Wanderwege oberhalb von Klippen mit Aussicht aufs Meer. Bei Niedrigwasser sind Wracks zu sehen und vom Lands End Point hat man freie Sicht auf die Golden Gate – wenn kein Nebel herrscht. Unterhalb liegt der kleine Mile Rock Beach. Mit dem Legion of Honor ist hier das zweite große Kunstmuseum von San Francisco beheimatet, das sich vor allem der Kunst der Antike widmet *(Parkplatz GPS N 37°46'48.6" W 122°30'37.6", oder an den Zufahrten, zu Sutro Baths nach 300 Meter nach Westen, zu Lands Ende Point 1,3 km auf dem Coastal Trail Richtung Eagles Point)*.

Golden Gate Bridge

Für die Befahrung der Golden Gate Bridge wird stadteinwärts eine Maut von $ 8 fällig. Sie wird nachträglich in Rechnung gestellt durch die fotografierten Nummernschilder.

Aussichtspunkte von der Stadtseite auf die berühmte Brücke haben wir schon beim City Walk und Presidio besprochen. Auch von der Nordseite gibt es empfehlenswerte Aussichtspunkte.

Vom **H. Dana Bowers Rest Area & Vista Point** *(GPS N 37°49'57.2" W 122°28'46.8", allererste Ausfahrt direkt am Nordende der Brücke)* blickt man entlang der Brücke sowie auf Stadt, Bay und Oakland Bay Bridge. unterhalb auf Meeresniveau befindet sich das **Bay Area Discovery Museum**, ein interaktives Kindermuseum mit kostenlosen Parkplätzen an der Horseshoe Bay mit Blick auf Brücke und Stadt *(GPS N 37°50'06.5" W 122°28'37.1", Mi–Mo 10–16 Uhr, $15–19, schönste Aussicht an der linken äußeren Ecke des Hafenpiers)*.

Bekannt sind außerdem die Bilder von den Aussichtspunkten der **Marin Headlands** auf den nordwestlichen Hügeln. Entlang der dort verlaufenden Cozelman Road gibt es insgesamt vier Aussichtspunkte. Zwei liegen an der Straße vom Kreisverkehr aus nach links *(siehe Anfahrt)*. Dann folgt direkt neben der Brücke die **Battery Spencer** auf einem vorgelagerten Ausläufer. Sie gilt als bester Aussichtspunkt. Hier blickt man entlang der Brücke mit San Francsico dahinter *(GPS N 37°49'46.4" W 122°29'00.9", Fußweg 300, Parken auf Seitenstreifen entlang der Straße)*. Der ebenfalls sehr empfehlenswerte Hawk Hill Aussichtspunkt befindet sich vom Kreisverkehr der Cozelman Road aus gut einen Kilometer nach rechts und darf mit RV's nicht angefahren werden. *(Anfahrt Cozelman Road: 2. Abfahrt (Exit 442) direkt nach Rest Area, rechts halten, nächste links »Marin Headlands Tunnel Route«, Tunnelhöhe 13'6", am Ende einiger flacher Wohngebäude links »Coastal Route«, Kreisverkehr links, nach rechts Einbahnstr'aße und RVs verboten.)*

Golden Gate von der Cozelman Road

Golden Gate – History 'n' Facts

Die Golden Gate Bridge ist das bekannteste Wahrzeichen San Franciscos und ein Symbol für den Willen der Amerikaner, Hindernisse zu überwinden. 1937 eröffnet war sie mit 2.737 Metern Länge die längste Hängebrücke der Welt und verteidigte diese Position für 27 Jahre. Sie spannt sich fast 70 Meter über dem Meer und trotz seit über 85 Jahren Stürmen, Nebel, Salzwasser, starken Gezeitenströmungen, Erdbeben und der wachsenden Verkehrsbelastung.

Ihre Fahrbahn bietet sechs Fahrstreifen und zwei Rad- und Gehwege, sie wird heute von etwa 120.000 Fahrzeugen am Tag passiert. Die Fahrbahnen werden mit Hilfe eines verstellbaren Mittelplankensystems dem Verkehrsfluss angepasst, stadteinwärts morgens vier und sonst drei Fahrbahnen. Ein Spezialfahrzeug versetzt die schwere Mittelplanke zweimal am Tag. Wichtigste Instandsetzungsmaßnahme ist der regelmäßige Anstrich der Brücke, deren Metallkonstruktion sonst rosten würde. Es ist der Farbton des ursprünglichen Rostschutzanstrichs, der den Einwohnern San Franciscos so gut gefiel, dass er nicht wie ursprünglich geplant mit Grau überstrichen wurde. Jährlich werden etwa 500.000 Liter Farbe des Farbtons »International Orange« verstrichen. 1995 wurde die Golden Gate zu einem der modernen Weltwunder erklärt.

View Points mit Blick auf San Francisco

Bekanntester Aussichtspunkt sind die **Twin Peaks**. Sie liegen knapp sechs Kilometer vom Financial District entfernt und bieten vom **Christman Tree Point** auf knapp 300 Meter Höhe eine weite 270°-Aussicht über San Francisco und die Bucht. Die Golden Gate Bridge ist teilweise verdeckt von den Hügeln des Golden Gate Parks *(GPS N 37°45'17.6" W 122°26'48.9")*.

TOUR 16

Etwas weiter nördlich liegt der **Corona Heights Park**. Von 150 Meter Höhe blickt man auf Downtown, die Bucht und die Twin Peaks im Rücken. Die Golden Gate versteckt sich hinter dem benachbarten Buena Vista Hill *(GPS N 37°45'51.0" W 122°26'19.7", am Randall Museum vorbei, Fußweg folgen, dann links hoch, ca. 1 km hin und rück)*.

Blick vom Christmas Tree Point

Transportmittel in San Francisco

Leihfahrräder werden an mehreren Stellen angeboten mit ausgearbeiteten Fahrrouten, unter anderem am Parkplatz unseres City Walks. Mit ihnen kann man gut zur Golden Gate und am Embarcadero entlangfahren, jedoch nicht über die Hügel der Stadt *(Ab $ 8 + tax/h, $ 35 + tax/Tag, E-Bike $ 80 + tax/Tag, z.B. goldengateparkbikerental.com, www.bikerentalsanfrancisco.com).*

GoCars sind kleine zweisitzige, gelbe Fahrzeuge, die mit Zweitakter-Motoren durch die Gegend knattern, zu denen es einen Tablet Guide gibt ($ 158 + tax/2h, vor 10 Uhr gleicher Preis für 3 h, $ 286 + tax Pro Tag).

Hier außerdem der Hinweis auf den **Scenic 49 Mile Drive**, der zu den wichtigen Sehenswürdigkeiten der Stadt führt *(Infos und Karte* www.sftodo.com/sanfrancisco/scenic-49-mile-drive*).* Wegen des Verkehrs in der Stadt ist die Dauer mit mindestens 3 -4 Stunden angegeben bei nur wenigen Stopps. Mit einem Wohnmobil macht er allerdings keinen Sinn, weil geeignete Parkplätze viel schwieriger zu finden sind.

Strände

Verglichen mit seiner Küstenlänge verfügt San Francisco über relativ wenige Strände, vor allem, weil zur Bucht hin die Piers und Docks dominieren. Hier die wichtigsten Strände, zuerst an der Bucht, dann am Pazifik von Nord nach Süd:

» **Crissy Field East Beach**, zwischen Golden Gate und Marina Green/Fort Mason *(GPS N 37°48'20.1" W 122°27'02.7", 1,6 km westlich des Parkplatzes unserer Rundtour, 2,6 km östlich des Golden Gate Welcome Center auf Fußweg Bay Trail).*

» **Baker Beach**, 1 km Sandstrand mit der Golden Gate im Hintergrund *(s. Presidio)*, ***Vorsicht: Gefährliche Meeresströmungen!***

» **Ocean Beach**, fast fünf Kilometer Sand, umspült von gefährlichen Brandungen, ***Schwimmen verboten!*** *(GPS N 37°46'05.6" W122°30'38.9", lange Parkplätze zu Füßen von Golden Gate Park, kostenlos, auch Oversized Vehicles, Übernachten verboten!).*

Baker Beach

ÖPNV

Das ÖPNV-Netz in San Francisco ist gut ausgebaut mit folgenden Angeboten:

Historische Straßenbahn

» **BART** (Bay Area Rapid Transit) heißen insgesamt sechs Zug-/Metrolinien, die die komplette Bay-Area bedienen. Leider dürfen auf allen BART-Parkplätzen *nur Fahrzeuge bis maximal 19 ft/5,80 m* parken *($ 3 pro Tag)*. Alle Züge halten u.a. am Balboa Park und Embarcadero, ehe sie durch den Tunnel unter der Oakland Bay Bridge, die Transbay Tube, zur Ostseite fahren. Der südlichste Punkt San Franciscos ist der Internationale Flughafen, im Nordosten reichen die Verbindungen bis Richmond und Antioch, im Südosten bis North San José und Dublin/Pleasanton.

» **Muni Metro** sind Straßenbahnen *($ 2,50 pro Fahrt oder MuniPass $ 5/Tag)*.

» **Muni** heißen die Buslinien *(Preis s.o.)*.

Bereits beschrieben wurden außerdem die **Cable Car** und die kostenlosen Busse **PresidioGO** und **Golden Gate Park Shuttle**.

Mit der Fähre von Vallejo nach San Francisco

Interessant sind für Reisende mit kleinen Fahrzeugen die **San Francisco Bay Ferries**, die die Anreise gleich mit einer Fahrt durch die Bucht verbinden. Allerdings sind auch hier die Parkplätze nicht für Wohnmobile geeignet, aber es gibt Campingplätze in direkter Nähe. In Vallejo besteht auch die Möglichkeit, am Straßenrand zu parken, allerdings ist die Längenbeschränkung für alle städtischen Parkplätze 21 Fuß/6,40 m *(Übernachtparken nicht verboten)*. Beide folgenden Fähren kommen im Ferry Building an.

» Fähre ab **Larkspur** Terminal, dort riesiger Parkplatz *(Parken $ 2, RV's nicht erlaubt, Fähre $ 13,50 pro Richtung, mit Clipper Card $ 8,50 plus Clipper Start $ 6,75)*. Der hässliche Marine RV Park ist 900 Meter entfernt.

» Fähre ab **Vallejo**, dort riesiger Parkplatz *(Parken $ 8/Tag, RV's und Fahrzeuge > 21 ft nicht erlaubt, Fähre $ 11,25 pro Richtung, mit Clipper Card $ 9 plus Clipper Start $ 6,75)*. Der günstige Campingplatz Tradewinds RV Park in Vallejo ist 3,8 Kilometer entfernt.

WOMO-Miete in San Francisco

Die Mietstationen der wichtigen Wohnmobilvermieter liegen alle außerhalb von San Francisco auf der Ostseite der Bucht. Je nach Art der Anfahrt mit Taxi oder Uber ist mit Kosten von $ 100 und mehr zu rechnen. Für alle Mietstationen führen BART-Züge *(s. ÖPNV)* zumindest jeweils in die Nähe.

» **Cruise America**, Newark, 53 km zum Flughafen, 6 km zur BART Station Fremont

» **Road Bear**, San Leandro, 48 km zum Flughafen, 1,4 km zur BART Station San Leandros

» **El Monte**, Dublin, 64 km zum Flughafen, 1,6 km zur BART Station Dublin Pleasanton

» **Escape Campervans**, Hayward, 35 km zum Flughafen, 5 km zur BART Station Hayward

» **Travellers Autobarn**, Hayward, 37 km zum Flughafen, 5,5 km zur BART Station Hayward

Wie immer bei Miete eines Wohnmobils ***muss die erste Nacht nach Ankunft in einem Hotel verbracht werden.*** Hier bietet sich ein Hotel mit Airport-Shuttle in Flughafen-Nähe an.

Zum Schluss folgen jetzt weitere Übernachtungsmöglichkeiten nördlich und nordöstlich von San Francisco.

292 Greenbrae – *Marin RV Park*

GPS/Kontakt: N 37°56'28.2" W 122°30'55.0", 2140 Redwood Hwy., Tel. 415 461 5199. **Öffnungszeit:** Ganzjährig. **Ausstattung:** Full Hookup, Waschmaschinen, Pool. **Beschreibung:** Eigentlich gruselig: super-eng geparkt auf einem großen Parkplatz an US-101, aber: Zu Fuß 900 m zum Larkspur Terminal, dort Fähre zum Ferry Building am Embarcadero. **Preis:** $ 99 + tax. **Anfahrt:** US-101, Exit 450 A.
Alternative: Golden Gate Mobile and RV Park, für Langzeitaufenthalt, aber eine spontane Nacht möglich, wenn ein Platz frei ist *(GPS N 37°56'11.5" W 122°30'57.6", Tel. 415 924 0683, 500 m weiter zur Fähre).*

293 Lagunitas – *Samuel P. Taylor State Park*

GPS/Kontakt: N 38°01'10.9" W 122°43'46.5", Sir Francis Drake Blvd., www.reservecalifornia.com, Tel. 415 488 9897. **Öffnungszeit:** Ganzjährig. **Ausstattung:** Picknicktische, Feuerringe, Toiletten, Duschen, V/E. **Beschreibung:** 59 Stellplätze im Redwood-Wald. **Preis:** $ 35. **Anfahrt:** US-101, Exit 450 B, Sir Vrancis Drake Boulevard in die Berge folgen. **Hinweise:** Bis Downtown 44 km/50 min. Reservierbar.

294 Olema – *Olema Campground*

GPS/Kontakt: N 38°02'35.9" W 122°47'20.2", 10155 Highway 1, Tel. 800 655 2267. **Öffnungszeit:** Ganzjährig. **Ausstattung:** Picknicktische, Feuerringe, Toiletten und Duschen, Strom oder Full Hookup,

Waschmaschinen, V/E, Propan. **Beschreibung:** Ruhige Lage am Hwy. 1 in der Nähe von Point Reyes Nat. Seashore, schön angelegt mit Wiesen und Bäumen. **Preis:** $ 57- 75 + tax. **Anfahrt:** US-101, nördlich der Abfahrt zu Point Reyes. **Hinweis:** Bis Downtown 55 km/1 h.

295 Petaluma – *San Francisco North/Petaluma KOA*

GPS/Kontakt: N 38°16'18.1" W 122°40'38.3", 20 Rainsville Road, Tel. 707 763 1492. **Öffnungszeit:** Ganzjährig. **Ausstattung:** Picknicktische, Feuerringe, Full Hookup, Pool, Whirlpool und Sauna. **Beschreibung:** Schön angelegter Platz mit Grünstreifen und Baum für jeden Camper. **Preis:** Ab $ 85 + tax. **Anfahrt:** US- 101, Exit 476, nach Abfahrt Richtung Süden, nächste rechts in Stony Point Rd., nächste links. **Hinweis:** Bis Downtown 66 km/50 min.

296 Vallejo – *Tradewinds RV Park*

GPS/Kontakt: N 38°05'10.6" W 122°13'58.7", 239 Lincoln Rd W., Tel. 707 643 4000. **Öffnungszeit:** Ganzjährig. **Ausstattung:** Picknicktische, Toiletten und Duschen, Full Hookup. **Beschreibung:** Klassisch diagonal gestellt und eng, wenig Grün. **Preis:** $ 52 + tax. **Anfahrt:** US-80, Exit 29B, die Lincoln Rd. verläuft westlich direkt neben dem Highway. **Hinweise:** Bis Downtown 51 km/55 min, oder 3,5 km zur Vallejo-Fähre (z.B. mit uber, Parkplätze dort nur bis 21 ft).

Bei Vallejo liegt auch der kleine Benicia State Park mit drei Stellplätzen entlang der Straße. Diese Straße führt weiter zu Parkplätzen mit schönem Blick auf die Carquinez Strait, ein Arm, der zwei Buchten verbindet (GPS N 38°04'43.0" W 122°11'39.3"W ,nicht reservierbar).

297 Castro Valley – *Anthony Chabot Regional Park*

GPS/Kontakt: N 37°44'05.8" W 122°05'46.4"W, Marciel Rd., www.reserveamerica.com, Tel. 510 690 6676. **Öffnungszeit:** Ganzjährig. **Ausstattung:** Picknicktische, Feuerringe, Toiletten, warme Duschen, Trinkwasser, 4 Plätze mit Hookup. **Beschreibung:** 21 Plätze für RV in den Hügeln oberhalb des Lake Chabot unter Eukalyptus-Bäumen. **Preis:** $ 40. **Anfahrt:** US-580, Exit 36, Redwood Rd. nach Norden, nach 10 km links ab, dann 3,5 km zum Camping. **Hinweise:** Bis Downtown 39 km/40 min. Reservierbar. Viele Wandermöglichkeiten.

Schließlich sei noch die **Brannan Island State Recreation Area** im Nord-Osten mit günstigem Campingplatz erwähnt, die am Threemile Slough, einer Verbindung zwischen Sacramento und San Joaquin River, liegt *(GPS N 38°06'37.5" W 121°41'50.2", 140 Stellplätze, $ 36,* www.reservecalifornia.com, *bis Downtown 90 km/55 min).*

TOUR 16

Tour 17

Die Big Oak Flat, El Portal,
Wawona und Tioga Roads führen
in den Nationalpark und
sind gebührenpflichtig (Parkeintritt).
Zusätzlich sind ab 2024 Tagesreservierungen
notwendig für Einfahrten von 5–16 Uhr
(April–Okt. Sa/So/Feiert., Juli/Aug. alle Tage)
San Francisco
Tour 16
Livermore
Pleasanton
San Ramon
Fremont
San José
St. Cruz Mountains
Boulder Creek
Santa Cruz
Half Moon Bay
Gilroy
Hollister
Prunedale
Stockton
Manteca
Modesto
Oakdale
Turlock
Merced
La Grange
Chinese Camp
Sonora
Groveland
Big Oak Flat Rd
El Portal Rd
El Portal
Mariposa
Oakhurst
Fish Camp
Mariposa Grove
Wawona Rd
Yosemite Valley
Tioga Rd
Tour 19
Tuolumne Meadows
Hetch Hetchy
Yosemite National Park
Lee Vining
Tioga
Mammoth Lakes
Crowley
Sierra National Forest
Kings Canyon Sequoia National Park
Tour 18
Fresno
Madera
Mendota
Don Pedro
McClure
Turlock
Modesto
Woodward
50 km
N

Durch das Central Valley zum Yosemite

330 km

Durch die Obstplantagen des Central Valley , idealer Zwischenstopp zum Verschnaufen an einem der Seen, nähern wir uns den Bergen der Sierra Nevada. Mit dem Yosemite Nationalpark wartet dann eines der ganz großen Highlights des Westens auf uns: Gigantische Granitwände, uralte Bäume, himmelhohe Wasserfälle. Viel Spaß beim Staunen über unsere persönlichen Highlights für den Yosemite Nationalpark!

- **Yosemite Falls**
- **El Capitan Meadows**
- **Mirror Lake oder Vernal Fall**
- **Tunnel View**
- **Glacier Road**
- **Mariposa Grove**

Auch andere wissen um die überwältigende Schönheit des Parks und so ist er von Mai bis Oktober extrem gut besucht. Hier hilft es, möglichst weit außer den Saison zu reisen, am besten in der ersten Maihälfte oder ab Mitte Oktober, nicht an Wochenenden zu kommen und einen Campingplatz im Tal möglichst frühzeitig zu reservieren. Alternativ geben wir nördlich und südlich des Yosemite Valley eine Auswahl an Campingplätzen an. Als Tagesbesucher benötigen wir eine Tagesreservierung und sollten so früh wie möglich im Tal anreisen, am besten vor 8 Uhr.

Yosemite liegt in der Sierre Nevada. Im Winter kann auf den Zufahrtstraßen Schneekettenpflicht angeordnet werden und die Passstraße auf die Ostseite der Berge, die Tioga Road, ist nur in den Sommermonaten geöffnet.

Tunnel View

Zeitzone

Kalifornien -9 Stunden zu MEZ, Pacific Standard Time (PST) und Pacific Daylight Time (PDT) von Mitte März bis Anfang November.
Bitte beachten: Im Übergang, wenn in Kalifornien schon/noch PDT herrscht aber bei uns noch/schon Winterzeit -8 Stunden hinter MEZ.

Straßensperrungen und Schneekettenpflicht

Die drei westlichen Zugänge in das Yosemity Valley sowie das Tal selbst sind im Winter in der Regel geöffnet. Trotzdem kann es vor allem bei den nord- und südwestlichen Zufahrten Big Oak Flat Road und Wawona Road zu *kurzfristigen Sperrungen wegen Scheefalls* kommen.
Von November bis März wird in der gesamten Sierra Nevada bei Schnee-einbrüchen regelmäßig Schneekettenpflicht angeordnet. Bei plötzlichen Wintereinbrüchen kann dies bereits im Oktober oder noch im April passieren, ganz selten im September/Mai. Dies betrifft bevorzugt die höher gelegenen Straßen, zu denen der nordwestliche Zugang Big Oak Flat Road/CA-120 gehört sowie der südwestliche Zugang Wawona Road/CA-41. Selten betroffen sind die westliche Zufahrt El Portal Road CA-140 und das Tal von Yosemite. Aktuelle Straßenbedingungen veröffentlichen:

» Nationalparkseite www.nps.gov/yose
» Caltrans (California Department of Transportation) roads.dot.ca.gov

Unsere Tour führt über den nordwestlichen Parkzugang Big Oak Flat Road/CA-120. Übernachtungen für die alternative Anreise über den westlichen Parkzugang El Portal Road CA-140 sind als Abstecher beschrieben. Wir starten auf dem Highway 580 ins San Joaquin oder Central Valley.

298 Pleasanton – *The Fairpark RV Park*

GPS/Kontakt: N 37°39'49.0" W 121°53'34.6", 4501 Pleasanton Ave., Tel. 925 426 3340. **Öffnungszeit:** Ganzjährig. **Ausstattung:** Full Hookup, Sanitäranlagen mit Duschen, Waschmaschinen, free WiFi. **Beschreibung:** Eng mit wenig Grün und viel Parkplatzatmosphäre. **Preis:** Ab $ 42 + tax. **Anfahrt:** US-680, Exit 26, Bernal Ave. nach Osten, 2. links, 2. rechts. **Hinweis:** Bei den Alameda County Fairgrounds.

Nach den Städten Pleasanton und Livermore erreichen wir die Obst- und Gemüsekammer der USA im Central Valley.

Central Valley – History 'n' Facts

Fahrt nach Osten, Brücke über einen der vielen Kanäle

Zwischen Küstengebirge und Sierra Nevada erstreckt sich das Central Valley als fast 700 Kilometer langes und etwa 70 Kilometer breites Längstal. Es besteht aus dem San Joaquin Valley, das wir durchqueren, und dem nördlichen Sacramento Valley. Benannt sind die beiden Talhälften nach den Flüssen, die von der Sierra Nevada gespeist durch das Tal verlaufen, der San Joaquib River im Süden und der Sacramento River im Norden. Sie vereinigen sich in einem großen Binnendelta auf der Höhe von San Francisco und fließen in die Bucht von San Francisco und ins Meer. Ursprünglich war das Tal eine Halbwüste mit weitem Grasland bewachsen, dem die Niederschläge im Winter ausreichten um die trockenen Sommer zu überstehen.

Heute wird mit Hilfe intensiver Bewässerung ein großer Teil des Obstes und Gemüses der USA produziert, gemessen am Wert in Dollar etwa ein Viertel. Das Wasser kommt mit den Flüssen aus den Bergen der Sierra Nevada und wird als Grundwasser hochgepumpt. Aber die Grundwasserspiegel fallen massiv und ganze Regionen sinken deshalb ab. Auch der Schneefall in den Bergen ist nicht mehr zuverlässig, auch wenn gerade der Winter 2022 einer der schneereichsten seit der Aufzeichnungen war.

Die Lage im Talkessel ist sehr geschützt, ideal für Obst und Gemüse. Hier ist fast ganzjähriger Anbau möglich, weil die Temperaturen im Winter in der Regel im oberen einstelligen Bereich bleiben. Aber flankiert von zwei langen Bergketten kommt es hier regelmäßig zu Inversionswetterlagen und damit zu Smog. Deshalb gehört das Tal zu den Gebieten mit der höchsten Luftverschmutzung der USA.

Jetski auf dem Woodward Reservoir

Vor **Tracey** biegt die US-580 nach Süden ab Richtung Fresno/LA, wir fahren geradeaus weiter auf der US-205. Der private Campingplatz Thousand Trails Turtle Beach ist schön angelegt, umgeben von den Armen des San Joaquin River, aber mit $ 63 relativ teuer.

Vor **Manteca** wechseln wir bei Exit 461 auf die CA-120, die durch Manteca führt. Am Ostrand der Stadt bleiben wir auf der CA-120, was zweimaliges Wechseln der Autobahn bedeutet. Dann führt sie als Yosemite Avenue ohne Trennung der Fahrbahnen nach Osten. Zu beiden Seiten erstrecken sich Obstbaumplantagen soweit das Auge reicht.

Freies Übernachten ist hier sehr schwierig, denn alle Freiflächen gehören zu Obstplantagen. Die Walmarts in den größeren Städten erlauben das Übernachten nicht mehr, unter anderem weil wildes Campen wegen hoher Arbeitslosigkeit im Tal zunahm.

299 Oakdale – *Woodward Reservoir Regional Park*

GPS/Kontakt: N 37°50'24.6" W 120°52'10.2", 14528 26 Mile Rd., www.stancountyparks.com, Tel. 209 847 3304. **Öffnungszeit:** Ganzjährig. **Ausstattung:** Picknicktische, Feuerringe, teilweise Hookup, Sanitäranlagen. **Beschreibung:** Mehrere Campingplätze am Seeufer verteilt. Über 100 Stellplätze *(asphaltiert)* auf T-Island, Hackberry Flat und Muir Point mit Hookup und Schatten durch einzelne Bäume. Die Plätze ohne Anschlüsse auf festem Grund und wenig Schatten. Bademöglichkeit. Sanitäranlagen v.a. nach Wochenenden grenzwertig. **Preis:** $ 40, mit Hookup $ 45. **Anfahrt:** CA-120, ca. 1,5 km vor Oakdale beschildert links ab. **Hinweise:** Plätze mit Strom reservierbar, Day-Use kostet $ 20, Aktivitäten: Schwimmen, Angeln, Bootfahren, Beobachtung von Wasservögeln. Verleih von Jetskis für ganze Tage tks-jet-ski-rentals.

Abendstimmung am Woodward Reservoir

Übernachtungen bei Anfahrt von Westen über Modesto/CA-132 und El Portal Road/CA-140

Caswell Memorial State Park, 60 Plätze im Eichenwald am Ufer des Stanislaus River, Toiletten, Duschen, Mücken, Strände und Schwimmen im Fluss, $ 30, www.reservecalifornia.com, Tel. 209 826 1197.

Modesto Reservoir Regional Park, 145 Plätze am Seeufer, eng gestellt aber mit Bäumen, Sanitäranlagen, ohne Anschlüsse bis Full Hookup, Schwimmen, Vogelbeobachtung und Wassersport aller Art, $ 40 - 45, www.stancountyparks.com, Tel. 209 874 9540.

Turlock Lake State Recreation Area, Day-Use Area am See mit Campingplatz am Tuolumne River auf der anderen Seite des Highways, 65 Plätze im Uferwald, Sanitäranlagen mit Duschen, aktuell geschlossen wegen Suche nach Konzessionär, www.reservecalifornia.com, Tel. 559 822 2332.

Am Weg durchs Central Valley zur Sierra Nevada liegen große Campingplätze in den State und Regional Parks an Stauseen und Flüssen.

Blue Oaks Campground und **Fleming Meadows Campground**, über 400 Stellplätze am Südufer des Don Pedro Lake in hügeligem Grasland mit einzelnen Bäumen, Sanitäranlagen mit Duschen, ohne Anschlüsse bis Full Hookup, V/E, www.donpedrolake.com, $ 30 - 45, Tel. 209 852 2396.

Horseshoe Bend Recreation Area, knapp 100 Stellplätze am Ufer des Lake McClure, davon 1/3 mit Strom-Wasser-Anschlüssen, Sanitäranlagen mit Duschen, $ 30 - 50, www.lakemcclure.com, Tel. 855 800 2267.

300 Caswell Memorial – N 37°42'00,9" W 121°10'58.2"

301 Modesto Reservoir – N 37°39'25.9" W 120°39'32.9"

302 Turlock L./Tuol. River – N 37°37'45.3" W 120°34'45.9"

303 Blue O./Fleming M. – N 37°42'02.1" WN 120°25'12.2"

304 Horseshoe Bend – N 37°42'05.4" W 120°14'47.3"

An der El Portal Road/CA-140

Merced River Recreation Area, mehrere Campingplätze entlang einer schmalen Schotterstraße, $ 10, *nur für Vans* wegen der alten Hängebrücke über den Merced River, Tel. 209-379-9414. Die benachbarte Day-Use Area bietet einen schönen Platz für ein Picknick auf den Steinen am Merced River.

Indian Flat RV Park, 25 Plätze am Highway auf festem Boden unter Bäumen, $ 37 – 48 mit Strom/Wasser, Tel. 209 379 2339.

305 Merced River – N 37°36'16.7" W 119°57'58.2"

306 Indian Flat RV Park – N 37°39'41.0" W 119°50'58.6"

Die CA-120 führt über den Stanislaus River in den Ort **Oakdale**. Dort geht es an einer beschilderten Kreuzung links weiter auf der CA-120/CA-108 Richtung Yosemite. Wir verlassen die Plantagen und rollen durch hügeliges Grasland mehr oder weniger parallel zum Stanislaus River.

Wer eine Fahrtpause braucht, kann bei der **Knights Ferry Recreation Area** anhalten. Hier führt ein markierter Rundweg zum beliebten Fotomotiv Knights Ferry Covered Bridge, eine überdachte Holzbrücke von 1863, die den Stanislaus River 100 Meter weit überspannt, sowie zu einer alten Mühle, Poststation und entlang der Schlucht. Im November ist der Salmon Run, der Lachszug, zu sehen *($ 10 Day-Use, zur Brücke 400 m, Rundweg 2,4 km, GPS N 37°49'10.7" W 120°40'00.1" oder vor der Autobrücke über den Fluss).*

Etwas nördlich am Stausee des Stanislaus River liegt der private Lake Tulloch RV Campground & Marina im Stil einer Recreation Area *($ 30 - 45 + tax, Tel. 209 881 0107).*

307 Lake Tulloch RV – N 37°53'04.6" W 120°35'35.1"

Die Straße führt in weiten Kehren aufwärts und passiert den kleinen Ort **Chinese Camp**, eine Siedlung, deren Anfänge in der zweiten Hälfte des 19. Jahrhunderts liegen, als Tausende Chinesen dem Goldrausch am Gold Mountain folgten. Der Ort beginnt mit dem kleinen Store und Taverne mit guten Snacks und einer Kolibri-Tränke im Picknick-Garten. Bei der zweiten Einfahrt nach rechts mit Historical Marker stehen noch einige morbide, alte Gebäude.

Ein sehr großer Pullout an der Straße ermöglicht einen Zugang zum Woods Creek Arm des **Don Pedro Lake** *(GPS N 37°50'39.3" W 120°22'54.3")*. Dann führt eine weite, gebogene Brücke über die Seeverbindung nach Süden, gefolgt von einem weiteren Vista Point.

308 La Grange – *Moccasin Campground*

GPS/Kontakt: N 37°49'42.7" W 120°20'13.2", 11401 Jacksonville Rd., www.donpedrolake.com, Tel. 209 852 2396. **Öffnungszeit:** Ganzjährig. **Ausstattung:** Picknicktische, Feuerringe, Toiletten, Duschen, V/E, 18 Plätze mit Full Hookup. **Beschreibung:** 96 Stellplätze im lichten Mischwald am Ufer des Don Pedro Lake, am nördlichen Toulumne River Arm. **Preis:** $ 35 – 50. **Anfahrt:** Beschildert nach der Brücke über den Seearm. **Hinweise:** Der ganze Don Pedro Lake ist als Recreation Area ausgewiesen.

Jetzt geht es kurvenreich hoch in die Berge und in die Region der ausgedehnten Wälder. **Groveland** *(540 Einwohner, Höhe 956 m)* ist das letzte größere, weit verstreute Siedlungsgebiet. Gegründet zur Zeit des Goldrausches liegt es heute als Erholungsgebiet rund um den Pine Mountain Lake, mit Restaurants, einem Supermarkt, keine Tankstelle.

309 Groveland – *Yosemite Pines RV Resort*

GPS/Kontakt: N 37°49'31.5" W 120°11'43.2", 20450 Old Hwy. 120, Tel. 209 962 7690. **Öffnungszeit:** Ganzjährig. **Ausstattung:** Picknicktische, Feuerringe, Sanitäranlagen, Strom oder Full Hookup, V/E, Pool. **Beschreibung:** Privater Campingplatz in lichtem Waldgebiet. **Preis:** $ 34 – 77 + tax. **Anfahrt:** CA-120, 4,4 km nach Groveland beschildert rechts. **Alternative:** Ferretti Farm in Groveland, Hicamp, öffnet wieder in 2024.

Dann kommen wir in das Gebiet des Stanislaus National Forest und rollen kurvenreich immer an den Ausläufern der Sierra Nevada entlang. Hier kann es im Winter zu Sperrungen und Schneeketten-Anordnungen kommen. Es gibt die Möglichkeit zu *Dispersed Camping* und zwei einfache State Forest Campgrounds.

TOUR 17

310 Groveland – *Pines Campground*

GPS/Kontakt: N 37°49'09.0" W 120°05'37.5", Smith Peak Lookout Rd., Tel. -. **Öffnungszeit:** Ganzjährig. **Ausstattung:** Picknicktische, Feuerringe, Trockentoilette, Trinkwasser im Sommer. **Beschreibung:** Höhe 1.000 m. Kleiner Campingplatz im lichten Nadelwald, Zufahrten asphaltiert. **Preis:** $ 25. **Anfahrt:** CA-120, Milepost 41.5, beschildert rechts, dann noch 500 m. **Hinweise:** Nicht reservierbar. **Alternative: Lost Claim Campground**, GPS N 37°49'11.1" W 120°03'03.4", nur für Vans.

Begegnungen in der Sierra Nevada

Lohnend ist ein Stopp am Rim of the World Vista mit weiter Aussicht über die westlichen Hänge der Sierra Nevada. Von Westen kommend müssen wir wegen der durchgezogenen Linien an einem Abzweig kurz zuvor parken *(GPS N 37°49'17.2" W 120°02'26.0")*.

Die Rainbow Pool Day-Use Area ermöglicht ein erfrischendes Bad in einem Pool mit Wasserfall *(GPS N 37°49'15.4" W 120°00'46.8", schwierig für große RV, $ 8 day-use fee)*.

311 Groveland – *Sweetwater Campground*

GPS/Kontakt: N 37°49'25.9" W 120°00'18.3", Big Oak Flat Rd./Ca-120, www.recreation.gov, Tel. 877 833 6777. **Öffnungszeit:** Ganzjährig. **Ausstattung:** Picknicktische, Feuerringe, Trockentoilette, Trinkwasser im Sommer. **Beschreibung:** Höhe 910 m. 14 Stellplätze in einem ehemaligen Waldbrandgebiet neben der Straße, durch Wall getrennt. **Preis:** $ 30. **Anfahrt:** Zweite links nach der Brücke über den South Fork Toulumne River (Rainbow Pool), beschildert. **Hinweis:** Reservierbar.

Der sehr große, private Thousand Trails Yosemite Lakes RV Resort der Thousand Lakes Gruppe bietet auf relativ nacktem Gelände in der Hardin Flat Senke die üblichen Einrichtungen für stolze Preise *(ab $ 89, GPS N 37°48'40.1" W 119°56'50.2")*.

Möglichkeiten zur freien Übernachtung bietet die Hardin Flat Road *(freie Plätze und Buchten an asphaltierter, etwa 1,5-spuriger Straße, ehemaliges Waldbrandgebiet. GPS N 37°48'34.6" W 119°54'13.2")*.

312 Hardin Flat Road – N 37°48'34.6" W 119°54'13.2"

Ein beschilderter Abzweig nach links führt zum Hetch Hetchy Reservoir *(26 km,* nicht für normale Womos: Beschränkung ***max. 25 Feet lang, 8 ft breit/7,60 m – 2,40 m****)*. Die kurvenreiche Anfahrt lohnt sich vor allem für Wanderer. An der Strecke liegt der Dimond O Campground *(Höhe 1.340 m. Ausstattung/Preis wie Sweetwater)*.

Hetch Hetchy Reservoir – History 'n' Facts

Das Hetch Hetchy Reservoir liegt im Yosemite Nationalpark. Der Damm wurde 1923 gebaut als Herzstück eines Projektes, um Wasser für den Großraum Central Valley/San Francisco zur Verfügung zu stellen. Dafür wurde das Tal des Tuolumne River geflutet, das von ähnlicher Schönheit war wie das Yosemite Valley des Merced River. Seit dem wird ein Kampf geführt zwischen Gegnern und Befürwortern des Damms. Nach den schweren Schneestürmen im Winter 2022 war das Reservoir seit einigen Jahren das erste Mal voll und bevorratet somit fast siebenmal den Jahresbedarf an Wasser von San Francisco – im Dürregeplagten Kalifornien ein riesiger Luxus. Außerdem werden mit dem Wasser zwei Wasserkraftwerke betrieben. Die Gegner des Damms führen die Umweltzerstörung an, die Lage im Nationalpark, die ursprüngliche Schönheit des Tals, die in alten Fotos und Gemälden festgehalten wurde.

Bald erreichen wir einen von vier Nationalparkeingängen, wobei wir bis ins Yosemite Valley noch eine ganze Weile unterwegs sind.

Yosemite Nationalpark

Eintritt: $ 35/7 Tage *(nicht bar!)* oder America the Beautiful Pass.
Highlights: Hochgebirgslandschaft mit runden Granitkuppen, 1.000 Meter senkrecht abfallende Felswände, Wasserfälle, Mammutbäume.
Beste Reisezeit: Mitte Mai bis Anfang Oktober, Tioga Pass Road *(An-/Abreise nach Osten)* erst ab Ende Mai/Anf. Juni geöffnet - in 2022 ab Ende Juli!
Klima: Durchschnittliche Tageshöchst-/tiefstwerte Yosemite Valley auf 1.220 Metern Höhe, Juli 32°/14°C, Januar 9°/-2°C. Durchschnittliche Tageshöchst-/tiefstwerte Tuolumne Meadows auf 2.620 Metern Höhe, Juli 22°/4°C, Januar 5°/-11°C.
Hinweise: Besucher pro Jahr: 5 Mio. in 2016, 3,7 Mio. in 2022.
Zum Sommer 2024 wird ein Tagesreservierungssystem eingeführt zusätzlich zum Eintrittspreis, nicht nötig bei vorliegender Campingplatzreservierung:
» 13.04. – 27.10.: Für Einfahrten von 5 – 16 Uhr an Sa/So/Ferientagen
» 01.07. – 16.08.: Für Einfahrten von 5 – 16 Uhr an allen Tagen
Reservierungen über www.recreation.gov. Es gilt für alle vier Zufahrten. Bitte überprüfen Sie die aktuellen Bedingungen auf www.nps.gov/yose.

Wer im Nationalpark campenn will, sollte **frühzeitig einen Platz reservieren**, am besten mit Öffnung der Reservierung 6 Monate im Voraus.

In Yosemite leben ***Schwarzbären***! Beachten Sie die Regeln *(s. Tipps und Infos)*, lassen Sie niemals Lebensmittel draußen.

Von Herbst bis Frühjahr kann die Nutzung von Schneeketten angeordnet werden. Für aktuelle Straßenbedingungen siehe roads.dot.ca.gov.

Yosemite – History 'n' Facts

Granitkuppen, tiefe Trogtäler und die bis zu 1.000 Meter hohen, senkrechten Felswände von El Capitan und Half Dome sind die Markenzeichen von Yosemite. Sie wurden während der letzten drei Millionen Jahre von Gletschern geformt. Wasserfälle stürzen hinab, mit drei Stufen und 739 Metern Höhe sind die Yosemite Falls der fünfthöchste Wasserfall der Welt. 1864 wurde Yosemite als kalifornischer Park gegründet und 1890 als dritter Nationalpark der USA ausgerufen. Der Nationalpark erstreckt sich auf über 3.000 Quadratkilometern in der Sierra Nevada. Er teilt sich in drei Bereiche:

» Das **Yosemite Valley** auf 1.220 Metern Höhe zieht den größte Teil des bis zu 5 Millionen Besucher pro Jahr (2016) an, davon 75% während der Sommermonate von Mai bis Oktober. Im Juli und August tunmeln sich etwa 600.000 Besucher pro Monat mit ihren Fahrzeugen im Tal, das etwa einen Kilometer breit ist und auf einer Länge von 13 Kilometern touristisch ausgebaut wurde.

» Über die **Tuolumne Meadows** führt die **Tioga Road** (CA-120) zum Tioga Pass auf 3.031 Metern Höhe. Sie ist die einzige Verbindungsstraße über die Sierra Nevada und abhängig von den Schneemengen geöffnet von Ende Mai/Anfang Juni bis irgendwann im November (s. Tour 19).

» Südlich des Yosemite Valley führt die **Glacier Road** zu Wanderungen und Aussichtspunkten, sie ist im Winter ebenfalls gesperrt. Im Süden liegt auch die **Mariposa Grove** mit Mammuntbäumen.

Von Westen hat der Nationalpark drei Zufahrten, die in der Regel ganzjährig geöffnet sind *(Sperrungen nach Schneestürmen möglich)*:

» Nordwesten: **Big Oak Flat Road**, CA-120

» Westen: **El Portal Road**, CA-140

» Südwesten: **Wawona Road**, CA-41

Für das Yosemite Valley gibt es drei Optionen für Womo-Fahrer:

» Sie schaffen, einen **Campingplatz im Tal** zu reservieren. Falls nicht, kann man sich morgens auf die Warteliste für den Campingplatz setzen lassen, muss dann aber nach Mittag wieder im Büro erscheinen.

» Sie reservieren einen Campingplatz in der Nähe des Tals und reisen mit einem **YARTS-Bus** an (s. ÖPNV).

» **Sie reisen ganz früh morgens an** mit Ankunft am besten vor 8 Uhr, ergattern einen Platz auf den genannten Parkplätzen und steigen auf den kostenlosen Valley-Shuttle um.

Versuchen Sie nicht, mit einem Wohnmobil im Yosemite Valley auf Besichtigungstour zu gehen!

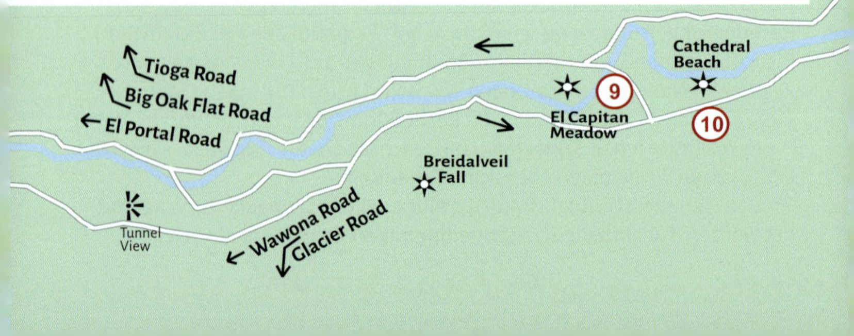

Parken und Transport im Tal

Yosemite: Gigantische Granitwände, uralte Bäume, himmelhohe Wasserfälle, riesige Touristenmengen.

Durch die Lage im engen Tal sind die Parkplätze beschränkt und bereits in den Morgenstunden belegt. Die Straßen im Tal sind als Einbahnstraßen ausgelegt, der südliche Southside Drive führt ins Tal, der nördliche Northside Drive hinaus.

Wohnmobile dürfen im Tal parken auf folgenden Parkplätzen:

» Curry Village GPS N 37°44'20.7" W 119°34'13.5"
» Südlich von Yosemite Village GPS N 37°44'38.7" W 119°35'10.4"
» Yosemite Falls, GPS N 37°44'31.7" W 119°36'03.9"

Die YARTS-Busse *(Yosemite Area Regional Transportation System)* bieten Anbindung entlang aller vier Zufahrten ins Tal von Yosemite. Im Bus kann mit Kreditkarte oder bar bezahlt werden *(abgezählt, kein Wechselgeld)*, Reservierung ist möglich über YARTS.com.

» **Big Oak Flat Road**, CA-120: Mitte Mai bis Ende September, über Groveland bis Sonora, bis zu drei Fahrten täglich mit Ankunft beim Visitor Center 10.25 – 12.18 Uhr, Abfahrt ab Visitor Center 3:44 – 5:55 Uhr.
» **El Portal Road**, CA-140: Ganzjähriger Service, über Midpines, Mariposa bis Merced.
» **Wawona Road**, CA-41: Anfang Mai bis Mitte September, über Oakhurst bis Fresno.
» **Tioga Road** *(s. Tour 19)*: Anfang Juli bis Anfang Oktober nach Mammoth Lakes auf der Ostseite der Sierra.

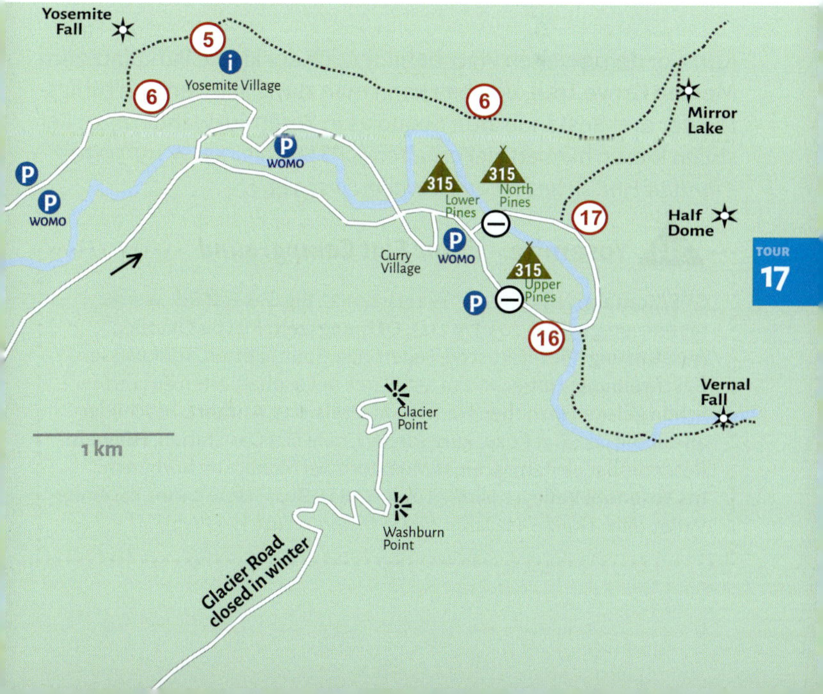

TOUR 17

- » Fahrrad-Miete ist eine weitere und sehr gute Möglichkeit, das Tal von Yosemite kennenzulernen. Es gibt 19 Kilometer asphaltierte Radwege, die teilweise parallel zu den Straßen verlaufen, so dass man kaum auf Straßen fahren muss.
- » **Mietstationen**: Curry Village *(beim Front Office)*, Yosemite Village *(beim Village Store)* und Yosemite Valley Lodge *(beim Pool)*
- » **Mietzeiten**: 5–17 Uhr.
- » **Mietpreis**: $ 30/halber Tag, $ 40/ganzer Tag.

Fahrräder können nicht reserviert werden. Es werden auch weitere Fahrzeuge wie elektrische Roller verliehen *($ 55/ganzer Tag)*.

Auf der Big Oak Flat Road/CA-120 ins Yosemite Valley

Bis ins Yosemite Valley mit den Highlights sind wir noch 30 Kilometer unterwegs. Zuerst führt die Straße kurvenreich bergauf. Hier befinden sich zwei Nationalparkcampingplätze.

313 Yosemite – *Hogdon Meadow*

GPS/Kontakt: N 37°47'59.8" W 119°52'01.1", Big Oak Flat Rd., www.recreation.gov, Tel. 209 379 2123. **Öffnungszeit:** Ende April bis Anf. Oktober. **Ausstattung:** Picknicktische, Feuerringe, Spültoiletten. **Beschreibung:** Höhe 1.450 m. 105 Plätze für Womos in hohem Nadelwald. **Preis:** $ 36, Winter $ 28. **Anfahrt:** Nach der Eingangsstation nächste links. **Hinweis:** Platz muss reserviert werden von Mitte April bis Mitte Oktober. Im Winter nicht reservierbar. Handyempfang.
Ins Yosemite Valley: 38 km/50 min. YARTS Busservice $ 8 *(inkl. 1 Kind 6–12 Jahre, für 6–17 Jahre reduzierter Preis)*.

Kurz vor dem zweiten Platz befindet sich der kleine Parkplatz zum **Merced Grove Trail**. Von hier kann man zum kleinsten und ruhigsten der drei Bestände alter Sequoias in Yosemite wandern, 20 der stillen Riesen blieben hier erhalten *(GPS N 37°45'47.3" W 119°50'30.7", 5 km/180 Hm hin und rück auf breitem Forstweg,)*.

TOUR 17

314 Yosemite – *Crane Flat Campground*

GPS/Kontakt: N 37°45'00.2" W 119°48'01.2", Big Oak Flat Rd., www.recreation.gov, Tel. 209 379 2123. **Öffnungszeit:** Mai bis Oktober. **Ausstattung:** Picknicktische, Feuerringe, Spültoiletten, Trinkwasser. **Beschreibung:** Höhe 1.892 m. 151 Plätze mit asphaltierten Zufahrten. Schön gelegen im hohen Nadelwald. **Preis:** $ 35, **Anfahrt:** Beschildert an der Big Oak Flat Road, kurz vor der Crane Flat Gas Station. **Hinweis:** Reservierbar ab dem 15. eines Monates zwei Monate im Vorhinein.
Ins Yosemite Valley: 25 km/35 min. YARTS Busservice $ 6 ins Yosemite Valley *(inkl. 1 Kind 6–12 Jahre, für 6–17 Jahre reduzierter Preis)*.

Dann erreichen wir bei der Crane Flat Gas Station den Abzweig der Tioga Road zu Toulumne Meadows, diese Strecke über die Sierra Nevada wird in Tour 19 beschrieben.

Auf der Big Oak Flat Road geht es hinab Richtung Tal. Vom **Yosemite Valley Vista Point** sieht man in der Ferne den Half Dome *(kleiner Parkplatz, GPS N 37°42'49.8" W 119°43'38.6")*. Dann führt die Straße durch einen Tunnel (Höhe 13' 8") und oberhalb steiler Klippen entlang, um schließlich im Tal auf die El Portal Road zu treffen.

Highlights im Yosemite Valley

Die wichtigsten Highlights des Tales von Yosemite sind in der Reihenfolge der Bus-Stopps angegeben und auf der Karte verzeichnet. Der grüne Valleywide Shuttle bedient das ganze Tal, fährt etwa alle 12 bis 22 Minuten zwischen 7 und 22 Uhr und benötigt für eine gesamte Rundfahrt etwa 1,5 Stunden. Der lilafarbene East Valley Shuttle operiert vom Village Parking nach Osten.

Visitor Center & Museum (Stopp 5): Hier gibt es alle Infos zum Park, Souvenirs und eine Ausstellung zu Natur und Geologie des Parks.

Yosemite Fall (Bus-Stopp 6): Über insgesamt 739 Meter und drei Stufen stürzt der Yosemite Creek ins Tal. Der Weg zu den 98 Meter hohen Lower Falls ist breit und gut ausgebaut. Von dort zu sehen sind auch die Middle Cascades und die 435 Meter hohen Upper Falls. Das Wasser des Yosemite Creek wird vom schmelzenden Schnee gespeist, seine Menge hängt also extrem von Jahreszeit und Schneemengen im Winter ab.

El Capitan Meadow (Bus-Stopp 9): Die massive, rechteckige Felswand erhebt sich 1.000 Meter fast senkrecht über das Tal. Sie gilt als Wahrzeichen des Parks und als El Dorado für Kletterer. Sehr schön lassen sich El Capitan auf der Nordseite und Lower und Middle Cathedral Rock auf der Nordseite bei einem Spaziergang durch

El Capitan (oben), Yosemite Falls

die Wiesen der El Capitan Meadow erleben.

Cathedral Beach (Bus-Stopp 10): Ein weiter Kies-Strand am Virgin River, zum Baden und Picknicken unter hohen Granitwänden.

Vernal Fall (Bus-Stopp 16): Zum Vernal Fall führt eine beliebte und grandiose Wanderung auf dem Mist Trail. Der erste Teil bis zur Brücke ist für die Meisten gut zu bewältigen. Der zweite Teil zu den Vernal Falls und dem Emerald Pool ist sehr anstrengend, steil und wegen des Sprühnebels des Falles oft feucht-rutschig.

Wanderung Vernal Fall

Zur Footbridge des Vernal Falls 3 km/120 Hm, zum Emerald Pool oberhalb des Falls 5,4 km/340 Hm.
Von der Bushaltestelle aus wandern wir auf Asphalt in Richtung der Busstrecke und überqueren den Merced River. Nach der Brücke biegen wir rechts ab. Der breite, asphaltierte Weg führt zur Footbridge über den Merced River, von wo aus ein erster Blick auf den Wasserfall in 600 Metern Entfernung möglich ist
Richtung Vernal Fall geht es in einem Geröllhang steil, aber gut ausgebaut weiter. Beim Abzweig des Jon Muir Trail gehen wir geradeaus weiter. Mit Beginn der Treppenstufen wird der Wasserfall wieder sichtbar, in der dritten Serpentinenkehre der Treppen kann man ihn ganz bewundern (gesamt 4,5 km/320 Hm). Zum Emerald Pool am oberen Ende der Wasserfälle, ein wunderschöner Platz für ein Picknick, ist es jetzt nicht mehr weit, aber noch einige anstrengende Höhenmeter entfernt. Dabei wird er Weg stellenweise eng, ist aber mit einem Geländer gesichert (5,4 km/350 Hm hin und rück). Baden ist im Emerald Pool absolut verboten, hier sind schon Unvorsichtige mit den gefährlichen Strömungen in den Wasserfall getrieben worden.
Von hier aus kann man weiter wandern zum Nevada Fall (siehe Wandern).

Vernal Fall

Badespaß am Mirror Lake

Mirror Lake (Bus-Stopp 17): Der kleine, flache See wird durch den Tenaya Creek gebildet und fällt im Spätsommer weitgehend trocken. Er liegt genau zwischen Half Dome und North Dome. Zum See führt eine für den Verkehr gesperrte Straße, zu der rechts im Wald parallel ein Fußweg verläuft *(3,2 km hin und rück)*. Der See ist sehr beliebt, wer aber auf einer der beiden Seiten etwas weiter talaufwärts läuft, findet schnell ein ruhiges Plätzchen für ein Picknick.

Bridalveil Fall *(nicht an Bus angebunden, kleiner Parkplatz)*: Über 189 Meter fächert sich der Bridalveil Creek auf wie ein Brautschleier. Auch seine Wassermengen variieren stark mit der Jahreszeit, im Sommer kann er vollständig trocken fallen *(800 m ab Parkplatz hin und rück)*.

Zwei traumhafte Tage in Yosemite

Am ersten Tag starten wir vom Campingplatz oder parken sehr früh auf einem der WOMO-Parkplätze. Dann steigen wir auf die Buslinie »Valleywide Shuttle« um. Wir steigen an den bereits beschriebenen Haltestellen aus und erleben so das **Visitor Center & Museum**, die **Yosemite Falls** und die **El Capitan Meadow**. Für die **Cathedral Beach** können wir ein Mittags-Picknick mitnehmen. Für den Nachmittag entscheiden wir uns zwischen den Wanderungen zum **Vernall Fall** oder zum **Mirror Lake**. Alternativ können wir auch von den Yosemite Falls zum Mirror Lake wandern, eine Strecke, auf der wir den Park in ungewohnter Ruhe genießen können *(siehe Wandern)*.

Am zweiten Tag fahren wir mit der Morgendämmerung los Richtung Wawona. Wir halten vor dem Tunnel für den **Tunnel View**, einen der schönsten Aussichten ins Tal. Dann biegen wir ab auf die Glacier Point Road *(geschlossen bis in den späten Frühsommer)* und bestaunen die Aussichten von **Washburn und Glacier Point** mit einem Frühstücks-Picknick. Anschließend fahren wir bis zur **Mariposa Grove**, wo wir möglichst am frühen Vormittag ankommen, um einen Parkplatz zu bekommen. Mit dem Shuttle fahren wir zu den Giants Sequoias und wandern unter den uralten Riesen entlang.

315 Yosemite – *Upper/Lower Pines Campgrounds*

GPS/Kontakt: N 37°44'21.9" W 119°33'55.1", Happy Isles Loop Rd., www.recreation.gov, Tel. 209 372 8502. **Öffnungszeit:** Ganzjährig. **Ausstattung:** Picknicktische, Feuerringe, Spültoiletten, Trinkwasser, V/E. **Beschreibung:** Höhe 1.220 m. Über 300 Stellplätze auf den benachbarten Campingplätzen im lichten, hohen Nadelwald am Ufer des Merced River. **Preis:** $ 36, **Anfahrt:** Auf dem Southside Drive ins Tal, an der Brücke über den Merced River geradeaus. **Hinweis:** Reservierbar 6 Monate im Vorhinein.
Campingplätze in Yosemite sind ***ausgebucht meist innerhalb von Minuten,*** nachdem das System die Reservierung freigegeben hat. Versuchen Sie, Wochenenden zu vermeiden, legen Sie vorher einen Account an und starten Sie Ihren Reservierungswunsch direkt bei Freigabe durch das System pünktlich um 7 Uhr Pacific Standard Time. Die 80 Plätze des **North Pines Campground** werden über eine Lotterie vergeben. **Camp 4** ist ein Campingplatz nur für Zelte.

Wawona Road, CA-41, aus dem Tal nach Süden:
Nach Süden führt die Wawona Road aus dem Tal. 2,5 Kilometer nach dem Abzweig ist der Aussichtspunkt **Tunnel View** direkt vor dem Tunnel erreicht mit einem der besten Ausblicke über das Tal und dem Half Dome im Hintergrund *(siehe Titelfoto der Tour)*. Nach dem Tunnel schraubt sich der Highway durch Nadelwald hoch zum Abzweig der Glacier Point Road.

Die Glacier Point Road ist im Winter geschlossen und wurde 2022/23 komplett erneuert. An ihr liegen die Starts mehrerer Wanderungen *(siehe Wandern)*, ein Campingplatz sowie am

Ende nach 26 kurvenreichen Kilometern zwei Aussichtspunkte. Von Washburn Point haben wir die perfekte Aussicht auf die Granitkuppen der High Sierra, den Half Dome sowie die Vernal und Nevada Falls, beim Glacier Point sind die Wasserfälle durch Bäume verdeckt, dafür fällt der Blick genau in die Achse des oberen Yosemite Valley. Beide Parkplätze Washburn und Glacier Point sind für den Andrang oft zu klein. Im Sommer wurde in der Vergangenheit immer wieder die Straße ab dem großem Parkplatz am Badger Pass gesperrt, von dort operierten Shuttlebusse.

316 Yosemite – *Breidalveil Creek Campground*

GPS/Kontakt: N 37°39'55.1" W 119°37'27.9", Glacier Point Rd., Tel. 209 375 9535. **Öffnungszeit:** Mitte Juli bis Anfang September. **Ausstattung:** Picknicktische, Feuerringe, Spültoiletten, Trinkwasser. **Beschreibung:** Höhe 2.200 m. 174 Womo-Stellplätze im Nadelwald, Straßen asphaltiert, Stellplätze Naturbelag. **Preis:** $ 36, **Anfahrt:** Beschildert an der Big Oak Flat Road, kurz vor der Crane Flat Gas Station. **Hinweise:** Nicht reservierbar, füllt sich in der Regel vormittags. Fahrtdauer ins Yosemite Valley etwa 45 Minuten. Kein YARTS-Busservice.

Weiter auf der Wawona Road zweigt die Zufahrt zum Siedlungsgebiet Yosemite West ab. Dann rollen wir fast eine halbe Stunde nach Süden durch einsamen Nadelwand am Westrand des Nationalparks bis **Wawona**.Dies ist ein Siedlungsgebiet innerhalb des Nationalparks, dass schon vor der Gründung des Parks bestand und heute viele Mietunterkünfte, Lodges, ein Hotel, ein Visitor Center, ein Lebensmittelgeschäft und eine Tankstelle bietet sowie einen Campingplatz etwas außerhalb.

Sonnenaufgang am Washburn Point

317 Yosemite – *Wawona Campground*

GPS/Kontakt: N 37°32'41.4" W 119°40'21.2", Wawona Rd., www.recreation.gov, Tel. 209 375 9535. **Öffnungszeit:** Ganzjährig. **Ausstattung:** Picknicktische, Feuerringe, Spültoiletten, Trinkwasser. **Beschreibung:** Höhe 1.220 m. 148 Womo-Stellplätze im lichten Nadelwald am Ufer des South Fork Merced River. **Preis:** $ 36, **Anfahrt:** An der Wawona Road 2 km nördlich von Wawona. **Hinweise:** Reservierung erforderlich Mitte April bis Mitte Oktober. Fahrtdauer ins Yosemite Valley 44 km/55 min. Mit YARTS $ 10 One-Way/70 min. Handyempfang.

Seit über 2.000 Jahren ist der Grizzly Giant Tree in der Mariposa Grove verwurzelt. Wenn er reden könnte?

Als letztes Highlight vor Verlassen des Parks folgt die **Mariposa Grove**. Mehr als 500 uralte Riesenmammutbäume, Giant Sequoias, stehen im größten Sequoia-Hain von Yosemite. Von 2015 bis 2018 wurden der Hain und seine Zuwege in großem Umfang neu gestaltet. Besucher parken heute am **Mariposa Welcome Plaza**, dessen großer Parkplatz sich im Laufe des Vormittags komplett füllt. Von hier aus pendeln kostenlose Shuttlebusse ab etwa Mitte April bis Mitte November über die drei Kilometer lange Zufahrt zu den alten Giganten. Beachten Sie die Shuttle-Zeiten, vor allem die letzte Rückfahrt variiert im Laufe des Jahres stark! Start ist normalerweise morgens um 8 Uhr. Im Sequoia Grove sind verschiedene Wanderwege beschildert, vom Big Trees Loop Trail *(0,5 km)*, über den Grizzly Giant Loop Trail *(3,2 km/91 Hm)* bis zu den anstrengenden Guardians Loop und Mariposa Grove Trail *(10,5 km/450 Hm)*.

Direkt nach dem Abzweig zur Mariposa Grove befindet sich der South Entrance und wir verlassen den Nationalpark. Die CA-41 windet sich weiter durch den Nadelwald an den Hängen der Sierra Nevada. Wenn die Schranke auf ist, kann der **Goat Meadow Parkplatz** zur Übernachtung dienen *(Zufahrt 1,2 km, Forstweg)*. Auf dem Weg nach Oakhurst passieren wir kleine Siedlungen, die vor allem von den Touristen leben. Außerdem gibt es

Unter Mammutbäumen, rechts: Mirror Lake

weitere Campingplätze.

Zum Summerdale Campground des Forest Service führen 400 Meter gute Schotterpiste *(Picknicktische, Wasser, Toiletten, max. 30 ft, $ 40, www.recreation.gov).*

Bachelor and Three Graces

318 Summerdale – N 37°29'12.9" W 119°37'59.5"

Am Südufer des **Bass Lake** liegen ebenfalls drei einfache Campingplätze. Der See ist ein typisches Sommerziel mit Feriensiedlungen, Bootsstegen sowie Boots- und Jetskiverleih. Dann erreichen wir Oakhurst *(weitere Infos: Tour 18).*

319 Bass Lake – *Lupine Campground*

GPS/Kontakt: N 37°18'34.4" W 119°32'49.9", 38626 Rd. 222, www.recreation.gov, Tel. 559 642 3212. **Öffnungszeit:** Ganzjährig. **Ausstattung:** Picknicktische, Feuerringe, Spültoiletten, Trinkwasser. **Beschreibung:** Höhe 1.220 m. 50 Stellplätze im lichten Mischwald oberhalb des Sees, etwa 100 m vom Ufer entfernt. **Preis:** $ 45, **Anfahrt:** In Yosemite Forks links Richtung Bass Lake, noch vor dem See zweimal rechts auf Rd. 222 *(Südufer).* **Hinweis:** Reservierung am Wochenende min. 2 Nächte, an Feiertagen min. 3 Nächte.

Alternativen: Forks und Spring Cove Campgound, ähnliche Ausstattung, Mai bis Oktober, $ 30, GPS N 37°18'46.2" W 119°34'10.5" und N 37°18'06.5" W 119°32'29.4".

Tour 18

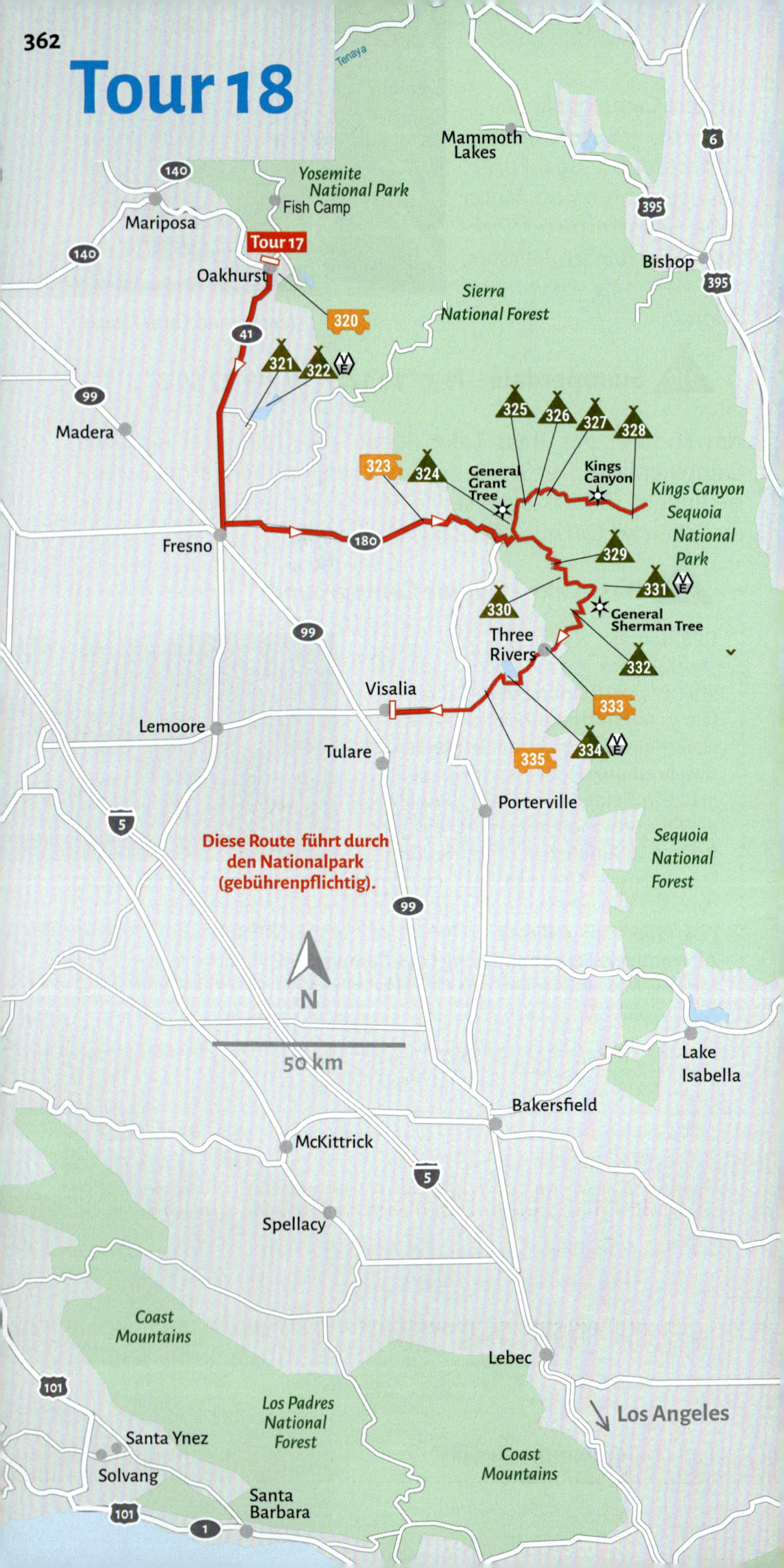
Tenaya
Mammoth Lakes
6
Yosemite National Park
Fish Camp
140
Mariposa
140
395
Tour 17
Oakhurst
Bishop
395
Sierra National Forest
320
41
321
322
99
Madera
325
326
327
328
323
324
General Grant Tree
Kings Canyon
Kings Canyon Sequoia National Park
Fresno
180
329
331
330
General Sherman Tree
99
Three Rivers
332
Visalia
333
Lemoore
334
Tulare
335
Porterville
5
Diese Route führt durch den Nationalpark (gebührenpflichtig).
Sequoia National Forest
99
N
50 km
Lake Isabella
Bakersfield
McKittrick
5
Spellacy
Coast Mountains
Lebec
101
Los Padres National Forest
Los Angeles
Santa Ynez
Coast Mountains
Solvang
Santa Barbara
101
1

Zu den Sequoias der Sierra Nevada

400 km

»A Land of Giants: Huge mountains, deep Canyons and the world's largest trees.« (National Park Service). Seit über 2.000 Jahren wurzeln an den Hängen der Sierra Nevada stille Riesen, die Giant Sequoias. Mit einem Stammdurchmesser am Boden von über elf Metern und Höhen über 80 Metern sind sie wahre Giganten. Sie sind das Ziel dieser Tour. Zusätzlich beeindruckt die Sierra auch hier mit tiefen Schluchten und granitgesäumten Tälern. Die absoluten Highlights dieser Tour sind:

- **General Sherman Tree mit Congress Trail**
- **General Grant Tree**
- **Moro Rock und Crescent Meadows**
- **Kings Canyon**

Unterschätzen Sie nicht die Fahrtzeiten im Park! Von Grant Grove Village zum General Sherman Tree sind Sie eine Stunde unterwegs *(45 Kilometer)*. Weitere zehn Minuten brauchen Sie zum Giant Forest Museum, wo die Busse zu Moro Rock und Crescent Meadows starten. Für die Meisten geht es dann wieder zurück, weil die südliche Abfahrt nur bis maximal 22 Fuß/6,70 m empfohlen ist. Für die gut 100 Kilometer Fahrtstrecke von Grant Grove zum Kings Canyon und zurück können Sie mindestens 2,5 Stunden reine Fahrzeit rechnen, plus Stopps und kurze Wanderungen.

Zum Besuch von Kings Canyon und den Giant Sequoias liegt der Campingplatz in Grant Grove Village (324) ideal. Für die Highlights im Süden des Generals Highways mit General Sherman und Moro Rock empfehlen wir den Lodgepole Campground (331) wegen der Anbindung an kostenlose Shuttle-Busse.

Zeitzone

Kalifornien -9 Stunden zu MEZ, Pacific Standard Time (PST) und Pacific Daylight Time (PDT) von Mitte März bis Anfang November.
Bitte beachten: Im Übergang, wenn in Kalifornien schon/noch PDT herrscht aber bei uns noch/schon Winterzeit -8 Stunden hinter MEZ.

Straßenbedingungen

Diese Tour ist nur *für die Monaten Juni bis Anfang Oktober planbar.* Sie ist zwar im Prinzip ganzjährig offen, jedoch gelten im langen Winter Schneekettenanordnungen, es ist mit vereisten Straßen zu rechnen und Sperrungen nach Schneestürmen. Bei Besuchen im späten Frühjahr und frühen Herbst müssen die aktuellen Straßenbedingungen auf der Nationalparkseite überprüft werden (www.nps.gov/seki).
Die *südliche Zu-/Abfahrt ist nur für Fahrzeuge bis 22 Fuß/6,70 m* empfohlen!

Wir starten in **Oakhurst** *(6.000 Einwohner, alle Versorgungsmöglichkeiten)*, einer Kleinstadt in den Ausläufern der Sierra Nevada. Der RV Park ist eine gute Empfehlung für alle, die nach Yosemite etwas mehr Versorgung brauchen.

320 Oakhurst – *High Sierra RV and Mobile Park*

GPS/Kontakt: N 37°19'54.0" W 119°38'49.4", 40389 Hwy. 41, Tel. 559 683 7662. **Öffnungszeit:** Ganzjährig. **Ausstattung:** Picknicktische, Feuerringe, Full Hookup, Toiletten und Duschen, Waschmaschinen, V/E, Propan. **Beschreibung:** Touristenplätze mit Bäumen nah oder direkt am Ufer des Fresno River, mit kleinem Strand und Swimming Hole, eine Badestelle zwischen Felsen mit kleinem Wasserfall. **Preis:** $ 30 – 56 + tax. **Anfahrt:** CA-42, vor der Valero-Tankstelle links *(beschildert)*.

Auf der gut ausgebauten CA-41 sind wir jetzt Richtung Fresno unterwegs durch *Rolling Hills*. Das Coarsegold Yosemite RV Resor ist eine größere, extrem teure Anlage *(um die $ 100)*. Dann verlassen wir endgültig die Ausläufer der Berge.

Kurz vor Fresno gibt es zwei einfache Campingplätze beim Millerton Lake, einem Stausee des San Joaquin River. Beide sind ideale Stopps bei der Rückreise aus Yosemite, doch Vorsicht: Wir sind inzwischen nur noch auf einer Höhe von etwa 150 Meter über NN und im Sommer ist mit Temperaturen an die 40°C zu rechnen.

321 Friant – *Lost Lake Campground*

GPS/Kontakt: N 336°58'39.6'' W 119°43'50.1'', 16385 N. Friant Rd., Tel. 559 600 3004. **Öffnungszeit:** Ganzjährig. **Ausstattung:** Picknicktische, Feuerringe, Trinkwaser und Toiletten. **Beschreibung:** 37 Stellplätze am Ufer San Joaquin River unterhalb des Stausees. Sauber angelegt mit asphaltierten Stellplätzen und Bäumen. **Preis:** $ 25. **Anfahrt:** Bei der 4-Corners-Kreuzung links zum Millerton Lake, nächste rechts, nach der Brücke rechts, nach der kleinen Ansiedlung bei einigen Palmen rechts. **Hinweis:** Nicht reservierbar. Der Park hat auch eine große Day-Use Area am Fluss ($ 5).

322 Friant – *Millerton Lake State Recreation Area*

GPS/Kontakt: N 37°01'08.0'' W 119°41'36.3'', CA-145, www.reservecalifornia.com, Tel. 559 822 2332. **Öffnungszeit:** Ganzjährig. **Ausstattung:** Picknicktische, Feuerringe, Toiletten , Duschen, Plätze 117 – 144 mit Strom/Wasser, V/E. **Beschreibung:** Fast 150 Plätze in drei Bereichen, gut angelegt im Wiesengelände mit einzelnen Büschen/Bäumen oberhalb des Seeufers. **Preis:** Ab $ 30. **Anfahrt:** Bei der 4-Corners-Kreuzung links zum Millerton Lake, nächste links, nächste rechts. **Hinweis:** Reservierbar, Aktivitäten Schwimmen, Angeln, Bootfahren.

Jetzt erwartet uns die Großstadt **Fresno** *(550.000 Einwohner, alle Versorgungsmöglichkeiten).*
Propan: U-Haul N 36°49'30.0'' W 119°47'24.1''

Wer hier etwas Zeit verbringen will, kann das Kunstmuseum Fresno Art Museum besichtigen, das Opera House, den Chaffee Zoo oder den Forestiere Underground Garden. Mehrere RV Parks sind nur auf Langzeitaufenthalte eingestellt.

Wir biegen ab auf die CA-180 nach Westen. Durch die Ausläufer der Stadt, landwirtschaftliche Flächen und die breite Aue des Kings River rollen wir wieder Richtung Berge. Hier liegt der letzte RV Park, ehe es wieder richtig in die Sierra hoch geht.

Zu Füßen der Sierra Nevada

323 Dunlap – *Sequoia RV Park*

GPS/Kontakt: N 36°45'20.7'' W 119°09'58.7'', 35671 E Kings Canyon Rd., Tel. 559 338 2350. **Öffnungszeit:** Ganzjährig. **Ausstattung:** Picknicktische, Feuerringe, Full Hookup, Toiletten und Duschen, Waschmaschinen. **Beschreibung:** Großes Wiesengelände mit lockerem Busch-Baumbestand direkt am Highway. **Preis:** Ab $ 40 + tax. **Anfahrt:** Ca. 55 km ab Fresno, beschildert.

Jetzt haben uns die Berge endgültig wieder, der Highway schraubt sich in Kehren bergauf. Vom Blue Ridge Vista Point, einem schmalen Parkstreifen können wir weit über das hügelige Vorland blicken, hier sind wir auch schon wieder auf über 1.500 Metern Höhe *(GPS N 36°44'01.2'' W 119°01'14.9'')*. Auf 1.900 Metern Höhe erreichen wir den südwestlichen Nationalparkeingang.

Sequoia & Kings Canyon National Park

Eintritt: $ 35/7 Tage oder America the Beautiful. **Highlights:** Berge der Sierra Nevada, tiefe Schluchten, Giant Sequoias/Riesenmammutbäume. **Beste Reisezeit:** Juni bis Anfang Oktober, abhängig von Schneemengen und Wintereinbrüchen. ***Langer Winter mit massiven Schneefällen*** und möglichen Schneeketten-Anordnungen von Mitte Oktober bis Ende Mai. Bei Besuchen im späten Frühjahr und frühen Herbst unbedingt die Straßenbedingungen auf der Nationalparkseite überprüfen www.nps.gov/seki. **Klima:** Durchschnittliche Tageshöchst-/tiefstwerte Grant Grove Village Juli 25°/11°C, Januar 7°C/-3°C. **Höhe:** 400 - 4.418 m, Grant Grove/Giant Forest Museum ca. 2.000 m, Kings Canyon ca. 1.400 m.

Hinweise: 1,5 Millionen Besucher jährlich.
Sehr schlechter/kein Handyempfang. Free WiFi: Kings Canyon Visitor Center in Grant Grove Village, Foothills Visitor Center am südlichen Parkeingang.
Im Park leben unter anderem ***Schwarzbären,*** befolgen Sie die Regeln zu einem ***sauberen Campingplatz.***

Zwei Parkeingänge, verbunden durch den Generals Highway: Im Nordwesten Big Stump Entrance, CA-180 von Fresno, im Süden Ash Mountain Entrance CA-198 von Visalia. ***Die südliche Auffahrt in den Park ist empfohlen bis max. 22 ft/6,70 m.***

Keine Überquerung der Sierra Nevada möglich!

Im Nationalpark gibt es 14 Campingplätze, davon zwei ganzjährig, dazu weitere des Forest Service und ein Privater Platz. V/E nur beim Lodgepole Campground.

Blick in die High Sierra

TOUR 18

Sequoia & Kings Canyon National Park – History 'n' Facts

Grant Grove Parkplatz

Die unglaublichen Riesenbäume wurden 1833 von Weißen entdeckt – natürlich kannten die Ureinwohner sie schon längst. Ab 1852 zogen die Bäume die Aufmerksamkeit auf sich, man hielt die Beschreibung zuerst für einen großen Schwindel. Obwohl das Holz minderwertig ist, zersplittert und reißt, wurden vor allem ab 1880 große Mengen der Riesenbäume gefällt und zu Brennholz und Zaunpfählen verarbeitet.

Die Idee, dieses besondere Land zu schützen, entstand 1875 in Tharp's Log, einem umgestürzten Mammutbaum, in dem der Rinderzüchter und Goldsucher Hale Tharp lebte und den Naturforscher John Muir empfing. 1890 wurden die Nationalparks gegründet, wenig später die Fläche verdreifacht und seit 1943 werden die Parks zusammen verwaltet. 1967 wurden sie zum UNESCO Biospären Reservat ernannt.

Die beiden Nationalparks schützen 3.500 Quadratkilometer Bergland von 400 bis 4.400 Meter Höhe. Diese Spanne bietet einer extrem vielfältigen Fauna und Flora Lebensraum. Die Lebensräume beginnen mit Prärie-Grasland und wandeln sich über gemäßigten Bergwald hin zu hochalpinen Pflanzengemeinschaften. Der Gipfel des höchsten Berges der Sierra Nevada, gleichzeitig der höchste Berg Nordamerikas außerhalb Alaskas, der 4.421 Meter hohe Mount Whitney liegt genau auf der östlichen Grenze des Nationalparks. Umgeben ist der Nationalpark von weiteren großräumigen Schutzgebieten wie der John Muir Wilderness, dem Inyo National Forest, dem Sierra National Forest und dem Sequoia National Forest.

Wir starten unsere Besichtigung beim **Big Stump Entrance**. Hinter der nächsten Straßenkehre liegt die Big Stump Picknick Area. Hier startet der kurze Big Stump Trail zu Strünken von Giant Sequoias, die dem großen Fällen zum Opfer fielen. Auf den **Mark Twain Stump** mit einem Durchmesser von 4,8 Metern, führen ein paar Treppenstufen hinauf. Auch wenn der Weg als einfach und abwechslungsreich gilt, fanden wir die Strünke eher deprimierend *(2 km/60 Hm, Karte aus dem Visitor Center besorgen).*

Ab der nächsten Verzweigung beschreiben wir in folgender Reihenfolge:
» Kings Canyon Scenic Byway nach links/Norden
» Generals Highway nach rechts/Süden
» Infos zu den Shuttle-Bussen
» Südliche Abfahrt Richtung Visalia, empfohlen bis 22 Fuß/6,70 m.

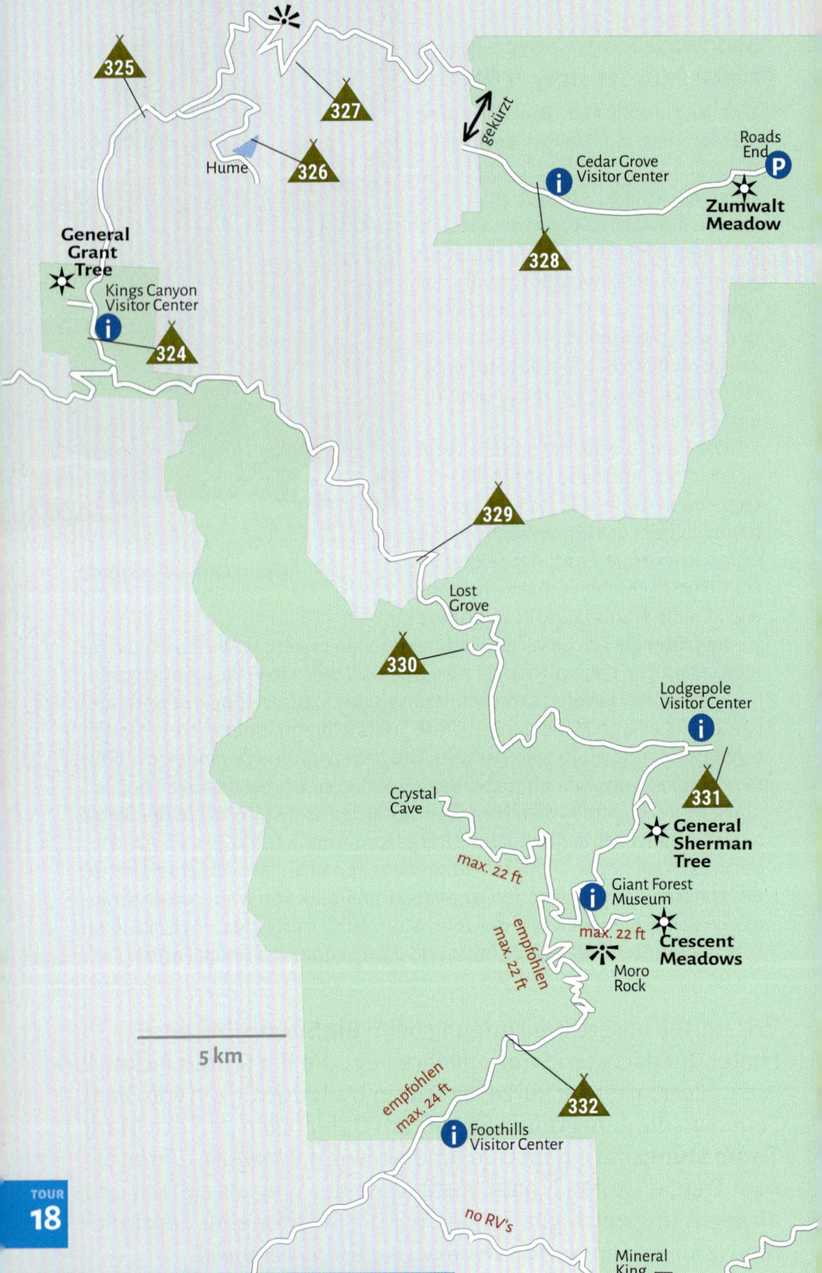

325
327
326
Hume
gekürzt
Roads End
Cedar Grove Visitor Center
Zumwalt Meadow
328
General Grant Tree
Kings Canyon Visitor Center
324
329
Lost Grove
330
Lodgepole Visitor Center
331
Crystal Cave
General Sherman Tree
max. 22 ft
Giant Forest Museum
max. 22 ft
Crescent Meadows
empfohlen max. 22 ft
Moro Rock
5 km
empfohlen max. 24 ft
332
Foothills Visitor Center
no RV's
Mineral King

Am Moro Rock

Kings Canyon Scenic Byway, CA-180

Nach wenigen Kilometern ist **Grant Grove Village** erreicht, ein Versorgungsort mit dem **Kings Canyon Visitor Center**, Lebensmittelmarkt, einem Restaurant und drei Campingplätzen. Benachbart liegt Wilsonia, eine private Siedlung mitten im Nationalpark mit etwa 200 Holzhütten, ein Relikt aus den 1870ern.

General Grant

Grant Grove ist ein Hain alter Sequoias, in dem der zweitgrößte lebende Baum der Erde steht. **Der General Grant Tree** keimte hier vor 1500 bis 1900 Jahren, ist heute 81 Meter hoch mit einen Durchmesser von 8,85 Metern auf 1,30 Metern Höhe *(Brusthöhendurchmesser)*. 1926 ernannte Präsident Coolidge ihn zum Nationalen Weihnachtsbaum. Auf dem knapp einen Kilometer langen, gut ausgebauten Rundweg mit wenig Höhenmetern spazieren wir außerdem zu Gamlin Cabin und durch den Fallen Monarch *(1,5 km/20 Hm)*. Grant Grove ist kleiner, wirkt naturnäher und ist weniger überlaufen als General Sherman Tree, an Sommernachmittagen aber ebenfalls gut gefüllt.

324 Grant Grove Village – *Sunset Campground*

GPS/Kontakt: N 36°44'15.0" W 118°57'53.3", Generals Hwy., www.recreation.gov, Tel. 559 565 3341. **Öffnungszeit:** Mitte Juni bis Anfang September. **Ausstattung:** *Max. 30 ft/9,10 m*. Picknicktische, Feuerringe, Spültoiletten, Trinkwasser. **Beschreibung:** Höhe 2.000 m. 158 Plätze im hohen Nadelwald. Einige Plätze am Rand haben eine fantastische Aussicht ins Tal. **Preis:** $ 32. **Anfahrt:** Direkt gegenüber des Kings Canyon Visitor Centers. **Hinweis:** Reservierbar.

Alternativen: Azalea Campground, ganzjährig, 110 Plätze, erste links auf dem Abzweig zum General Grant Grove, $ 32, www.recreation.gov, GPS N 36°44'36.1" W 118°57'56.0".

Crystal Springs Campground, Ende Mai bis Anfang September, 50 Plätze, gegenüber dem Abzweig zum General Grant Grove, www.recreation.gov.

Die weitere Fahrt in die Schlucht des Kings Canyon sollten wir nur unternehmen, wenn wir mindestens einen zusätzlichen halben Tag Zeit haben. Bis zum Ende der Straße erwarten uns auf über einer Stunde Fahrtzeit knapp 60 kurvenreiche Kilometer. Zuerst verlassen wir den Nationalpark und sind über eine längere Strecke im Sequoia National Forest unterwegs.

Beeindruckende Granitwände säumen die Schlucht des Kings River, Wasserfälle und Bergwiesen laden zu Wanderungen ein.

Der Princess Campground liegt im hohen Nadelwald und neben einer großen Bergwiese, die zu Abendspaziergängen einlädt *(Höhe 1.800 m, 88 Plätze, Trockentoiletten,* www.recreation.gov*).*

325 Princess Campgr. – N 36°48'09.5" W 118°56'17.9"

Nur 500 Meter weiter führt ein Abzweig zum **Hume Lake**, einem Stausee, der gebaut wurde, um ein Sägewerk anzutreiben und heute als Erholungsgebiet zum Baden, Angeln und Kanufahren dient und von einer christlichen Feriensiedlung umgeben ist. Am Nordufer liegt der Hume Lake Campground des Forest Service *(74 Stellplätze, Spültoiletten und Trinkwasser, $ 32,* www.recreation.gov*).* Die Sandy Cove Day-Use Area am Nordost-Ufer bietet Parkplätze nur für relativ kurze Fahrzeuge. Am Hume Lake gibt es eine Tankstelle.

326 Hume Lake – N 36°47'43.7" W 118°54'26.0"

Die Straße führt jetzt hinab zur Schlucht des Kings River. Bei Junction View blicken wir auf den Zusammenfluss von Middle und South Fork Kings River 700 Meter unter uns *(durchgezogene Linie, bei Rückfahrt anhalten! GPS N 36°49'53.3" W 118°53'23.8").*

Blick in die Schlucht des Kings River

Bei der Kings Canyon Lodge gibt es Snacks und einen privaten Campingplatz direkt an der Straße mit sehr einfachen, etwas ungepflegten Sanitäranlagen *($ 25 – 30)*. Die Lodge selbst verbrannte 2015 im Rough Fire.

Fahrt durch den Kings Canyon

327 Kings Canyon Ldg. – N 36°49'05.4" W 118°53'13.1"

Wir rollen weiter an den steilen Bergflanken vorbei. Der kleine **Convict Flat Campground** mit fünf Stellplätzen ist aktuell geschlossen. Dann folgt der schroffste Teil der Schlucht, wir sind umgeben von hohen, wild zerfurchten Felswänden. Direkt vor der Brücke über den Kings River können die Boyden Caverns, ein Höhlensystem mit Tropfsteinen, auf einer knapp einstündigen Tour besichtigt werden *($ 20, im Sommer 2023 wegen Straßenschäden geschlossen)*.

Jetzt fließt der Fluss direkt rechts neben uns. Sehr hübsch sind die **Grizzly Falls** oberhalb der gleichnamigen Picknick Area *(wenige, enge Parkplätze, auf Rückfahrt besichtigen wegen durchgezogener Linie, GPS N 36°48'10.2" W 118°44'38.0")*.

Bei der nächste Brücke weitet sich der Schluchtgrund wieder und wir erreichen den Nationalpark und die **Cedar Grove Area** mit **Visitor Center** *(Trail Brochure Zumwalt Meadows kaufen!)*, Hotel und vier Campingplätzen.

328 Kings Canyon – *Sheep Creek Campground*

GPS/Kontakt: N 36°47'31.4" W 118°40'51.3", Kings Canyon Rd., www.recreation.gov, Tel. 559 565 3341. **Öffnungszeit:** Ende Mai bis Ende September. **Ausstattung:** *Max. 30 ft/9,10 m*. Picknicktische, Feuerringe, Spültoiletten, Trinkwasser. **Beschreibung:** Höhe 1.400 m. 111 Stellplätze im dichten Nadelwald am Kings River. **Preis:** $ 32.
Anfahrt: Nach erneuter Einfahrt in den Park und Brücke, erste links.
Hinweis: Reservierbar. Kein Handyempfang
Alternativen: An den nächsten drei Abfahrten nach links folgen *(gleiche Ausstattung, reservierbar)*: **Sentinel Campground** *(82 Stellplätze)*,
Canyon View Campground *(16 Plätze)*,
Moraine Campground *(121 Plätze)*.

Zu den **Roaring River Falls** führt ein 300 Meter langer, asphaltierter Fußweg. Der kleine Fluss fällt in mehreren Stufen in Gumpen in einer engen Granitschlucht. Vom offiziellen Weg ist nur die unterste Stufe zu sehen *(GPS N 36°47'02.0" W 118°37'19.7". Schwimmen im Pool ist lebensgefährlich wegen Unterströmungen!)*.

Zumwalt Meadow
unten: Roaring River Falls

Ebenfalls sehr empfehlenswert ist die kleine Rundwanderung über die **Zumwalt Meadows**, die mit ihrem Rahmen aus hohen Granitkuppen als malerischste und eindrücklichste Bergwiese von Kings Canyon gilt. Zuerst geht es über den Kings River, dann nach links am Fluss entlang über Holzstege und zurück im unteren Bereich der felsigen Hänge mit Blick auf die Wiese, die auch von verschiedensten Tieren gerne besucht wird *(2,4 km/50 Hm, GPS N 36°47'37.4" W 118°35'55.3")*.

Nur 1,5 Kilometer weiter erreichen wir **Roads End**, einen großen Wendehammer mit Picknicktischen, der Permit Station für den fünftägigen Rae Lakes Loop sowie die Starts schöner Tageswanderungen. Der Blick talaufwärts über lichten Nadelwald und auf beiden Seiten von steilen Granitwänden flankiert ist unvergesslich. Von hier führen viele Pfade an das Ufer des South Fork Kings River, der meist breit und sehr flach über Steine sprudelt. Wer mag, kann an der Permit Station vorbei Richtung Bubbs Creek wandern für etwa einen Kilometer, die spektakuläre Aussicht genießen und an den Sandbänken am Fluss, der sich in Kehren nähert, ein Picknick genießen *(Lebensmittel nicht unbeaufsichtigt lassen wegen Bären und anderen Tieren!)*.

Richtung Bubbs Creek im Tal des South Fork Kings River

Wanderung Mist Falls

Eine der beeindruckendsten Touren ab Roads End führt zu den Mist Falls und zur Aussicht oberhalb der Fälle *(s. Foto)*. Sie entspricht etwa Zweidrittel der ersten Etappe des Rae Lake Loops und erfordert Kondition *(12 -14,5 km/200 - 370 Hm hin und rück, s. Wandern)*.

Generals Highway

Am Generals Highway liegen die bekanntesten Highlights des Parks mit dem General Sherman Tree und dem Moro Rock.

Der größte Baum der Welt und eine der schönsten Aussichten in die High Sierra liegen am Generals Highway.

Für die Zeitplanung folgende Info: Die Fahrstrecke von der Abzweigung bei Grant Grove zu den genannten Highlights beträgt etwa 45 km/1 Stunde plus Busanfahrt zum Moro Rock für alle mit Fahrzeugen länger 22 Fuß, hinzu kommen Wander- und Besichtigungszeiten. Anschließend geht es auf gleichem Weg zurück für alle längeren Fahrzeuge, die nicht die engen Serpentinen der Südabfahrt hinunter wollen.

Der Generals Highway schlängelt sich an den Hängen der Sierra entlang, vorbei an Aussichtspunkten und bleibt dabei im Großen und Ganzen auf etwa 2.000 Metern Höhe. Kurz vor der Montecito Sequoia Lodge verlässt die Straße auch hier das Gebiet des Nationalparks. Es folgen die zwei einfachen Stony Creek Campgrounds des Forest Service auf 1.960 Metern *(zusammen 73 Plätze, reservierbar, Mitte Mai bis Anfang Oktober, www.recreation.gov)*.

329 Stony Creek CG– N 36°39'54.8" W 118°49'57.7"

Nur knapp drei Kilometer weiter rollen wir zwischen einigen alten Sequoias hindurch direkt neben der Straße, der Lost Grove. Auf beiden Seiten gibt es Parkbuchten, ein kurzer Naturpfad führt zwischen die Bäume *(GPS N 36°39'04.0" W 118°49'39.8")*.

Der nächste Campingplatz liegt schon wieder im Nationalpark.

330 Generals Hwy. – *Dorst Creek Campground*

GPS/Kontakt: N 36°38'18.6" W 118°48'21.7", Generals Hwy., www.recreation.gov, Tel. 559 565 3341. **Öffnungszeit:** Mitte Juni bis Anfang September. **Ausstattung:** Picknicktische, Feuerringe, Spültoiletten, Trinkwasser. **Beschreibung:** Höhe 2.070 m. 222 Plätze im Nadelwald. **Preis:** $ 32. **Anfahrt:** 26 km ab Abzweig Generals Hwy. **Hinweis:** Reservierbar. Kein Handyempfang

Vom **Little Baldy Trailhead** führt eine kurze, steile Wanderung auf den kahlen Berg mit wunderschöner Rundumsicht über die Sierra. Der Pfad ist deutlich erkennbar, teils mit Naturstufen angelegt und führt zum Schluss über blanken Fels auf die Bergkuppe *(GPS N 36°37'12.2" W 118°48'33.8", 5,5 km/240 Hm)*.

Dann erreichen wir das entwickelte Gebiet des **Lodgepole Visitor Center** mit Campground, Geschäft und Restaurant und der benachbarten Wuksachi Lodge.

331 Generals Hwy. – *Lodgepole Campground*

GPS/Kontakt: N 36°36'17.1" W 118°43'46.2", Generals Hwy., www.recreation.gov, Tel. 559 565 3341. **Öffnungszeit:** Ende April bis Ende November. **Ausstattung:** Picknicktische, Feuerringe, Spültoiletten, Trinkwasser, V/E. **Beschreibung:** Höhe 2.040 m. 214 Plätze am Marble Fork Kaweah River *(davon 76 nur für Zelte)*. **Preis:** $ 32. **Anfahrt:** 40 km ab Abzweig Generals Hwy. **Hinweis:** Reservierbar. Kein Handyempfang. Vom Lodgepole Campround operiert der grüne Shuttlebus Route 1 über General Sherman zum Giant Forest Museum.

Auf dem Campingplatz befindet sich der Parkplatz für die Wanderung zu den **Tokopah Falls**, die im Talschluss über viele Felsstufen herabströmen *(6,3 km/200 Hm)*.

Und damit sind wir beim Abzweig der Wolverton Road angelangt, an der der Parkplatz des **General Sherman Tree** liegt. Er wurde vor einigen Jahren neu gestaltet in zwei Etagen und bietet auf der obersten Ebene Platz für WOMOs *(Wochenenden/Ferien ab vormittags voll)*. Von hier sind es zu Fuß etwa 800 Meter mit einer Folge von Treppen zum größten lebenden Baum der Erde. Wir sollten mindestens die kleine asphaltierte und eingezäunte Runde zwischen General Sherman und den Parkbuchten an der Straße laufen. Wesentlich schöner und nicht ganz so überfüllt ist der Congress Trail, der zu weiteren beeindruckenden Giganten führt *(4,6 km/150 Hm, lässt sich auf knapp 3 km abkürzen, siehe Wandern)*.

General Sherman, unten Congress Trail

General Sherman, Giant Sequoias

Dem Volumen nach ist der General Sherman Tree der größte Baum der Erde wurzelt hier seit etwa 2.000 Jahren. Er ist knapp 84 Meter hoch, hat einen Basisdurchmesser von 11 Metern und einen Brusthöhendurchmesser von 8,25 Metern. Obwohl Giant Sequoias Feuer normalerweise gut standhalten, wurde sein unterer Stamm zur Sicherheit in eine Brandschutzfolie gehüllt ebenso wie viele andere Giganten, als sich im September 2021 das KNP Complex Fire dem Hain näherte.

Crescent Meadows

Mammutbäume sind so etwas wie lebende Fossilien, denn sie wurden bereits im Jura vor 200 Millionen Jahren nachgewiesen, als Dinosaurier durch ihre Wälder streiften. Sie zählen zu den Zypressengewächsen, von denen es heute noch drei lebenden Arten gibt: Den Giant Sequoia oder Riesenmammutbaum mit dem größten Holzvolumen, den Redwood oder Küstenmammutbaum als höchsten Baum der Welt und den viel kleineren Urweltmammutbaum, der in China vorkommt.

Giant Sequoias gibt es heute nur noch an den Westhängen der Sierra Nevada in Höhen von 1.400 bis 2.200 Metern. Sie wurden von etwa 1880 bis 1920 massiv abgeholzt, aber weil ihr Holz so faserig und splitterig ist, haben etwa 50% des Bestandes das große Fällen überlebt – viel mehr als bei ihren Vettern, den Redwoods.

Wegen ihrer dicken Rinde überstehen große Sequoias »normale«, nicht zu heiße Waldbrände gut. Ihre Zapfen öffnen sich nach einem Waldbrand sogar am besten. Sie wurzeln sehr flach, weshalb ihre Wurzelbereiche möglichst geschützt werden sollten. Giant Sequoias wachsen schnell und benötigen viel Wasser, das die hohen Schneefälle in der Sierra Nevada liefern.

Ein Hain von Sequoias oder anderen Bäumen heißt im Englischen Grove.

Als letzte Station, ehe der Generals Highway die Höhe verlässt, kommen wir zum **Giant Forest Museum** *(WOMOs parken auf dem Upper Lot gegenüber, GPS N 36°33'57.7" W 118°46'25.5", Wochenenden/Ferien ab vormittags voll)*. Das Museum bietet Informationen zur Sierra und den Riesenbäumen.

Hier startet auch der asphaltierte **Big Trees Trail**, der rund um die Bergwiese Round Meadow führt und mit vielen Informationstafeln ausgestattet ist *(1,5 km, Trail-Infos im Überstand links unterhalb des Museums)*. Zum **Sunset Rock**, einer weiteren Granitkuppe mit freiem Blick nach Westen, führt ebenfalls ein markierter Weg *(2,6 km/50 Hm)*.

Crescent Meadows
unten: Tharp's Log

Direkt hinter dem Museum beginnt die Crescent Meadow Road zum Moro Rock und den Crescent Meadows. Fahrer von Fahrzeugen *länger als 22 Fuß/6,70 m* müssen beim Museum *auf die grauen Shuttle Route 2* umsteigen!

Moro Rock ist eine freistehende Granit-Kuppe, auf den ein 1931 gebautes System aus über 350 eingefrästen und aufgesetzten Stufen mit Metallstegen und -geländern führt *(800 m/40 Hm)*. Von hier haben wir einen grandiosen Rundblick vom Central Valley im Westen über die Schlucht des Middle Fork Kaweah Rivers bis zu den Höhen der Sierra Nevada im Osten, der Wasserscheide oder Great Western Divide.

Schließlich wollen wir noch die **Crescent Meadows** empfehlen. Hier stehen zwar nicht die größten, aber doch riesige und himmelhohe Bäume und zwischen ihnen herrscht meist Stille. Ganz in Ruhe können wir die Riesen auf uns wirken lassen und sehen sie auch frei aus weiterer Distanz, wodurch ihre schiere Größe viel besser zu erkennen ist. Außerdem können wir zu Tharp's Log wandern, in der sich John Muir mit dem Rinderzüchter Tharp traf und die Idee zum Nationalpark entstand. Am Start hängen Wanderkarten *(Runden z.B. 2,2 bis 5,5 km, s. Wandern)*.

Blick zum Moro Rock über der Schlucht des Kaweah River

Ehe wir jetzt Fahrer kurzer Fahrzeuge zur südlichen Parkein-/ausfahrt schicken, hier zuerst einige Infos zu dem Shuttle-System.

Shuttle Busse im Sequoia Park

Von Juni bis Anfang September operieren vier kostenlose Buslinien im Sequoia Park. Sie fahren täglich von 8.30 bis 18 Uhr. Für Wohnmobilfahrer vor allem interessant sind Routen 1 und 2, die den großen Parkplatz beim Lodgepole Campground mit General Sherman, Giant Forest und Moro Rock verbinden:

» **Grüne Route 1**: Lodgepole Campground, Lodgepole Visitor Center, General Sherman Tree Trailhead am Generals Highway *(nicht Parkplatz!)* Giant Forest Museum.

» **Graue Route 2**: Giant Forest Museum, Moro Rock, Crescent Meadow

» **Lila Route 3**: Lodgepole Campground, Wuksachi Lodge & Restaurant

» **Orange Route 4**: Wolverton mit großen Parkplätzen, General Sherman Tree und Grüner Route

Die günstige **Bus-Linie von Visalia zum Giant Forest Museum** ist eine gute Option für alle, denen ein Tagesbesuch bei den Sequoias reicht und die mit einem größeren Fahrzeug den weiten Umweg über den westlichen Eingang scheuen *(Anfang Juli bis Mitte September, $ 20 p.P., Fahrzeit 2h 10 min, reservieren, Abfahrten Visalia 7.50/8.50/9.50, Rückfahrten am Giants Museum 15/17/18.30 Uhr,* www.sequoiashuttle.com*, Zusteigen z.B. beim Visalia Transit Center, Parken entlang der Straßen, GPS N 36°19'55.4" W 119°17'17.9").*

Südliche Abfahrt Richtung Visalia

In 17 Kilometern und unzähligen engen Serpentinen führt der Generals Highway vom Giant Forest Museum auf 1.960 Metern Höhe hinunter zum Middle Fork Kaweah River auf 800 Meter, empfohlen für Fahrzeuge bis maximal 22 Fuß/6,70 m.

Noch weit oben liegt der Abzweig zur **Crystel Cave**. Auf der 10 Kilometer langen Zufahrt sind *Fahrzeuge länger als 22 Fuß/6,70 m verboten.* Die Hallen sind in den Marmorfels gegraben und mit Tropfsteinen verziert *(nur geführte Besichtigung, Tickets müssen mindestens 36 Stunden im Vorhinein gebucht werden).*

Bei **The Four Gardsmen** führt die Straße mit getrennten Fahrspuren zwischen vier Sequoias hindurch. Unten am Fluss liegt der Buckeye Flat Campground, der nur Zeltplätze bietet. Wir rollen nach Westen.

Potwisha ist ein weiterer Nationalpark-Campingplatz auf 640 Metern Höhe (42 Plätze, mit V/E, www.recreation.gov).

332 Potwisha – N 36°30'59.6" W 118°48'02.2"

Dann erreichen wir das Foothills Visitor Center und verlassen wenig später den Nationalpark beim Ash Mountain Entrance.

Die **Mineral King Road** führt über knapp 40 Kilometer in ein Hochtal im Nationalpark auf 2.380 Meter Höhe *(Zelt-Campingplatz, Rangerstation, Wanderungen, Ende Mai bis Ende Oktober)*. Die Straße ist teilweise geschottert und *nicht für WOMOs empfohlen*.

Der Ort Three Rivers bietet vor allem Touristenunterkünfte.

333 Three Rivers – *Three Rivers Hideaway*

GPS/Kontakt: N 36°27'28.4'' W 118°52'52.2'', 43365 Sierra Dr., Tel. 559 561 4413. **Öffnungszeit:** Ganzjährig. **Ausstattung:** Toiletten und Duschen, Full Hookup. **Beschreibung:** Eng gestellt unter Bäumen, Zugang zum Ufer des Kaweah River. **Preis:** Ab $ 40 + tax, mit Strom und Wasser $ 55 + tax. **Anfahrt:** Beschildert am Highway.

334 Three Rivers – *Horse Creek Campground*

GPS/Kontakt: N 36°23'24.4'' W 118°57'24.6'', 37843 Sierra Dr., www.recreation.gov, Tel. 559 597 2301. **Öffnungszeit:** Ganzjährig. **Ausstattung:** Picknicktische, Feuerringe, Spültoiletten, Duschen, V/E. **Beschreibung:** 80 Plätze unter einzelnen Bäumen am Lake Kaweah. **Preis:** $ 20. **Anfahrt:** Beschildert am Highway. **Hinweis:** Muss spätestens 24 h vor Ankunft reserviert werden. Baden im See erlaubt.

335 Lemon Cove – *Lemon Cove Village RV Park*

GPS/Kontakt: N 36°22'10.5'' W 119°01'56.1'', 32075 Sierra Dr., Tel. 559 370 4152. **Öffnungszeit:** Ganzjährig. **Ausstattung:** Picknicktische, Full Hookup, Sanitäranlagen mit Duschen, Pool, Waschmaschinen, Wifi, V/E. **Beschreibung:** Große Schotterfläche mit kleinen Rasenstreifen und Bäumen. **Preis:** Ab $ 50 + tax, Full Hookup ab $ 60 + tax. **Anfahrt:** Beschildert am Highway. **Hinweis:** Angebunden an Sequoia-Shuttle.

Mit **Visalia** beenden wir diese Tour *(Metropolregion 470.000 Einwohner, alle Versorgungsmögllichkeiten)*. Die Stadt gilt als Tor zum Sequoia & Kings Canyon Nationalpark und ist von San Francisco oder Los Angeles etwa drei Stunden entfernt.

Blick vom Moro Rock in die High Sierra

Tour 19

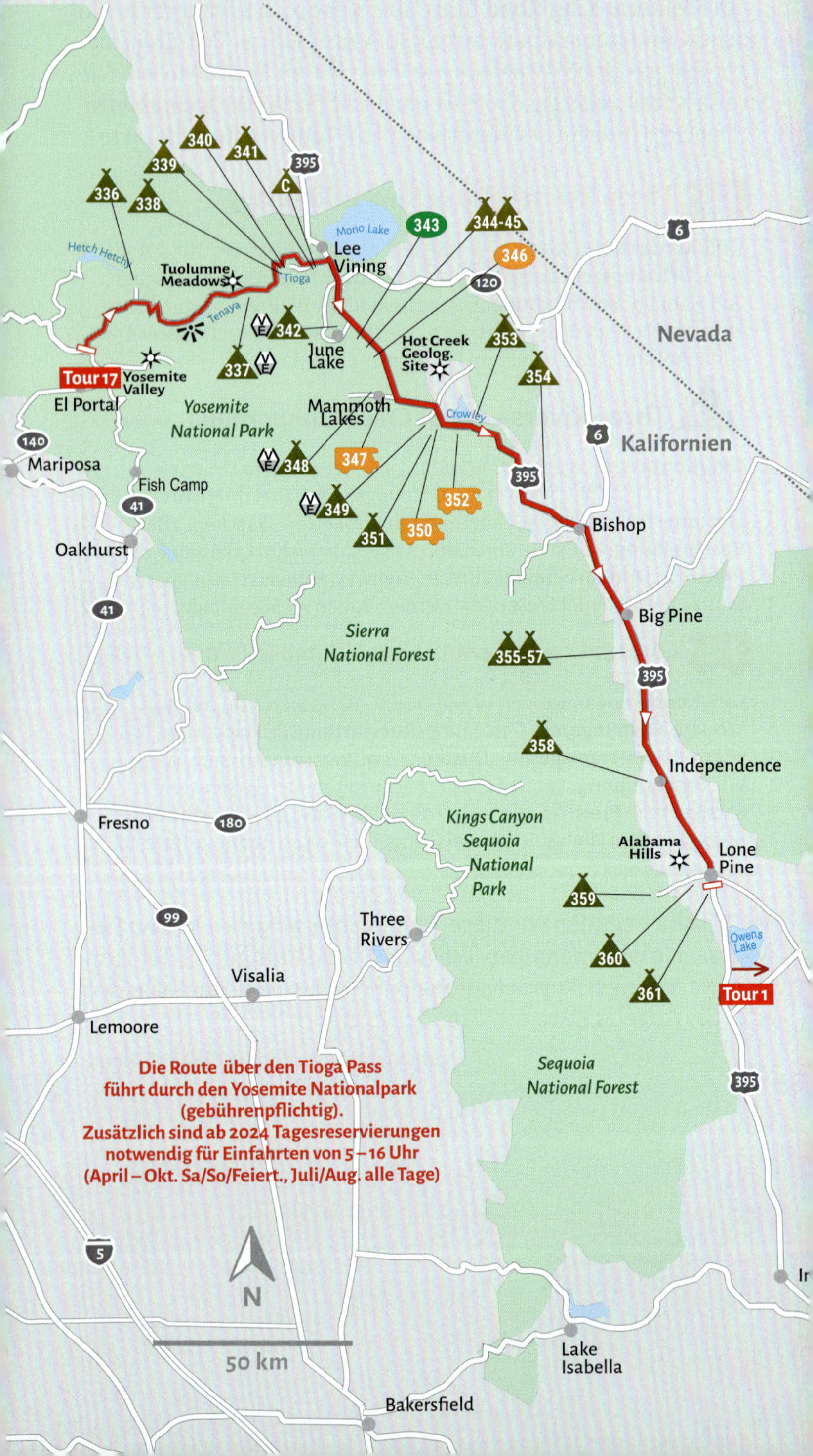
336
338
339
340
341
C
395
343
344-45
346
Mono Lake
Lee Vining
Hetch Hetchy
Tuolumne Meadows
Tioga
Tenaya
120
342
337
June Lake
Hot Creek Geolog. Site
353
354
Nevada
Tour 17
Yosemite Valley
El Portal
Yosemite National Park
Mammoth Lakes
Crowley
6
Kalifornien
140
Mariposa
348
347
352
395
Fish Camp
349
351
350
Bishop
41
Oakhurst
41
Big Pine
Sierra National Forest
355-57
395
358
Independence
Fresno
180
Kings Canyon Sequoia National Park
Alabama Hills
Lone Pine
359
99
Three Rivers
360
Owens Lake
Visalia
361
Tour 1
Lemoore
Sequoia National Forest
395
Die Route über den Tioga Pass führt durch den Yosemite Nationalpark (gebührenpflichtig).
Zusätzlich sind ab 2024 Tagesreservierungen notwendig für Einfahrten von 5–16 Uhr (April–Okt. Sa/So/Feiert., Juli/Aug. alle Tage)
5
N
50 km
Lake Isabella
Bakersfield

Über die Sierra Nevada

290 km

Ein ganz neuer Eindruck des amerikanischen Südwestens: Offene Granitkuppen, Schneereste bis in den Sommer, Gebirgsseen. Unsere Tour führt über die Tioga Road, die in den Sommermonaten eine Überquerung der Sierra Nevada ermöglicht. Anschließend rollen wir im Osten der Sierra Nevada nach Süden und kommen dabei wieder in aride Regionen des Great Basin. Mit folgenden Tipps erleben Sie diese Tour am besten:

- **Picknick am Olmsted Point**
- **Pause am Tenaya Lake**
- **Kurze Wanderung in Toulumne Meadows**
- **Besuch des Mono Lake**

Diese Tour können wir nur in den Sommermonaten fahren. Der Tioga Pass, der höchste Pass Kaliforniens, wird geöffnet und geschlossen abhängig von Schneemengen. Im Sommer 2023 öffnete er sogar erst Ende Juli und damit fast zwei Monate später als der langjährige Durchschnitt. Als Tagesbesucher benötigen Sie für diese Tour ab 2024 eine Tagesreservierung.

Unsere Tour startet im Yosemite Nationalpark und verläuft bis kurz vor Lee Vining durch den Nationalpark. Wild übernachten ist hier verboten und die Campingplätze füllen sich sehr früh. Bis mindestens 2024 ist zudem der größte Campingplatz auf den Tuolumne Meadows wegen Restaurierung geschlossen.

Die Fahrt über die Sierra Nevada lässt sich auch als Tagestour genießen. Allerdings sollten Sie dann wirklich früh starten. Die reine Fahrzeit aus dem Yosemite Valley bis Lee Vining, in dessen Nähe es mehrere Campingplätze gibt, beträgt zwar gute zwei Stunden für 120 Kilometer, aber es gibt so viel zu sehen und großartige Stopps für kurze Wanderungen und Picknicks entlang der Strecke!

Zeitzone

Kalifornien -9 Stunden zu MEZ, Pacific Standard Time (PST) und Pacific Daylight Time (PDT) von Mitte März bis Anfang November.
Bitte beachten: Im Übergang, wenn in Kalifornien schon/noch PDT herrscht aber bei uns noch/schon Winterzeit -8 Stunden hinter MEZ.

Straßenbedingungen

Eine Überquerung der Sierra Nevada *sollte nur von Ende Mai bis Ende Oktober geplant werden,* und auch hier können die Schneebedingungen einen Strich durch die Rechnung machen: In 2023 öffnete die Tioga Road wegen massiver Winterschneefälle erst Ende Juli!

Im Winter sind viele Straßen über die Sierra Nevada gesperrt. Die dieser Tour am nächsten gelegene Straßenverbindung, die den ganzen Winter geräumt ist, ist die US-40 von Sacramento zum Lake Tahoe. Aber auch sie bedeutet Fahren unter Winterbedingungen und kann nach Schneestürmen ebenfalls einige Tage gesperrt sein. Zudem beträgt der Umweg über 300 Kilometer. Der nächste Pass, der nördliche Sonora Pass, ist im Winter ebenfalls gesperrt.

Zum Sommer 2024 wird ein Tagesreservierungssystem eingeführt zusätzlich zum Eintrittspreis, nicht nötig bei vorliegender Campingplatzreservierung:
» 13.04. – 27.10.: Für Einfahrten von 5 – 16 Uhr an Sa/So/Ferientagen
» 01.07. – 16.08.: Für Einfahrten von 5 – 16 Uhr an allen Tagen
Reservierungen über www.recreation.gov. Es gilt für alle vier Zufahrten. Bitte überprüfen Sie die aktuellen Bedingungen auf www.nps.gov/yose.
Weitere Infos zu Yosemite siehe Seite 351, Tour 17

Wir starten am Abzweig der **Tioga Road** bei der Crane Flat Gas Station auf 1.850 Metern Höhe im dichten Nadelwald. Gebaut wurde die Straße, die vor uns liegt, in den 1930ern. Eine YARTS-Buslinie *(siehe Tour 17)* führt im Sommer über die Tioga-Road.

Zu einem ersten Stopp für Sequoia-Fans lädt der Tuolomne Grove ein. Der gemischte Nadelwald wird von riesengroßen Giant Sequoias überragt. Ein beliebtes Fotomotiv ist außerdem der Dead Giant, in den ein Tunnel gesägt wurde, um LKWs die Durch-

Olmsted Point

fahrt zu ermöglichen *(GPS N 37°45'29.8" W 119°48'18.7", Rundweg zum Sequoia-Hain 4 km/120 Hm).*

336 Tioga Road – *White Wolf Campground*

GPS/Kontakt: N 37°52'10.3" W 119°38'56.5", Tioga Rd., www.reserve-california.com, Tel. 209 379 2123. **Öffnungszeit:** Mitte Juli bis Mitte September. **Ausstattung:** Picknicktische, Feuerringe, Spültoiletten und Trinkwasser in der Saison. **Beschreibung:** Höhe 2.400 m. 74 Stellplätze im lichten Nadelwald. **Preis:** $ 30. **Anfahrt:** 25 km ab Abzweig, beschildert. **Hinweis:** Reservierbar 2 Monate/2 Wochen zuvor.
Der Platz liegt günstig zwischen Yosemite Valley und Tuolumne Meadows: Fahrtstrecke Yosemite Valley 50 km/gut 1 Stunde, YARTS $ 12/1 h 40 min. Fahrtstrecke Toulumne Meadows Visitor Center 40 km/40 min. Der YARTS-Bus ist ungeeignet, um von hier Tuolumne Meadows zu besuchen *(fährt morgens ins Tal und nachmittags zurück).*

Der Tamarack Flat Campground ist nur für Zelte. Die Tioga Road führt jetzt aufwärts in das Reich der Granitkuppen und Boulder.

Fast gegenüber liegt der Abzweig zum Yosemite Creek Campground, auf dem WOMOs verboten sind. Auch im Porcupine Flat Campground sind nur Zelte erlaubt.

Kurz nach der Yosemite Creek Picknick Area fällt der Quaking Aspen Waterfall während der Schneeschmelze über die Felsen von links zur Straße.

Am Olmsted Point genießen wir die Postkarten-Aussicht auf Tenaya Lake, Half Dome und Clouds Rest.

Zum **Olmsted Point** haben wir uns bereits auf 2.570 Meter hochgeschraubt, hier rollen wir durch fast nackte Granitwelt. Am Aussichtspunkt genießen wir die Postkarten-Aussicht auf Tenaya Lake, Half Dome und Clouds Rest (GPS N 37°48'38.9" W 119°29'07.0"). Für eine freie Sicht von oben Richtung Yosemite Valley lohnt es

Am Westufer des Tenaya Lake

unbedingt, dem gut ausgebauten, kurzen Fußweg auf die vorgelagerte, freie Granitkuppe zu folgen, am besten mit Frühstück oder einem Picknick. Felsstufen und -blöcke bieten gute Sitzmöglichkeiten.

Der **Tenaya Lake** liegt in mitten von Granitkuppen auf 2.484 Metern Höhe und ist mit Nadelbäumen gesäumt. Parkmöglichkeit und Zugang gibt es in drei Bereichen:

» Die schönste Aussicht bietet die Picknickarea am felsigen Westufer *(GPS N 37°49'36.5" W 119°28'06.5")*.

» Am Nordufer beim Zufluss des Murphy Creek erwartet uns je nach Wasserstand ein Sandstrand *(GPS N 37°50'00.5" W 119°27'51.9")*.

» Ebenfalls am Sandstrand sitzen können wir bei der östlichen Picknickarea *(GPS N 37°50'16.7" W 119°27'07.5")*.

Wir passieren immer wieder Trailheads zu den Seen der High Sierra, die über meist sehr anspruchsvolle Wanderungen zu erreichen sind.

Mit **Tuolumne Meadows** erreichen wir eines der größten Hochgebirgs-Wiesentäler der Sierra Nevada auf durchschnittlich 2.620 Metern Höhe. Die Tioga Road verläuft am Südrand des Tales. Wenn wir hier Richtung Süden blicken, liegen vor uns 260 Kilometer, die von keiner Straße gequert werden! Die südliche Sierra Nevada ist die größte straßenlose Wildnis der USA, mit Ausnahme Alaskas. In gleicher Richtung befindet sich Richtung Mt. Whitney in etwa 170 Kilometern Entfernung, mit

4.418 Metern der höchste Berg der USA außerhalb Alaskas. Durch die sumpfigen Wiesen fließt der Tuolumne River, der aus dem Zusammenfluss von Dana und Lyell Creek entsteht und von weiteren Creeks gespeist wird. Ein großer Teil des Wasser kommt aus der Schneeschmelze. Es wird im Hetch Hetchy Reservoir gestaut und findet Verwendung als Trinkwasser für San Francisco.

Tuolumne Meadows ist eines der größten Hochgebirgs-Wiesentäler der Sierra Nevada auf durchschnittlich 2.620 Metern Höhe.

Das **Tuolumne Meadows Visitor Center** bietet eine Ausstellung zu Geologie, Flora, Fauna und Geschichte der Tuolumne Meadows *(GPS N 37°52'21.2" W 119°22'27.5")*.

Der Tuolumne Meadows Grill liegt knapp zwei Kilometer weiter nach Osten und bietet einfache Gerichte.

Um Tuolumne Meadows zu genießen, sollten wir eine kurze Wanderung unternehmen.

Hier gibt es mehrere Möglichkeiten. Für alle längeren Wanderungen informieren Sie sich bitte im Visitor Center wegen Bärenaktivitäten und aktuellen Wegbedingungen!

Soda Springs und und Parsons Memorial Lodge

2,4 km/eben auf Schotterweg, Start am Visitor Center oder an der Straße,
GPS N 37°52'21.8" W 119°22'28.2"

Der Weg kann auch beim Parkplatz Lembert Dome gestartet werden, hier folgen wir dem Fahrweg und gehen in der 90°-Rechtskehre geradeaus weiter.

Vom Visitor Center gehen wir zum Highway und biegen dort rechts ab. Nach 250 Metern führt ein breiter, gut ausgebauter Schotterweg Richtung Soda Springs durch die beeindruckende Bergwiese. Neben uns mäandriert der Tuolumne River durch die Wiesen, im Hintergrund erheben sich Granitkuppen. Wir folgen dem Weg und überqueren den Fluss über eine Holzbrücke.

Tuolumne Meadows

Lembert Dome

Am folgenden Wegedreieck gehen wir links und beim nächsten Abzweig rechts zur Parsons Lodge. In dieser kleinen Hütte besprach John Muir mit Robert Johnson die Idee zur Gründung eines Nationalparks.

An der rechten Seite der Lodge folgen wir dem breiten Fußweg und biegen sofort rechts ab zu den Soda Springs, wo in den Resten einer alten Blockhütte kohlensäurehaltiges, kaltes Wasser aus dem Boden tritt.

An der Quelle vorbei treffen wir wieder auf den breiten Rundweg, biegen zweimal rechts ab und gehen auf bekanntem Weg zurück.

Lembert Dome

6,1 km/260 Hm, GPS N 37°52'38.4'' W 119°21'13.1''

Wir starten vom Parkplatz rechts an den Toiletten vorbei Richtung Lembert Dome. Breit ausgebaut kommen wir auf offenen Granit, wo Steinmännchen den Weg weisen. Anschließend queren wir eine kleine Wiese und beginnen mit dem Anstieg auf den Sattel unterhalb des Domes. Durch Nadelwald geht es jetzt über einzelne Wurzeln und Steine bergauf bis zur Verzweigung zum Dog Lake, wo wir rechts abbiegen.

Jetzt nur leicht ansteigend erreichen wir eine weitere Abzweigung und biegen wieder rechts ab. Wir sind jetzt am Fuß des Granitdomes, vor uns liegen noch etwa 100 Höhenmeter, anfangs unter Bäumen am Rand von offenem Granit, dann geradeaus hoch über die stufige, rauhe Felsoberfläche.

Zurück biegen wir an der Verzweigung zu Füßen des Domes rechts ab. Teils in Serpentinen führt der Weg hinab zur Straße. Wir überqueren sie und treffen auf einen Parkplatz. An seinem gegenüberliegenden Ende biegen wir rechts ab und wählen den Fußweg, der geradeaus deutlich zu sehen ist und parallel im Wald verläuft. Wir sind jetzt auf dem PCT, Pacific Crest Trail, der uns zurück zum Parkplatz bringt.

Twin Bridge Lyell Fork

2,7 km/40 Hm, GPS N 37°52'40.7'' W 119°20'19.3''

Auch diese Wanderung ist wunderschön und weniger bekannt, es ist mit mehr Ruhe zu rechnen und eventuell mit mehr Tierbegegnungen.

Wir starten am recht kleinen Dog Lake Parking. Alternativ können wir beim Lembert Dome parken, dort die Straße überqueren und auf dem

An der Twin Bridge

Pacific Crest Trail PCT 1,3 Kilometer nach links wandern.

Wir verlassen den Dog Lake Parkplatz auf der Zufahrt und blicken an der T-Kreuzung geradeaus in den Wald auf den Pacific Crest Trail. Auf diesem wandern wir nach rechts weg von der Straße. Wir überqueren den Dana Fork Toulumne River über die Holzbrücke. Bei der nächsten Verzweigung gehen wir rechts Richtung Gaylor Lakes. Durch lichten Nadelwald kommen wir zu den Twin Bridges, zwei breite Holzstege, die den Lyell Fork über einzelne Granitblöcke überqueren. Hier können wir eine Rast machen und auf gleichem Weg zurück gehen.

337 Tioga Road – *Tuolumne Meadows Campground*

GPS/Kontakt: N 37°52'30.8'' W 119°21'17.9'', Tioga Rd., www.reservecalifornia.com, Tel. 209 372 4025. **Öffnungszeit:** *Bis 2024/25 geschlossen* wegen Restaurierungsarbeiten! Juli bis September. **Ausstattung:** Picknicktische, Feuerringe, Spültoiletten, Trinkwasser, V/E. **Beschreibung:** Höhe 2.630 m. 243 WOMO-Stellplätze im Nadelwald, Zufahrten Asphalt, Plätze Naturbelag. **Hinweis:** Etwa die Hälfte reservierbar 5 Monate zuvor, andere Hälfte first-come first-served, jeden Abend voll. **Fahrt mit YARTS ins Yosemite Valley $ 15/ca. 2 Stunden.**

Jetzt geht es noch mal gemäßigt bergauf zum **Tioga Pass** auf 3.031 Metern Höhe. Hier liegt der Tioga Lake Entrance des Yosemite Nationalparks, den wir jetzt verlassen.

Durch den Inyo National Forest rollen wir noch 19 Kilometer bis Lee Vining, das fast 1.000 Meter tiefer liegt. Neben der Höhenlage ändert sich die Umgebung zur Wüstenvegetation des Great Basin. Aber zuerst erwarten uns noch zwei wunderschöne Bergseen sowie zwei kleine Campingplätze des Forest Service.

Diadem Häher, Tioga Lake

Der **Tioga Lake** liegt auf der nordöstlichen Seite des Passes auf 2.938 Metern Höhe.

Es gibt zwei Parkplätze, am Südende sowie am Nordende nach der Zufahrt zum Tioga Lake Campground. Außerdem liegt hier ein einfacher Campingplatz *(Höhe 2.960 m, Trockentoilette, 10 Plätze für kurze Fahrzeuge (ohne genaue Längenbegrenzung) am Wiesenufer des Sees, super Lage, sehr schnell voll.$ 26, Nicht reservierbar.).*

338 Tioga Lake – N 37°55'40.9" W 119°15'18.1"

Zwei weitere Campingplätze des Forest Service erreichen wir vor dem Ellery Lake *(Höhe 2.900 m, 6/10 Stellplätze, Bedingungen wie Tioga Lake).*

339 Junction – N 37°56'18.9" W 119°15'00.8"

340 Ellery Lake – N 37°56'18.4" W 119°14'39.6"

Am Ellery Lake haben wir einen letzten Blick auf die Höhen der Sierra Nevada, wogegen sich beim See schon ganz deutlich die Wüste auf der Ostseite der Berge ankündigt.

341 Lee Vining – *Moraine/Aspen/Big Bend CGs.*

GPS/Kontakt: Moraine N 37°55'51.6" W 119°09'52.0", Poole Power Plant Rd., die anderen weiter entlang der Straße, kein Telelfon. **Öffnungszeit:** Ende Mai bis Oktober/November. **Ausstattung:** Picknicktische, Feuerringe, Trockentoilette, Trinkwasser in der Saison (nicht bei Moraine). **Beschreibung:** Höhe 2.300 m. 27/45/17 Stellplätze im Nadelwald am Ufer des Lee Vining Creeks entlang der Straße zur Poole Powerplant. **Preis:** $ 14/14/26. **Anfahrt:** Beschildert an der Tioga Rd. **Hinweis:** Nicht reservierbar. Bärenhabitat.

Der **Lower Lee Vining Campground** nur wenige Kilometer unterhalb bietet 51 Stellplätze in sehr schöner Lage im Tal *(gleiche Bedingungen, GPS N 37°55'50.6" W 119°09'15.4").*

300 Meter vor der US-395 an der Mobil-Tankstelle wartet der Whoa Nelli Delli, der für gutes Essen und vor allem für seine Fish Taccos bekannt ist. Vor uns liegt jetzt die Senke des Mono Lake.

Mono Lake Tufa State Natural Reserve

Eintritt: $ 3 p.P. oder America the beautiful. **Höhe:** 1.950 m.

Um den Monolake zu besichtigen, gibt es mehrere Optionen, hier gelistet von Norden nach Süden. Die mit Abstand schönste ist die **South Tufa Area** mit Anfahrt auf Schotterpiste. Ganz wichtig: Tufa Steine nicht beschädigen und nicht darauf klettern!

1. Visitor Center nördlich von Lee Vining *(GPS N 37°57'58.8" W 119°07'14.6")*
2. Parkplatz mit Fußweg und Steg zum Seeufer *(GPS N 37°58'36.4" W 119°08'03.2", 1,2 km hin und rück, flache Tuffsteine)*
3. Boardwalk/Steg am Dechambeau Creek *(Westseite, GPS N 38°00'56.2" W 119°09'01.4", sehr grün, hohe Tuffsteine, 800 m hin und rück)*
4. South Tufa Area *(Südseite, GPS N 37°56'52.7" W 119°06'37.2", Zufahrt 1,4 km sehr gute Schotterpiste, Fußweg Runde ca. 1,2 km)*. An der Zufahrt kam es durch Blitzeinschlag im Jahr 2020 zu einem Brand. Wegen der extremen Trockenheit kann sich die Vegetation nur sehr langsam erholen.

Die beeindruckendste Aussicht auf das Basin hat man vom Mono Lake Vista Point an den nördlichen Berghängen *(41 km ab Tioga Rd. Richtung Norden, GPS N 38°04'26.8" W 119°10'36.2", Zufahrt auf den Parkplatz nur von Norden kommend, Wenden 1,7 km nördlich)*. Auch der West Portal Scenic Viewpoint an der US-395 Richtung Süden überblickt das Basin *(GPS N 37°50'32.1" W 119°04'05.0")*.

Mit seinen faszinierenden Tufa Steinen gilt der Mono Lake als besonderes Naturwunder und beliebter Stopp von Fotografen.

Mono Lake – History 'n' Facts

Der abflusslose Mono Lake entstand vor etwa einer Million Jahre, er ist einer der ältesten Seen Nordamerikas. Durch Zufluss von frischem Quellwasser und Verdunstung entstand eine hohe Salzkonzentration, sie ist etwa 2,5 mal so hoch wie im Meer.

Faszinierender Mono Lake (rechts und links)

Die Tufa Steine entstanden unter der Wasseroberfläche durch die Reaktion von alkalischem Wasser mit frischem Quellwasser. Seit 1941 wird in großem Umfang Wasser der zuführenden Bäche abgeleitet in einen großen Kanal als Wasser für Los Angeles. Dadurch fiel der Wasserstand des Sees dramatisch. 1981 wurde das Natural Reserve eingerichtet, um den See zu schützen. Inzwischen gibt es Mindestmengen für die Zuflüsse, die dem See verbleiben, sowie ein Füllziel für den See, von dem dieser aber weit entfernt ist. Der See dient vielen Vögeln als Rastplatz, die sich mit Salzfliegen und Shrimps stärken. Auf den Tufa-Steinen brüten Fischadler.

Wir machen uns auf den Weg Richtung Süden auf der US-395. Mit June Lake und Mammoth Lakes kommen wir an zwei Ski- und Wandergebieten vorbei, in deren Nähe es natürliche heiße Quellen gibt. Anschließend erreichen wir Wüstenvegetation und am Ende dieser Tour eine Straße in die Wüste, die durch Filme bekannt wurde. Entlang der Strecke gibt es eine große Auswahl an unterschiedlichen Übernachtungsmöglichkeiten. Jetzt im Einzelnen:

Rechts am Fuß der Berge liegt der große **June Lake**, ein Erholungsgebiet zum Baden, Bootfahren, Wandern und Skifahren. Der June Lake Loop führt als Ringstraße in das Gebiet, der Hauptabzweig ist bei der June Lake Junction mit Shell Tankstelle. Am June Lake gibt es zwei Campingplätze.

342 June Lake – *Oh Ridge Campground*

GPS/Kontakt: N 37°47'52.0" W 119°04'24.1", June Lake Loop, www.recreation.gov, Tel. 760 648 7744. **Öffnungszeit:** Ende April bis Mitte Oktober. **Ausstattung:** Picknicktische, Feuerringe, Spültoiletten, Trinkwasser, V/E. **Beschreibung:** Höhe 2.320 m. Mehrere nach Tieren benannte Loops in offener Bergheide mit einzelnen Espen und Kiefern. **Preis:** $ 33 plus $ 2 in den Ferien. **Anfahrt:** June Lake Junction rechts, nächste rechts, nächste links.
Hinweis: Reservierbar. Bärenhabitat.

TOUR 19

Alternativen: Silver Lake Campground, GPS N 37°46'59.1" W 119°07'35.9", am Creek/Silver Lake, gleiche Bedingungen, Ende April bis Ende Oktober.
Silver Lake Resort, gegenüber von Silver Lake Campground, extrem eng gestellte Schotterfläche mit Full Hookup.

June Lake, Badespaß zu Füßen der Sierra Nevada

Wir überqueren den Pass Deadman Summit auf 2.449 Metern Höhe. Forstwege führen in den Inyo National Forest und bieten die Möglichkeit zur freien Übernachtung.

343 Inyo Nat. Forest – N 37°45'49.6" W 118°59'59.0"

Anschließend folgen **zwei kostenlose Campingplätze** des Forest Service, der Glass Creek Campground *(2.300 m, 66 Plätze für »organisiertes« freies Campen im lichten Nadelwald, Trockentoiletten, Schwarzbären! Abzweig Glass Creek Rd. nach Westen, ca. 500 m gute Schotterpiste)* sowie der weiter entfernte Deadman Campground *(Nächste Abfahrt nach Glass Creek Rd. mit Abbiegespuren, 4,5 km gute Schotterpiste, auch für große Fahrzeuge).*

344 Glass Creek – N 37°45'06.1" W 118°59'16.1"

345 Deadman – N 37°43'19.5" W 119°00'29.7"

Die **Crestview Restarea** unter hohen Kiefern ist meist gut gefüllt und kann auch für eine bis zu 8-stündige Rast genutzt werden.

346 Crestview Resta. – N 37°43'51.9" W 118°58'06.9"

Auf dem breiten Highway rollen wir weiter an den östlichen Hängen der Sierra entlang und könnten an manchen Stellen glauben, wir wären in die Rocky Mountains versetzt worden.

Bei der Kleinstadt **Mammoth Lakes** *(7.000 Einwohner, Höhe 2.400 m, alle Versorgungsmöglichkeiten)* liegt ein weiteres Wintersport- und Erholungsgebiet am Fuß der Berge. Hier starten viele Bergwanderungen und es gibt eine größere Auswahl an Campingplätzen. Direkt am Ortseingang liegen die folgenden:

347 Mammoth Lakes – *Mammoth Campground*

GPS/Kontakt: N 37°38'46.8'' W 118°57'35.3'', 2667 Main St., Tel. 760 934 3822. **Öffnungszeit:** Ganzjährig. **Ausstattung:** Sanitäranlagen mit Duschen, Full Hookup, Indoor-Pool und Whirlpool. **Beschreibung:** Höhe 2.390 m. Über 100 Stellplätze nicht zu eng in lockerem Kiefernbestand. **Preis:** Ab $ 75. **Anfahrt:** Gegenüber vom Mammoth Lakes Welcome Center am Ortseingang.

348 Mammoth L. – *New Shady Rest Campground*

GPS/Kontakt: N 37°38'51.8'' W 118°57'47.5'', Sawmill Cutoff, www.recreation.gov, Tel. 760 873 2400. **Öffnungszeit:** Ende Mai bis Ende Oktober. **Ausstattung:** Picknicktische, Feuerringe, Spültoiletten, Trinkwasser, V/E *($ 10)*. **Beschreibung:** Höhe 2.390 m. Locker verteilte Plätze im lichten Nadelwald. **Preis:** $ 28 plus $ 2 in den Ferien. **Anfahrt:** Nach Mammoth Lakes Welcome Center erste rechts. **Hinweis:** Reservierbar. Bärenhabitat. **Alternativen:** Direkt benachbart liegen **Old Shady Rest** und **Pine Glen Campground**, gleiche Bedindungen.

Vier weitere Campingplätze wurden an den Seen oberhalb des Ortes angelegt. Sie sind ideal für Wanderer, die eine Tour in die Berge unternehmen wollen *(überwiegend bis 25 Fuß/7,60 m)*.

In der Gegend rund um Mammoth Lakes gibt es eine größere Zahl meist sehr naturnaher heißer Quellen. Ursache ist eine heiße Magma-Kammer, die hier in nur etwa fünf Kilometern Tiefe liegt.

Die folgendenStopps erfordern immer mindestens ein kurzes Stück Anfahrt auf einer Schotterstraße.

In der **Hot Creek Geologic Site** blubbern kochendes Wasser und Fumarolen und manchmal auch kleine Geysire im Creek. Vom Parkplatz führt ein Lehrpfad 600 Meter nach Süden am Creek entlang. Nach Norden sind es etwa 300 Meter zu den Felsen Brees Lookout, von denen man über den Fluss entlang zur Sierra Nevada schauen kann *(GPS N 37°39'37.4" W 118°49'40.2", 5,3 km ab US-395 auf Hot Creek Hatchery Road, davon 2,5 km gute Schotterstraße, Wendemöglichkeiten, Creek betreten verboten)*.

Gegenüber vom Mammoth Yosemite Aiport liegt der Abzweig zum Bergsee Convict Lake mit Resort, Rundweg um den See, Bootsverleih und einem Campground des Forest Service *(Höhe 2.290 m. Großartige Aussicht in die Berge, Toiletten, $ 29, teilweise reservierbar* www.recreation.gov*)*.

V/E GPS N 37°35'45.1" W 118°50'58.2", an Zufahrt frei zugänglich

349 Convict Lake – N 37°35'33.7" W 118°51'00.1"

Die Benton Crossing Road *(Abzweig Richtung Owens River)* führt zuerst zum Whitmore Pool, einem klassischen Schwimmbecken für Abkühlung an heißen Tagen *($ 6)*. Weiter kommen wir zu den **Hilltop Hotsprings**, ein mit Steinen und Beton gefasster kleiner warmer Pool mitten auf einer großen, freien Hochebene auf allen

Travertine Hot Springs, nördlich von Lee Vining

Seiten gerahmt von Bergen *(GPS N 37°39'37.5" W 118°47'19.6", 6 km ab Hwy. 395, davon letzte 400 m Schotterstraße, 400 m zu Fuß auf gutem Schotterweg oneway)*. Noch malerischer liegen die benachbarten **Willys Hot Springs**, sind aber wegen der rauen Piste mit Wohnmobilen nicht erreichbar *(werden von normalen PKWs angefahren, GPS N 37°39'32.7" W 118°46'16.2")*.

Dann verlassen wir endgültig die Höhen und in den Sommermonaten wird es unerträglich heiß. Auch in der Folge gibt es eine recht große Auswahl an RV-Parks und einfachen Campingplätzen.

Mit großartigem Blick in das weite Hochtal erreichen wir den **Crowley Lake**, einen Stausee des Owens River, der der Wasserversorgung von Los Angeles dient. Das Reservoir ist bekannt für seinen Forellen-Reichtum.

350 Mammoth Lakes – *McGee Creek RV Park*

GPS/Kontakt: N 37°35'10.2" W 118°47'05.7", 110 McGee Creek Rd., Tel. 760 935 4233. **Öffnungszeit:** Ganzjährig. **Ausstattung:** Toiletten und Dusche, Full Hookup, V/E, Forellenteiche. **Beschreibung:** Höhe 2.120 m. Sehr grün, Stellplätze durch Büsche und Bäume getrennt. **Preis:** Ab 35 + tax, mit Wasser und Strom ab § 45 + tax. **Anfahrt:** Abfahrt McGee Creek. **Hinweis:** Einchecken bis 18 Uhr.

Etwas weiter oberhalb am McGee Creek liegt der McGee Creek Campground des Forest Service *(Höhe 2.310 m alle Straßen asphaltiert, 28 Plätze, offene Heide,Trockentoilette, überdachte Picknicktische, $ 30, teilweise reservierbar* www.recreation.gov, *3,5 km ab US-395)*.

351 McGee Creek – N 37°33'55.8" W 118°47'08.0"

Zum See gehört eine kleine, gleichnamige Siedlung mit General Store. Der Crowley Lake RV Park ist eng gestellt, bietet aber Waschmaschinen und Propan *(Tel. 760 935 4221, $ 35 – 56 + tax)*.

352 Crowley Lake RV P. – N 37°34'05.2" W 118°44'29.9"

Wir verabschieden uns vom See und kommen an weiteren einfachen Campingplätzen vorbei. Der Tuff Campground wurde unterhalb von niedrigen Klippen am Lower Rock Creek angelegt *(Ganzjährig, Trockentoiletten, $ 30, im Sommer reservierbar* www.recreation.gov*)*. Die zwei Pleasant Valley Campgrounds bieten sehr günstige Übernachtungen, wobei der am Owens River schöne Stellplätze im Grasland hat, während der vorgelagerte Pit Campground in vegetationsamer Trockensteppe liegt *($ 14, nur im Winter reservierbar* www.reserveamerica.com*)*.

353 Tuff Campground – N 37°33'47.1" W 118°40'18.9"

354 Pleasant Valley – N 37°24'17.8" W 118°30'13.7"

Mit **Bishop** erreichen wir den ersten Ort mit etwas städtischem Charakter *(3.800 Einwohner, Höhe 1.264 m, Supermarkt, Tankstellen)*. Er liegt am nördlichen Ende des Owens Valley, das sich am Ostrand der Sierra Nevada Richtung Los Angeles zieht.
V/E, Propan: S Express, GPS N 37°21'27.2" W 118°23'37.9"

Südlich wurden 1919 die relativ teuren **Keough's Hot Springs** mit Campingplatz erbaut. Eine natürliche heiße Quelle speist einen gößerern und einen Hot Pool *($ 14, Kind 3-12 Jahre $ 10, Campingplatz $ 30 + tax, mit Strom $ 35 + tax, plus Zutritt zu den Quellen)*.

Big Pine kündigt sich mit wilden, grünen Wiesenflächen an *(1.900 Einwohner, Höhe 1.225 m, Tankstelle, Lebensmittelgeschäft)*. Der **Glacier View Campground** am nördlichen Ortseingang gehört zum Inyo County und wird von einem Konzessionär betrieben *(Duschen, Wasser und Strom, kein V/E)*. Der einfache **Baker Creek Campground** liegt zwischen Büschen am Bach *(GPS N 37°10'11.0" W 118°18'27.4", $ 14,* www.reserveamerica.com*)*.

Jetzt umgeben uns trockene Hügel mit Wüstenbeifuß-Büscheln, die Sierra Nevada tritt in den Hintergrund.

Gebirgspanorama auf der US-395 in Höhe Mammoth Lakes

In direkter Nachbarschaft liegen drei einfache Forest Campgrounds *(die ersten beiden je 35 Plätze, $ 14, Trockentoiletten, Zufahrten asphaltiert, Plätze auch für größere Fahrzeuge,* www.reserveamerica.com, *Goodale Creek: 43 Plätze, $ 5, nicht reservierbar).*

355 Tinnemaha – N 37°03'08.8" W 118°16'05.6"

356 Taboose Creek – N 36°59'54.1" W 118°15'14.9"

357 Goodale Creek – N 36°59'10.1" W 118°16'21.6"

Das **Headgate to Los Angeles Aquäduct**, der das Wasser des Owens River kanalisiert, wurde hier auf der Ostseite des Highway gebaut.

Los Angeles Aquäduct und Owens Lake – History 'n' Facts

1905 Jahren begann ein groß angelegtes Pojekt, um das Wasser der Sierra Nevada für Los Angeles zu nutzen. Das Los Angeles Department of Water and Power kaufte umfangreiches Land im Owens Valley und begann mit dem Bau eines 346 Kilometer langen Kanalsystems, zu dem sechs Wasserreservoire gehören sollten. Der Owens Lake trocknete aus und den Farmern im Owens Valley fehlte Wasser. 1920 kam es zu Aufständen im Owens Valley, die als California Water Wars bekannt sind. 1965 wurde ein zweiter Aquädukt parallel zum Ersten aus dem südlichen Owens Valley gebaut, um die Wassermenge zu erhöhen. Weil es durch den völlig ausgetrockneten Owens Lake zu einer extrem hohen Staubbelastung kam, muss seit den 1990ern mindestens soviel Wasser im Flussbett verbleiben, dass der Seeboden feucht gehalten wird und sich eine Vegetationsdecke bilden kann. Seit 2001 sind es 5 Prozent des Wassers, sie werden im ehemaligen Owens Lake versprüht.

Independence *(600 Einwohner, Höhe 1.200 m)* begann als Posten der Armee zur Kontrolle der Goldsucher, die durch das Owens Valley zogen. Der Independence Creek Campground ist ein weiterer in der Reihe der netten, einfachen Plätzen *(bis 30 ft/9,10 m, Trockentoiletten, $ 14).*

358 Independance Cr. – N 36°47'54.1" W 118°12'21.9"

Manzanar National Historic Site – History 'n' Facts

Die Manzanar National Historic Site war ein Internierungslager für Japaner und japanischstämmige Amerikaner im 2. Weltkrieg. Nach dem Angriff auf die Pazifikflotte der USA in Pearl Harbor 1941, die zum Eintritt der USA in den zweiten Weltkrieg führte, wurden alle japanisch-stämmigen Amerikaner als Sicherheitsrisiko betrachtet. Alle japanisch-stämmigen Bewohner der an den Pazifik grenzenden Bundesstaaten wurden durch die Behörde »War Relocation Authority« in Internierungslager in möglichst einsame

Gegenden verbracht. Das Manzanar War Relocation Center war eines von zehn Internierungslagern. Mitte 1943 wurden über 10.000 Menschen gefangen gehalten, davon etwa zwei Drittel amerikanische Staatsbürger. Bis zu 300 Menschen lebten in je einem der 36 Blöcke mit 12 Baracken, umgeben war das Gelände von einem acht Kilometer langen Stacheldrahtzaun. Die Lebensmittelrationen sollen in etwa denen der restlichen Bevölkerung entsprochen haben, das Leid der Menschen war trotzdem unbeschreibbar. Am 06.12.1942 kam es zu Aufständen.

1988 erhielt jedes noch lebenden Opfer $ 20.000 Entschädigung und 1992 entschuldigte Präsident George W. Bush sich bei den Opfern. In ihrem Roman Farewell to Manzanar von 1972 erzählt Jeanne Wakatsuki Housten von ihren Erlebnissen. Er wurde 1976 verfilmt und gehört heute zur Lektüre vieler amerikanischer Schulen.

Lone Pine *(2.000 Einwohner, Höhe 1.140 m, Tankstelle, Lebensmittelgeschäft)* liegt an der Ostflanke des Mount Whitney, mit 4.418 Metern der höchste Berg der USA außerhalb Alaskas. Die vorgelagerten **Alabama Hills** dienen seit den 1930ern als Filmkulisse, vor allem für Western. Folglich lebt der Ort vom Tourismus, es gibt das Museum of Western Film History.

Mobius Heart Arch

Hier liegen an der Whitney Portal Road die letzten Highlights unserer Tour.

In der Alabama Hills National Scenic Area sind rundgeschliffene Felsen und kleine Arches vor der Sierra Nevada zu bewundern. Sie dienten als Kulisse für zahlreiche Western. Beim Mobius Arch Loop Trailhead startet eine tolle kurze, markierte Wanderung, die zwischen die runden Felsen und zu kleinen Arches führt *(GPS N 36°36'40.4" W 118°07'29.6", Anfahrt 1,6 km ab Whitney Portal Road nicht asphaltiert, Wanderung 2 km)*.

Die **Whitney Portal Road** führt weiter in die Berge zu einem touristischen Gebiet bis auf 2.550 Meter Höhe. Hier starten Wanderer, die auf den höchsten Berg der Sierra Nevada wollen, den Mount Whitney. Weitere Infos hat das East Sierra Visitor Center an der US-395, drei Kilometer südlich von Lone Pine.

In der direkten Umgebung gibt es drei weitere, einfache Campingplätze *(Trockentoiletten, reservierbar* www.recreation.gov*)*.

359 Whitney Portal – N 36°35'24.0" W 118°13'44.8"

360 Portuguese Joe – N 36°35'59.4" W 118°04'16.0"

361 Diaz Lake – N 36°33'30.0" W 118°03'24.9"

Tour 20

Montana
West Yellowstone
Yellowstone National Park
Cody
Rexburg
Grand Teton NP
Dubois
Idaho Falls
Jackson
Bridger Teton National Forest
Blackfoot
Pocatello
Diese Tour führt durch die Nationalparks (gebührenpflichtig).
McCammon
Idaho
Utah
Nevada
Logan
Honeyville
Brigham City
Ogden
Rock Springs
Great Salt Lake
Layton
Temple Square
Wyoming
Utah
Salt Lake City
Vernal
Provo
N
100 km
Anderer Maßstab!
Colorado
Green River
Salina
Richfield
Arches NP
Moab
Loa
Torrey
Hanksville
Canyonlands National Park
Beaver
Capitol Reef NP
Boulder
Monticello
Panguitch
Bryce
Escalante
Blanding
Cedar City
Tour 9
Bryce Canyon NP
Cannonville
Colorado River
Zion NP
Orderville
Bluff
Virgin
St.George
Utah
Tour 10
Tour 3
Arizona
386
390
389
388
387
385
391
392
380-84
373-78
379
371
372
370
369
368
367
366
365
364
363
362
20
89
15
16
80
70
12
22
95
191

Über Salt Lake City nach Yellowstone

2240 km

Mit Yellowstone verbinden viele den Mythos der amerikanischen Wildnis, und das nicht zu Unrecht. Auf fast 9.000 Quadratkilometern streifen nicht nur Bisons, Wapitihirsche und Rehe frei umher, sondern auch Grizzlys und Wölfe. Auf der Strecke liegen zwei weitere Highlights, für die Sie Zeit einplanen sollten. Folgende Stopps wollen wir Ihnen ans Herz legen:

- **Temple Square in Salt Lake City**
- **Scenic Drive im Grand Teton**
- **Bootstour Jenny Lake mit kurzer Wanderung**
- **Old Faithful im Yellowstone**
- **Grand Canyon of the Yellowstone mit Upper und Lower Falls**
- **Hayden Valley mit Chance auf wilde Tiere**

Die angegebenen Kilometer beziehen sich auf Hin- und Rückfahrt inklusive Südrunde im Yellowstone. Etwa 200 Kilometer kürzer ist die Anfahrt ab Panguitch westlich des Bryce Canyon.

Für diese Tour sollten Sie als absolutes Minimum fünf Tage Zeit haben, von denen 2,5 Tage alleine auf Hin- und Rückfahrt entfallen. Wenn Sie für Yellowstone mindestens zwei Tage einplanen, bliebe ein halber Tag für Grand Teton oder Salt Lake City.

Unsere Tour über den South Entrance ist erst ab Mitte Mai befahrbar abhängig von Schneehöhen. Ganz Yellowstone ist von Anfang November bis weit in den April für normale Fahrzeuge geschlossen.

Reservieren Sie Campingplätze in den Nationalparks möglichst frühzeitig, denn entlang unserer Route fahren wir zwischen Moran und West Yellowstone für 160 Kilometer in Nationalpark-Gebiet, wo freies Übernachten verboten und Camping beliebt ist.

West Thumb Geysir Basin

Zeitzone

Utah, Montana, Idaho -8 Stunden, Mountain Standard Time (MST) und Mountain Daylight Time (MDT), *Vorsicht:* Umstellung zu Sommerzeit verschoben zu Deutschland.

Aufgrund der großen Entfernungen beschränken wir uns bei der Beschreibung dieser Tour auf die wichtigsten Stopps und Highlights.

Ab Salt Lake City gibt es zwei Optionen, um zum Yellowstone Nationalpark zu fahren:

Schneller sind wir auf US-15 nach Yellowstone West, der West Entrance ist wetterabhängig geöffnet ab etwa Ende April.

Über den Grand Teton Nationalpark fahren wir auf US-80 und ab Evanston WYO-89. Der South Entrance ist wetterabhängig geöffnet ab Mitte Mai. Diese Route ist in der Folge beschrieben.

Wir starten unsere Tour in Saint George auf der US-15 Richtung Salt Lake City. Wir sind auf einer weiten, trockenen Hochebene unterwegs, gerahmt von Hügeln und niedrigen Bergketten.

Beaver *(Utah, 3.600 Einw., Höhe 1.800 m, alle Versorgungsmöglichkeiten)* bietet Übernachtungsmöglichkeiten. Dazu zählen eine große, freie Schotterfläche am Freemont Wash in Sichtweite des Highway südlich der Stadt *(US-15, Exit 100, 400 Meter vom Highway, davon gut die Hälfte nicht asphaltiert)* und der Beaver KOA Journey.

362 Fremont Wash – N 38°07'37.2" W 112°37'24.5"

363 Beaver KOA – N 38°17'38.0" W 112°38'20.7"

Bei der Kleinstadt Meadow rollen wir durch bewässerte Felder. Wenige Kilometer westlich liegt der Tabernacle Crater mit einem großen Lavafeld und Lava Tubes, Höhlen in der erstarrten Lava. Das weiträumige Gelände ist ab Fillmore nur über gute Schotterpisten zu erreichen.

Am Stausee **Yuba Lake** gibt es einen State Park mit mehreren Campingplätzen. Die Stellplätze des Oasis Campgrounds am Seeufer haben Bäume, es gibt warme Duschen und V/E (www.reserveamerica.com, *US 15, Exit 202, beschildert 6 km zum State Park*).

364 Yuba Lake – N 39°22'37.0" W 112°01'41.7"

Schließlich erreichen wir dichtbesiedeltes Gebiet mit dem **Utah Lake** bei **Provo**. Er ist der größte Süßwassersee Utahs mit einer Fläche von fast 400 Quadratkilometern und sehr flach mit Tiefen um vier Meter. Der Utah Lake fließt Richtung Great Salt Lake ab, aber das meiste Wasser verliert er durch Verdunstung in der trockenen Wüstenluft, etwa 42 Prozent. Dadurch hat er einen leicht erhöhten Salzgehalt. Der Lake Shore Campground liegt im Utah Lake State Park am Seeufer *(überdachte Picknicktische, Strom, Toilette, Dusche, V/E, $ 35)*. An der Zufahrt gibt es einen RV-Park.

365 Utah Lake – N 40°14'21.2" W 111°44'09.0"

Am Südrand von Salt Lake City wird eine ehemalige Kiesgrube als Start für Paragliding-Flüge genutzt, die Flight Park State Recreation Area. Hier gibt es einen günstigen Campingplatz im Nichts mit vor allem abends fantastischer Aussicht auf die Lichter der Stadt *(oft windig, dann sehr staubig, Geröll und mageres Gras, Trockentoilette, $ 15, letzte 500 m nicht asphaltiert)*.

366 Flight Park – N 40°27'30.3" W 111°54'06.8"

Salt Lake City, Metropolregion

Einwohner: 1,3 Millionen. **Höhe:** 1.288 m. **Infrastruktur:** Alle Versorgungsmöglichkeiten. **Klima:** Durchschnittliche Tageshöchst-/Tiefsttemperaturen Juli 32/18°C, Januar 3/-7°C. **Beste Reisezeit:** Spätes Frühjahr bis früher Herbst. **Höhe:** 1.288 m.
V/E: Maverik Adventures First Stop, GPS N 40°28'54.5" W 111°53'57.1"

Der **Temple Square** ist das hauptsächliche Ziel für Besucher der Stadt, hier liegen der Salt-Lake-Temple, das Tabernakel, die Assemly Hall, das Conference Center und die Familiy History Library.

Im **Salt-Lake-Temple** schlägt das Herz der »Kirche Jesu Christi der Heiligen der Letzten Tage« oder auch Mormonen, er ist ihr größtes und wichtigstes Kirchengebäude. Ihr Bau begann 1853, wurde nach anfänglichen Schwierigkeiten mit brüchigem Sandstein in Granit ausgeführt und nach 40 Jahren fertiggestellt. Der Tempel kann nicht besichtigt werden.

Das **Tabernakel** ist ein ovaler Konferenz- und Konzertraum mit beeindruckender Akustik und Platz für 5.000 Gäste. Hier finden regelmäßig Vorführungen der Orgel

Der Salt-Lake-Temple

TOUR 20

Wasserspaß im City Creek Center

statt, es liegt direkt gegenüber des Tempels.

Bei der neugotischen **Assembly Hall** handelt es sich ebenfalls um einen Versammlungshalle mit Platz für 1.400 Personen, direkt südlich des Tabernakel.

Das **Conference Center** wurde wie der Tempel aus weißem Granit aus dem 30 Kilometer entfernten Cottonwood Canyon gebaut und 2001 fertiggestellt. Der große Konferenzsaal fasst 21.000 Sitzplätze, er nimmt den kompletten Block nördlich von Tempel und Tabernakel ein.

Für Mormonen ist Ahnenforschung sehr wichtig. Sie haben die umfassendsten genealogischen Forschungen betrieben und die Informationen stehen in der **Family History Library** zur Verfügung *(westlich des Tabernakel)*. Insoweit die Gebäude besucht werden können, sind die Eintritte frei.

In Salt Lake City schlägt das Herz der Kirche der Mormonen. Hier ist auch ihre wichtigste Bibliothek zur Ahnenforschung.

Direkt südlich an den Temple Square grenzt das große Einkaufszentrum **City Creek Center** mit Shops und Restaurants.

Im großen Komplex des **Salt Palace Convention Center** sind unter anderem die Tourist-Information und ein Museum für Gegenwartskunst untergebracht, ein Block westlich des City Creek Centers.

Salt Lake City – History 'n' Facts

Die Stadt wurde 1847 gegründet, als eine Gruppe von Mormonen vor Diskriminierung aus den östlichen Staaten flohen in dieses offiziell zu Mexiko gehörende »Niemandsland«. Brigham Young, der die Führung der Kirche nach dem Mord an Joseph Smith übernommen hatte, soll hier die Vision gehabt haben »This is the place«, dies ist der Ort. Heute hat die Stadt 200.000 Einwohner und ist die Hauptstadt von Utah. Mit dem Temple Square ist sie immer noch das Zentrum der Mormonen. 2002 fanden die Olympischen Winterspiele in Salt Lake City statt.

Die Orgel im Tabernakel

Wir können den Temple Square einfach selbst besuchen, oder das PDF der **Pioneer History Walking Tour** herunterladen, die auch zum Regierungssitz Utah State Capitol führt.

Zum **Parken in der Stadt** gibt es zwei Möglichkeiten:

Wir parken direkt westlich des Templesquare, hier gibt es einen großen Parkplatz *(GPS N 40°46'13.7" W 111°53'58.1", $5 pro Tag, bei Veranstaltungen bis $ 30, WOMOs auch mehr)*.

Vom Koa Campground bieten Mitglieder der Mormonen kostenlose Busshuttles zum Templesquare an, etwa im 30-Minuten-Rhythmus. Die Leute sind freundlich, möchten, dass die Gäste sich mit dem Temple Square auseinandersetzen und bieten Infos und Hilfe an. Aber man ist nicht gezwungen, eine der kostenlosen Touren mitzumachen und seine ganze Zeit im Templesquare zu verbringen. Der KOA Campground ist schön grün angelegt mit viel Schatten und allen Versorgungsmöglichkeiten, aber inzwischen sehr teuer *(ab $ 60 + tax, im Sommer ab $ 70, Alternative: Sun Outdoors Salt Lake City, weiter außerhalb, ab $ 50/60)*.

367 Salt Lake C. KOA – N 40°46'18.1" W 111°55'50.4"

Ein echtes Highlight bei Salt Lake City ist der **Great Salt Lake**. Sein Südufer liegt etwa auf Höhe der Stadt. Zum Besuch des Sees gibt es die zwei folgenden, guten Möglichkeiten.

Im **Great Salt Lake Park** im Süden des Sees können wir zum Wasser gehen *(GPS N 40°44'05.2" W 112°12'39.9", Day-Use $ 5)*. Er hat eine große Marina und es gibt wenige RV-Plätze mit Blick Richtung See *(etwas lieblos mit Bohlen abgeteilt auf nacktem Schotter, Grill, Wasser, Strom, V/E, $ 35, www.reserveamerica.com)*.

368 G. Salt Lake Park – N 40°44'05.2" W 112°12'39.9"

Antelope Island, Aussicht vom Buffalo Point

Antelope Island State Park

Eintritt: $ 15/Fahrzeug. **Highlights:** Great Salt Lake mit Aussicht und Strand, Bisons. **Beste Reisezeit:** Frühsommer bis früher Herbst. **Klima:** Durchschnittliche Tageshöchst-/Tiefsttemperaturen Juli 30/11°C, Januar 1/-5°C. **Höhe:** 1.300 m.

Bison Safety Tipps: Bisons sind wild, schwer, schnell und manchmal übellaunig! Sie sehen zwar kuschelig aus, sind es aber nicht! Lassen sie den Tieren ihren Raum. Wenn genug Platz ist, können Sie langsam an Ihnen vorbeifahren. Steigen Sie nicht aus dem Auto aus. Wenn Sie zu Fuß unterwegs sind, machen Sie einen großen Bogen um die Tiere oder gehen Sie zurück (siehe Naturgefahren in Tipps und Infos).

Der Antelope Island State Park liegt auf einer Insel und ist durch einen Damm mit dem Festland verbunden. Die Insel ist 155 Quadratkilometer groß und der 2.011 Meter hohe Frary Peak überragt das Seeniveau um gute 700 Meter.

Die Namensgeber der Insel, die Pronghorn-Antilopen, waren 1930 komplett ausgerottet durch Bejagung und wurden 1993 wieder angesiedelt. Schon 1893 wurden Bisons auf der Insel gebracht, heute leben hier 500–700 Tiere. Um Überweidung zu verhindern, muss die Population reguliert werden. Jedes Jahr Ende Oktober werden überzählige Tiere gefangen und versteigert. Außerdem leben seit 1997 Kalifornische Dickhornschafe auf der Insel.

Über dem Damm rollen wir auf die Insel. Rechts gibt es eine **Radverleihstation**, auch eine schöne Möglichkeit, die Insel zu erkunden. An der Verzweigung nach rechts kommen wir zur **Bridger Bay mit Strand**. An ihrem südlichen Ende liegt der Campingplatz und an diesem vorbei führt die Straße ohne abzubiegen zum **Buffalo Point** Trailhead mit Aussicht über den See. Wer den Pfaden weiter auf den felsigen Vorsprung für etwa 700 Meter folgt, dem bietet sich ein fantastische Rundum-Sicht.

Blick von der Ostküste Antelope Islands Richtung Wasatch Mountains

369 Antelope Island – *Bridger Bay Campground*

GPS/Kontakt: N 41°02'30.0'' W 112°15'08.7'', Bridger Bay Cg. Rd. www.reserveamerica.com, Tel. 801 773 2941. **Öffnungszeit:** Ganzjährig. **Ausstattung:** 64 Stellplätze mit Feuerringen, Picknicktischen, Spültoiletten und Duschen, kein Schatten. **Beschreibung:** Höhe 1.290 m. Asphaltierte Zufahrten und Stellplätze mit Blick auf den See im Grasland. **Preis:** $ 30, $ 40 mit Anschlüssen. **Anfahrt:** Wie beschrieben. **Hinweis:** Reservierung empfohlen. **Alternative:** White Rock Bay Campground, an der nächsten Bucht, Trockentoiletten, $ 40, reservierbar.

Great Salt Lake – History 'n' Facts

Der Große Salzsee ist der letzte Rest des prähistorischen Lake Bonneville, der vor 30–10.000 Jahren über 50.000 Quadratkilometer bedeckte. Heute hat der See eine Fläche von 4.400 Quadratkilometern bei einer maximalen Länge von 120 und Breite von 55 Kilometern. Sein Wasserstand schwankt im Laufe des Jahres erheblich, durchschnittlich ist er 4,5 Meter tief mit einem Maximum von etwa 10 Metern. Er wird von vier Flüssen und vielen kleinen Bächen gespeist, wobei die Hauptzuflüsse im Süden liegen und dort der Salzgehalt geringer ist. Er hat keinen Abfluss. Sein Salzgehalt rangiert von 5 bis 27 Prozent, Zum Vergleich: Im Meer ist er 3,5 Prozent, im Toten Meer knapp 34 Prozent. Im See werden Salze, auch Kochsalz, und Mineralien abgebaut. Durch die Eisenbahnlinie Lucin Cutoff zwischen Ogden und Lucin wurde er in der Mitte geteilt.

Das Seeufer besteht an vielen Stellen aus Schlickflächen mit trockener Oberfläche, aber tiefgründigem, fauligem Schlammn. Fische können im See nicht überleben, aber Salzkrebse und Salzfliegen fühlen sich hier wohl. Sie sind Nahrung für Millionen von Zugvögeln, die jedes Jahr am See rasten.

Wegen der intensiven Wassernutzung der Zuläufe sank der Pegel des Sees in den letzten 70 Jahren um über drei Meter, sein Volumen verringerte sich auf die Hälfte und der Salzgehalt verdoppelte sich. Außerdem fielen weite Flächen trocken, etwa viermal so groß wie der Bodensee, aus denen sich bei heftigen Winden mineralische Stäube lösen, die teils arsenhaltig und giftig sind. Inzwischen wird versucht gegenzusteuern, unter anderem mit wassersparenden Technologien.

In Salt Lake City trennen sich die Wege. Auf der US-15 und ab Idaho sind es 515 Kilometer nach West Yellowstone. Im Folgenden wird die knapp 600 Kilometer lange Route über den Grand Teton Nationalpark zum Südeingang des Yellowstone Nationalpark beschrieben.

Wir fahren auf die US-80 East Richtung Cheyenne. In **Evanston** biegen wir ab auf die WYO-89 North *(Exit 5, Front Street)*. Direkt nach dem Abzweig kommen wir an einem großen Walmart und Tankstellen vorbei und sollten nochmal alle Vorräte auffüllen. Wir folgen der Beschilderung WYO-89 nach Jackson. Durch das schmale Tal des Bear River mit einigen bewässerten Feldern und kleinen Orten rollen wir nach Norden und wechseln dabei zwischen Utah und Wyoming hin und her.
Propan: Flying J Travel Center, Cokeville, GPS N 42°05'13.1" W 110°56'54.1"

Über den 2.326 Meter hohen Salt River Pass wechseln wir in das Tal des Salt River. Kurz vor der Passhöhe liegt der einfache Allread Flat Campground mit kurzer Schotterzufahrt im Nadelwald *(Mai – Oktober, Trockentoiletten, $ 10)*.

370 Allread Flat – N 42°29'17.7" W 110°57'42.4"

Am Pass lohnt ein Stopp mit Blick auf die Berge. Dann geht es wieder abwärts nach **Afton** im Tal des Salt River, einer der größeren Orte dieser Strecke *(2.200 Einwohner, Höhe 1.900 m)*.

Auf dem Weg nach Yellowstone

Bei »The Narrows« wird das Tal enger, um sich dann zu einer größeren, landwirtschaftlich genutzten Ebene zu weiten, dem **Star Valley**. Hier macht sich langsam die Nähe der beiden großen Parks bemerkbar, es gibt RV-Parks und Restaurants.

Bei **Alpine** überqueren wir den Snake River und biegen anschließend rechts ab nach Jackson. Der North Alpine Loop Campground des Forest Service liegt am oberen Ende des Palisades Reservoirs, eines Stausees des Snake River *(Höhe 1.720 m, geöffnet Mitte Mai bis Ende September, Trinkwasser und Trockentoiletten, $ 20, www.recreation.gov)*. Der kleine East Table Creek Campground liegt etwas weiter östlich direkt am Snake River und bietet eine ähnliche Ausstattung *($ 20, nicht reservierbar, Juli/August oft voll)*.

371 North Alpine Loop – N 43°11'49.4" W 111°02'28.3"

372 East Table Creek – N 43°12'45.6" W 110°48'27.5"

Im Tal des Snake River geht es aufwärts nach **Jackson**, einen Ort mit alpinem Flair, der völlig auf Touristen eingestellt ist. Sowohl der RV Park beim Fireside Resort wie auch der bei der Virginian Lodge warten mit Preisen von über $ 100 auf.

Wir rollen weiter nach Norden und in die flache Ebene des Snake Rivers, über der sich die zerklüfteten Spitzen der Teton Range völlig unvermittelt 2.000 Meter hoch erheben. Entweder biegen wir 20 Kilometer nördlich links ab Richtung Jenny Lake/ Park Headquarters oder wir wählen die schnellere Route zum Hauptort Colter Bay, indem wir bei Moran Richtung Yellowstone abbiegen.

Grand Teton Nationalpark

Eintritt: $ 35 oder America the Beautiful. **Highlights:** Schroffe Bergkette und malerische Seen. **Beste Reisezeit:** Juni bis September, schwere Nachmittagsgewitter möglich. **Klima:** Durchschnittliche Höchst-/Tiefsttemperaturen Juli 26/5°, Januar -4/-17 °C. **Höhe:** 2.100 m (Colter Bay Village). **Hinweise:** Im Park leben unter anderem *Grizzly- und Schwarzbären, Wölfe, Elche*. Wer wandern gehen möchte, sollte sich in einem der Visitor Center nach Bärenaktivitäten erkundigen, eine Flasche Bear-Spray kaufen und sich kurz in die Benutzung einweisen lassen.

Im Tal des Jackson Lake gibt es überwiegend Handyempfang. Campingplätze müssen reserviert werden, notfalls auch kurzfristig.

Um Grand Teton zu erleben, können Sie den Scenic Drive fahren, eine Wanderung unternehmen und mit einem kleinen Ausflugsboot über den Jenny Lake fahren. Der Hauptort **Colter Bay Village** bietet neben dem Visitor Center unterschiedliche Unterkünfte, bei stillem Wasser ein perfektes Spiegelbild der Teton Range auf dem See, kurze Wanderwege zu Beobachtungsstellen für Vögel.

Blick auf die Tetons vom Grand View Point

Der **Scenic Drive** führt entlang der Kette der kleineren Seen zwischen Moran und Jackson Lake Junction nach Süden zu Moose Junction und von dort auf der WYO-191 zurück nach Moran Junction. Er kann in beide Richtungen befahren werden. Entlang dieser 68 Kilometer langen Route sind 24 Points of Interest beschildert. Diese Rundtour kann mehrere Stunden bis zu einem ganzen Tag dauern.

Scenic Drive Grand Teton

Nicht verpassen sollten Sie auf der Seeseite von Norden nach Süden:
1: Oxbow Bend, hier fließt ein Arm des Snake River im Bogen vorbei (s. Karte).
2: Chapel of the Sacred Heart, Kiesstrand mit Blick auf Berge.
3. Signal Mountain Summit, hoch über dem Tal, für RV's verboten.
4. Mountain View Turnout, zu Füßen der Tetons.
5. Jenny Lake Overlook, die Berge über dem See.
6. Teton Glacier Turnout, vor der Bergkulisse lassen sich manchmal die großen Tiere blicken.

Auf der Rückfahrt auf der WYO-191 von Süden nach Norden:
7: Moulton Barns on Mormon Row, DIE Scheunen vor der Teton Range.
8: Schwabacher Landing, mit kurzem Lehrpfad ans Ufer des Snake River.
9: Teton Point Turnout, weite Aussicht über Ebene und Berge.
10. Snake River Overlook, Blick über den Fluss auf die Berge.
11. Elk Ranch Flats Overlook, Chancen auf Bisons, Rehe, Pferde im Grasland.

Ein **Bootsausflug über den Jenny Lake** ist ebenfalls ein besonderes Erlebnis. Vom Jenny Lake Boat Landing fahren kleine Passagierboote zum West Shore Boat Deck. Von hier aus können wir zu den Hidden Falls und zum Inspiration Point wandern oder am Seeufer antlang zurück wandern *(s. Wandern)*. Wir empfehlen, ein möglichst frühes Boot zu nehmen, weil dann die Parkmöglichkeiten besser sind *(Parken GPS N 43°45'06.4" W 110°43'15.6", Fähre während des Sommerhalbjahres täglich alle 10-15 Minuten, im Sommer erstes Boot um 7 Uhr, $ 20 Hin- und Rückfahrt, 2 bis 11 Jahre $ 12, Tickets nicht reservierbar, werden auf Fähre bezahlt, bisher Sondertarif für die allererste Fähre des Tages. Vom Parkplatz am Visitor Center vorbei, auf dem Weg von der Eingangstür aus gesehen leicht links und über die Brücke auf dem Jenny Lake Trail zur Fähre, 850 m).*

Morgenstimmung am Fuß der Tetons

TOUR 20

Wanderungen in Grand Teton

Dieser Nationalpark bietet ein absolut beeindruckendes Wanderterrain, von Spaziergängen bis zu mehrtägigen Touren in die Wildnis der Gebirgskette.

Für alle Wanderungen brauchen Sie:

Genug zu Trinken, denn im Hochgebirge trocknet der Körper schnell aus.
Regenfeste Jacke, denn das Wetter kann schnell umschlagen.
Bear Spray, denn hier leben Braunbären.
Bringen Sie eine Wanderkarte oder eine gute Wanderbeschreibung mit.

Lakeshore Trail, Colter Bay, 3,5 km

Parken GPS N 43°54'13.9" W 110°38'36.2".

Wie eine Acht verläuft der Lakeshore Trail über zwei durch einen Kiessteg verbundene Halbinseln. Er beginnt an der Rückseite des Visitor Centers. Die Wegfindung ist einfach: Von der Rückseite des Visitorcenters aus laufen wir nach rechts und immer am Ufer der Bucht entlang. So kommen wir zu der kiesigen Landverbindung. Wir überqueren sie und halten uns bei der anschließenden Verzweigung links. Nach Umrunden der vorgelagerten Insel überqueren wir wieder die Kiesbrücke und wandern jetzt auf der linken/nördlichen Seite der Halbinsel entlang zurück zum Parkplatz.

Hidden Falls und Inspiration Point, 3,0 km/140 Hm

Parken am Jenny Lake Visitor Center und Überfahrt mit der Fähre, siehe Bootsausflug Jenny Lake Boat Landing.

Oberhalb der Treppen des Bootanlegers wandern wir nach links. Der Weg führt zum Cascade Creek, dem wir bergauf folgen. Nach einer Brücke treffen wir auf den Jenny Lake Trail, der hier nach links am Seeufer entlang zum Visitor Center zurückführt *(3,5 km)*. Wir wandern geradeaus weiter und gehen an der nächsten Verzweigung geradeaus zu den Hidden Falls. Von dort wandern wir zurück zur letzten Verzweigung und jetzt links. Zwei Brücken überqueren den Cascade Creek, dann führt der Weg in Serpentinen hoch zum Inspiration Point, eine offene Feldkuppe mit weiter Aussicht. Von hier aus laufen wir auf gleichem Weg zurück. Alternativ können wir die Felskuppe umrunden Richtung Cascade Canyon, bei der nächsten Verzweigung rechts wandern auf dem Horse Trail to String Lake und am Seeufer wieder rechts *(plus 500 m, plus 50 Hm)*.

Für weitere Wanderungen, zum Beispiel den wunderschönen String Lake Loop oder die lange Bergtour zum bis in den Sommer vereisten Lake Solitude, sollten Sie Karten und Beschreibung haben *(s. Wandern)*.

Im Grand Teton Nationalpark gibt es sechs Campingplätze. Sie sind alle sechs Monate im Vorhinein reservierbar und oft frühzeitig ausgebucht (www.recreation.gov, *um $ 50, mit Strom $ 77, Gros Ventre und Colter Bay sind die größten mit je etwa 300 Stellplätzen, V/E haben alle außer Jenny Lake und Headwaters, Duschen alle außer Lizard Creek).*

373 Gros Ventre – N 43°36'59.9" W 110°39'60.0"

374 Jenny Lake – N 43°45'12.5" W 110°43'15.2"

375 Signal Mountain – N 43°50'31.3" W 110°36'44.7"

376 Colter Bay – N 43°54'26.4" W 110°38'28.8"

377 Lizard Creek – N 44°00'23.7" W 110°41'03.7"

378 Headwaters – N 44°06'19.8" W 110°40'05.4"

Lizard Creek Campground

Weitere Übernachtungsplätze außerhalb des Nationalparks zu finden, wenn alle Campingplätze belegt sind, ist schwierig. Die besten Optionen gibt es entlang der US-26 nach Osten. Der RV Fireside ist groß und mit über $ 100 sehr teuer. Der kleine Hatchet Campground des Forest Service hat Plätze für 18 und 24 Fuß-Camper *($ 15)*. Eine Staging Area an der US-26, ein riesiger Schotterplatz zum Abladen von Snowmobilen hinter Fichtenstreifen, bietet die Möglichkeit einer freien Nacht *(26 km ab Moran)*.

379 Staging Area – N 43°49'01.7" W 110°12'21.5"

Wir verlassen Grand Teton nach Norden und rollen hoch zum South Entrance des Yellowstone National Park.

Abends am Jackson Lake

Yellowstone National Park

Eintritt: $ 35 oder America the Beautiful. **Highlights:** Geysire, Hot Pools, Bisons, Wasserfälle und Schlucht des Yellowstone River. **Beste Reisezeit:** Juni bis September, evtl. schwere Nachmittagsgewitter. **Klima:** Durchschnittliche Höchst-/Tiefsttemperaturen am Old Faithful. Juli 24/4°, Januar -2/ -18 °C. **Höhe:** 2.240 m (Old Faithful). **Hinweise:** Im Yellowstone gibt es unter anderem ***Grizzly- und Schwarzbären und Wölfe***. Beachten Sie ***alle Vorsichtsmaßnahmen***, lesen Sie den Abschnitt ***Naturgefahren in Tipps und Infos***, halten Sie immer ***Abstand! Verlassen sie niemals die Wege/Stege bei den heißen Quellen!*** Durch das heiße Wasser wurden mehr Menschen verletzt als durch wilde Tiere.

Unzuverlässigen Handyempfang gibt es nur bei den Old Faithful und Mammoth Hot Springs Visitor Centern.

Der South Entrance ist etwa von Mitte Mai bis Anfang November geöffnet *(wetterabhängig)*. Der West Entrance ist etwa von Ende April bis Anfang November geöffnet *(wetterabhängig)*.

Die Länge der gesamten Straßen-8 *(siehe Karte)* ohne Zufahrten und mittlere Querverbindung beträgt knapp 230 Kilometer, die Länge der südlichen Runde 150 Kilometer ohne Zufahrten.

Jedes Jahr besuchen über 3 Millionen Menschen den Park, davon über 80 Prozent in den Monaten Juni bis September.

Oberhalb der Schlucht des Lewis River rollen wir nach West Thumb, einem der Hauptorte des Parks. Yellowstone bietet schier unendliche Besichtigungsmöglichkeiten. Sechs große Geysir Basins mit Geysiren und farbigen Hot Pools, Schwefelquellen und Schlammvulkane, der Lake Yellowstone und viele weitere Seen, die Wasserfälle und Schlucht des Yellowstone River, fast 1.500 Kilometer Wanderwege. Dazu wilde Tiere: Bisons, Wapitihirsche (Elk), Elche (Moose), Rehe (Deer), Wölfe, Grizzlies und viele mehr. Yellowstone bietet Ziele für viele Reisen, für viele Jahre.

Um die Vielfalt zu sortieren, folgen hier Vorschläge für zwei Tage Entdecken und Erleben auf dem südlichen Ring der Straßen-8. Sie lassen sich auch auf drei Tage aufteilen.

Zwei traumhafte Tage im Yellowstone
Tag 1, Südwestseite

Heute besichtigen wir den See und die Geysir Basins, wobei zwei oder drei der folgenden hydrothermalen Becken schon mit einer Menge Wander-Kilometer verbunden sind.

West Thumb Geyser Basin: Dieses thermale Becken liegt direkt am Ufer des Lake Yellowstone und das ist auch der besondere Reiz. Hier wetteifern leuchtende Hotpools mit der Weite über dem See um die Gunst des Betrachters. Abyss und Black Pool mit seinem farbenprächtigen Auslauf in den See haben für uns den größten Reiz *(1,6 km auf Wegen und Stegen, 30 – 60 Minuten)*. Wer mehr will: Hier startet eine kurze Wanderung zu einem Overlook *(4 km, s. Wandern)*.

Upper Geysir Basin: Mit **Old Faithful**, dem größten und bekanntesten Geysir, ist dies das größte und meist besuchte thermale Becken. Vier weitere Geysire und unzählige Hotpools sind zu entdecken. Das Gelände ist ausgebaut für große Touristenmengen mit riesigen Parkplätzen, mehreren Lodges, General Store und Visitor Information. Der vollständige Rundweg durch das Geysir Basin ist 5,6 km lang, mit dem höher gelegenen Observation Point 8 km *(GPS N 44°27'22.6" W 110°49'35.5")*.

Biscuit Basin: Das kleine Biscuit Basin hat uns sehr gut gefallen, weil es vergleichsweise wenig besucht ist und wir die Kombination aus Landschaft und thermalen Quellen genossen haben. Bezüglich Leuchtkraft und Größe kann das Basin nicht mit den anderen mithalten. Wer mehr will: Hier starten die Wanderung zu den Mystic Falls und dem Observation Point, von dem man das komplette Upper Geysir Basin überblicken kann und mit etwas Glück den Old Faithful in der Ferne *(5,5 km/210 Hm, s. Wandern)*.

Midway Geysir Basin: Die farbenprächtige Grand Prismatic Spring ist die am meisten fotografierte heiße Quelle des Nationalparks. Stege führen nahe an ihren Rand *(1,1 km, GPS N 44°31'47.1" W 110°50'09.9")*. Noch schöner ist ihre Fabenpracht vom Grand Prismatic Spring Overlook zu sehen entlang des Fairy Falls Trails *(2,4 km, GPS N 44°30'53.8" W 110°49'56.7")*.

Firehole River Swimming Area: Durch die vielen thermalen Quellen ist der Firehole River temperiert, aber nicht badewannenwarm. An den meisten Stellen ist Baden verboten, aber es gibt die Firehole River Swimming Area! Ein wunderschöner Platz, um nach den Besichtigungen der Geysire zu entspannen. Schwimmen ist nur tagsüber und etwa ab Mitte Sommer erlaubt, wenn die Strömung nicht mehr stark ist. Verboten sind Essen und Getränke am Fluss und jegliche Arten von Seife. Aus Sicherheitsgründen soll das Wasser nicht getrunken werden und Nase, Augen und Ohren nicht untergetaucht werden. Es gibt keinen Parkplatz, sondern nur schmale Parkstreifen am Fahrbahnrand, schwierig für große RVs. Die Zufahrtstraße Firehole Canyon Drive ist eine Einbahnstraße *(GPS N 44°37'05.9" W 110°51'39.2")*.

Lower Falls
of the Yellowstone

Tag 2, Ostseite

Wir besuchen die Wasserfälle und den **Grand Canyon of the Yellowstone**. In den frühen Morgen- oder späten Abendstunden haben wir die beste Chance, Tiere im Hayden Valley zu entdecken. Hier können wir auch das Gebiet des Mud Vulcano erkunden.

Wer auf Hin- oder Rückfahrt ein Picknick am Yellowstone Lake machen will, dem empfehlen wir **Sand Point** wegen des feinen Kiesstrandes mit weiter Sicht über den See *(GPS N 44°29'52.0" W 110°25'10.3")*.

Brink of the Upper Falls: Vom Aussichtspunkt direkt an der Fallkante beindruckt vor allem die schiere Wassermenge des Yellowstone River, die zwischen zwei Felsen zusammengedrängt über die 33 Meter hohen Upper Falls stürzt *(500 m, GPS N 44°42'52.6" W 110°30'03.2")*.

Alle weiteren Aussichtspunkte liegen am North Rim Drive, einer Einbahnstraße.

Brink of the Lower Falls: Ein steiler Weg führt hinab zur Oberkante der 94 Meter hohen Lower Falls, von wo aus wir den Fall hinabblicken und in den Grand Canyon of the Yellowstone *(1,1 km/90 Hm, GPS N 44°43'10.6" W 110°29'50.8")*.

Lookout Point: Ein kurzer Weg führt zu einem Aussichtspunkt über der Schlucht mit Blick auf die Fälle. Noch schöner ist der Weg zum tiefer liegenden Red Rock Point *(1,1 km, 80 Hm, GPS N 44°43'17.8" W 110°29'16.6")*.

Diese Aussichtspunkte können gut mit einer Wanderung verbunden werden *(5,3 km, 200 Hm, s. Wandern)*.

West Thumb Geysir Basin

Einsamer liegen die Aussichtspunkte an der Südseite des Grand Canyon of the Yellowstone. Hier möchten wir vor allem den **Artists Point** empfehlen *(GPS N 44°43'08.6" W 110°28'52.5")*. Auch hier gibt es eine schöne Rundwanderung für Fans von Ruhe und Einsamkeit *(5,8 km/160 Hm/Bear Spray!, s. Wandern)*.

Das Gebiet des **Mud Vulcano** mit Schwefelgeruch, blubberndem Schlamm und beschilderten *Board Walks* liegt am Südende des Hayden Valley *(GPS N 44°37'29.1" W 110°26'00.3")*.

Das **Hayden Valley** ist ein flaches, weites Wiesental des Yellowstone River. Etwa mittig im Tal kann man für eine gute Aussicht auf eine Kuppe steigen *(150 m, GPS N 44°40'05.0" W 110°28'11.6", deutlicher Weg/Spuren auf der dem Parkplatz gegenüber liegenden Seite)*. Ob Sie hier Tiere entdecken, können wir nicht versprechen. Wir haben einen ganzen Abend bei aufziehendem Gewitter auf der Kuppe ausgeharrt und beeindruckende Blitze und einen einsamen Bison gesehen. Am nächsten Morgen kurz nach Sonnenaufgang kamen wir zurück. Jetzt war eine riesige Herde Bisons unterwegs von den Hügeln Richtung Fluss und eine Wölfin mit ihren Welpen hat in der Ferne den Fluss überquert auf der Flucht vor einem Grizzly.

Ein weiteres Highlight von Yellowstone sind die Mammoth Hot Springs mit riesigen Sinterterrassen am Nordring der Straßen-8. Für Tiersichtungen bekannt ist neben dem Hayden-Valley auch das Lamar-Valley an der östlichen Ausfahrt.

Yellowstone Nationalpark – History 'n' Facts

Am 1. März 1872 wurde der Yellowstone Nationalpark als erster Nationalpark der Welt gegründet. Auf fast 9.000 Quadratkilometern schützt er unzählige geothermale Erscheinungen sowie Lebensraum für Tiere, die früher überall in Nordamerika heimisch waren.

Das Herz von Yellowstone liegt in der riesigen Caldera des Yellowstone-Vulkans, die vor etwa 640.000 Jahren entstand. Die geothermalen Eigenschaften rühren von der riesigen Magmakammer acht Kilometer unter dem Tal von Yellowstone her, die etwa 80 Kilometer lang und 40 Kilometer breit ist.

Die Bisons gehören zu den Tieren, die hier in den Weiten von Yellowstone überlebt haben. Heute streifen etwa 5.000 Tiere durch den Park und bildeten auch die Grundlage für die Wiederbesiedlung anderer Schutzgebiete mit Bisons. Wölfe wurden 1995 wieder eingeführt. Aktuell gibt es zehn Rudel mit über 100 Tieren.

Als nach 1995 die Sterblichkeit der Kälber der Wapitihirsche stark zunahm, hatten Ranger zuerst die Wölfe in Verdacht. Untersuchungen

Stille über dem Yellowstone Lake

zeigten jedoch eine andere Ursache. Im Yellowstone wurden die ursprünglichen Cutthroat Forellen verdrängt durch für Angler eingeführte Brook und Brown Forellen. Im Gegensatz zu den eingeführten halten die Cutthroat sich gerne in Ufernähe auf und waren so leichte Beute für die Grizzlys, wenn sie hungrig aus dem Winterschlaf erwachten. Ohne die Nahrungsquelle der Cutthroat Forellen fingen die Grizzlies an, Kälber zu jagen und zu fressen. Seit 2011 wird intensiv versucht, die eingeführten Arten zurückzudrängen. Allerdings gibt es kaum noch artenreine Cutthroat Forellen, die meisten sind Mischungen mit den eingeführten Arten.

Zum Schluss folgen jetzt Übernachtungsmöglichkeiten im Yellowstone. Es gibt zwölf Campingplätze im Nationalpark mit über 2.000 Stellplätzen. Mit Ausnahme des Mammoth Campgrounds müssen alle Campingplätze vorher reserviert werden, am besten so früh wie möglich.

Eine sehr gute Übersicht mit Einrichtungen und Preisen bietet die Seite www.nps.gov/yell/planyourvisit/campgrounds.htm.

Die zwei größten Campingplätze des Parks mit je über 400 Plätzen liegen am Lake Yellowstone *(beide V/E, Grant Village im Wald mit Münzduschen und Waschmaschinen im Servicegebäude am Eingang. Bridge Bay auf Wiese, beide $ 33 + tax, reservieren* www.yellowstonenationalparklodges.com/stay/camping).

Grant Village Campground

380 Grant Village – N 44°23'37.3" W 110°33'47.8"

381 Bridge Bay – N 44°32'03.8" W 110°26'13.9"

Canyon und Madison werden vom gleichen Konzessionär betrieben *(je knapp 300 Plätze, beide V/E, Canyon mit Münzdduschen im Servicegebäude, beide $ 39 + tax, reservieren s.o.)*. Der Fishing Bridge RV Park des gleichen Konzessionärs bietet Plätze mit Strom, ist aber sehr teuer *(ab $ 98 + tax, GPS N 44°33'47.5" W 110°22'12.1")*.

382 Canyon – N 44°44'09.5" W 110°29'19.6"

383 Madison – N 44°38'45.0" W 110°51'40.3"

Der Platz beim Norris Geysir Basin ist mit über 100 Stellplätzen der größte, der direkt über den Nationalpark verwaltet wird *($ 25, keine Dusche, kein V/E, im lichten Wald).*

384 Norris – N 44°44'19.0" W 110°41'53.2"

Weitere Plätze im Park liegen am nördlichen Ring der Straßen-8 sowie auf der südlichen zufahrt am Lewis Lake.

Wer keinen Platz mehr reservieren kann, muss ausweichen. In **West Yellowstone** gibt es mehrere RV Parks, darunter den sehr großen **Yellowstone Grizzly RV Park** *(ab $ 70 + tax ohne Anschlüsse)* sowie den günstigen **Baker's Hole Campground** des Forest Service *(73 Plätze, First-come First-served und reservierbar www.recreation.gov, $ 24).* Elf Kilometer nach Westen starten beim Yellowstone Park West Gate KOA Holiday die Preise bei $ 120 + tax. Günstiger sind in 25 Kilometern Entfernung der **Valley View RV Park** *(ab $ 80 + tax)* sowie der **Henry's Lake State Park** *($ 60 mit Strom).* Am Westufer des Henry's Lake gibt es kleinere RV-Parks. Außerdem besteht die Möglichkeit zur freien Übernachtung in der **Henry's Lake Wilderness Study Area**, die einen guten Teil der Wälder rund um den See einschießt.

385 Yellowstone Grizzly – N 44°39'19.7" W 111°06'16.3"

386 Baker's Hole – N 44°42'12.6" W 111°06'06.9"

387 Valley View – N 44°37'36.7" W 111°20'03.2"

388 Henry's Lake – N 44°37'05.4" W 111°22'04.5"

389 Henry's Lake WSA – N 44°34'48.6" W 111°21'57.8"

390 Henry's Lake WSA – N 44°35'30.9" W 111°22'42.7"

Ganz zum Schluss verweisen wir noch zum Ausweichen auf die zwei Campingplätze Threemile und Eagle Creek des Forest Service östlich des Parks am Shoshone River, die zumindest weniger überlaufen sind als die auf der Westseite. Da hier viele Grizzlys leben, dürfen sie nur von Fahrzeugen mit festen Außenwänden genutzt werden *(46/50 km östlich von Fishing Bridge, Trockentoiletten, $ 15).*

391 Threemile – N 44°29'47.5'' W 109°56'54.8''

392 Eagle Creek – N 44°28'19.1'' W 109°53'17.8''

Greater Yellowstone und Y2Y

Der Yellowstone Nationalpark ist das Herz von Greater Yellowstone, einem Zusammenschluss mit dem Grand Teton Nationalpark sowie weiteren National Forests und privatem und öffentlichem Land. Die Fläche beträgt je nach Definition 50 – 90.000 Quadratkilometer. Zum Vergleich: Unser größtes Bundesland Bayern hat etwa 70.000 Quadratkilometer.

Dieses riesige, kaum entwickelte Gebiet zählt zu den größten Schutzgebieten der nördlichen Hemisphäre. Nadelwälder und Steppe bilden das Habitat für viele Tiere, darunter die größte wilde Bisonherde Nordamerikas. Freie Wege ohne Zäune ermöglichen die saisonale Wanderung von Gabelböcken und Maultierhirschen von den Bergen Grand Tetons nach Südosten an den Oberlauf des Green River. Finanziert wurde und wird dieses Schutzgebiet unter anderem durch eine private Organisation, mehr Infos gibt es unter www.greateryellowstone.org.

Weiter gedacht heißt der Traum Y2Y, Yellowstone to Yukon. Ziel ist ein Zusammenschluss der vielen geschützten Naturräume entlang dieser Achse. Viel Arbeit ist noch nötig, damit auch dieser Traum Wirklichkeit wird. y2y.net.

Anreise

Die Anreise in die USA erfolgt fast immer mit dem Flugzeug. Für das beschriebene Reisegebiet gibt es vier internationale Flughäfen mit guten Anbindungen:

» Las Vegas (LAS)
» San Francisco (SFO)
» Los Angeles (LAX)
» Salt Lake City (SLC)

Aktuell bevorzugen wir Las Vegas, weil es vergleichsweise überschaubar und entspannt ist, oft die günstigsten Flugtarife bietet und die Wohnmobilvermieter näher am Flughafen sind. Eurowings zum Beispiel fliegt täglich ab Frankfurt direkt nach Las Vegas mit sehr angenehmen Flugzeiten *(Abflug etwa mittags, Ankunft am frühen Nachmittag)*. Allerdings werden die Temperaturen in Las Vegas in den Sommermonaten unerträglich.

Wer ausgiebig San Francisco besuchen will oder eine Runde westlich der Sierra Nevada plant, fliegt besser in die anderen beiden Städte.

Die Flüge nach Salt Lake City sind in der Regel etwas teurer. Wer aber vor allem Wert auf den Yellowstone Nationalpark legt, sollte eine Anreise dorthin überlegen, um die weite Fahrstrecke aus dem Süden zu sparen, sowohl was Zeit als auch Geld für Fahrzeugmiete und Benzin anbetrifft.

Die Flüge sollten entweder bei einem guten Reisebüro gebucht werden oder aber bei der Fluggesellschaft selbst. Grund hierfür ist, dass bei Buchung über die verschiedenen Vergleichsportale die Fluggesellschaften bei allen Problemen an das Buchungsportal verweisen, diese aber wenig Interesse an aufwendiger, zusätzlicher Arbeit haben. Trotzdem ist es lohnenswert, auf den Vergleichsportalen Flüge zu suchen und zu vergleichen, um diese dann

bei der Fluggesellschaft selbst zu buchen. Die Internetseiten der Fluggesellschaften weisen Preisvergleiche zwischen benachbahrten Abflugtagen aus. Wer hier flexibel ist, kann Geld sparen.

Von Frankurt aus bieten zum Beispiel Lufthansa und Eurowings Discover Direktflüge an nach Las Vegas, Los Angeles und San Francisco. Die Flugpreise beginnen bei etwa € 700.

Alternativ sind Flüge und Wohnmobil auch als **Pauschalreise** zu buchen. Hier bietet CANUSA individuelle Pakete. Auch die großen Reiseanbieter haben pauschale Flug-Wohnmobilreisen im Programm.

Weitere Tipps:

» Unbedingt ist darauf zu achten, dass aufgegebenes Gepäck inkludiert ist! Ist bei Economy Basic nicht dabei.
» Wer Kabelkopfhörer einpackt, spart unnötigen Müll und € 2 im Flugzeug.
» Die Essensrationen sind inzwischen deutlich gekürzt. Hier helfen mitgebrachte Snacks – aber Vorsicht mit den Einfuhrbedingungen in die USA (s. Zoll und Einfuhr)!
» Wer früh bucht, 6 – 9 Monate im Voraus, und flexibel ist, kann Geld sparen.

Anreise zum Flughafen

Für die Anreise zum Flughafen gibt es drei Möglichkeiten:

Auf jeden Fall sollte eine Anreise per Bahn überprüft werden. Je nach gebuchtem Flugticket sind Rail&Fly-Zugtickets inkludiert. Ansonsten können sie bei frühzeitiger Buchung oft günstig gekauft werden. Neben der besseren Klimabilanz gibt es einen weiteren wichtigen Grund: Bei Rückkehr aus den USA werden Sie völlig übermüdet und nach USA-Zeit mitten in der Nacht in Deutschland ankommen. Sich dann noch in ein am Flughafen geparktes Auto zu setzen und eine längere Strecke zu fahren, kann gefährlich werden! Wenn die für die Rückreise gebuchte Abfahrtzeit nicht mit den Ankunftszeit des Fluges übereinstimmt – in unserem Fall kam der Flug zu früh – haben sich die Zugschaffner:innen bisher sehr kulant gezeigt und wir durften mit einem früheren Zug fahren.

Alternativ ist eine Anreise per Auto in der Regel natürlich unkompliziert. In der Nähe vieler Flughäfen gibt es Langzeitparkplätze mit Shuttle-Transfer, die wesentlich günstiger sind als die Flughafenparkplätze. Für Frankfurt haben wir gute Erfahrungen gemacht mit www.myparken.de. Es bleibt das Problem der übermüdeten Autofahrt im Anschluss an den Rückflug.

Wenn der Flughafen nah am Wohnort liegt, kann man sich natürlich auch bringen und abholen lassen.

Fliegen und Klima

Das Wort Flugscham gibt es noch nicht lange – und es hat leider durchaus seine Berechtigung in Zeiten, wo wir über unseren ökologischen Fußabdruck nachdenken sollten. Die grundsätzliche Reihenfolge bei Emittieren von CO_2 sollte sein: Vermeiden, Reduzieren, Kompensieren. Wer sich für eine Reise in die USA entscheidet, kommt ums Fliegen nicht herum, kann aber:

- » Zubringerflüge vermeiden, v.a. im Inland.
- » Seltener fliegen und pro Reise länger unterwegs sein, also reduzieren.
- » CO_2 kompensieren, zum Beipiel bei einem der entsprechenden Portale wie www.atmosfair.de.

Wir haben uns entschieden, bei www.naturefund .de die Anzahl der Bäume zum CO_2-Ausgleich zu berechnen und diese in unserem lokalen Klimawaldprojekt pflanzen zu lassen beziegungsweise zu kaufen. Dabei wird vernachlässigt, dass der berechnete Baum in Costa Rica schneller wächst als ein Baum bei uns, aber wir finden es eine gute Idee, die Kompensation bei uns wirksam werden zu lassen.

Campingplätze

Eine ausführliche Beschreibung der amerikanischen Campingplätze findet sich in der Gebrauchsanleitung. Bitte lesen Sie diese, die Ausstattung unterscheidet sich teilweise wesentlich von unseren Campingplätzen!

Checkliste

- » Flug- und Wohnmobiltickets buchen. Wichtig: die Wohnmobilübernahme ist erst einen Tag nach Ankunft in den USA erlaubt.
- » Reisepass beantragen oder überprüfen, mindestens 6 - 8 Wochen vorher (siehe Einreise). Ein Express-Pass ist teuer und soll innerhalb von drei Tagen bei der ausstellenden Behörde vorliegen.
- » Reisekranken- und Reiserücktrittsversicherungen abschließen (siehe Versicherungen).
- » ESTA ausfüllen (elektronische Einreisegenehmigung, siehe Einreise).
- » Kreditkarte überprüfen in Bezug auf Gültigkeit, Kartenlimit und vorhandene PIN (siehe Geld). Bei zwei Reisenden am besten zwei Kreditkarten mitnehmen.
- » Hotel für die erste Übernachtung buchen.
- » Tickets für die Anreise zum Flughafen buchen.
- » Abholungszeit des Wohnmobils vereinbaren, in der Regel telefonisch bei der Anmietstation in den USA. Bei Pauschalreisen entfällt dies meist.
- » Notrufnummern notieren, z.B. für Sperrung der Kreditkarte und internationale 24-h Notrufnummern der Versicherungen.
- » Alle wichtigen Unterlagen kopiert hinterlegen oder fotografieren und so speichern, dass sie vor Ort zugänglich sind. Dies sind vor allem Flugtickets und die Reisepässe, die so im Falle eines Diebstahls nachgewiesen werden können.

Einheiten

In den USA werden einige Einheiten verwendet, die sich von unseren unterscheiden. Wir tanken dort Gallonen, fahren Meilen und frieren spätestens bei 32° Fahrenheit. Und wer kann damit etwas anfangen?

Hier folgen die wichtigsten Umrechnungen:

» **1 Gallone = 3,785 Liter**
» **1 Meile = 1,609 Kilometer**
» **32° Fahrenheit = 0° Celsius**

Fahrenheit zu Celsius kann man überschlagen:

» **X Fahrenheit = (X - 30) / 2 Celsius**

also: Wert minus 30 geteilt durch 2.

Die genaue Berechnung lautet:

» X Fahrenheit = (X - 32)* 5/9 Celsius

Einkaufen

In den USA ist die *Tax* (Steuer) nicht im Verkaufpreis enthalten, sondern wird an der Kasse aufgeschlagen. Ausnahme sind Lebensmittel. Die *Tax* ist unterschiedlich hoch in den Bundesstaaten und manchmal erheben auch Städte oder Kommunen zusätzliche Steuern. In Kalifornien beträgt die *Tax* aktuell 7,25% plus lokale Steuern.

Die Öffnungszeiten der Geschäfte variieren erheblich. Große Supermärkte haben fast rund um die Uhr auf, wobei 24/7 nicht mehr die Regel ist. Kleinere Geschäfte in ländlichen Regionen haben tagsüber geöffnet, zum Beispiel von 10 – 18 Uhr, und meist auch Sonntag vormittags.

Einreise

Bitte informieren Sie sich über die aktuellen Bedingungen beim Auswärtigen Amt: www.auswaertiges-amt.de/de/service/laender/usa-node/usavereinigtestaatensicherheit/201382.

Zur Einreise für einen Aufenthalt von bis zu 90 Tagen wird für alle Reisenden, auch für Kinder, benötigt:

» Reisepass, gültig bis mindestens zum Tag der Ausreise.
» ESTA, elektronische Einreisegenehmigung (*Electronic System for Travel Authorization*). Diese ist online zu beantragen bei esta.cbp.dhs.gov *(Sprache auf Deutsch umstellen)*, Kosten $ 21 pro Person. Vorsicht: Man kann die ESTA auch auf anderen Seiten beantragen, dies ist immer teurer!
» Gültiges Rück- oder Weiterflugticket.

Wer nur einen vorläufigen Reisepass oder einen Kinderreisepass hat, benötigt statt der ESTA ein Visum, dessen Beantragung viel aufwändiger ist.

Über die tatsächliche Einreisegenehmigung entscheidet der US-Grenzbeamte! Wenn er die Einreise ablehnt, ist dies nicht anfechtbar.

Freies Camping, Stellplätze, Parkplätze

In der Gebrauchsanweisung am Anfang des Buches sind die verschiedenen Arten von Stell- und Campingplätzen ausführlich erklärt. Bitte beachten Sie, dass sich die Ausstattung der Campgrounds und RV Parks in den USA teilweise wesentlich unterscheidet von Campingplätzen in Deutschland und Europa! Bitte lesen Sie die Gebrauchsanleitung, um unangenehme Überraschungen zu vermeiden, zum Beispiel einen Campingplatz mit Plumpsklos als einziger Einrichtung anzutreffen, wo Sie doch mit heißen Duschen und Strom gerechnet haben.

Gas

Auf amerikanisch »Propane« genannt, kann dieses an entsprechend ausgestatteten Tankstellen und auch auf manchen Campingplätzen aufgefüllt werden. Ich habe mich bemüht, in jedem Kapitel mindestens eine Auffüllstation anzugeben.

Das Befüllen übernimmt immer ein Tankstellen- oder Campingwärter. Lassen Sie sich bei der Einweisung zeigen, wo der Gastank ist und wo sein Füllstand abgelesen werden kann.

Gefahren

Wichtig: *siehe auch Naturgefahren!*
In den USA begegnen uns verschiedene Gefahren. Dazu gehören neben Verkehrsunfällen die auch bei uns bekannten Risiken von Einbrüchen und Diebstählen sowie Naturgefahren. Dem Problem von Einbrüchen werden Sie bevorzugt in der Nähe größerer Städte begegnen. Diese Gefahr lässt sich eindämmen durch die auch hier gültigen Vorsichtsmaßnahmen:

» Lassen Sie keine Wertgegenstände im Fahrzeug.
» Parken Sie Ihr Fahrzeug nicht an Orten, die Ihnen nicht vertrauenswürdig erscheinen.
» Überrüfen Sie immer, dass alle Türen, Fenster und Stauraumklappen abgeschlossen sind.

Wesentlich unterschiedlich zu den bei uns bekannten Gefahren sind die Naturgefahren in den USA. Bitte berücksichtigen Sie unbedingt den entsprechden Abschnitt!

Bitte informieren Sie sich über aktuelle Hinweise beim Auswärtigen Amt: www.auswaertiges-amt.de/de/service/laender/usa-node/usavereinigtestaatensicherheit/201382.

Geld, Kreditkarte

Die Währung in den USA ist der US-Dollar. Als Bargeld sind Banknoten zu $ 1 bis $ 50 geläufig. Die $ 100-Noten werden kaum ausgegeben. Münzen gibt es im Wert von 1 Cent (Penny), 5 Cents (Nickel), 10 Cents (Dime), 25 Cents (Quarter), 50 Cents und 1 Dollar (Buck).

Der Wechselkurs zum Euro schwankt seit Jahren um Eins. Aktuell entspricht 1 Euro 1,09 Dollar (Stand Januar 2024).

Die übliche Zahlungsmethode in den USA ist die **Kreditkarte**, auch für Kleinstbeträge. Allerdings bieten manche Tankstellen etwas günstigere Preise für Benzin, wenn bar bezahlt wird. Die EC-Karte können Sie zuhause lassen, sie nützt in den USA nichts.

Beachten Sie unbedingt Ihr **Kreditkartenlimit** und erhöhen Sie es bei Bedarf vor der Reise! Bei der Miete des Wohnmobils wird eine Rücklage, Deposit, in Höhe des Versicherungsselbstbehalts fällig, die auf die Kreditkarte gebucht wird. Am gleichen Tag wollen Sie aber noch mindestens den ersten, großen Einauf tätigen. Außerdem benötigen Sie eine **PIN** zu Ihrer Kreditkarte.

Bargeld wird regelmäßig beim Bezahlen der sehr einfachen Forest Campgrounds benötigt, denn diese werden oft abgezähltem Geld im Umschlag bezahlt. Ebenso benötigen Sie Bargeld eventuell bei einer ersten Taxi- oder Uber-Fahrt zum Wohnmobilvermieter, denn die Uber-App funktioniert nicht unbedingt mit dem deutschen Paypal-Account. Allerdings sollte sie mit der Kreditkarte funktionieren, wenn diese in der App eingerichtet wurde.

Geldabheben an Geldautomaten, ATM oder Automated Teller Machine, funktioniert problemlos mit Kreditkarte und Geheimnummer. Sich schon in Deutschland amerikanische Dollar zu besorgen, ist teurer. Wir empfehlen, sie stattdessen am Geldautomaten am Flughafen zu ziehen. Dabei wird gefragt, ob es sich um eine Debit-Card (sofortige Abbuchung) oder Credit-Card (monatliche Abbuchung) handelt. Informieren Sie sich außerdem vorher über die Gebühren, die ihre Bank erhebt für Bargeldabhebungen in den USA.

GPS, Navigation

Heute erfolgt die Routenfindung üblicherweise mit einem Navigationsgerät oder über Google Maps mit dem Handy.

Egal mit welcher Variante: Nutzen Sie unbedingt offline-Karten, denn vor allem in den Weiten des Coloradoplateaus gibt es riesige Lücken im mobilen Netz. Aber auch am Pazifik ist die Netzabdeckung nicht vollständig.

Navigationsgeräte werden von den meisten Vermietern verliehen. Mit etwas Preisvergleichen ist es aber günstiger, ein Navi mit USA-Karten zuvor zu kaufen. Dieses ist dann auch zuhause nutzbar, wenn nicht alle Fahrzeuge schon mit eingebauten Navis ausgestattet sind.

Einr Vorteil der Online-Navigation ist es, dass aktuelle Staus und Straßensperrungen erkannt und dargestellt werden und Fahrtzeiten und -routen dem angepasst werden. Insofern lohnt es sich vor allem bei längeren Strecken auf jeden Fall, die Offline-Navigation an einer Stelle mit vernünftigem Handyempfang online zu verifizieren.

Haustiere (Hund)

Grundsätzlich können Haustiere mit in die USA genommen werden. Sie benötigen eine Gesundheitsbescheinigung und einen Impfausweis, beides in englischer Sprache oder mit Übersetzung. Außerdem müssen sie mindestens 30 Tage vor Einreise gegen Tollwut geimpft werden. Bitten erkundigen Sie sich wegen konkreter Einreise- sowie Transportbestimmungen.

Desweiteren müssen Sie für die erste Nacht ein Hotel buchen, in das Hunde mitgenommen werden dürfen. Außerdem müssen Sie überprüfen, ob die Mitnahme eines Hundes für das zu mietende Wohnmobil erlaubt ist. Hunde dürfen in der Regel nicht mit in Geschäfte und Restaurants. Allerdings ist es auch verboten, sie alleine in geschlossenen Fahrzeugen zu lassen, unter anderem wegen der teils extrem hohen Temperaturen im Sommer. In Nationalparks dürfen Hunde auf den meisten Wanderwegen nicht mitkommen, auch nicht an der Leine.

Kosten

Geschätzte Kosten für eine dreiwöchige Rundreise über 3.000 Kilometer für zwei Personen (dies ist nur ein Bespiel mit aktuellen Preisen, diese Rechnung muss jeder für sich selbst aufstellen!):

» € 1.500 für zwei günstige Flüge bei frühzeitiger Buchung
» € 2.000 – 5.000 für »normales« C-Class Wohnmobil inklusive 2.000 Meilen im Oktober oder August
» $ 1.000 Benzinkosten, 3.000 Kilometer bei einem Verbrauch von ca. 30l/100 km und einem Preis von $ 4 pro Gallone
» € 140 für die erste Nacht im Hotel
» $ 600 – 1.100 für 20 Nächte auf Campingplätzen mit $ 30 - $ 55 pro Nacht (Plätze in National-/Stateparks bis zu günstigen RV-Parks, z.B. KOA)

Hinzu kommen:

» Lebensmittel, evtl. Restaurantbesuche
» Zusätzliche Ausstattung des WOMOs: Küchenausstattung ca. € 140, Handtuch- und Bettwäscheset ca. € 85 pro Person
» Eintritte: Nationalparkeintritt $ 80 für America the Beautiful Pass (siehe National- und Stateparks), State Parks jeweils ca. $ 20.

Eine USA-Reise lässt sich kostengünstiger gestalten:

» Bei Wohnmobilmiete im April oder Oktober. Die teuersten Monate sind Juli und August.
» In den Sommermonaten bei Miete eines einfachen Vans. Außer der Saison sind die Unterschiede zum C-Class Wohnmobil nicht so gravierend.
» Bei Miete eines Fahrzeuges mit geringerem Benzinverbrauch (Van oder ausgebauter Kombi).
» Bei Übernachtung auf Campingplätzen statt RV Plätzen. Noch günstiger ist die Übernachtung auf Forest Campgrounds und freien Stellplätzen.
» Für alle, die schon mit kompletter Zeltausrüstung geflogen sind: Mitbringen von Küchenausstattung, Schlafsack, Betttuch und Handtüchern (bitte überprüfen, dass dies von der Agentur nicht verpflichtend hinzugefügt wird). Zumindest Teller, Tassen und Besteck verbleiben in der Regel im WOMO, auch wenn man das Küchenpaket nicht mietet, aber garantiert ist das nicht. Töpfe, Besen und Kochbesteck sind definitiv nicht da.

Kriminalität

Mit der Kriminalität verhält es sich in Amerika ähnlich wie bei uns. Die Kriminalitätsrate ist extrem unterschiedlich und abhängig davon, in welcher Umgebung Sie unterwegs sind.

Auf Campingplätzen in den Naturparks fühlen wir uns immer sehr sicher. Trotzdem sollten möglichst keine Wertsachen im Fahrzeug bleiben. Falls doch nötig, müssen sie nicht sichtbar versteckt sein.

In Städten sieht die Situation immer etwas anders aus. Hier hilft es, die Umgebung mit gutem Menschenverstand zu prüfen.

Mit den Problemen, die sich aus der hohen Rate an Waffenbesitzern ergeben, wird man als Tourist auf den klassischen, touristischen Routen kaum je konfrontiert.

Wir haben die Amerikaner immer sehr entspannt und freundlich erlebt. Trotz vieler Reisen ist uns in Amerika noch nie etwas passiert, und wir wünschen Ihnen eine genauso unproblematische Reise!

Landkarten – auf Papier und virtuell

Da jedes technische Gerät ausfallen kann, sollten immer eine Straßenkarte oder ein Straßenatlas für den Südwesten dabei sein. Diese kann man von zuhause mitbringen oder in den USA an einer Tankstelle kaufen. Achten Sie darauf, dass das ganze Gebiet, das sie bereisen wollen, dargestellt ist. Das betrifft besonders Salt Lake City und Yellowstone, die auf den Karten des Südwestens nicht dargestellt sind.

Der Maßstab sollte nicht kleiner als 1 : 1 000 000 sein. Diese Kriterium erfüllen zum Beispiel die Karten von Hallwag. Eine besonders gute Auswahl bietet www.mapfox.de.

Lebensmittel, Getränke

Im Durchschnitt sind die **Lebensmittelpreise** etwas höher als bei uns. Außerdem ist die Auswahl anders.

Nach unseren Vorstellungen gutes Brot zu finden ist schwer, auch wenn sich das Sortiment verbessert hat. Aber das meiste Brot ist weich und müsste getoastet werden. Auch die Auswahl an Käse und Wurst unterscheidet sich vom heimischen Angebot. Milch gibt es in Gallonen frisch zu kaufen, aber anders als bei uns findet sich H-Milch nur in kleinen Mengen. Glutenfreie und vegane Produkte sind auch in den USA erhältlich, am besten in einem der großen Supermärkte wie Walmart. Mit der Eigenmarke »Great Value« bietet Walmart in vielen Bereichen günstige Lebensmittel an.

Manche Lebensmittel gibt es nur in großen Gebinden. Dazu gehören zum Beispiel Milch und Mehl. Wer allerdings Mehl für Pfannkuchen braucht, kann auch fertige Mischungen kaufen.

Alkoholische Getränke gibt es inzwischen in den meisten Supermärkten. In ländlichen Gegenden Utahs werden sie aber immer noch relativ teuer nur in »Bottle Stores« verkauft.

Der Genuß von Alkohol in der Öffentlichkeit wird inzwischen nicht mehr ganz so restriktiv gehandhabt. Trotzdem sollten Sie Alkoholika in der Öffentlichkeit nicht sichtbar transportieren und auch nicht offensichtlich trinken, denn es kann verboten sein.

Literatur

Grundsätzlich sind Sie mit diesem Reiseführer gut aufgestellt und mit allem Wichtigen, Hintergrundinformationen und Wandertipps versorgt. Zusätzlich kann ein Wanderführer gute Dienste leisten und Ihren Aufenthalt noch abwechslungsreicher machen (s. Wandern). Weiterführende Literatur zu einzelnen Themen gibt es meist auf Englisch.

Wenn Sie nach Monterey reisen, könnten Sie das Buch »Cannery Row« von John Steinbeck mitnehmen, das es aktuell nur auf Englisch gibt. Es handelt von tragikomischen Ereignissen im Hafenviertel von Monterey der 1920/30er.

National- und Stateparks

Die großartigen Naturlandschaften Amerikas werden unter anderem in National- und Stateparks geschützt. Um die Infrastruktur zu bauen und zu erhalten, Wanderwege instand zu setzen und zu markieren, Visitor Center zu betreiben und Ranger zu bezahlen, werden Einnahmen benötigt. Diese sind für alle Parks bei Einfahrt zu bezahlen und im Buch im jeweiligen Infokasten angegeben.

Wer mehrere Nationalparks besucht, sollte den America the Beautiful Pass kaufen. Er kostet $ 80 und deckt die Eintritte in alle Nationalparks ab und in viele weitere Erholungsgebiete, die vom National Park Service verwaltet werden. Nicht enthalten sind unter anderem die Stateparks.

Naturgefahren

Dies ist ein ganz wichtiges Kapitel, bitte lesen Sie es aufmerksam und bis zum Ende! Und ehe Sie sich von den folgenden Sicherheitshinweisen völlig abschrecken lassen:

Millionen von Menschen machen jedes Jahr Urlaub in den amerikanischen Nationalparks und kommen begeistert und unverletzt zurück.

Wir kamen bisher übrigens auch immer gesund und begeistert zurück ;-) Nutzen Sie also ihren gesunden Menschenverstand und genießen Sie die großartige, wilde Natur!

Im Pazifik vor den wunderschönen Stränden gibt es **Haie**, auch Weiße Haie, sowie starke **Unterströmungen** wegen Ebbe und Flut. Informieren Sie sich bei Einheimischen oder Rangern über die Situation an Ihrem Strand.

Schwarzbären gehören in vielen Regionen Amerikas zu den frei in der Natur lebenden Tieren. In Grand Teton und Yellowstone leben außerdem **Grizzlybären**. Beide Arten von Bären müssen wissen, dass sie bei Menschen nichts zu suchen haben und dort auch nichts finden werden. Haben sie sich erst einmal an menschliche Nahrungsreste gewöhnt, werden sie zu einer Gefahr!

Gefährlich werden können auch **Bisons**, **Elche** (Moose) und die mächtigen **Wapiti-Hirsche** (Elk), wenn sie sich in irgendeiner Form bedroht fühlen oder ihnen zu wenig Raum gelassen wird.

Aber auch andere Tiere können einen schönen Campingurlaub gefährden, z.B. die Raben, die sich im Grand Canyon angewöhnt haben, Müllsäcke und ganze Picknicktische zu verwüsten. Oder die süßen Squirrels, die vereinzelt Überträger der Pest sind und, wenn sie erstmal an menschliche Nahrung gewöhnt sind, sehr aufdringlich werden können.

Grizzlies

Wölfe im Yellowstone

Hier einige **konkrete Tipps**, beachten Sie auch immer die aktuellen Infos in den jeweiligen Natur- und Nationalparks. Die Tipps lassen sich zusammenfassen:

»Sometimes the best relationship is a long-distance relationship!«

Manchmal ist die beste Beziehung eine Fernbeziehung.
(Nationalpark Service)

- Never approach wildlife! Halten Sie immer ausreichend Abstand zu wilden Tieren. Die Nationalparkbehörden geben an: 90 Meter für Bären und Wölfe, mindestens 25 Meter für alle anderen Tiere, wobei der Abstand vor allem zu Bisons je nach Park auch mit 90 Metern angeben wird.
- Rule of thumb! Daumenabstand: Halten Sie den Daumen ausgestreckt vor sich. Verdeckt er das Tier, so ist der Abstand ausreichend. Ist dies nicht der Fall, so weichen Sie langsam rückwärts zurück.
- Make them aware of your presence! Machen Sie sich bemerkbar, vor allem in schlecht einsehbaren Situationen. Tiere reagieren aggressiv, wenn sie überrascht werden.
- Never run from a bear. Or a bison. Rennen Sie niemals weg, die Tiere sind immer schneller! Rennen erzeugt eine Jagdreaktion. Versuchen Sie, nahe Begegnungen zu vermeiden. Suchen Sie Schutz. Bei Bisons hilft es, sich außer Sichtweite zu bringen, zum Beispiel hinter einen Baum.
- Leave wildlife wild! Tiere niemals füttern. Auch keine Niedlichen!
- Crumb clean camp! Weder Lebensmittel noch Reste unbeaufsichtigt draußen lassen, auch nicht kurz! Sorgen Sie für ein krümelfreies Camp.

Bison im Yellowstone

Wapiti-Hirsch, unten: Klapperschlange im Bryce Canyon

Schwarzbären darf man im Camp mit Lärm und Winken vertreiben, mit ausreichendem Sicherheitsabstand und Fluchtmöglichkeit ins Fahrzeug. Melden Sie so eine Begegnung unbedingt den Rangern.

Tipps zum **Verhalten im Grizzly-Gebiet** (Grand Teton und Yellowstone):

» Informieren Sie sich über die **aktuelle Situation** im Visitor Center.

» Wandern Sie **niemals alleine**! Eine Ansammlung von mindestens zwei Menschen macht einfach mehr Eindruck auf einen Bären. Für manche Wanderungen sind auch drei Personen als Mindestanzahl angegeben.

» **Machen Sie sich bemerkbar** durch Reden oder Rufen. Die meisten Tiere weichen aus. Wenn ein Bär nicht ausweicht, ändern Sie ihren Weg oder gehen Sie zurück.

» Kaufen Sie vor allem für Wanderungen **Bear Spray** und informieren Sie sich über die Benutzung: Erst nutzen, wenn der Bär maximal 10 Meter entfernt ist. Dann mit einzelnen Sprühstößen eine bodennahe Wolke zwischen sich selbst und den Bären sprühen. Schräg nach unten auf seinen Kopf sprühen. Nicht gegen den Wind sprühen. Nicht dauersprühen sondern nur nach Bedarf. Bear Spray wirkt nicht bei Bisons.

» Melden Sie jeden noch so kleinen Konflikt mit einem Bären beim nächsten Ranger.

In vielen Parks gibt es **Klapperschlangen**, die sich durch ein hohes, sirrendes Klappern bemerkbar machen.

Fassen sie nie in Felslöcher oder kleine Höhlen, in den USA gibt es **Skorpione**! Erklären Sie dies auch ihren Kindern.

In den Wacholder-Wäldern Utahs können die **Black Flies** im Juni zu einer Plage werden. Black Flies sind kleine beißende Fliegen.

In den Weiten des amerikanischen Südwestens gibt es noch weitere Naturgefahren. Sie sind vor allem durch das Klima bedingt:

Monsun-Zeit: Von etwa Ende Juni bis Anfang September ist Monsun-Zeit, in der es zu schweren Nachmittagsgewittern kommen kanns. Besonders gefährlich sind diese in den engen Schluchten, die sich dadurch in reißende

Ströme verwandeln können. Überprüfen Sie bei allen Wanderungen in Schluchten zuvor die Wettervorhersage!

Dehydrierung: Höhenlage, Sonneneinstrahlung und Temperatur: Mehrere Nationalparks liegen auf Höhen von über 2.000 Metern und haben trotzdem im Sommer extrem heiße Mittagstemperaturen. Nehmen Sie für alle Ausflüge, insbesondere Wanderungen, genug zu Trinken, salzige Snacks und Sonnencreme und -hut mit!

So Nicht!
Oft scheinen die Tiere die Vernünftigeren zu sein.

Notfälle

Eine Reisekrankenversicherung ist zwingend erforderlich, denn gesetzliche Krankenversicherungen bezahlen keine Versorgung in den USA. Wer privat versichert ist, muss sich bezüglich der Bedingungen erkundigen.

Ärzte

Die Telefonnummern von Ärzten findet man über Suchmaschinen im Internet, bei den Rangern oder Campingplatzverwaltern. Wenn Sie einen deutschsprachigen Arzt in einer bestimmten Stadt suchen, können Sie auch das googlen, denn für viele Städte gibt es Informationen im Internet. Außerdem haben Reisekrankenversicherungen Notfallnummern und können weiter helfen mit Adressen oder auch Übersetzung. Bei schwierigen Fragen kann man sich an Botschaften und Konsulate wenden.

Arztbesuche müssen grundsätzlich selbst bezahlt werden. Anschließend kann die Rechnung zur Erstattung bei der Krankenversicherung eingereicht werden. In der Regel werden hierzu folgende Angaben auf der Rechnung benötigt: Vor- und Nachname des Patienten mit Geburtsdatum, Name des Arztes, Diagnose bzw. Bezeichnung der Krankheit, Art der Behandlung.
Bei Zahnbehandlungen ist in der Regel die Bezeichnung der behandelten Zähne erforderlich. Eventuell müssen Sie noch eine Zahlungsbestätigung vorlegen, z.B. die Kreditkartenabbuchung.

Bei allen aufwändigeren oder teureren Behandlungen und Krankenhausaufenthalten muss die Krankenversicherung auf jeden Fall so früh wie möglich informiert werden, nach Möglichkeit vor Behandlungsbeginn. Planbare Behandlungen werden in der Regel nicht übernommen.

Apotheken
Pharmacies gibt es fast nur als Abteilungen in den großen Supermärkten. Hier gibt es sowohl Nahrungsergänzungs- und Hilfsmittel als auch Medikamente auf Rezept, *Prescription*, beim Pharmacy-Counter.

Notrufnummer 911
Die 911 ist die allgemeine Notrufnummer für Polizei, Feuerwehr und Unfallrettung.

Botschaften und Konsulate
Botschaft der Bundesrepublik Deutschland
4645 Reservoir Road NW, Washington DC, Tel. 202 298 4000
Generalkonsulat der Bundesrepublik Deutschland
6222 Wilshire Boulevard, Suite No. 500, Los Angeles, Tel. 323 930 27 03
Konsularabteilung der Österreichischen Botschaft Washington
3524 International Court N.W., Washington D.C., Tel. 202 895 67 00
Schweizer Botschaft
2900 Cathedral Ave. N.W., Washington DC, Tel. 202 745 7900

Packen

Abgesehen davon, dass Sie passend zum Wetter packen müssen und innerhalb der Gepäckgrenzen Ihres Flugtickets, können Sie folgende Dinge mitnehmen. Bis auf den Adapterstecker sind sie alle auch im US-Supermarkt zu bekommen. Allerdings ersparen Sie sich durch die Mitnahme die zeitaufwändige Suche beim ersten Großeinkauf.

» Adapterstecker für das Hotel. Im WOMO funktionieren die Steckdosen nur bei angeschlossenem Strom oder laufendem Generator.
» 12V-Stecker mit USB-Buchsen zum Laden von Handys und Co. Moderne Fahrzeuge haben normalerweise USB-Buchsen eingebaut.
» Einmalhandschuhe für V/E.
» Kleine Axt für Fans von Campingfeuer, weil die Holzscheite der gekauften *Bundels* oft sehr dick und für ein kleines Feuer nicht gut geeignet sind.

- Erstausrüstung für das Fahrzeug: 2–3 Kunstfaser-Wischlappen, einfache Spülbürste als Klobürsten-Ersatz, Spülschwämme oder Spülbürste, Mülltüten, Eiswürfelbeutel (falls Gefrierschrank vorhanden).

Wer schon mit kompletter Zeltausrüstung gereist ist, kann überlegen, ob er/sie den Aufpreis für persönliche und Küchenausstattung spart und Dinge wie Handtücher, Schlafsack und Betttuch, Töpfe und Teller selbst mitbringt.

Preise

siehe auch »Kosten«. Bei einer Amerikareise schlagen vor Ort zu Buche:
Campingplätze: $ 15 - 60, siehe Gebrauchsanteilung.
Lebensmittel: siehe Lebensmittel.
Benzin: $ 4 - 6/ Gallone, siehe Kosten.
Essen gehen: siehe Restaurants.

Rad fahren

In vielen Nationalparks gibt es inzwischen Radwege und Fahrradverleih. Dies gilt zum Beispiel für den Grand Canyon und Yosemite. Ebenso können in größeren Städten Räder ausgeliehen werden. In San Francisco zum Beispiel warten Fahrradverleihstationen mit ausgearbeiteten Rundwegen.

Reisezeit, Klima, Feiertage

Die beste Reisezeit orientiert sich an der Höhenlage und der klimatischen Zone. Bei allen National- und Naturparks im Buch sowie den großen Städten sind beste Reisezeiten und Klimadaten für Juli und Januar angegeben.
Als Übersicht kann die beste Reisezeit wie folgt dargestellt werden:

- **Pazifik**, westlich der Sierra Nevada: Frühes Frühjahr bis später Herbst, im Mai bis in den Juni Seenebel.
- **Westseite der Sierra Nevada**, Yosemite und Kings Canyon-Sequoia Nationalparks: Spätes Frühjahr bis Herbst.
- **Überquerung der Sierra Nevada sowie Grand Teton und Yellowstone**: Abhängig von Schneehöhen und der Öffnung und Schließung der Pässe, etwa Mitte Mai bis Ende Oktober.

» **Great Basin und Colorado Plateau,** grob alles östlich der Sierra Nevada: Frühjahr und Herbst, im Sommer extrem heiß. Ausnahme:

» **Hochgelegene Parks und Straßen des Coloradoplateaus**, Grand Canyon North und South Rim, Bryce Canyon, Highway 12: April bis Mitte Oktober. Der Grand Canyon North Rim ist im Winter geschlossen.

Feiertage und Ferien

Amerikaner haben verglichen mit uns meist deutlich weniger Urlaub. Deshalb ist rund um die Feiertage mit großem Andrang auf die National- und Naturparks und mit gefüllten Campingplätzen zu rechnen.

Offizielle Feiertage sind:

» New Year's Day, 1. Januer
» Martin Luther King Jr. Day, dritter Montag im Januar
» President's Day, dritter Montag im Februar
» Memorial Day, letzter Montag im Mai
» Independance Day, 4. Juli
» Juneteenth, 19. Juli
» Labor Day, erster Montag im September
» Veterans Day, 11. November
» Thanksgiving, vierter Donnerstag im November
» Christmas Day, 25. Dezember

Ferienzeiten und weitere wichtige Tage sind:

» Spring Break, eine Woche Schulferien im März/April
» Summer Break, Sommerferien, etwa Mitte Juni bis Ende August
» St. Patrick's Day, 17. März
» Halloween, 31. Oktober

Free Entrance Days in the Nationalparks

Für die Nationalparks gibt es eine Handvoll Tage im Jahr mit freiem Eintritt. Zu diesen zählt der erste Tag der *National Park Week* Ende April, der Tag des *Great American Outdoors Act* am 04. August, der *National Public Lands Day* 23. September und der *Veterans Day* 11. November.

Hochzeitstag in der Moab Brewery

Restaurants

Für Amerikaner hat das Essen Gehen einen ähnlichen Stellenwert wie bei uns das Familienabendessen am heimischen Tisch. So sitzen oft ganze Familien an den Tischen, was bei uns in dem Umfang nicht anzutreffen ist. Daneben gibt es auch noch einige weitere Unterschiede:

Man wartet am Eingang und bekommt einen Tisch zugewiesen. Bei sehr beliebten Restaurants kann es auch sein, dass man einen *Beeper* bekommt oder seine Handynummer abgibt für eine SMS-Nachricht, sobald ein Platz frei wird.

Nicht alkoholische Getränke werden meist als *Free-refill* angeboten. Man bezahlt also einen Becher und kann diesen kostenlos nachfüllen lassen. Die Preise auf den Speisekarten sind ohne Steuer angegeben. Das Preisniveau hängt extrem ab von der Gegend und der Art des Restaurants. Wir haben bisher meistens Preise ähnlich wie in Deutschland gezahlt.

Ist man mit dem Essen fertig, so wird nach der Frage, ob man noch etwas möchte, die Rechnung gebracht. Gemütlich weiter sitzen bleiben und noch etwas trinken ist in Amerika völlig unüblich. Statt dessen wird der Tisch freigemacht für neue Kunden.

Beim Bezahlen wird ein Trinkgeld, *Tip*, vorgeschlagen. Meist hat man die Auswahl zwischen 15 und 20 Prozent, man kann aber auch einen niedrigeren Betrag frei eingeben. Tatsächlich gilt Trinkgeld in Amerika oft als Lohnanteil, wodurch der Mindestlohn gedrückt wird. Es ist also für die Angestellten wichtig.

Sehenswürdigkeiten, Öffnungszeiten

In den Touren sind die meisten Sehenswürdigkeiten mit den aktuellen Öffnungszeiten und Preisen angegeben. Naturgemäß können diese sich ändern. Diese Informationen sind also als Anhaltswerte zu verstehen.

Tanken

Benzin heißt »Gas«, die Tankstelle »Gas Station«. In der Regel tanken Mietfahrzeuge *Regular* oder *Unleaded* (Normal, Bleifrei). Benzinpreise werden pro Gallone angegeben, das sind 3,785 Liter.

Zuerst Tanken und dann Bezahlen, wie noch bei vielen Tankstellen bei uns, funktioniert nicht. Fast an allen Tankstellen wird mit Kreditkarte bezahlt, wobei zuerst die Kreditkarte am Zahlautomaten freigegeben werden muss, ehe man tanken kann. Falls das nicht funktioniert, was uns nur selten passiert ist, muss man entweder die Kreditkarte oder eine entsprechende Menge Bargeld als Rücklage an der Tankstellenkasse hinterlegen.

Außerdem noch der Hinweis, dass die Benzinpreise innerhalb weniger Hundert Meter erheblich schwanken können. Für viele Tankstellen gibt *Google Maps* aktuelle Preise, die oft stimmen, aber nicht immer.

Telefonieren

Zuallererst: In den USA gibt es riesige Mobilfunklöcher! Das betrifft vor allem die einsamen Gegenden des Coloradoplateaus, in denen viele der National- und Naturparks liegen. Aber auch im Westen am Pazifik gibt es immer wieder Bereiche ohne Netzabdeckung. Rechnen Sie nicht damit, immer und überall Empfang zu haben und sich jeden Abend bei Ihren Lieben oder Freunden melden zu können.

US Prepaid SIM-Karte

Telefonieren aus oder in den USA ist mit den allermeisten deutschen SIM-Karten und Tarifen extrem teuer. Um vor Ort mobil zu sein, Preise, Restaurants oder ähnliches überprüfen zu können, Nachrichten über WhatsApp zu verschicken und zu empfangen oder Mails zu checken, empfiehlt es sich, eine amerikanische Prepaid SIM-Karte zu kaufen. Diese werden in Deutschland von verschiedenen Anbietern verkauft.

Eine Internetsuche »SIM Karte USA« zeigt verschiedene Anbieter für Prepaid SIM-Karten. Die meisten Anbieter nutzen das T-Mobile-Netz. Dabei werden sowohl Original-T-Mobile-Karten verkauft als auch Lycamobile-Karten. Mit letzteren hatten wir bisher tendentiell schlechteren Empfang als mit den originalen T-Mobile-Karten, obwohl sie das gleiche Netz nutzen. Mit den Karten kommen genaue Anweisungen zum Einbau und Aktivieren, das hat bei uns bisher immer gut funktioniert. Allerdings klappt es meist nicht, den Datenverbrauch nachzuschauen.

Wir haben gute Erfahrungen gemacht mit

» Tourisim, verschicken immer Original-T-Mobile-Karten, sehr schnelle Lieferung, E-Mail-Hotline funktioniert sehr gut, Preis für unsere letzte Karte 30 Tage/ 50 GB LTE € 75

Deutlich günstiger ist folgender Anbieter, der das letzte Mal ebenfalls eine Original-T-Mobile-Karte verschickte:

» travSIM, Versand etwas langsamer, Hotline nicht probiert, Preis 30 Tage/ 50 GB € 40

Ländervorwahlen

Deutschland +49
Schweiz +41
Österreich +43
USA +1
Die Telefonnummern in den USA beginnen nicht mit einer »0«, die weggelassen werden könnte. Bei Anrufen aus Europa in die USA wird nach der Ländervorwahl +1 die ganze 10-stellige Telefonnummer angehängt.

Toiletten, Entsorgungsstationen, Wasser

Wer ohne Toilette im fahrbaren Untersatz unterwegs ist, ist auf öffentliche Toiletten angewiesen. Diese gibt es bei den allermeisten Campgrounds sowie bei den größeren Tankstellen.

Wer seine Toilette dabei hat, braucht regelmäßig eine Entsorgungsstation. Wie schon bei den Campgrounds im Kapitel »Gebrauchsanleitung« be-

schrieben, bietet nur ein kleiner Teil der Campingplätze Ver- und Entsorgung an, sogenannte *Dump Stations*.

Inzwischen werden immer mehr *Dump Stations* so umgebaut, dass sie bezahlt werden müssen. Dies ist bisher vor allem in den kalifornischen State Parks der Fall, wird aber aufgrund der Menge an Wohnmobilen und der damit anfallenden Menge an Wasser und Abwasser zunehmen. Diese Stationen sind mit Kreditkarte zu bezahlen und kosten aktuell $ 10 für Entsorgung. Trinkwasserauffüllen ist bisher kostenlos.

Die großen LKW-Tankstellenketten Flying J, Pilot Travel Center und Love's Truck Stop bauen ihr Angebot für Wohnmobilfahrer aus, wozu auch *Dump Stations* gehören.

Unfall

Bei einem Unfall sollten Sie auf jeden Fall die Polizei rufen und den Vermieter informieren. Nicht alle Unfallgegner sind haftpflichtversichert. Deshalb sollten Sie die Miete immer mit Vollkaskoschutz abschließen.

Außerdem empfiehlt es sich, an der Unfallstelle Fotos aus verschiedenen Perspektiven zu machen als Nachweis für Schäden und die Unfall-Situation.

Verkehrsregeln

In den USA herrscht Rechtsverkehr und die allgemeinen Verkehrsregeln und -schilder sind unseren sehr ähnlich. Folgende Unterschiede sollte man kennen:

» **Ampeln auf gegenüberliegender Seite**: Ampeln stehen auf der gegenüberliegenden Seite der Kreuzung! Also nie bis zur Ampel vorfahren!

» **4 Way Stopp**: Bei einer Kreuzung mit Stoppschildern für alle vier Richtungen müssen alle anhalten und fahren dann in der Reihenfolge, in der sie ankamen.

» **Rechtsabbiegen bei roter Ampel**: Wenn kein „No turn on Red"-Schild dies verbietet, ist es in den beschriebenen Bundesstaaten erlaubt nach vollständigem Anhalten und wenn Straße und Fußgängerüberwege frei sind.

» **Geschwindigkeitsbegrenzungen**: Es gibt keine allgemeinen Geschwindigkeitsbegrenzungen. Die jeweils gültigen sind an der Straße beschildert. Sie sind in etwa: Innerorts 30 mph, außerorts 55-65 mph und auf den Freeways bis zu 75 mph (*Miles per Hour*).

» **Rechts überholen**: Dies ist erlaubt, rechnen Sie also mit schnelleren Fahrzeugen auf der rechten Spur.

» **Schulbusse**: An haltenden Schulbussen mit eingeschaltetem Warnblinklicht darf weder in gleicher Richtung noch auf der Gegenfahrbahn vorbeigefahren werden.

» **Polizeikontrolle**: Im Fahrzeug bleiben, das Fahrerfenster öffnen und die Hände gut sichtbar aufs Lenkrad legen. Grund ist die Gefahr von Waffengebrauch durch kontrollierte Personen.

» **Parken**: Grundsätzlich verboten an Hydranten und an rot, gelb und blau markierten Bordsteinen (gelb = Ladezone, blau = Behindertenparkplätze).

» **Mittelspur**: Auf manchen breiten Stadtstraßen gibt es eine durchgehende, gelb markierte Mittelspur für Linksabbieger beider Seiten.

» **Alkohollimits** am Steuer sind: Kalifornien/Nevada/Arizona/Wyoming / Idaho 0,8‰ (Kalifornien unter 21 Jahre 0,1‰, Idaho 0,2‰), Utah 0,5‰. Um Ärger zu vermeiden, sollte auf Alkohol am Steuer komplett verzichtet werden.

» **HOV Lanes** dürfen während der angegebenen Zeit nur mit der angegebenen Mindestanzahl von Insassen benutzt werden, meist zwei oder drei. Für unser Reisegebiet betrifft dies nur San Francisco und Los Angeles . Dort dürfen WOMOs grundsätzlich diese Spur nutzen bei ausreichend vielen Insassen, solange sie keinen Anhänger ziehen. Allerdings sind diese Spuren bei Stau inzwischen auch oft voll und man sollte in der Lage sein, sicher das höhere Tempo zu fahren.

» **Fast Trak und Metro Express Lanes** dagegen sind Mautstrecken, für die es Transponder braucht.

Weitere nützliche Infos:

Als **Highway** wird jede größere Überlandstraße bezeichnet, Autobahnen heißen **Freeways**.

Bitte beachten Sie die Abschnitte »Landkarten – auf Papier und virtuell« und »Telefonieren«.

Versicherungen

Folgende Versicherungen werden benötigt:

» Auslandsreisekrankenversicherung, ist günstig auch als Jahresversicherung abschließbar.

» Reiserücktrittsversicherung, als Einzel- oder Jahresversicherung.

Der Abschluss der Auslandsreisekrankenversicherung ist zwingend erforderlich, weil Sie sonst nicht krankenversichert sind.

Eine Reiserücktrittsversicherung ist sehr empfehlenswert, denn für eine USA-Reise bezahlen Sie im Vorhinein eine ganze Menge Geld.

Die Versicherungen gibt es auch gebündelt als »Rundum-Sorglos-Paket«.

Vorbereitung

siehe Checkliste

Wanderungen

Wandern ist die intensivste Möglichkeit, in eine Landschaft einzutauchen und sie kennenzulernen. Auf Wanderungen lassen wir die meisten Touristen hinter uns und können die faszinierende Natur in Ruhe erleben.

Wandern in den USA ist wie vieles andere etwas wilder als bei uns. In allen National- und Stateparks gibt es Wanderwege und Infos bei Visitor Centern und Rangern. Die Wege sind teilweise beschildert und setzen oft wirklich wandertaugliches Schuhwerk voraus. In Punkto Sicherheit gibt es ein anderes Verständnis als bei uns: Wer sich in die Natur begibt, muss mit den Gefahren klar kommen, egal ob es Steilabbrüche oder wilde Tiere sind.

In meinen beiden Wanderführern biete ich für die Nationalparks jeweils eine Auswahl an eindrücklichen Wanderungen an, sowohl kürzere als auch längere Touren (erschienen im Conrad-Stein-Verlag):

» **USA Nationalparks I**: 23 unvergessliche Wanderungen in Kalifornien und Arizona, ISBN 978-3866865464

» **USA Nationalparks II**: 25 unvergessliche Wanderungen in Utah und Wyoming ISBN 978-3866865945

Wohnmobil mieten

Wohnmobile sind in der Regel am günstigsten zu mieten über deutsche Agenturen bzw. Vermittler. Hier ist die Auswahl groß, ein Preisvergleich lohnt sich. Die Preise sind Flexpreise, die einmal pro Woche neu festgelegt werden. Die Fahrzeuge direkt in den USA zu mieten, ist meist teurer und die Versicherungsbedingungen sind oft schlechter. Zu den Agenturen gehören:

» Caemperboerse (gehört zu DER Touristik Deutschland)
» Camperdays
» CU Camper
» BestCamper
» TUI Camper
» ADAC Reisen

Vor allem die ausgebauten PKW-Kombis können auch gemietet werden über
» www.rvrentacampervan.com

Das Mindestalter für eine Anmietung beträgt in der Regel 21 Jahre. Fahrzeuge in den USA haben fast ausnahmslos Automatikgetriebe.

Im Folgenden stelle ich verschiedene Typen von Fahrzeugen vor:

Kombis und einfache Vans

Diese Fahrzeuge bieten Schlafmöglichkeiten und einen Küchenblock mit Wasser-Abwassertank, aber keine Dusche und WC. Der Stauraum ist sehr begrenzt, vor allem in den Kombis, weil ein Großteil des Hecks vom Küchenblock ausgefüllt ist. Dafür haben die Kombis eine Klappe im Fußraum der hinteren Sitzbank. Diese Bank kann auch zum Bett umgebaut werden. Kombis können zusätzlich mit einem Dachzelt ausgestattet sein.

Kombis verbrauchen etwa 12 – 15 Liter Benzin auf 100 Kilometer, Vans verbrauchen etwa 18 – 20 Liter Benzin auf 100 Kilometer.

Wenn Sie einen Kombi oder Van mieten, sollten Sie unbedingt auf Koffer verzichten, da sie diese nicht verstauen können. Packen Sie statt dessen in große Reisetaschen oder auch Wanderrucksäcke.

Fahrzeuge dieser Kategorie können u.a. bei bestCamper.de gemietet werden. Zu ihnen gehören:

» Jucy Camper, großer Kombi mit Küche im Heck, Dachzelt gegen Aufpreis, wenig Stauraum, wird aktuell über deutsche Agenturen kaum angeboten.
» Escape Campervans: Bunt lackierte Vans mit Bett und Küche im Heck, keine Stehhöhe, im Mietpreis sind Kilometer inbegriffen.
» Travellers Autobarn, Küchenblock mit Kühlschrank im Innenbereich, dahinter Liegefläche, Stehhöhe.
» Indie Campers, wie Travellers Autobarn.

Klassische Wohnmobile

Diese sogenannten **C-Class RVs** sind in Aufbau und Ausstattung alle ähnlich. Sie haben Küche mit Gasherd, Spüle, Kühlschrank und Mikrowelle, zum Bett umbaubare Sitzecke, Bett im Alkoven, Toilette, Waschbecken und Dusche mit Warmwasser. Je nach Größe gibt es außerdem ein festes Bett und eher selten einen *Slide-Out*, also ein ausfahrbares Seitenteil, das den Wohnraum vergößert.

Die Heizung heizt zwar mit Gas, aber die Ventilatoren laufen nur etwa zwei Stunden über die Batterie. Nachts durchheizen funktioniert nur bei externem Strom! Auch Generatoren helfen hier nicht, denn sie dürfen wegen der Lärmbelästigung nachts nicht durchlaufen.

Der Kühlschrank kühlt mit Gas oder externem Strom. Er verfügt über ein funktionierendes Gefrierfach. Mit Strom ist die Kühlleistung merklich besser vor allem bei hohen Außentemperaturen. Dann sollte auch die Tür des Kühlschranks möglichst selten und nur kurz geöffnet werden, damit er nicht zuviel Kälte verliert.

Mikrowelle, Klimaanlage und Innensteckdosen mit Ausnahme des 12V-Anschlusses im Fahrerraum funktionieren nur bei laufendem Generator oder

Familienurlaub im Van, links Blick nach hinten, rechts Richtung Beifahrer

externem Stromanschluss. Die Klimaanlagen rasseln schrecklich laut! Damit wird es in der sommerlichen Wüstenhitze zwar kühler und erträglicher, aber wegen des Lärms keinesfalls erholsam.

Wasser aus den Fahrzeugtanks sollte grundsätzlich nicht getrunken werden, weil der Zustand von Tank und Schläuchen nicht bekannt ist. Statt dessen kann man es in Gallonen im Supermarkt kaufen. Wir füllen diese Behältnisse anschließend an den Wasserstellen der Nationalparks mit Trinkwasser auf.

Die Isolierung der Fahrzeuge ist nicht optimal. In kalten Nächten kühlt es vor allem im Alkoven schnell aus. Hier hilft umziehen aufs Dinette-Bett und zum Alkoven und Fahrerbereich alles abhängen.

Unter dem Namen »RV Toilet Chemical« gibt es Chemietabs im Camping-/Hardwarebereich der Walmarts, die alles zersetzen, was so in eine Toilette gelangt. Unabhängig davon sollte in die Toilette möglichst wenig Klopapier geworfen werden. Nach langjähriger Reiseerfahrung auch in Südamerika stellen wir einen kleinen Karton als Mülleimer mit Mülltüte ausgekleidet neben das Klo und entsorgen dort das allermeiste Klopapier. Dies ist aber nicht zwingend notwendig.

Der Vebrauch der C-Class RVs liegt bei etwa 23 – 30 Litern Benzin pro 100 Kilometer. Die tatsächliche Länge des Fahrzeuges spielt hier weniger eine Rolle als die wenig aerodynamische, breite Front und das Gewicht.

In den Fahrzeugen gibt es ein Handbuch, das in aller Regel auch ein deutschsprachiges Kapitel hat und das alle notwendigen Hinweise enthält.

Wenn mit Frost zu rechnen ist, müssen die Fahrzeuge winterfest gemacht werden, das bedeutet, alles Wasser und Abwasser aus Tanks und Leitung abzulassen. Da die Isolierung der Fahrzeuge schlecht ist und die Leitungen teilweise direkt am oder unter dem Fahrzeugboden liegen, möchte ich hier lieber keine Prognose abgeben, ab welchen Temperaturen das Fahrzeug wirklich einfriert. Erkundigen Sie sich bei einer Reise in kälteren Monaten während der Fahrzeugübernahme nicht nur nach Ablassen von Abwasser, sondern auch Leeren des Frischwassertanks!

Die klassischen C-Class-Wohmobile wiegen um die sechs Tonnen. Um sie zu fahren, reicht in den USA der einfache Autoführerschein Klasse B, weil es dort keine Gewichtsbeschränkung gibt. Bei den meisten deutschen Vermittlern

Ruhepause im C-Class Wohnmobil

reicht dies ebenfalls. Einzelne Anbieter weisen jedoch darauf hin, dass ein Füherschein Klasse 3, C oder C1 benötigt wird. Grund ist die deutsche Zusatzversicherung, die hier Schwierigkeiten machen könnte.

Die großen amerikanischen Anbieter der C-Class-RVs sind:

» Cruise America, Vermieter mit der größten Flotte
» Road Bear, mit Markise, hat auch modern ausgebaute Vans
» El Monte
» Mighty, ältere Fahrzeuge von El Monte
» Britz, mit Markise

Die Standardgrößen *Medium* und *Large* von etwa 23–30 Fuß (7–9,20 Meter) sind meist günstiger als die kurzen Modelle ab 22 Fuß und kürzer (6,70 Meter).

Tipps zur Wohnmobilgröße

Größer ist entspannter, aber nicht immer besser! Erstens sind große Fahrzeuge mit langen Überhängen schwerer zu fahren und haben weniger Bodenfreiheit. Zweitens gibt es auf beliebten staatlichen Campingplätzen nur wenige Stellplätze, die für 30-Fuß-Fahrzeuge geeignet und erlaubt sind, und hier ist die Konkurrenz der Amerikaner mit ihren langen Fahrzeugen groß.

Versicherungen

Absolut unerlässlich ist eine

» Haftpflichtversicherung.

Viele Vermieter haben außerdem folgende Versicherungen inkludiert:

» Zusatz-Haftpflichtversicherung für gegnerische Schäden, weil amerikanische Fahrzeuge oft nicht gut versichert sind.
» Kasko-Versicherung mit Selbstbehalt. Der Selbstbehalt kann vor Ort durch eine Zusatzversicherung »Zero Deductible Police« (ZDP) reduziert werdem, die meist teuer ist.

Deshalb empfehlen wir, das zusätzlich angebotene Versicherungs- oder Comfort-Packet zu buchen:

» Vollkaskoversicherung, damit sind alle Kosten im Rahmen dieser Versicherung gedeckt. Vor Ort muss der Selbstbehalt bezahlt werden, der dann zuhause zurückgefordert werden kann. Ausgeschlossen sind immer Schäden durch Fahrlässigkeit oder Verstösse gegen die Mietbedin-

gungen. An dieser Stelle könnte das Befahren der Wüstengebiete in den heißen Sommermonaten als Fahrlässigkeit gewertet werden. Manchmal sind auch Glas-, Reifen- und Unterbodenschäden ausgeschlossen.

Abholung

Die Abholung erfolg in der Regel nachmittags. Die konkrete Uhrzeit muss eine Woche zuvor telefonisch mit der Anmietstation in den USA vereinbart werden. Da Sie aufgrund der Zeitverschiebung am ersten Morgen in den USA spätestens um 5 Uhr hellwach sein werden, bleibt Ihnen an diesem Tag viel Zeit vor Ort. Nehmen Sie sich für diesen Nachmittag keine lange Fahrtstrecke vor! Nach Abholung des WOMOs steht ein erster Einkauf an, der wegen einiger grundsätzlicher Besorgungen wie Toiletten-Chemie, Gewürze u.a. und der anfänglichen Orientierungsschwierigkeiten im Supermarkt länger dauert. Sie kommen also erst am späteren Nachmittag auf den Highway und werden aber wegen der Zeitumstellung sehr früh müde werden.

Wer früh abreisen will, kann teuer das Early Bird Departure Special hinzubuchen für etwa € 450. Dieses beinhaltet die Abholung im Hotel, meist werden einfach die Kosten für ein Taxi übernommen, sowie eine Übernahme vor Mittag.

Wenn sich ein Flug verschiebt, was uns schon passiert ist, kann man das Fahrzeug erst einen Tag später als ursprünglich gebucht übernehmen, Dann kann man es theoretisch auch schon morgens abholen, weil es ja bereits für den Vortag bezahlt wurde. Dies wird aber sehr ungern gesehen und es gibt keine Garantie für die Übernahme am Vormittag.

Die Rückgabe erfolgt immer Vormittags.

Mietbedingungen

Bei den Mietbedingungen gibt es Einschränkungen, die die Auswahl der Übernachtungsplätze oder des Reisegebietes beeinflussen können.

Bitte überprüfen Sie die folgenden, allgemeinen Angaben für das von Ihnen gemietete Fahrzeug!

Schotterstraßen: Im Allgemeinen sind die zu mietenden Fahrzeuge auf offiziellen Straßen zugelassen, nicht aber auf *Forest Roads* und sonstigen Schotterstraßen. Kurze Schotterzufahrten zu Campingplätzen werden geduldet bei vorsichtiger Fahrweise. **Manche Forest Campgrounds und alle *Dispersed-Camping*-Plätze dürfen somit laut Mietbedingungen nicht angefahren werden.** Dies hat uns nicht immer abgehalten. Wie Sie damit umgehen, hängt von Ihrem Sicherheitsbedürfnis ab.

Bitte prüfen Sie auch für einen Jeep mit Wohnaufsatz, auf welchen Straßen er zugelassen ist. Obwohl Offroad-tauglich sind die Straßenbeschränkungen oft dieselben wie für andere Fahrzeuge.

Wüstengebiete: Alle Agenturen raten davon ab, das Death Valley in den heißen Monaten Juli und August zu befahren. Nach unseren Recherchen ist die Befahrung zwar nicht grundsätzlich verboten, kann aber als nicht-verantwortliches Handeln betrachtet werden und wäre dann nicht versichert. Diese Art von Versicherungsausschluss lässt sich auch auf andere Wüstengebiete übertragen, zum Beispiel die Mohave Desert.

Da die Hitzeperioden infolge der Klimaerwärmung länger werden, raten manche Agenturen inzwischen von Mai bis September vom Befahren von Wüstengebieten ab.

Wohnmobil verschiffen

Wer eine längere Zeit in den USA bleiben will, kann sein eigenes Wohnmobil verschiffen. Die günstigste Art, ein Wohnmobil zu verschiffen, ist eine Ro-Ro-Fähre, bei der das Fahrzeug vom Personal auf die Fähre gefahren wird (Roll-on Roll-off), im Gegensatz zur Containerverschiffung. Hierbei muss das Fahrzeug leer sein, es darf nicht mit Urlaubsutensilien, Kleidung etc. beladen werden.

Verglichen mit der Passage zu den Pazifikstädten, die in unserem Reisegebiet liegen, ist der Transport über den Atlantik an die Ostküste der USA um ein Vielfaches günstiger. Die Kosten für eine Verschiffung werden über das Volumen berechnet, also Außenmaße inklusive aller Anbauten, Spiegel dürfen eingeklappt sein.

Abhängig von Jahreszeit und Fahrzeuggröße rechnet sich eine Verschiffung ab zwei bis drei Monaten. Wegen der teuren Mieten im Sommer zum Beispiel würde sich zu dieser Zeit eine Verschiffung eher rechnen.

Zum Fahren des Fahrzeuges muss eine zusätzliche Versicherung abgeschlossen werden, denn die deutschen Haftpflichtversicherungen decken keine Überseegebiete ab. Außerdem ist zu berücksichtigen, dass der Fahrzeugbesitzer Reparaturkosten, Verschleiß und Abnutzung des Fahrzeuges trägt, was bei einer Miete zu Laste des Vermieters geht.

Sicherlich spannend ist die Möglichkeit, auf dem Schiff in einer Kabine mitzureisen.

Genaue Bedingungen und Gebühren sind unter folgendem link zu finden: www.seabridge-tours.de/wohnmobilverschiffung/usa-canada.

Zoll und Einfuhr

Bitte überprüfen Sie die aktuellen Regelungen auf der Internetseite des Auswärtigen Amtes!

» Verboten ist die Einfuhr aller frischen Fleisch- und Pflanzenprodukte sowie teilweise auch verarbeiteter Produkte. Am besten bringen Sie gar keine Lebensmittel in die USA. **Auch der Apfel aus dem Flug-Menü darf nicht in die USA eingeführt werden!**
» Außerdem ist die Einfuhr von Alkohol beschränkt (über 21 Jahre: 1 Liter), Zigaretten (200 p.P.) und Geschenken (bis zu einem Wert von $ 100).
» Für Medikamente wie Beruhigungs-, Schlafmittel oder Antidepressiva wird ein Beipackzettel und ein Attest in englischer Sprache benötigt. Sie dürfen nur in der Menge eingeführt werden, wie sie für den Aufenthalt benötigt werden.

Kurzes Wörterbuch wichtiger WOMO-Worte

Full Hookup	Strom-, Wasser- und Abwasseranschlutz am Platz
Disabled	behindert (spezielle Stellplätze auf vielen Campgrounds)
Dispersed Camping	Erlaubtes freies Übernachten auf öffentlichem Land, siehe Gebrauchsanleitung
Dry Camping/dry Site	Platz ohne Anschlüsse
First-come first-served	Platz wird an den zuerst Ankommenden vergeben
Freeway	Autobahn
Gas	Benzin
Gas Station	Tankstelle
Highway	Überlandstrasse, wie unsere Bundesstraßen
Miles per Hour	Geschwindigkeit, Meilen pro Stunde
Propane	Popan-Gas
Regular/ Unleaded	Normal, Bleifrei
Restarea	Raststätte
RV	Recreational Vehicle, Wohnmobil
RV toilet chemical	Toilettenchemie fürs WOMO

Stichwortverzeichnis

Symbole

A

B

C

D

E

F

Bildnachweis

S. 110: Pixabay/USA-Reiseblogger, Pixabay/kasabub; S. 128: Pixabay/rauschenberger; S. 129: Pixabay/MikeGoad; S. 174: Pixabay/bsarikass; S. 178: Pixabay/brettshipley, Pixabay/Steppinstars; S. 216 unten: Pixabay/12019; S. 257: Pixabay/USA-Reiseblogger; S. 162/62: Pixabay/webstep; S. 265: Concert Hall Pixabay/Falkenpost, City Hall Pixabay/Authorsue; S. 266: Pixabay/Wolf1950; S267: Pixabay/cardenasvargasd; S. 272: Pixabay/kirikuri123; S. 279: Pixabay/12019; S. 289: Pixabay/27707; S.305: Bixby Bridge Pixabay/tlemens; S. 321 oben: Pixabay/pvdberg; S. 328: Pixabay/Vitandi, Pixabay/barbaragnelson; S. 331: Pixabay/BKD, Pixabay/MarcelloRabozzi; S. 332: Pixabay/bianca-stock-photos; S. 335: Pixabay/PublicDomainPictures; S. 336: Pixabay/Adrien-VillezPhotography; S. 337: Pixabay/SuperDarrel, Pixabay/pixexid; S 338: Pixabay/kgoett76; S. 343: Pixabay/Embee; S. 358: Pixabay/12019; S. 361: Pixabay/Hear2heaL; S. 382/3: Pixabay/SLPix; S 384: Pixabay/peterperhac, Pixabay/MaxWdhs; S.385: Pixabay/PDPhotos, Pixabay/blizniak; S. 386: Pixabay/dannydeleon, Pixabay/sjk24402; S. 387: Pixabay/CoastalSandpiper, Pixabay/andrejcook; S. 393: Pixabay/dudubangbang; S. 397: Pixabay/McRonny; S. 403: Pixabay/ArtTower; S. 404/5: Pixabay/srkcalifano; S. 408: Pixabay/WikiImages.

Alle anderen Fotos: ©Regina, Joana und Lars Stockmann

Der WOMO® Online-Service

Nutzen Sie auch das Angebot unseres Online-Shops!
Unter **www.womo.de** finden Sie nicht nur sämtliche Reiseführer, sondern weitere wertvolle Anregungen und Zusatzinformationen – von der Gesamtübersicht aller Touren eines WOMO-Reiseführers bis zu weiterführendem Material. Dazu gehören:

- die **besten Autokarten**, die garantiert die komplette Reiseroute abdecken
- und die **passenden Rother-Wanderführer** mit den schönsten Wanderregionen Ihres Reiselandes.

Einfach sicher unterwegs.

Sichern Sie Ihr Wohnmobil ab: mit unserer **exklusiven**, universellen und **sofort sichtbaren** Einbruchssperre. Sie wird **ganz einfach** in die beiden Tür-Armlehnen eingehängt, zusammengeschoben und abgeschlossen.

Der WOMO® Knackerschreck

- Passend für Ducato, Peugeot, Renault Master, MB Sprinter bis 2018 und VW (alle Typen)
- Krallen aus **10 mm massivem**, einbrennlackiertem, also nahezu unverwüstlichem Stahl

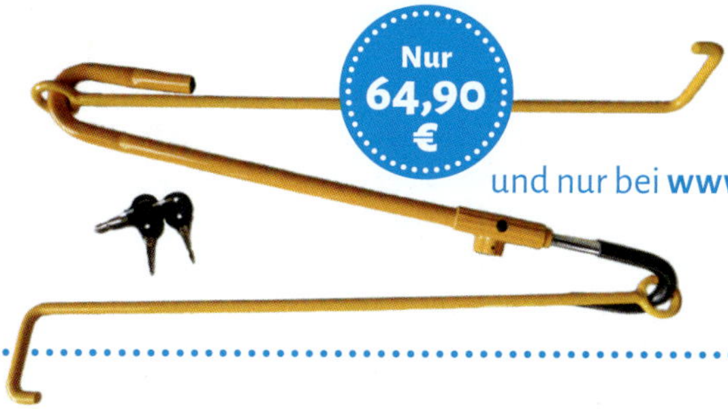

und nur bei **www.womo.de**

Alle WOMO® Reiseführer auf einen Blick

Albanien, Ulrike und Frank Staub
Allgäu, Heiner Newe
Andalusien, Christina und Christian Winkler
Baden-Württemberg, Heiner Newe
Baltikum, Stefanie Holtkamp und Andrea Bergmann Neu 2024
Bayern Der Nordosten, Heiner Newe
Bayern Der Südosten, Christina und Christian Winkler
Bayern Der Nordwesten, Heiner Newe
Belgien/Luxemburg, Ulrike und Frank Staub
Bretagne, Anette Scharla-Dey und Franz Peter Tschauner
Burgund, Ralf Gréus Neu 2024
Dänemark, Anke Globi
Elsass, Ralf Gréus
England Der Süden, Christina und Christian Winkler Neu 2024
England Der Norden, Christina und Christian Winkler
Finnland, Uwe und Annegret Rohland
Französische Alpen, Heiner Newe
Französischer Jura, Heiner Newe
Griechenland, Waltraud Roth-Schulz und Reinhard Schulz
Harz, Heiner Newe
Hessen Der Norden, Anette Scharla-Dey und Franz Peter Tschauner
Hessen Mitte und Süden, Anette Scharla-Dey und Franz Peter Tschauner
Hunsrück/Mosel/Eifel, Anette Scharla-Dey und Franz Peter Tschauner
Irland, Uwe und Annegret Rohland
Island, Jutta und Alexander Ramin
Katalonien, Ulrike und Frank Staub Neu 2024
Korsika, Stefanie Holtkamp und Andrea Bergmann Neu 2024
Kroatien und Montenegro, Anne und Michael Lindner Neu 2024
Languedoc-Roussillon, Ralf Gréus Neu 2024
Ligurien, Ralf Gréus
Lothringen, Friedrich Riehl
Lüneburger Heide, Heiner Newe
Marokko, Ulrike und Frank Staub
Mecklenburg-Vorpommern Teil 1, Stefanie Holtkamp und Andrea Bergmann
Mecklenburg-Vorpommern Teil 2, Stefanie Holtkamp und Andrea Bergmann
Münsterland, Regina Stockmann
Namibia, Ute Nast-Linke und Frank Linke
Neuseeland Nordinsel, Andrea Lossen und Dieter Giesen
Neuseeland Südinsel, Andrea Lossen und Dieter Giesen Neu 2024
Niederlande, Friedrich Riehl
Normandie, Anette Scharla-Dey und Franz Peter Tschauner Neu 2024
Norwegen Der Süden, Waltraud Roth-Schulz und Reinhard Schulz
Norwegen Der Norden, Waltraud Roth-Schulz und Reinhard Schulz
Österreich Der Osten, Christina und Christian Winkler
Österreich Der Westen, Christina und Christian Winkler
Ostfriesland, Heiner Newe

Weitere Infos unter **www.womo.de**

Pfalz, Ralf Gréus
Piemont und Aostatal, Ralf Gréus
Peloponnes, Waltraud Roth-Schulz und Reinhard Schulz
Polen Der Norden, Nicola Kluftinger
Portugal Der Norden, Stephanie Seufert Neu 2024
Portugal Der Süden, Stephanie Seufert Neu 2024
Provence Der Westen, Ralf Gréus
Provence Der Osten, Ralf Gréus
Pyrenäen, Stefanie Holtkamp und Andrea Bergmann
Rumänien, Christina und Christian Winkler
Sachsen, Anette Scharla-Dey und Franz Peter Tschauner
Sardinien, Waltraud Roth-Schulz und Reinhard Schulz
Schleswig-Holstein und Hamburg, Heiner Newe
Schottland, Anke Globi Neu 2024
Schwarzwald, Ralf Gréus
Schweden Der Norden, Uwe und Annegret Rohland
Schweden Der Süden, Anke Globi Neu 2024
Schweiz Der Osten, Stefanie Holtkamp und Andrea Bergmann
Schweiz Der Westen, Stefanie Holtkamp und Andrea Bergmann
Sizilien, Christina und Christian Winkler Neu 2024
Slowakei, Ulrike und Frank Staub
Slowenien, Silvia Sussmann und Peter Simm
Spanien Der Norden, Waltraud Roth-Schulz und Reinhard Schulz
Süditalien Der Osten, Waltraud Roth-Schulz und Reinhard Schulz
Süditalien Der Westen, Waltraud Roth-Schulz und Reinhard Schulz
Südafrika Krügernationalpark, Ute Nast-Linke und Frank Linke
Südwestfrankreich, Stefanie Holtkamp und Andrea Bergmann
Südtirol, Waltraud Roth-Schulz und Reinhard Schulz
Tal der Loire und Paris, Anette Scharla-Dey und Franz Peter Tschauner
Thüringen, Katja Eisenschmidt
Toskana und Elba, Ralf Gréus
Trentino und Gardasee, Angela Misslbeck Neu 2024
Umbrien und Marken, Ralf Gréus
Ungarn, Silvia Sussmann und Peter Simm
USA Südwesten mit Yellowstone, Regina Stockmann Neu 2024
Venetien und Friaul, Christina und Christian Winkler
Wales, Christina und Christian Winkler Neu 2024
Zentralspanien Der Osten, Ulrike und Frank Staub
Zentralspanien Der Westen, Ulrike und Frank Staub

Außerdem im Programm:
Die gordische Lüge – Reiseroman, Ralf Gréus
Allgemeines Wohnmobil Handbuch, Reinhard Schulz
Allgemeines Wohnmobil Kochbuch, Waltraud Roth-Schulz
Heitere Wohnmobil Geschichten, Silvia Sussmann und Peter Simm

Ihr WOMO® Stellplatz-Dienst

Wir führen Sie zu den **schönsten Orten**, die unsere erfahrenen Autoren **selbst besucht und getestet** haben. Die GPS-Daten ihrer Stell- und Campingplatz-Empfehlungen finden Sie im Online-Shop unter **www.womo.de**

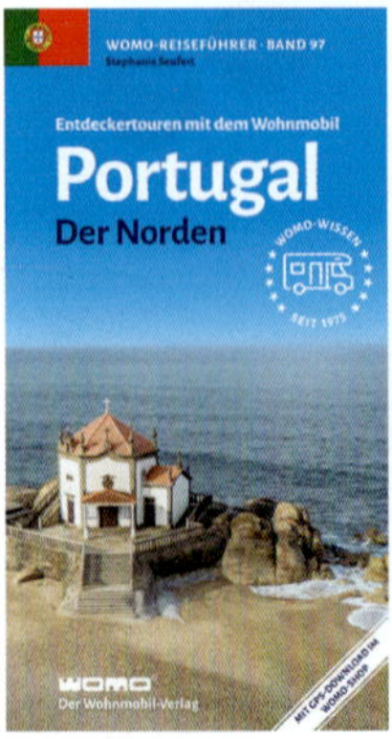

Mehr erfahren. Mehr erleben.

womo.de ist der **Spezialist** für Ihren entspannten **Erlebnisurlaub auf vier Rädern**. Profitieren Sie für Ihre Reisevorbereitung und -planung von unserer **jahrzehntelangen Erfahrung**. Seit 2022 arbeiten wir daran, Bewährtes noch besser zu machen: Dazu gehört die **moderne Optik** unserer neu gestalteten und **neu aufgelegten** Reiseführer.

Selbstverständlich werden unsere WOMO-Reiseführer permanent auf einen **aktuellen inhaltlichen Stand** gebracht. Jeder einzelne bietet eine Fülle an Ideen, Inspiration und Information **für Ihren Erlebnisurlaub**.

Wenn Sie persönliche Anregungen oder **konkrete Fragen zu Ihrer Reiseplanung haben**, dann schreiben Sie uns gern unter: **verlag@womo.de**

Den kostenlosen Download-Link für die **GPS-Daten** zu diesem WOMO-Reiseführer finden Sie im Shop unter: **www.womo.de** Ihr Passwort lautet: **Ug1hsq**

WOMO®
Der Wohnmobil-Verlag
An der Liethe 4
36452 Kaltennordheim
Telefon: 036946 20691
www.womo.de